# 사회계약론 연구

## —홉스 · 로크 · 루소를 중심으로

## 조긍호(趙兢鎬)

1948년 경기도 양평에서 태어나, 서울대학교 문리과대학 심리학과와 같은 대학교 대학원을 나왔다. 전남대학교 심리학과 교수를 거쳐 현재 서강대학교 교수로 재직하고 있다. '한국 사회 및 성격심리학회' 회장과 '한국심리학회' 회장을 역임하였으며, '대한민국 학술원상'(1999), '서강학술상'(1999), '한국심리학회 학술상'(2008), '과학기술 우수논문상'(2010)을 수상하였다. 서구와 동아시아 사회의 문화차와 그 사상적 배경에 관심을 가지고 있으며, 특히 동아시아인의 특징적인 심리와 행동의 근원을 유학의 고전에서 찾아 그 심리학적 의미를 천착하는 작업에 몰두하고 있다. 저서로는 『불평등사상의 연구』(1992, 공저), 『유학심리학: 맹자 · 순자 편』(1998), 『동양심리학: 서구심리학에 대한 대안 모색』(1999, 공저), 『한국인 이해의 개념틀』(2003), 『이상적 인간형론의 동 · 서 비교: 새로운 심리학의 가능성 탐색 I』(2006), 『동아시아 집단주의의 유학사상적 배경: 심리학적 접근』(2007), 『선진유학사상의 심리학적 함의』(2008), 『사회관계론의 동 · 서 비교: 새로운 심리학의 가능성 탐색 II』(2012) 등이 있다.

## 강정인(姜正仁)

서울대학교 법학과를 졸업하고 미국 캘리포니아대학교(버클리분교) 대학원에서 정치사상을 전공한 다음, 1989년부터 서강대학교 정치외교학과 교수로 재직하고 있다. 한국정치사상학회 회장을 역임한 바 있으며, 『서구중심주의를 넘어서』라는 저술로 한국정치학회 학술상(2004)을 수상했다. 본래 서양정치사상을 전공하면서 민주주의 사상에 관심을 경주했지만, 최근에는 한국(남한) 현대정치사상을 구성하는 과제, 동아시아와 서양의 정치사상을 비교하는 작업에 몰두하고 있다. 저역서로는 『자유민주주의의 이념적 초상』(1993), 『소크라테스, 악법도 법인가?』(1994), 『민주주의의 이해』(1997), 『세계화, 정보화, 그리고 민주주의』(1998), 『한국정치의 이념과 사상』(2009, 공저), 『통치론』(1994, 공역), 『로마사 논고』(2003, 공역), 『군주론』(2008, 공역) 등이 있다. 최근의 논문으로는 「율곡 이이(李珥)의 정치사상에 나타난 대동(大同) · 소강(小康) · 소강(少康): 시론적 개념 분석」(2010), 「박정희 대통령의 민주주의 담론 분석: '행정적' · '민족적' · '한국적' 민주주의를 중심으로」(2011) 등이 있다.

# 사회계약론 연구

홉스·로크·루소를 중심으로

조긍호·강정인 지음

서강대학교출판부

사회계약론 연구
— 홉스 · 로크 · 루소를 중심으로

초판 1쇄 발행 | 2012년 11월 23일
6쇄 발행 | 2025년 2월 28일

지 은 이 | 조긍호·강정인
발 행 인 | 심종혁
편 집 인 | 하상응
발 행 처 | 서강대학교출판부
등록 번호 | 제2002-000170호

주 소 | 서울특별시 마포구 백범로 35(신수동)
전 화 | (02) 705-8212
팩 스 | (02) 705-8612


ISBN 978-89-7273-214-3 93160

값 25,000원



* 이 저서는 2011년도 정부재원(교육과학기술부 사회과학지원사업비)에 의한
한국연구재단(NRF-2011-330-B00010)과 2012년도 서강대학교 교내연구비(201210033.01)의
지원을 받아 연구되었음.

# 책머리에

이 책은 선기(先記)필자(조긍호)가 최근에 출간한 저서인 『사회관계론의 동·서 비교』를 준비하는 과정에서, 서구 사회관계론의 이론적 뿌리를 홉스·로크·루소와 같은 17~18세기 자유주의자들의 사회계약론에서 찾기로 하고, 심리학자인 선기필자에게 생소한 이 분야의 읽을거리를 정치학자인 후기(後記)필자(강정인)에게 부탁하여 얻어 읽으면서부터 그 출간의 싹이 텄다고 볼 수 있다. 선기필자가 앞 책의 제3장(서구 사회관계론의 이론적 뿌리: 사회계약론)에 넣기 위해 준비한 초고는 홉스·로크·루소의 사회계약론을 각각 논의하고 이 세 사람의 이론을 비교·고찰함으로써, 이들의 이론이 현대 심리학에서 전개되고 있는 사회관계론들의 사상적 기초가 되고 있다는 사실을 밝히는 데 그 목적이 있었다. 그런데 집필하는 과정에서 그 분량이 A4로 무려 170여 쪽이 넘어 본래 준비하던 『사회관계론의 동·서 비교』의 한 장으로 넣기에는 양이 너무 많은 것으로 여겨졌다. 그리하여 그 양을 3분의 1 정도로 줄여 본래의 책에 넣기로 하고, 원래 준비했던 전체 원고는 따로 하나의 책으로 묶어보면 어떨까 하는 생각을 한 것이 이 책 출판의 계기가 되었다.

선기필자는 이 초고를 후기필자에게 보여주고, 해석상의 문제점에 대해 자문을 구하였다. 한창 다른 연구과제에 몰두하고 있던 후기필자는 그 바쁜 와중에서도 선기필자의 초고에 대해 세세한 부분까지 손을 보아주었다. 초고의 문제점에 대해 협의하는 자리에서 선기필자는 후기필자에게, 그 원고 중 홉스 · 로크 · 루소의 사회계약론 및 이 삼자의 이론을 비교한 내용을 각각 한 장씩으로 하여 중간 부분에 넣고, 정치사상 전공자인 후기필자가 사회계약의 개념, 사회계약의 연구사(研究史) 및 정치사상사에서 사회계약론이 차지하는 위상(位相)에 관한 서론 장과 홉스 · 로크 · 루소의 사회계약론에 대한 현대적 평가 및 이들 이론들이 후대에 끼친 영향에 관한 결론 장을 새로 집필하여 각각 책의 모두(冒頭)와 종결(終結)로 삼아, 하나의 책으로 묶어보면 어떨까 하는 의견을 제시하였다.

이 제안을 받은 후기필자는 자신의 바쁜 연구 일정 때문에 잠시 망설였으나, 곧 흔쾌히 선기필자의 의견을 받아들였다. 그러고 나서 후기필자는 2012년 여름방학의 상당 부분을 이 책의 제1장 서론과 제6장 결론의 집필에 할애하였다. 후기필자는 이 집필 과정에서도 선기필자의 원고를 서너 번이나 읽고, 선기필자가 잘못 이해하고 있거나 잘못 해석한 부분에 대한 수정의 방향을 제안하였다. 선기필자는 후기필자의 지적을 대부분 받아들여, 후기필자가 집필을 하는 동안 초고의 수정 작업을 진행하였다. 후기필자의 원고가 완성된 다음에는 선기필자가 이를 읽고, 주로 문체나 원고 스타일 등에서 두 사람 사이에 차이가 있는 부분을 통일하기 위한 의견을 제시하였고, 후기필자는 이를 전폭적으로 수용하여 자신의 원고를 수정하였다.

이렇게 이 책은 필자 두 사람의 협조와 공동작업의 산물이다. 필자들은 서로의 원고를 돌려 읽는 과정에서 최대한 충실하게 상대방의 지적을 받아들이려고 노력하였으나, 가끔씩은 상대방의 지적에 대해 자기의 의견을 끝내 고집한 적도 있음을 부인할 수는 없다. 그러므로 이 책도 여러 사람의 저자가 공저한 저술들이 가지는 문제점을 함께 가지지 않을 수가 없을 것이다. 이 점에 대해 독자 제현의 폭넓은 양해를 구하는 바이다.

서구 사회에서 17세기는 르네상스와 기독교개혁에 힘입어 "개인화"의 물결이 휘몰아치던 시기였다. 이 시기 영국에서는 청교도혁명과 명예혁명 같은 정치상의 시민혁명, 상공업의 융성과 화폐경제의 발달 및 자본주의의 맹아와 같은 상업혁명, 그리고 베이컨과 뉴턴이 주도한 과학혁명이 진행되고 있었다. 시민혁명은 독립적이고 평등한 개인들이 자연권의 주체라는 인식을 창출하여, 정치적 자유의 관념을 광범위하게 유포시켰다. 상업혁명은 개인이 스스로의 노동을 통해 획득한 재산에 대해서는 배타적인 권리를 지니고 있다는 재산소유권에 대한 인식을 심어주어, 자기이익의 추구를 중시하는 태도와 경제적 자유의 관념을 확산시켰다. 이러한 자유의 관념은 기독교개혁과 청교도혁명을 통해 획득한 종교적 자유의 관념과 이어져, 개인이 제반 자유의 주체라는 인식을 심화시켰다. 또한 과학혁명은 인간의 경험이 외계 인식의 기초라는 경험론적 인식론과 이어져 개인의 주체적 체험을 강조하는 태도를 유발하였으며, 이성의 주체로서의 인간이 합리적인 탐구를 통해 자연세계와 인간사회를 지배하는 보편적 질서를 찾아낼 수 있다는 실증적 연구의 중요성에 대한 인식뿐만 아니라, 실제적인 삶의 과정에서도 이성의 능력을 통한 합리적 선택을 강조하는 관념을 널리 유포시켰다.

이렇게 홉스와 로크가 살았던 17세기의 영국 사회에서는 개인을 자유와 이성의 주체로 보는 자유주의사상이 활짝 꽃피고 있었으며, 이러한 자유주의는 필연적으로 사회나 국가보다 개인에 우선성을 부여하는 개인주의의 관념과 이어질 수밖에 없었다. 이러한 맥락에서 정부와 국가권력의 정당성을 평등하고 독립적인 개인들 사이의 계약에서 찾으려는 사회계약론이 대두할 수밖에 없었던 것이다.

이러한 영국의 자유주의사상은 볼테르 같은 사람들에 의해 프랑스에 도입되어, 자유와 이성에 의한 인간 자신 및 사회의 진보를 부르짖는 계몽사상으로 이어졌다. 18세기의 프랑스에서는 앙시앙 레짐의 모순이 극심하게 노정되어, 구체제를 지탱하고 있던 국왕을 정점으로 하는 귀족 및 승려 계급과 새로이 형성되던 시민계급 사이의 대립이 치열하게 전개되었으며, 급기야 프랑스혁명으로 폭발되었다. 루소는 이러한 시민혁명의 기운이 무르익던 시기에 활동한 사람이었는데, 자유주의자이자 자연주의자이며 낭만주의자였던 그가 절대군주제를 비판하고 개인의 자발적이며 이성적인 계약에 의한 국가권력 수립의 논리를 펴게 된 것은 어쩌면 당연한 일이었다.

이와 같이 사회계약론자들은 개인의 자유와 자기이익 추구의 권리 및 자발적인 이성적 선택에서 국가권력의 형성과 그 정당성의 근거를 찾으려는 공통점을 가지고 있다. 19세기의 서구 사회에서는 개인주의에 근거를 두고 있는 이러한 사회계약론에 대한 비판이 집요하게 제시되었고, 오늘날에도 이에 대한 비판이 진행되고 있음은 부인할 수 없는 사실이다. 그러나 서구 역사를 관통하는 대표적인 흐름은 "개인화"에서 찾을 수 있고, 이런 점에서 사회계약론은 오늘날에도 서구의 학계에서 끈질긴 생명력을 이어가고 있다.

오늘날 한국 사회도 점차 개인주의화되어가고 있다. 아직 전통적인 집단주의문화의 양상이 도처에서 발견되고 있지만, 특히 정치 분야에서는 서구식의 선거제도가 정착되는 등 서구식 인민주권의 관념이 당연한 것으로 받아들여지고 있다. 그러나 한국의 민주주의는 아직 역사가 일천하고, 그 기반이 그리 튼실하다고 볼 수 없다는 안타까움을 드러내고 있다.

이러한 맥락에서 국가권력의 정당성의 근거를 개인들 사이의 자발적인 계약에서 찾으려는 사회계약론을 오늘날의 한국 사회에서 다시 생각해보는 것은, 과연 이러한 사회계약론이 오늘의 한국 사회에서 어떤 의미를 갖는지를 천착해보는 계기가 될 수 있다는 점에서, 그 자체 의미 있는 일이 아닐 수 없다. 필자들이 이 책을 펴내게 된 근본적인 이유는 바로 이러한 배경에서 찾아볼 수 있다.

필자 두 사람은 전공은 서로 다르지만, 각자의 분야에서 만연하고 있는 "서구중심주의"에 대한 대안을 동아시아 또는 우리 식의 관점을 통해 모색해보려는 입장을 기반으로 하여 공부하고 있다는 공통점이 있다. 이러한 필자들의 자세는 이 책에 필자들의 이름을 기술하는 양식에 잘 드러나 있다. 보통 공저자의 이름을 나열할 때는 기여도를 중시하여 기술하는 것이 서구의 일반적 관행이다. 그러나 필자들은 이러한 서구의 관행에서 탈피하여 우리 식의 관례를 따르기로 하였다. 그것은 저자들의 나이 순서로 배열하는 것이다. 그러니까 저자의 이름을 조긍호 · 강정인으로 한 것은 기여도의 순서가 아니라, 순전히 나이 순일 뿐이다. 선기필자가 후기필자보다 대여섯 살 연상인 까닭이다.

2012년 9월 12일
다산관 연구실에서
조긍호 · 강정인

## 차례

제1장

# 서론 :
# 사회계약론이란 무엇인가

서양 정치사상사에서 "1651년 홉스의 『리바이어던』(*Leviathan*)의 출간부터 1762년 루소의 『사회계약론』(*Du Contrat social*)의 출간에 이르는 한 세기"는 흔히 "사회계약론의 위대한 시대"로 불린다.[1] 사회계약론은 서양의 중세질서를 뒤흔들고 근대적 정치질서를 근본적으로 조형한 일련의 혁명—영국의 명예혁명, 미국의 독립혁명, 프랑스혁명 등—에 심대한 영향을 미쳤다. 19세기 영국의 법제사가인 헨리 메인(Henry Maine)은 자신의 저서 『고대법』(*Ancient Law*)에서 이러한 시대적 흐름을 "신분에서 계약으로"라는 구절을 통해 압축적으로 표현한 바 있다. 이는 타고난 신분을 위주로 구성된 중세사회에서 자유로운 계약을 중심으로 새롭게 편성된 근대사회로의 이행을 단적으로 지칭한 것이다.

17~18세기의 고전적인 사회계약론자들의 주된 관심사는 시민(또는 신민)의 정치적 복종을 요구할 수 있는 정당한 정치적 권위였으며, 그들은 정치적 권위란 시민의 동의나 합의에 의한 정당화를 필요로 한다고 주장했다. 그런데 왜 정치적 권위는 시민의 동의나 합의에 의한 정당화를

1 Barker, 1962/1995, p. 16.

필요로 하는가? 왜 이를 통해 시민의 의무와 통치자의 권리에 한계를 설정해야 하는가? 이러한 문제의식은 당시 부상하던 서구 근대인의 신념—"모든 인간은 본성상 자유롭고 평등하다"—과 맞닿아 있다. 중세를 포함한 그 이전 시대에는 그런 문제의식이 제기될 필요가 없었다. 신분제 사회에서 어떤 사람들은 지배하고 다른 사람들은 지배당했다. 모든 인간이 평등하지 않았고, 또 피치자는 자유롭지 않았기 때문이다.[2] 물론 그처럼 불평등한 정치체제를 정당화하기 위해 역사적으로 많은 이론들이 제시된 바 있고, 또 폭넓게 수용되어왔다.[3] 그런데 근대의 출현과 함께 인간의 불평등을 전제로 한 과거의 이론들은 인간이 본성상 자유롭고 평등하다는 근대인들의 신념 앞에서 이제 더 이상 그 효용을 발휘할 수 없게 되었던 것이다.

이러한 배경에서 자유롭고 평등한 인민들의 합의에서 국가권력의 정당성을 찾으려는 관점의 원형을 살펴보는 것은 현대의 정치·사회사상의 이해를 위해 긴요한 일이 아닐 수 없다. 이 책의 주된 목적은 홉스(Thomas Hobbes, 1588~1679)의 『리바이어던』(*Leviathan*, 1651), 로크(John Locke, 1632

2 Lessnoff, 1990, p. 3.

3 대표적으로 다음과 같은 이론들이 있다. 첫째, 신의 의지를 들 수 있다. 권력은 신의 뜻에 의한 것으로서 신민은 현존 권력에 복종해야 한다는 것이다. 서양의 왕권신수설(王權神授說), 동아시아 유교의 천명론(天命論)이 대표적인 예이다. 둘째, 가부장권론(家父長權論)이다. 자식들에 대한 아버지의 자연적인 권위의 연장선상에서 통치자의 권위 역시 신민의 아버지라는 점에서 정당화된다. 셋째는 전통적 권위(權威)이다. 먼 옛날부터 백성은 군주나 왕 등의 지배계급에게 복종해왔기 때문에 관습이나 습속에 의해 통치자의 권위가 정당화된다. 전통적으로 정치권력에 대한 정당화는 이러한 세 가지 이론의 개별적 적용 또는 중첩적 적용을 통해 이루어졌다고 할 수 있다. 마지막으로 근대적인 이론으로는 공리주의(功利主義)를 들 수 있다. 신민들이 복종에 따르는 고통(비용)과 이득(쾌락)을 정교하게 계산한 후에 전체적으로 복종이 최선의 결과를 낳기 때문에 통치자나 정부에 복종한다는 것이다. 사회계약론을 근본적으로 비판한 영국의 흄(David Hume)의 복종에 대한 이론은 이러한 공리주의에 입각하여 접근한다.

~1704)의 『통치론』(*The Second Treatise of Government*, 1689), 루소(Jean-Jacques Rousseau, 1712~1778)의 『사회계약론』(*Du Contrat social*, 1762)을 중심으로 하여, 근대 초 서구에서 출현한 사회계약론(社會契約論, social contract theory)의 개요를 살펴보고자 하는 것이다.

## 1. 사회계약론과 근대 자유주의

서구 사회에서 17세기는 근대의 문이 활짝 열린 획기적인 시기이었다. 14~15세기의 르네상스와 16세기의 "종교개혁"[4]을 거쳐 서구 역사 전개의 대세로 자리 잡은 "개인화"의 물결은 17세기에 들어서 인간 삶의 중심축이 신권(神權)이나 이를 등에 업은 왕권(王權)으로부터 개인이 태어날 때부터 보유하고 있는 자유롭고 평등한 인권(人權)으로 옮겨지는 계기가 되었다. 르네상스와 기독교개혁을 중심으로 싹이 튼 개인주의는 때마침 발발한 영국의 정치혁명(청교도혁명 · 명예혁명)과 경제혁명(상업혁명)으로 인해 등장한 새로운 시민사회운동과 맞물리면서 새 시대를 이끌어갈 새로운 가치관을 요구하게 되었는데, 이러한 새로운 가치관에 대한 요구는 (르네상스의 직접적인 결과로 야기된 과학혁명을 통해 확고해진) 이성중심주의를 인간과 사회의 제반 현실과 현상을 이해하는 가장 기본적인 인식태도로서 대두하게 만들었다. 서구 자유주의는 바로 이러한 개인주의와 이성중심주의를 배경으로 하여 17세기에 영국을 중심으로 하여 태동한

4 이는 '서구중심주의'에 기울어진 용어이다. 이는 모든 종교의 개혁을 부르짖고 등장한 운동이 아니라, 서구인의 종교였던 기독교의 개혁운동일 따름이기 때문이다. 따라서 이하에서는 '기독교개혁'이라는 중립적인 용어를 사용하기로 하겠다.

사상체계였던 것이다.

자유주의는 개인을 욕망의 주체로 인정하고, 인간을 삶의 과정에서 이러한 개인적 욕구를 적극적으로 추구할 수 있는 자유와 권리를 갖추고 있는 존재라고 본다. 신의 의지나 궁극적 선(善)의 실현보다는 개인적 욕구와 이익의 추구가 인간 삶의 근본적인 동인(動因)이며, 인간은 이러한 개인적 욕구와 이익을 적극적으로 추구할 수 있는 자유와 권리를 태어날 때부터 부여받은 존재라는 것이다. 그러나 이러한 자기이익의 무제한적인 추구는 필연적으로 개인들 사이에 이익 갈등을 야기할 수밖에 없고, 결과적으로 사회를 혼란에 빠뜨릴 것인데, 이러한 혼란으로부터 개인과 사회를 구제할 수 있는 제도적 장치의 필요성이 대두된다고 자유주의자들은 전제한다. 이러한 장치는 무제한적인 자기이익추구의 자유를 억제하는 권리의 상호 동등한 유보와 양도에서 찾아질 수밖에 없다. 따라서 사람들은 스스로가 보유하고 있는 자유와 권리의 동등한 유보와 양도를 위한 협약을 맺게 되는데, 이러한 협약은 인간이 갖추고 있는 합리적 계산능력인 이성의 능력을 통해 가능하게 된다는 것이 자유주의자들의 주장이다. 곧 이성의 주체인 개인들 사이에 맺게 되는 계약을 통해 사회를 혼란으로부터 구제하고, 그럼으로써 제한된 범위에서나마 자기이익을 추구하고 확보하려고 한다는 것이다.[5]

이것이 자유주의자들이 제시하는 사회계약론의 요지인데, 17~18세기의 자유주의자들은 이러한 사회계약이 국가형성의 이론적 기초라는 주장을 제시하여, 아리스토텔레스와 같은 고대 그리스의 자연국가론(自然國家論)이나 중세 후기 절대군주론자들의 왕권신수설(王權神授說)에 대비되는 근대적 정치철학을 정립하였다. "초기 자유주의 정치철학의

5 노명식, 1991, pp. 37~43.

주요 부분을 구성하는 사회계약론의 기본구조는 홉스를 통해 완성되었다. [……] 자유롭고 평등하지만 정념(情念, passion)으로 가득 찬 자연상태의 인간이 합리성의 결과인 사회계약을 통해 시민사회를 형성한다는 홉스의 사고는 17세기 유럽의 정치사상은 물론 향후 자유주의 정치이론에 있어서 지속적으로 영향을 미친 새로운 정치이론의 출발점"[6]이었다. 홉스에 의해 제시된 사회계약론은 같은 17세기 영국의 로크와 18세기 프랑스의 루소 등으로 이어져, 이 시기 자유주의자들의 정치이론의 전형이 되었으며, 서구 현대 사회과학계의 대표적 사회관계론인 사회교환이론(社會交換理論, social exchange theory)의 모태로 작용하고 있기도 하다.[7]

## 2. 사회계약의 개념

이처럼 사회계약이라는 개념은 서구의 자유주의 사상에 핵심적이며, 오늘날에도 서구 학계는 물론 정치 영역에서 널리 통용되고 있다. 그러나 사회계약론의 역사적 계보를 구성하는 모든 이론가들이 "사회계약"이라는 용어를 사용한 것은 아니다. 이 책에서 다루게 될 홉스 · 로크 · 루소 등 근대의 사회계약론자들은 협약(協約, pacts) · 협정(協定, compacts) · 약정(約定, conventions) · 신의계약(信義契約, covenants) 등의 용어를 사용하기도

6 김병곤, 2007, p. 196.

7 홉스 · 로크 · 루소 등의 사회계약론은 국가권력 형성의 정당성과 권력구조에 관한 이론이 주축이 되어 있으나, 이 가운데 권력구조에 관한 부분을 제외하면 사회교환이론에서 제시하는 사회관계론의 이론적 뿌리를 이러한 사회계약론에서 찾아보려는 시도는 역사적으로나 이론적으로 타당성을 갖는다는 것이 필자들의 의견이다. 이 점에 대해서는 선기(先記)필자(조긍호, 2012, 제2부, pp. 289~513)를 참조할 것.

했다. 물론 주목할 만한 예외는 루소가 1762년에 출간한 『사회계약론』이다. 루소는 명백히 이전 사상가들의 사회계약론을 비판하면서 동시에 그것을 발전시키고 있었다. 루소와 그의 저작의 탁월한 명성 때문에 루소의 용어인 사회계약이 표준적인 개념으로 정착되었다고 할 수 있다. 이처럼 사용된 용어나 개념의 다양성에도 불구하고 그들 모두는 사회 내에서 인간들 사이의 상호적인 의무와 권리의 기원과 구속력을 설명하기 위해 근본적으로 동일한 문제의식을 공유했던 것이다.[8]

따라서 근대의 사회계약론은 자유롭고 평등한 합리적 개인들의 자발적인 동의나 합의를 통해 시민사회의 기원, 정치적 권위의 정당성, 통치자와 신민(또는 시민)의 권리와 의무 및 그 한계에 논거를 제공하고자 하는 이론이다. 이 점에서 사회계약론은 정치질서를 구성하는 요소와 그 정당성을 그리스의 자연국가론이나 중세처럼 신이 준 권리, 통치자의 천부적인 우월성, 가부장적 권위 등 "자연적 질서" 또는 "초자연적 질서"에서 찾는 것이 아니라, 그것들이 인간의 자발적인 동의나 합의에서 유래하는 "인위적 질서"의 소산이라는 근대적 신념을 체계적으로 전개하고 강화한 사상이라고 할 수 있다.

한편 사회계약이라는 용어는 "사회"라는 것이 비(非)사회적인, 또는 선(先)사회적인 개인들이 체결한 계약의 결과라는 인상을 준다. 그러나 그러한 개념화는 역사적으로 부정확할 뿐만 아니라 논리적인 모순에 봉착한다. 인간은 본성상 사회적 동물이었을 뿐만 아니라, 계약이라는 개념 자체가 인간들 사이에 사회적 삶을 이미 상정하고 있는 사회적 개념이기 때문이다. 다시 말해, 앞으로 검토할 루소의 『인간불평등기원론』이 잘 지적하고 있는 것처럼, 선사회적인 인간은 설사 존재한다고 해도

---

8 Lessnoff, 1990, p. 2.

계약의 개념을 가질 수 없으며, 따라서 계약을 체결할 수 없다. 서구 사상사에서 근대 초에 출현한 계약론자들 역시 이 점을 십분 이해하고 있었다. 따라서 그들의 주된 이론적 관심사는 사회의 일반적 기원이라기보다는 장차 자유주의 사회로 수렴될 특정한 종류의 사회제도, 곧 무엇보다도 정치적 권위, 중앙집권화된 정부 및 실정법의 제도였다는 점을 상기할 필요가 있다.[9]

그렇다면 "인간은 자유롭고 평등하다"는 근대인의 신념은 정치적 권위에 대한 설명에 있어서 사회계약론을 통해 구체적으로 어떻게 표출되고 있는가? 이에 대해 레스노프(Michael Lessnoff)는 네 가지 논점을 제시한다. 첫째, 계약론은 정치적 권위를 인간 의지의 활동에 의존하는 것으로 개념화함으로써 "자발성"(voluntarism)을 중시한다. 즉 정당한 권위는 그 권위에 종속하는 자들이 종속하기를 의욕했기 때문에 정당하다는 것이다. 둘째, 이러한 자발성은 또한 "합의적"(consensual)이다. 계약론은 정당한 권위에 복종하는 자유롭고 평등한 모든 인간들 사이에서 의지의 합의(consensus)를 전제하는바, 이러한 합의는 우리가 고립된 개인들에 대해서가 아니라 전체 사회에 대해 행사되는 권위를 다루는 것이기 때문에 본질적이다. 셋째, 계약론에서 가장 주목해야 하는 특징은 그것이 고도로 "개인주의적 이론"으로서, 정당한 정치적 권위란 개인들이 그것을 수용하는 것을 토대로 한다는 것이다. 이는 계약론이 사회현상을 설명함에 있어서 개인은 존재하지만 그 밖의 다른 어떤 집단도 존재하지 않은 최초의 상황을 상정함으로써, 개인이 국가나 사회보다 논리적으로 선행한다는 방법론적 개인주의에 기초하고 있음을 의미한다. 이 점에서 사회나 정치체는 개인의 합의에 근거한 인위적 산물이다. 다른 한편 이는

9 Lessnoff, 1990, p. 2.

정치적 권위에 지속가능한 토대를 제공할 수 있을 만큼 개인들의 의지의 합의가 도대체 가능한 것인가라는 의문을 제기함으로써 계약론에 심각한 문제를 제기한다. 이것을 해결하고자 하는 것이 네 번째 특징으로서 계약론은 "합리주의"에 근거하고 있다. 곧 만약 개인들의 의지가 자의적(恣意的)이 아니고 합리적이라면, 합의에 도달할 수 있다는 것이다. 그렇다고 해도 계약론에는 그것이 무엇이든 원칙적으로 인민의 선택을 존중하는 "자발성"과 그들의 선택이 일정한 방향으로 수렴해야 한다는 "합리주의" 사이에 긴장이 있다.[10]

이처럼 근대 사회계약론에서 강조되고 있는 개인의 자발적이고 합리적인 동의 또는 합의의 중요성은 달리 표현하면, 어떤 정치질서(또는 그 구성요소)가 정치적으로 탁월하다—예를 들어, 공공선의 추구, 정치 지도자의 탁월한 덕성, 질서정연한 체제, 시민의 우수한 자질 등—는 객관적 기준만으로는 인민의 복종을 끌어내기에 충분하지 않으며, 합의나 동의를 통한 개별 구성원들에 의한 권한 부여가 있어야 비로소 정당한 권위로서 인민의 자발적인 복종을 받을 가치가 있다는 것이다. 이로 인해 개인들의 의지에 기초한 동의 또는 합의가 17~18세기 서구의 정치철학에서 이전에는 결코 차지하지 못했던 중요한 지위를 차지하게 되었다. 그리하여 홉스는 『리바이어던』에서 "인간의 의지는 모든 신의계약의 본질"[11]이며, "모든 주권자의 권리는 본래 피치자 전원의 [각각의] 동의에서 나온다"[12]고

---

**10** Lessnoff, 1986, pp. 6~7.

**11** 『리바이어던 II』, 제3부, 40장, p. 149: 이는 진석용(2008)이 Molesworth, W. (Ed.) (1839~1845)가 편집한 『홉스 전집』(*The English Works of Thomas Hobbes*, 11 Vols., London: John Bohn, 1992)의 Vol. 3(*Leviathan*)을 두 권(제1권: 제1부와 제2부; 제2권: 제3부와 제4부)으로 나누어 번역한 『리바이어던』, 제2권, 제3부, 40장의 p. 149를 가리킨다. 앞으로 『리바이어던』의 인용은 특별한 표시가 없는 한 이 예를 따른다.

**12** 『리바이어던 II』, 제3부, 42장, p. 272.

주장했다. 로크 역시 『통치론』에서 "자발적인 합의가 [……] 정치권력을 통치자에게 수여한다"[13]고 기술했다. 그리고 루소도 또한 『사회계약론』에서 "[……] 시민적 결사는 세계에서 가장 자발적인 활동이다. 모든 개인이 자유롭고 자기 스스로의 주인이기 때문에, 어떤 사람도 어떤 명분으로든 스스로의 동의가 없이 스스로를 종속시킬 수 없다"[14]고 언명함으로써 이 점을 분명히 했다.

마지막으로 "근대의 사회계약론자들이 사회계약을 역사적 사실로서 받아들여지길 의도했는가"라는 질문은 사회계약의 역사성과 그에 대한 비판을 놓고 꾸준히 제기되어왔다. 뒤에 논의할 것처럼, 서양의 중세와 근대 초에 주로 "통치계약"의 관점에 기초해서 폭정에 대한 신민의 저항권 및 종교적 자유를 주장하던 이론가들은 왕과 신민 사이에 원초적 계약을 상정하고 그것이 역사적으로 실재했다고 믿었다. 그러나 이 책에서 다루게 될 홉스와 로크 및 루소의 경우는 다르다. 고프(John Gough)가 지적한

---

13 『통치론』, 15장, 173, p. 164. 이는 강정인 · 문지영(1996)이 로크의 『제2통치론』을 Laslett, P.(1967)이 편집한 『통치2론』(*Two Treatises of Government*, Cambridge: Cambridge University Press)을 원전으로 하여 『통치론』이라는 제목으로 번역한 책(서울: 까치)의 15장, 173절, p. 164를 가리킨다. 앞으로 『제2통치론』의 인용은 특별한 표시가 없는 한 이 예를 따른다.

14 『사회계약론』, 제4부, 2장, p. 123. 이는 Rousseau(1762)의 *Du Contrat social*을 Gourevitch, V.(1997)가 영어로 번역한 *The Social Contract and Other Later Political Writings*(Cambridge: Cambridge University Press)의 p. 40에 나오는 제4부 2장의 p. 123을 가리킨다. 앞으로 『사회계약론』의 인용은 특별한 표시가 없는 한 이 예를 따른다. 루소의 『사회계약론』의 우리말 번역본은 이환(1999), 이태일 · 최현(2002)의 것 등 여러 권이 있으나, 어느 것도 만족할 만한 수준의 번역이 아니었다. 특히 이환(1999)의 번역본에서는 루소 사회계약론의 가장 핵심적인 개념인 "일반의지"(volonté générale, general will)를 "전체의사", "전체의지"(volonté de tous, will of all)를 "모든 사람의 의사", "특수의지"(volonté particulère, particular will)를 "한 개별적 의사"라고 번역하여, 정치철학 분야의 일반적인 용법과는 동떨어진 번역을 하고 있다. 이에 이 책에서는 기존의 여러 번역본을 참고로 하되, Gourevitch(1997)의 영역본을 원전으로 하여, 루소의 『사회계약론』을 정리하였다.

것처럼, 그들은 계약이론의 역사적 실재성을 고집하지 않았다. 일례로 홉스의 경우 사회계약론이 설사 주권자의 절대적 지배를 받아들이게 하는 논리적 구성물 이상의 의미를 지닌다고 할지라도, 그것은 "주권의 역사적 기원에 대한 설명이라기보다는 주권자의 권위에 대한 합리적 해석의 근거를 마련하기 위한 가설로서의 의미"를 지니고 있었다. 그런데 로크는 "계약 발생의 몇몇 실례를 찾아내고자 고심"했다는 점에서 역사적 실재성을 믿고 이를 입증하고자 노력했던 것으로 보이기도 하지만, 그 역시 "최우선적 관심[은] 역사적 기원에 있었던 것이 아니라 합리적인 원칙에 입각한 정부를 정당화하는 데 있었다"고 고프는 해석한다.[15] 당연한 얘기지만, 『사회계약론』에 제시된 루소의 계약은 일종의 이상주의적 계약으로서 역사적 사실과는 너무나 거리가 멀다.[16] 이 점에서 각각의 사상가들이 제시한 사회계약이 현대의 계약론자들이 주장하는 이른바 "합리적 선택"의 결과라고 볼 때, 홉스와 로크의 경우 사회계약은 "가상적 선택"이라고 볼 수 있고, 루소의 경우는 사회계약을 통해 자신이 생각하는 이상적 사회를 제시하고자 했기 때문에, "이상주의적 선택"이라고 볼 수 있다. 다만 로크의 이론은 사회계약을 역사적 선택의 결과로 해석할 수 있는 애매한 여지를 남기고 있다.[17]

15 Gough, J. W., 1976/1995, pp. 198～199.

16 다만 루소는 『인간불평등기원론』에서 자신이 제안하는 이상적인 사회계약의 체결을 필요로 하는 인류사회의 최종적인 발전단계에서 로크식의 사회계약, 곧 부자와 강자들이 빈자와 약자를 속임수로 회유하여 맺는 계약의 존재를 가상적으로 추정하고 있기도 하다[이태일 · 최현 역(2002), 『인간불평등기원론』(서울: 범우사), 제2부, p. 270 참조].

17 Boucher & Kelly, 1994, p. 2.

## 3. 근대 사회계약론의 사상사적 전사(前史)

서양에서 사회계약론에 대한 사상적 단초는 고대 그리스—<크리톤>에서 제시된 소크라테스의 논변, 플라톤의 『국가』에서 제시된 정의의 기원에 대한 글라우콘의 설명 등—까지 거슬러 올라갈 수 있겠지만, 근대 사회계약론의 직접적인 기원은 아무래도 기독교개혁 이후 전개된 정치적 · 종교적인 역사적 상황에서 찾아야 할 것이다. 바커(Ernst Barker)의 지적에 따르면, 사회계약론은 종교적 자유를 위한 투쟁의 무기로 사용되었는데, "종교적인 투쟁의 시대에 그것[사회계약론]은 소수종파의 이론이 되어, 다수가 신봉하는 종교를 강요하려는 정부에 대한 그들의 저항을 정당화하는데 봉사했다."[18] 신앙의 개인주의화 또는 사사화(私事化)를 모토로 내세운 기독교개혁은 도덕적 사유에서 개인의 선택과 책임을 강조하게 되었으며, 개인의 도덕적 자율성에 대한 프로테스탄트의 견해는 신학과 도덕철학에서 점차 정치학으로 파급되었고, 나아가 사회계약론의 지적 토대를 형성하게 되었다.[19]

르네상스 이후 진행된 서구사회의 세속화는 기독교개혁을 거쳐 계몽주의 시대에 이르러 절정에 달하게 되는데, 사회계약론은 계몽주의 시대에 획기적인 발전을 이룩한다. 킴리카(Will Kymlicka)의 해석에 따르면 계몽주의 시대 이전의 목적론적인 기독교적인 사유체계에서, "도덕적 의무는 어떤 더 큰 자연적 혹은 신적 질서로부터 유래하는 것"으로 생각되었고, 각 개인들의 의무는 그들에게 "자연적 혹은 신적 섭리에 따라 부여된 위치나 기능"으로부터 파생되는 것으로 인식되었다. 계몽주의에 의해

18 Barker, 1962/1995, p. 15.

19 Riley, 1982, p. 2.

이러한 윤리학적 체계들—대표적으로 왕권신수설—이 붕괴되면서 이론가들은 그 공백을 메우기 위해서 사회계약론을 발전시키게 되었던 것이다.[20]

잘 알려져 있다시피, 사회계약론과 근대의 자연법사상 사이에는 항상 긴밀한 관계가 존재했다. 바커가 언급한 것처럼, 사회계약론이 발전하던 시기는 동시에 "그로티우스 및 푸펜도르프에서 피히테 및 칸트에 이르는 위대한 자연법 학파의 사상가들에 의해서 자연법이라는 일반적인 배경이 견고하게 구축되고 체계적으로 조명된 시대"이기도 했다.[21] 이러한 자연법사상은 사회계약론의 발전에 유리한 지적 분위기를 조성했다. 자연법이 있으면 자연권이 있어야 하고, "만약 자연권에 어떠한 제한이 부과된다면, 그러한 제한은 그러한 권리의 소지자에 의한 자발적인 계약"에서 비롯되어야 했기 때문이다.[22]

그런데 계약은 법적인 용어이기 때문에 사회계약은 정치적 의무가 계약 당사자의 법적인 의무와 유사하다는 점을 시사하는데, 이로 인해 법(과 계약)이라는 것이 정치사회 또는 사회계약의 산물(결과)에 불과하기 때문에, 결과로서 원인행위를 설명하는 것은 자기모순이라는 반론이 가능할 법하다. 이러한 반론에 대해 레스노프는 정치적 의무와 법적 의무의 유사성은 단지 유추이지 일치는 아니며, 사회계약론자들이 정치적 의무가 법적인 의무라고 주장한 적은 없다고 반박한다. 중요한 것은 "구속력 있는 합의 또는 약속의 교환"이라는 개념 자체라는 것이다. 그 개념은 선행하는 법이나 정치적 권위를 상정하는 것은 아니다.[23] 이 점에서 사회계약에 의해 시민사회는 물론 실정법이나 정치적 권위가

---

**20** Kymlicka, 1993, pp. 12～13.

**21** Barker, 1962/1995, p. 17.

**22** Barker, 1962/1995, p. 15.

**23** Lessnoff, 1990, p. 4.

비로소 창출된다는 점을 상기할 필요가 있다. 따라서 "정치적 의무가 이런 의미에서의 법에 기초하고 있다는 생각은 전적으로 부조리하다." 따라서 정치적 의무는 실정법 이전에 존재하는 무언가에 기초해야 하는 바, 계약론자들은 그들이 공식화한 "계약상의 의무가 자연법에 토대하고 있다"고 인식했다.[24] 따라서 정치사회에 선행하여 존재하는 자연법의 존재는 인간의 자유와 평등을 주장하기 위해서는 물론 계약의 개념을 가능하게 하기 위해서도 사회계약론에 필수적이다.

사회계약론의 발전단계에서 사회계약은 상호 밀접하게 결합되어 있지만 구분되어야 하는 두 개의 계약으로 구성된 것으로 정식화되었다. "통치계약"(정부계약/지배계약; the contract of government)과 "사회계약"(the contract of society)이 그것이다. 바커의 구분에 따르면, 통치계약은 국가가 "통치자와 신민 간의 계약에 토대를 두고 있다"는 발상이다, 그런데 통치계약은 논리적으로 사회계약을 그 전제로서 요구한다. 통치계약은 "이미 공통된 사회적 의지로 응집된 잠재적 신민 집단과, 그러한 의지에 부응하여 통치의 부담을 떠맡을 태세가 되어 있는 잠재적 통치자"의 존재를 필요로 하기 때문이다. 이 점에서 통치계약과 별도로 "통치계약 이전에 사회계약, 곧 본연의 사회계약(엄격히 '사회적'이라는 의미에서)이 있다"고 상정된다.[25] 따라서 "'정치공동체라는 의미에서의, 그리고 조직화된 사회로서의' 국가는 그 공동체나 사회 각각의 모든 구성원 간에 체결된 사회계약[……]에 근거하고 있다. 이 점에서 통치계약은 [……] 권력(potestas; [주권])"을 창출하고, "사회계약만이 사회(societas) 자체를 창출한다"고 바커는 언명한다.[26] 이러한 구분과 계약의 당사자(또는 주체)

---

24 Lessnoff, 1986, p. 2.

25 Barker, 1962/1995, p. 17.

를 연관시켜볼 때, 사회계약은 집합적으로 인민 사이의 다자적 계약이고, 통치계약은 통치자와 피치자 사이의 계약이라고 할 수 있다. 홉스와 로크 및 루소의 경우 모든 개인들이 개별적으로 계약의 당사자로서 사회계약에 참여하며, 지역 단체 등 집합적 단위들은 사회계약에 참여하지 않는다. 이 점에서 이들의 계약은 "방법론적 개인주의"에 입각해 있다.

중세의 스콜라학자들과 16세기 후반과 17세기 초의 대부분의 가톨릭 및 칼뱅주의 이론가들이 제기한 계약론적 논변은 통치자와 인민의 관계를 다루는 통치계약에 관심을 가졌다.[27] 전형적으로 정치적 권위는 인민의 일정한 필요를 충족시키기 위해 존재하고, 인민에 대한 통치자의 권위는 바로 그러한 사실을 승인하는 것으로부터 비롯된다는 것이었다. 이러한 사고에는 인민은 통치자에게 인민의 이익을 위해 조건부적인 권위를 부여한 것이며, 만약 왕이 원초적인 통치계약을 위반하면 권력을 박탈해도 된다는 논리가 내재해 있었다.[28] 통치계약에 내재한 이러한 논리는 기독교개혁 이후 단순한 폭정 이외에 통치자가 인민의 종교적 자유를 억압할 때에도 인민의 저항을 정당화하는 논리로 발전했다. 예를 들어 이러한 논리에 따라 가톨릭인 스페인 왕에 대한 프로테스탄트인 네덜란드 인민의 반란이 정당화되었던 것이다.

이러한 사상적 전개 과정에서 독일의 법학자인 알투지우스(Johannes Althusius, 1557~1638)는 중세와 기독교개혁 이후에 전개된 사상들을 종합해서 통치자에 대한 저항을 정당화하기 위한 계약이론을 획기적으로

26 Barker, 1962/1995, p. 18.

27 Barker, 1962/1995, p. 18.

28 Lessnoff, 1990, pp. 5~6.

발전시켰다. 레스노프의 정리에 따르면, 그는 세 가지 종류의 계약을 상정했다. 첫째, 모든 군주와 왕의 권위는 개별 인민과 최초의 통치자 사이의 원초적 계약에 근거하고, 이는 새로운 통치자가 계승할 때마다 재확인된다. 둘째, 이 계약에 앞서서 신과의 신약이 있는데, 이를 통해 통치자는 참된 종교를 수립할 의무가 있고, 인민은 그가 이를 위반할 때 저항할 의무가 있다. 물론 통치자가 권한을 행사할 때 인정되는 이런 저항권은 임의의 개인들에게 인정되는 것이 아니라 인민의 대표자(ephor)를 통해서 행사되는 것이었다. 마지막으로 그 두 계약 이전에 "정치공동체 자체—인민, 공영체 또는 왕국—가 최초로 구성되는 계약이 존재하는데, 이와 함께 그 근본법 역시 제정된다"는 것이다. 이 점에서 알투지우스는 통치계약과 사회계약을 구분하고, 통치계약 이전에 사회계약이 논리적으로 선행해야 한다고 주장한 최초의 사상가로서, 근대 사회계약론의 선구자라고 할 수 있다. 동시에 우리는 그의 최초의 정치공동체 구성계약의 당사자가 홉스 · 로크 · 루소의 계약론처럼 "개인"이 아니라 "지역과 도시 등 자신들을 다스리는 정부와 법을 갖추고 있는 보다 작은 정치적 단위(집합체)들"이었다는 점을 기억할 필요가 있다.[29]

이처럼 근대의 계약이론은 그 발전 과정에서 통치자에 대한 신민의 저항을 정당화하기 위해 주로 전개되었는데, 이 점에서 『리바이어던』을 저술하여 통치자의 절대적인 주권을 강조하는 한편 신민의 저항권을 부정한 홉스는 중대한 예외에 속한다. 다만 홉스 이후에 독일의 법학자인 푸펜도르프(Samuel Pufendorf, 1632~1694) 역시 왕의 권력을 계약이론에 기초해서 방어하는 한편, 계약 위반을 이유로 한 통치자에 대한 신민의 저항에 반대하는 이론을 전개하여 홉스를 옹호하고 있다. 최고 통치자가

**29** Lessnoff, 1990, p. 9.

부재한 선(先)정치적인 자연상태는 결코 감내할 수 없고, 또 최고의 정치적 권위는 오직 신에게 책임질 뿐이며 인간에 대해 책임을 지지 않기 때문에 인간에 의해 처벌될 수 없다는 것이 푸펜도르프의 입장이었다.[30]

이 책에서 다루는 홉스와 로크 및 루소는, 바커가 잘 지적하는 것처럼, 통치계약이 아니라 사회계약에 이론적 관심을 경주했다. 그들의 텍스트를 해석할 때 다소 애매한 지점이 있다는 점을 부정할 수는 없지만, 먼저 홉스의 경우 인민은 개별적인 동의를 통해 정치공동체를 일단 형성한 후에 그들의 모든 권리와 권력을 일방적으로 포기하고 주권자에게 넘겨주며, 주권자는 공동체와 아무런 계약을 체결하지 않는다.[31] 따라서 주권자는 아무런 제한 없이 자신의 권력을 행사할 수 있다. 로크의 경우 정치공동체는 "일단 형성된 후에 정부와 계약을 맺지 않지만 수탁자(fiduciary 또는 trustee)로서의 정부를 임명하고, 신탁의 성격에 대한 나름대로의 해석에 근거하여 신탁 위반을 이유로 정부를 해임할 수 있다." 마지막으로 루소의 경우 사회계약에 의해 형성된 공동체는 통치자와 일반 시민의 구분 없이, 대의제도에 의존하지 않고 시민이 직접적으로 입법 과정에 참여하는 자치적(self-governing)인 정치체제를 수립하기 때문에, 사실상 피치자와 통치자 사이에 통치계약이 체결되지 않는다고 할 수 있다.[32] 다만 행정의 필요상 정부를 설치할 수 있지만, 이는 일종의 수직적인 대리나 고용 관계로서 대등한 쌍무계약으로 개념화할 수 없다. 이렇게 볼 때 홉스와 로크 및 루소의 사회계약론에서 정치공동체 자체를

30 Lessnoff, 1990, p. 11.

31 이 점에서 홉스의 통치계약은 법률적으로 계약의 두 당사자가 등가적인 의무를 부담하는 쌍무계약이 아니라 일방이 타방에 대해 일방적으로 의무를 부담하는 편무계약이라고 할 수 있다. 신민을 보호할 주권자의 의무는 단지 암묵적인 부대조건일 뿐이다.

32 Barker, 1962/1995, p. 18.

구성하는 최초의 사회계약은 개인들 사이의 다자적인 쌍무계약에 해당하지만, 그 이후에 정부를 구성하는 통치계약은 부재하거나 아니면 엄밀한 의미에서 쌍무계약이 아니라고 할 수 있다.

## 4. 근대 사회계약론의 공헌

우리는 근대 사회계약론의 기여를 다양한 차원에서 살펴볼 수 있다. 먼저 서구 역사에서 사회계약론이 종교적 자유라는 명분을 방어하기 위해서 동원되었든, 명예혁명 이후 영국의 휘그당에 의해 시민적 자유를 옹호하기 위해 주장되었든, 아니면 루소에 의해 공화주의적 자유를 제창하기 위해 제기되었든 간에 종교적 · 시민적 · 정치적 "자유를 촉진하는 변수"로 작용했다는 사실을 지적할 수 있다.[33] 결론에서 논할 것처럼, 후일 고전적 사회계약론은 수많은 역사적 · 이론적인 반론에 부딪혀서 사실상 거의 파산 상태에 직면하기도 했지만, 1688년의 영국의 명예혁명은 물론 그 이후에 전개된 영국 정치의 자유주의적 개혁은 로크의 사회계약론에 담긴 사상적 요소들에 의해 정당화되거나 추진되었고, 1776년의 미국의 독립혁명은 제퍼슨이 기초한 선언서에서 로크 사상의 영향력을 직접적으로 증언하고 있었다.[34] 루소의 사회계약론에 담긴 사상은 프랑스 혁명을 촉발한 직접적인 계기는 아니었지만, 로베스피에르 등 혁명을 주도한 인물들을 통해서 혁명의 전개 과정과 명분에 심대한 영향을 미쳤다. 오늘날에도 프랑스의 공화주의는 루소의 "일반의지"를 떼어놓고

**33** Barker, 1962/1995, p. 12.

**34** Barker, 1962/1995, pp. 57~58.

는 감히 상상할 수 없다.

둘째, 사상사적으로 계약론은 자연상태에서 자유롭고 평등하게 자연권을 누리는 것으로 가정된 개인을 국가나 사회보다 논리적으로나 시간적으로 선행하는 것으로 가정하여, 기존의 국가나 사회의 존재이유를 구성원인 개인의 생명 · 자유 · 재산의 보호라는 관점에서 평가 · 비판할 수 있는 관점을 제공함으로써, 17~18세기 서구에서 급진적인 개혁과 혁명에 강력한 추진력을 부여했다. 이러한 사례의 극적인 예로 우리는 루소가 자신의 『사회계약론』을 시작하는 전율적인 문구를 제시할 수 있다: "인간은 자유롭게 태어나지만, 도처에서 사슬에 묶여 있다."[35] 이처럼 계약론은 인간의 부자유 등 정치 · 사회적 곤경의 책임을 개인이 아니라 사회나 국가에 돌림으로써, 급진적인 개혁과 혁명의 사상을 고취했던 것이다.[36]

셋째, 사회계약론은 그것이 수반한 또는 그것을 탄생시킨 자연법사상 · 계몽주의 · 자유주의 및 개인주의와 함께 "어떠한 사회, 어떠한 정부, 어떠한 법, 어떠한 도덕의 지배도, 그것이 직접적이든 간접적이든 [……] 해당 개인의 동의가 없으면 정당하지 않다"는 신념을 확산시켰다. 나아가

---

35 『사회계약론』, 제1부, 1장, p. 41.

36 물론 이러한 지적은 홉스의 계약론에는 적용되지 않는다. 또한 프랑스혁명 발발 당시 영국의 보수주의적 정치가이자 문필가였던 에드먼드 버크 역시 당시 유행하던 합리주의적이고 비역사적인 근대의 사회계약론을 정면으로 거부하되, 지속적인 역사와 심지어 초월적인 우주론적 관점에서 사회계약의 관념을 변용하여, 사회계약의 관념을 급진적인 개혁이나 혁명에 반대하는 개념적 장치로 이용한 바 있다. 버크의 보수주의 사상에 대해서는 후기필자(강정인, 2007)를 참조할 것. 이렇게 볼 때, 서구 정치사상사에서 근대 사회계약론은 다양한 정치사상을 표현하기 위한 이론적 장치로 활용되었다고 할 수 있다. 곧 홉스에 의해서는 절대군주제를, 로크에 의해서는 입헌적인 자유주의적 정부를, 루소에 의해서는 직접민주주의적인 소규모 국가를, 버크에 의해서는 프랑스혁명을 비판하는 보수주의 사상을 옹호하기 위해 활용되었다. 나아가 합리적 선택이론과 결합하여 사회계약론이 부활한 현대에 들어와서는, 롤즈에 의해서는 복지자유주의를, 노직에 의해서는 자유지상주의를 옹호하기 위해 재활용되었다.

계약론은 "사회 · 정부 · 법률 · 옳음과 잘못됨 또는 정의와 부정의에 대한 관념, 이 모든 것들은 그것들이 양도할 수 없는 개인의 권리—모든 시대와 장소에 걸쳐 모든 인간에게 고유한 것으로 개념화된—에 대한 승인과 보호를 제공하는가에 따라 판단되어야 한다"는 교리를 서양사상사에 깊이 각인시켰다.[37] 이 점에서 오늘날 널리 유포된 "보편적 인권"이라는 관념, 특히 시민적 · 정치적 권리는 사회계약론의 기여에 힘입은 바가 크다. 또한 궁극적으로 사회계약론, 특히 로크의 버전은 오늘날 거의 보편적인 정치체제로 정착한 자유민주주의—그것이 갖는 긍정적 · 부정적 의미를 망라하여—에 심대한 영향을 미쳤다.

## 5. 이 책의 개요

지금까지 서구의 사회계약론이 근대의 태동과 긴밀하게 결부되어 발전해왔고, 특히 정치사상사적으로는 자유주의와 맞물려 전개되어왔음을 밝혔다. 이어서 사회계약론이 무엇이고, 사회계약론이 발전하게 된 중세와 근대 초의 유럽 사상의 이념적 지형을 간략히 검토했다. 이 책의 주목적은 근대 사회계약론의 대표적 이론이라고 할 수 있는 홉스 · 로크 · 루소의 이론을 검토하는 것이기 때문에, 이어지는 2장에서는 홉스, 3장에서는 로크, 4장에서는 루소의 사회계약론을 개별적으로 소개하고 분석할 것이다. 그런데 독자들이 3인의 사상가들의 사회계약론을 좀 더 깊이 있게 파악하기 위해서는 개별 사상가들의 생애와 역사적 배경,

37 Kendall, 1968, p. 377.

전체적인 저작의 개요와 정치사상의 전모에 대한 이해가 필요하다고 판단해서 그에 대한 논의를 추가했다. 사회계약론의 기본적인 구도는, 공통된 정치권력이 없는 자연상태에 거처하던 자유롭고 평등하게 태어난 자연인이 극심한 혼란과 투쟁의 상태—보통 "전쟁상태"로 개념화된다—에 봉착하게 되자, 이를 타개하기 위해 사회계약을 체결하여 정당한 정치적 권위를 수립함으로써, 자연상태에서 시민상태로 이행한다는 것이다. 따라서 3인의 사상가들이 제시한 사회계약론은 공통적으로 첫째로 자연인, 곧 인간은 어떠한 특성을 가지고 있는 존재인가 하는 자연인의 본성에 관한 논의, 둘째로 아무런 인위적인 강제가 가해지기 이전 상태에서의 인간 삶의 모습에 관한 자연상태의 특징에 관한 논의, 셋째로 자연상태를 벗어나 시민상태로 이행하는 과정에서 체결하는 사회계약의 과정과 내용에 관한 논의, 그리고 넷째로 계약에 의해 창출되는 국가권력의 성격과 내용에 관한 논의라는 네 가지 요소로 구성된 기본틀을 갖추고 있다. 따라서 이 책에서는 2~4장에서 사회계약론의 이러한 네 가지 요소를 중심으로 홉스 · 로크 · 루소의 사회계약론을 분석할 것이다. 이어서 5장에서는 이러한 네 가지 요소를 중심으로 3인의 사상가의 사회계약론을 대조하고 종합해볼 것이다. 마지막으로 6장에서는 근대 사회계약론이 대두한 이후 현대에 이르기까지 서구 정치사상사에서 사회계약론이 거쳐 온 궤적—19세기에 본격적으로 전개된 사회계약론에 대한 첨예한 비판과 그로 인한 사회계약론의 쇠퇴, 미국의 정치철학자 존 롤즈(John Rawls)의 『정의론』 출간을 전후한 20세기 중반 이후 목격된 사회계약론의 화려한 현대적 부활 및 사회계약론의 시공간적 확장에 대한 최근의 탐색 등—을 간략히 소개하면서 이 책을 마무리할 것이다.

# 제2장

# 토마스 홉스의 사회계약론

토마스 홉스[1]는 1588년에 영국 서남부 윌트셔(Wiltshire) 주 맘스베리(Malmesbury) 근처의 작은 마을 웨스트포트(Westport)에서 개신교 목사의 아들로 태어났다. 그의 어머니는 스페인 무적함대가 쳐들어온다는 소문을 듣고 놀라, 임신 7개월 만에 홉스를 조산한 것으로 알려져 있으며, 홉스는 후에 이를 빗대 "공포와 나는 쌍둥이로 태어났다"는 농담을 즐겨 했다고 한다.[2] 작은 마을의 이름 없는 성직자였던 홉스의 아버지는 제대로

---

1 홉스의 생애와 사상에 대해서는 강정인(1993)이 Tuck, R.(1989), Berns, L.(1973)과 Wolin, S.(1960)의 홉스 관련 논문을 번역하여 합본한 『홉스의 이해』(서울: 문학과지성사), 김용환(2005)의 『리바이어던: 국가라는 이름의 괴물』(서울: 살림출판사), 박완규(2007)의 『리바이어던: 근대 국가의 탄생』(경기: 사계절출판사), 전지선(2006)이 Kersting, W.(1992)의 『*Thomas Hobbes zur Einfürung*』(Junis Verlag GmbH)을 번역한 『홉스』(경기: 인간사랑), 그리고 진석용(2008, 경기: 나남)과 최공웅 · 최진원(2009, 서울: 동서문화사)의 『리바이어던』 번역본에 실린 해제 및 김병곤(2007)의 홉스에 관한 논문 등을 광범위하게 참고하였다. 이 글에서는 홉스의 생애와 사상에 관해 널리 알려진 사실이나 구태여 출처를 밝히지 않아도 될 일반적인 사항에 대해서는 출처를 명기하지 않고, 저자의 독창적인 해석을 제시하거나 원문을 그대로 인용하는 등 특별히 출처를 밝힐 필요가 있는 부분에 대해서만 이를 명기하기로 하겠다.

2 홉스는 자연상태에서 인간의 삶은 언제 난폭한 죽음을 당할지도 모른다는 데 대한 "끊임없는

교육도 받지 못한 사람으로, 책임감이나 절제와는 거리가 멀어 술과 카드놀이에 빠져 지냈으며, 사소한 다툼으로 다른 성직자를 폭행하는 사건을 일으켜, 홉스가 어렸을 때 가족과 고향을 버리고 마을을 떠났으며, 그 후로 홉스는 아버지를 두 번 다시 만날 수 없었다.[3] 다행히 홉스는 장갑 제조업으로 부자가 된 큰아버지의 도움으로 학업을 마칠 수 있었다.

그는 어렸을 때부터 모국어인 영어뿐만 아니라 그리스어 · 라틴어 · 프랑스어 · 이탈리아어를 말하고 읽을 수 있는 탁월한 언어 재능을 보였다. 고향에서 초등학교를 마친 후, 그는 1603년(15세)에 옥스퍼드(Oxford) 대학에 입학하여 1608년(20세)에 졸업하였는데, 옥스퍼드에서 논리학과 아리스토텔레스의 자연학 등을 배웠지만, 대학생활에 만족하지 못하였다.[4] 대학을 졸업하던 해에 그는 훗날 데번셔 백작(Earl of Devonshire)

---

공포와 생사의 갈림길"에 놓여 있기 마련이라고 하면서[『리바이어던 I』, 제1부, 13장, p. 172. 제1장의 주 11에서 지적한 것처럼 이는 진석용(2008)이 Molesworth, W. (Ed.) (1839~1845)가 편집한 『홉스 전집』(*The English Works of Thomas Hobbes*, 11 Vols., London: John Bohn, 1992)의 Vol. 3(*Leviathan*)을 두 권(제1권: 제1부와 제2부; 제2권: 제3부와 제4부)으로 나누어 번역한 『리바이어던』, 제1권, 제1부, 13장의 p. 172를 가리킨다. 앞으로 『리바이어던』의 인용은 특별한 표시가 없는 한 이 예를 따른다], 공포를 인간의 행동을 유발하는 강력한 동인 중의 하나로 제시하고 있는데, 이는 이러한 경험에 근원이 있는 것으로 보인다.

3 홉스의 "평생 바뀌지 않은 '성직자 혐오'는 어쩌면 이 감수성 예민한 시기에 경험한 [성직자였던 아버지의 가출: 필자의 삽입; 이하 인용문 중 대괄호 안의 내용은 모두 필자가 삽입한 것이며, 인용문 중 소괄호 안의 내용은 원저자의 것임] 사건에 영향을 받았는지도 모른다"(최공웅 · 최진원, 2009, p. 671).

4 "그 이유는 아마도 과학혁명의 시대가 도래 했음에도 불구하고, 대학의 교과 과정은 여전히 아리스토텔레스와 스콜라 철학 중심으로 이루어져 있었기 때문으로 생각된다"(김용환, 2005, p. 25). 옥스퍼드 시절에 경험한 아리스토텔레스에 대한 반감은 홉스의 철학 전반의 주조가 되어 있는데, 『리바이어던』 제4부의 44장에서 진리를 가리는 어두움을 세상에 가져온 세 번째 요인으로 기독교의 다양한 잔재들을 성경에 섞어 넣은 일을 들면서, "그 잔재의 주종은 헛되고 그릇된 그리스 철학, 특히 아리스토텔레스의 철학이다"(『리바이어던 II』, 제4부, 44장, p. 311)라고 진술하고 있을 정도이다.

이 된 윌리엄 카벤디쉬 경(Sir William Cavendish)의 개인비서 겸 그 아들의 가정교사로 들어갔다. 이때부터 시작된 홉스와 카벤디쉬 가(家)의 인연은 베이컨(Francis Bacon, 1561~1626)의 개인비서로 일한 몇 년(1621~1626?)[5] 과 클리프턴 경(Sir Gervase Clifton) 가문의 가정교사로 옮겨 일한 몇 년(1628~1631)을 제외하고는 평생 동안 이어져, 91세이던 1679년에 카벤디쉬 가의 한 저택인 하드윅 홀(Hardwick Hall)에서 숨을 거둘 때까지 지속되었다.

홉스는 귀족 가문의 가정교사 생활을 하면서, 자신이 가르치던 카벤디쉬 가와 클리프턴 가의 자제들과 함께 세 차례(1610~1615; 1628~1631; 1634~1637) 프랑스와 이탈리아를 비롯한 유럽 여행을 하여, 대륙의 학자들과 교유를 나누었다. 홉스의 학문적 전개 과정에서 특히 중요했던 것은 1634년부터 시작된 3차 여행이었는데, 이때 홉스가 교유한 대표적인 학자들로는 프랑스의 메르센느(Abbé Marin Mersenne, 1588~1648)를 비롯한 가상디(Petrus Gassendi, 1592~1655)와 데카르트(René Descartes, 1596~1650) 등이 있었으며, 특히 1636년에는 이탈리아의 피렌체를 방문하여 갈릴레이(Galileo Galilei, 1569~1642)와 긴밀한 유대관계를 맺기도 하였다. 이 여행을 통하여 홉스는 갈릴레이의 운동론과 유클리드의 기하학을 알게 되었는데, 이는 그의 평생을 통한 학문생활의 지침이 된 커다란 사건이었다. 1637년인 그의 나이 49세 때 "세 번째 유럽 여행에서 돌아온 직후 홉스는 자연과 인간과 사회에 대한 '과학적 지식'을 유클리드 기하학의 논증 방법에 따라 건설한다는 목표를 세웠는데, 이 계획은 약 20년에 걸쳐 『물체론』·『인간론』·『시민론』의 삼부작으로 완성된다."[6]

---

5 베이컨의 개인비서 시절에도 홉스와 카벤디쉬 가문의 연계는 계속 이어졌던 것으로 보인다. "홉스는 카벤디쉬를 통해 철학자 프랜시스 베이컨과 교류"하게 되었기 때문이다. 홉스가 베이컨의 개인비서를 몇 년 간이나 했는지는 확실치 않다. 다만 "베이컨과의 교류는 그가 죽는 해(1626)까지 계속"(김용환, 2005, p. 27)되었던 것은 분명하다.

홉스는 1640년인 그의 나이 52세 때 첫 번째 저작인 『법학요강』(*The Elements of Law*)을 발표하였는데, "정치철학에 관한 홉스 최초의 이 저서에 이미 절대주의의 요소가 강하게 나타난다."[7] 당시는 찰스 1세(Charles I)와 의회의 대립이 격화되고 내란의 조짐이 보이던 시기였는데, 이 책으로 인해 "왕당파로 의심을 받아왔던 홉스는 신변에 위협을 느끼고 프랑스로 피신하여 1652년 초까지 머물렀다."[8] 1642년(54세)에는 삼부작 계획의 제3부에 해당하는 『시민론』(*De Cive*)을 파리에서 라틴어로 출간하였으며, 1651년(63세)에는 그의 주저인 『리바이어던』(*Leviathan*)을 런던에서 영어로 출간하였다. 1655년(67세)에는 삼부작의 제1부에 해당하는 『물체론』(*De Copore*)을, 1658년(70세)에는 제2부에 해당하는 『인간론』(*De Homine*)을 출간하여, 20여 년 전에 계획했던 삼부작을 완성하였다. 그는 노년에 이르기까지 왕성한 집필활동을 하여 80세이던 1668년에 영국 내전을 평가한 『비히모스』(*Behemoth*)를 완성하였으나, 출판은 사후인 1682년에 이루어졌다.

앞에서 언급하였듯이 3차 유럽 여행에서 갈릴레이를 만나고 돌아온 직후, 홉스는 갈릴레이가 물리학에서 거둔 과학적 성공이 유클리드 기하학의 엄밀한 논증 방법을 적용한 데서 기인한다고 보고, 이를 사회철학에 응용하려는 철학적 대(大)주제를 세웠다. 갈릴레이의 영향을 받아 우주에 실재하는 것은 물체뿐이라는 철저한 유물론(唯物論: materialism)에 기울어져 있던 홉스는 우주와 인간 사회를 구성하는 세 종류의 물체, 곧 자연적 물체(natural body), 사람의 몸(human body), 그리고 인공적 물체(artificial

6 진석용(2008), 「토마스 홉스의 정치철학: 평화를 위한 이성의 변론」(옮긴이 해제), 『리바이어던 I』, p. 477; 『리바이어던 II』, p. 441.

7 Kersting, 1992/2006, p. 262.

8 진석용, 2008, 제1권, p. 477; 제2권, p. 441.

body)인 사회에 대한 과학적 지식을 체계적으로 정리하겠다는 야심을 가지고, 이를 각각 『물체론』·『인간론』·『시민론』으로 제시하였다. 홉스의 『리바이어던』에는 이 삼부작의 기본 사상이 체계적으로 집대성되어 전개되고 있다. 그렇기 때문에 홉스의 여러 저작 가운데 대표작은 역시 『리바이어던』이라고 볼 수 있다.

『리바이어던』은 모두 4개부로 구성되어 있다. 제1부 "인간에 대하여"에서는 "국가형성의 '재료'인 인간에 관한 논의를 '유물론적 관점'에서 전개"하고 있으며, 제2부 "코먼웰스(commonwealth)에 대하여"에서는 "인간을 재료로 '설립'된 국가의 형태 및 기능에 대해 논의"하고 있다. 제3부 "기독교 코먼웰스에 대하여"에서는 교황이 국가통치권을 가질 권한이 없다는 논변을 성경에 근거하여 자세히 전개하고 있고, 제4부 "어둠의 나라에 대하여"에서는 "그릇된 신학이론으로 초래된 여러 가지 불합리한 현실"에 대해 이러한 그릇된 신학이론을 유발한 네 가지 배경(성경에 대한 무지로 인한 잘못된 성경 해석, 이교도의 귀신론, 아리스토텔레스 철학, 그리고 날조된 역사)[9]과 연관시켜 비판하고 있다.[10] 이 가운데 제3부와 제4부는 종교와 그 문제점에 대해 다루고 있는 것으로, 정교분리(政教分離)가 원칙으로 굳어진 오늘날의 관점에서 보면, 홉스의 사회철학 또는 정치철학의 핵심을 파악하는 데 꼭 필요한 부분은 아니다. 그러나 홉스 사상의 근간에는 당시의 교회와 그 교리에 대한 비판이 놓여 있으므로, 홉스의 사상이 형성된 배경을 파악하기 위해서는 이 부분에 대한 이해도 필요하다.

9 『리바이어던 II』, 제4부, 44장, p. 311.

10 진석용, 2008, 제1권, p. 478; 제2권, p. 442.

## 1. 홉스의 사상적 배경과 연구방법론

서구 사회에서 중세는 교회가 세계의 중심이었다. 중세 사회의 학문의 중심은 신학을 위주로 하는 스콜라 철학이었는데, 이러한 중세의 철학자들 가운데 대표적인 사람은 "주로 플라톤(Platōn, 427~347 B. C.)의 영향을 받은 아우구스티누스(St. Augustinus, 354~430)"와 "아리스토텔레스(Aristotelēs, 384~322 B. C.) 철학을 기초로 삼고 기독교의 교리를 합리화시켰던 토마스 아퀴나스(St. Thomas Aquinas, 1225~1274)"[11]이었다. 중세 초기에는 플라톤의 영향이 지대하였으나, 시간이 흐를수록 점차 아리스토텔레스의 영향이 막강해져서, 아퀴나스 이후 스콜라 철학은 대부분 아리스토텔레스의 철학을 기초로 하여 전개되었다.[12]

16세기 초엽(1517) 면벌부(免罰符, Indulgentia)[13] 판매의 부당성에 대한

---

11 Russell, 1959/2003, p. 186.

12 Russell, 1959/2003, pp. 209~249. 러셀은 "아퀴나스가 이해한 아리스토텔레스 철학이 교회 안의 철학적 영향력으로서 완벽하고 영속적인 위치를 얻게" 됨으로써, "13세기에는 아리스토텔레스 철학이 [플라톤의 철학을 제치고] 승리를 얻게 되었다"고 지적하고 있다 그리하여 아리스토텔레스 철학의 계승자인 "토미즘(Thomism), 즉 아퀴나스 신학은 로마 가톨릭 교회의 공식적인 교리로 인정되었으며, 가톨릭 교회에서 운영하는 모든 대학과 학교에서 교리로서 가르쳐졌다"(p. 228)는 것이다. 이러한 사정은 홉스가 공부하던 시절(1603~1608)의 옥스퍼드 대학에까지 이어지고 있었다. 홉스는 아리스토텔레스의 철학을 위주로 하는 당시의 대학교육에 강한 거부감을 느끼고 있었는데, 이러한 거부감을 『리바이어던 II』, 제4부, 46장(pp. 381~406)에서 아리스토텔레스의 형이상학 · 자연학 · 도덕철학 및 정치철학에 대한 비판을 통해 집중적으로 논술하고 있다.

13 박준철(1998, p. 60, 주 8)은 흔히 면죄부(免罪符)로 번역되는 인덜겐티아(*Indulgentia*)는 면벌부로 부르는 것이 옳다는 견해를 제시하고 있다. 중세신학에 따르면, 죄는 고해성사를 통하여 사제가 신을 대리하여 용서하는 것인데, 그럼에도 불구하고 그 죄에 따르는 벌은 여전히 남게 되는 바, 연옥에서 받게 될 이 벌을 현세에서 대신하는 것이 참회고행이며,

항의로 촉발된 기독교개혁운동으로 인해 서구 사회는 단일한 그리스도교 세계라는 중세의 이상을 더 이상 유지할 수 없게 되었다. 기독교개혁은 교회가 아니라 개인이 종교 생활의 중심이 되는 결과를 가져와, 중세시대의 특징인 교회 중심의 보편주의가 무너진 자리에 개인을 기초로 하는 근대 사회가 들어서게 되었다. 이 과정에서 자연과 인간 및 사람들로 구성되는 인공체인 사회에 대한 교조적인 인식에서 떠나 이성을 바탕으로 한 합리적이고 과학적인 이해를 강조하는 인간 해방이라는 이념이 사회 변화를 부추기고 있었다. 이미 사회는 더 이상 전통적인 위계질서에 의존하지 않았으며, 새로운 사회는 시장에서 볼 수 있는 것처럼 욕구와 이성의 주체인 평등한 개인들 사이의 자유로운 경쟁을 중심으로 움직이고 있었다.

이렇게 "개인이 중심이 되는 새 시대는 기존의 가치체계를 흔들면서 새로운 질서의 정립을 요구하고 있었다. 홉스는 중세의 전형적인 사고의 틀을 벗어나 근대 초기에 나타난 사회·정치 현상을 투명하게 바라보았으며, 『리바이어던』을 통해 당대의 현실 문제에 대한 처방을 제시하려고 했다."[14] 홉스는 누구보다도 먼저 인간과 국가에 대한 새로운 학문이 필요하다는 사실을 자각했을 뿐만 아니라, 이 새로운 학문을 성립시킨 사람이었던 것이다.[15] 넓은 시각에서 보면, 『리바이어던』을 통해 제시된 "홉스의 이론은 그 이전 정치사상사의 유산으로부터의 단절을 통해 새로운 이론적 기초를 다지려는 시도 위에 서 있었다. 첫 번째 단절은 중세시대부터 서구의 정치적 사고의 중심이었던 기독교와의 단절이며, 두 번째 단절은 서구 학문의 중추인 아리스토텔레스적 학문체계와의

---

이는 구원에 필요한 공적을 쌓는 수단이기도 한데, 참회고행의 한 형태로 인정된 인덜겐티아의 구매는 '죄'를 용서하는 것이 아니라 '벌'을 면하게 하는 기능을 하기 때문이라는 것이다.

**14** 박완규, 2007, p. 41.

**15** Strauss, 1963, p. 1.

단절이다."[16]

홉스의 사회 · 정치사상 전개 과정에서 기독교와의 단절은 "그가 정치와 교회의 관계라는 전통적이면서 영원한 문제에 대한 근본적 해답을 제시하고 정당화하는 과정을 통해 이루어진다. [……] 그는 어떤 도덕적 윤리나 종교적 교리를 전제로 하지 않고, 각자의 신앙이나 도덕적 기준의 차이를 넘어서는 정치학의 출발점으로서 생존의 욕구와 이에 따른 공포를 제시한다. 홉스에 의해서 인간은 [종교적 교리와 이에 따른 보편적 절대선의 추구에서 벗어나] 각자 자유롭게 자신의 생존을 위해 최선을 다하고 미래의 생존을 확보하기 위해 권력을 갈구하지만, 능력의 평등함으로 인해 영속적인 투쟁의 굴레를 쓴 존재로 인식된다."[17]

홉스의 아리스토텔레스 학문체계와의 단절은 기하학의 엄밀한 개념 정의와 이를 통한 정밀한 논증 방법을 모델로 하는 갈릴레이의 신과학의 체계를 사회과학을 포함한 전 학문체계에 도입함으로써 아리스토텔레스를 정점으로 하는 구학문의 대안을 제시하려는 시도를 통해 이루어진다. "홉스의 학문체계는 [아리스토텔레스로 대표되는] 구시대의 세계관에 대한 전면적 도전이요, 구시대의 인식론에 대한 파괴요, 새로운 것을 창조하려는 노력의 결과"[18]였던 것이다.

### 1) 홉스의 인간중심주의와 기독교와의 단절

독일의 가톨릭 수도사 루터(Martin Luther, 1483~1546)에 의해 타오른 개혁의 불길은 스위스의 츠빙글리(Ulrich Zwingli, 1484~1531)와 프랑스의

---

**16** 김병곤, 2007, p. 196.

**17** 김병곤, 2007, pp. 196~197.

**18** 김병곤, 2007, p. 204.

칼뱅(John Calvin, 1509~1564) 등 많은 개혁론자(Protestant)들의 기독교 개신운동으로 이어져, 16세기 전체에 걸쳐 서구 사회는 온통 가톨릭 세력과 개신교 세력 사이의 다툼으로 혼란이 이어졌으며(예: 1562년에서 1598년까지 이어진 프랑스의 위그노전쟁), 그 절정은 독일의 가톨릭 세력과 개신교 세력 사이의 다툼으로 시작되어 프랑스 · 오스트리아 · 스웨덴 · 스페인 등이 가세함으로써 국제전쟁으로 번진 30년 전쟁(1618~1648)이었다. 30년 전쟁이 끝난 17세기 중반부터는 프랑스 이남의 가톨릭 세력과 독일 · 네덜란드 이북의 개신교 세력 간에 균형이 이루어져 종교전쟁은 일단락되었다.[19]

영국에서의 기독교개혁은 대륙과는 다른 양상으로 전개되었다.[20] 자신의 이혼 문제로 인해 로마 교황청과의 갈등이 깊어지자, 국왕 헨리 8세(Henry VIII)는 1534년에 수장령(首長令, Act of Supremacy)을 의회에서 통과시키고 로마 교황청과 결별하여, 국왕이 영국 국교회(國敎會, Anglican Church)의 수장임을 선포하였다. 이후 영국은 국왕의 종교적 성향에 따라 가톨릭과 국교회 사이에서 방황하다가, 엘리자베스 1세(Elizabeth I)가 1559년에 통일령(統一令, Act of Uniformity)을 반포하여 국교주의(Anglicanism)로 통일되었다. 그러나 이후에도 가톨릭 부흥운동이 산발적으로 전개되는 한편, 칼뱅주의(Calvinism)의 일파로 개신교 좌파 그룹인 청교도(淸敎徒, Puritan)들의 지속적인 개혁 요구 등으로 갈등이 끊이지 않았다.

---

19 민석홍, 1984, pp. 377~392, 409~417; Burns, Lerner, & Meacham, 1984/2003, 제2권, pp. 562~602; 제3권, pp. 610~634.

20 대륙에서의 종교전쟁이 종교 지도자의 주창에 영향을 받은 일반 신도들 사이의 갈등으로부터 시작되어 귀족을 비롯한 국왕 세력 사이의 다툼으로 확대되었다면, 영국에서의 기독교개혁은 국왕으로부터 시작되어 일반 신도들 사이 및 국왕 세력과 일반 개신교도(청교도) 사이의 전쟁으로 확산되었다.

이 중 청교주의(Puritanism)는 지주 계층인 젠트리(gentry)와 전문직업인 및 상인 · 수공업자 · 자영농민들 사이에 광범위하게 퍼져 있었으며, 1640년대에 이르러서는 이들의 의회에서의 의석 점유율이 75%에 이를 정도로 세력이 확장되었다.[21] 의회를 장악하고 있던 이들 청교도들은 왕권신수설의 신봉자였던 제임스 1세(James I)와 그를 뒤이은 찰스 1세(Charles I)가 의회의 동의를 받지 않고 높은 세금을 징수하려고 하자, 이에 반발하여 내란을 일으키고(1642) 권력을 장악해 공화주의를 선포하였다. 이것이 청교도혁명(淸敎徒革命, Puritan Revolution)인데, 이는 1660년에 찰스 2세(Charles II)의 왕정복고(王政復古)로 끝을 맺고만 미완의 혁명이었다.[22] 내란 기간[23] 동안 무력해졌던 영국 국교회는 "찰스 2세의 치세(1660~1685)와 더불어 즉시 회복되었다."[24]

이렇게 16세기에서부터 17세기 전반기까지 영국을 비롯한 서구 사회는 종교 문제로 인해 초래된 극심한 혼란으로 몸살을 앓았는데, 당시의 혼란한 사회상의 주범은 대체로 종교로 인한 대립에 있었다. 이 점이 홉스가 기독교와 단절을 결심하게 된 주요 요인이었는데, "그는 당시의 시대 상황을 놓고 볼 때, 종교야말로 모든 불화와 혼란, 분쟁과 내란의 주범이라고 생각"[25]했던 것이다. 이러한 사실은 홉스의 다음 언술에서 분명하게 드러나고 있다.

---

**21** 민석홍, 1984, p. 436.

**22** 민석홍, 1984, pp. 431~450.

**23** 1640년에 출판한 『법학요강』에 드러나 있는 절대주의적인 요소로 인해 왕당파라는 의혹을 받고 있던 홉스는 의회파(청교도파)가 우세를 점하고 있었던 이 내란 발발의 위험을 피해 1640년에 프랑스로 망명하였다가 1652년에 영국으로 돌아왔다.

**24** Burns et al., 1984/2003, 제3권, p. 634.

**25** 진석용, 2008, 제1권, p. 497; 제2권, p. 461.

'교회가 구약성경과 신약성경에 나오는 하느님의 나라이다'라는 교리가 이 땅에서 통용된 후 어떤 일이 벌어졌는지를 보라. 각종 교직을 둘러싼 야심과 경쟁이 만연하게 되었고, 특히 그리스도의 대리자로 군림할 수 있는 대권을 차지하기 위한 싸움이 이전투구의 양상을 보이고 있지 않은가? 또한 공인으로서의 책무를 다해야 할 교직자들의 허식이 도를 넘고 있지 않은가? 목자라는 사람들이 이러고도 사람들의 마음에서 우러난 존경을 바라는가?[26]

홉스가 기독교와의 단절을 결의하게 된 또 다른 요인은 교회가 폭압적으로 인간의 이성과 그 산물인 과학을 억압하였기 때문이다. 그는 "교회권력이 코페르니쿠스와 갈릴레이의 과학을, 곧 인간의 이성을 억압하고 있기 때문에, 과학과 이성의 시대에 맞게 성경을 재해석할 필요가 있다고 생각"[27] 했던 것이다. 이러한 사실을 그는 다음과 같이 명백하게 진술하고 있다.

합법적 권한도 없고, 충분한 연구도 하지 않아서 진리의 판단자가 될 자격도 없는 사람들이 허무맹랑한 철학을 끌어들인 다음에 하는 일은 곧 진정한 철학을 억압하는 일이다. 그간의 항해를 통해, 지구에는 대척점이 있다는 사실을 알 만한 사람은 다 안다. 또한 해가 바뀌고 날이 바뀌는 것이 지구의 운동 때문이라는 것도 점점 분명해지고 있다. 그럼에도 불구하고 저술을 통해 그런 의견을 제시하고, 찬반의 이유를 설명한 사람들은 교회권력의 탄압을 받았다. 왜 그들을 탄압해야 하는가? 그런 의견들이 종교적 진리와 다르기 때문인가? [……] 그것이 걱정이라면, 그런 의견들이 진리인지 아닌지를 판단할 자격이 있는 사람들에게 의뢰하거나, 혹은 진리가 아니라고 생각하

26 『리바이어던 II』, 제4부, 47장, p. 418.

27 진석용, 2008, 제1권, p. 498; 제2권, p. 462.

는 사람들에게 반론을 제시하게 하자. [……] 탄압의 이유가 정치질서에 혼란을 초래하고, 반란이나 소요를 유발할 위험이 있어서인가? 그렇다면 그런 학설은 막아야 하고, 그런 학설을 가르치는 교사들은 처벌해야 한다. 그러나 이 일은 공공의 안녕을 책임지고 있는 사람이 그의 권한으로, 즉 정치적 권한으로 해야 한다. 교회가 국가에 종속되어 있는 상황에서, 교회권력이 하느님의 권한을 내세워 그런 일을 하겠다고 나서는 것은 권력찬탈일 뿐이다.[28]

홉스는 이와 같이 사회 혼란과 진리 탄압의 주범이 교회와 교회권력이라고 보고, 기독교와의 단절을 선언하였다. 그러나 "당시에 유럽 각국에서 기독교의 권위가 약화되고는 있었지만, 여전히 막강한 위력을 발휘하고 있는 상황에서 자신의 정치이론이 자칫 '무신론'으로 오해받을 염려가 있었기 때문에, 그는 자신이 무신론자가 아니라는 사실을 보여줄 필요가 있었다."[29] 이 점이 그가 『리바이어던』의 절반(총 4부 중 제3부와 제4부)을 기독교에 대한 논의에 할애하고 있는 이유이다. 그는 자신이 기독교 신앙의 기본 신조인 "예수가 그리스도이다"라는 사실을 굳게 믿고 있음을 여러 번 강조하여 진술하고 있을 뿐만 아니라,[30] 자신의 목적은 그릇된 성경 해석[31]과 교회권력의 그릇된 행사[32]를 바로잡고자 하는 데 있을 뿐이어서, 자신의 저술에는 "하느님의 말씀이나 선량한 생활태도에 어긋나는 것은 아무것도 없고, 또한 공공의 안녕을 해치는 것도 전혀 없다"[33]고 공언하고 있다. 그러나 무신론자라는 비판은 홉스를 평생 따라다니며

---

28 『리바이어던 II』, 제4부, 46장, pp. 406~407.

29 진석용, 2008, 제1권, pp. 498~499; 제2권, pp. 462~463.

30 『리바이어던 II』, 제3부, 43장, pp. 284~305.

31 『리바이어던 II』, 제4부, 44장, pp. 309~348.

32 『리바이어던 II』, 제4부, 47장, pp. 408~422.

33 『리바이어던 II』, 재검토 및 결론, p. 437.

괴롭혔을 뿐만 아니라,[34] 사후에도 부정적인 영향을 미친 요인이 되었다.[35]

그렇다면, 홉스로 하여금 무신론자라는 비난을 받을 위험을 감수하면서까지 당시의 교회와 교회권력에 대해 비판함으로써 기독교와의 단절을 감행하게 한 사상적 배경은 무엇이었을까? 이 문제에 대한 해답은 그의 인간론과 사회이론의 기본 특징으로부터 유도해볼 수 있는데, 이는 다음 절에서 제시될 몇 가지 특징과 함께 그의 정치사상 전체의 골격을 구성하는 요인으로 작용하고 있다.

**행위 동인(動因)에 대한 인식의 변화: 신의 의지에서 인간의 정념(情念)으로** 중세 기독교의 교리에서는 인간의 모든 행위의 원천을 신의 의지와 신의 속성에서 찾으려고 하였다. 13세기 이후 "가톨릭교회의 공식적인 교리로 인정되어, 가톨릭교회에서 운영하는 모든 대학과 학교에서 교리로서 가르쳐진"[36] 아퀴나스의 신학에 따르면, 인간은 이성과 계시(啓示)에 의해 외계에 대한 지식을 얻게 되는데, 이 두 방편에 의지하여 신의 존재를 인식하고 인간에게 부여된 신의 속성과 신의 의지를 이해할 수 있다고 한다.[37] 인간은 이렇게 이성과 계시에 의해 인식한 신의 속성과 신의 의지를 삶의 과정에서 실현해야 하는 존재이므로, 신의 속성과

34 김병곤, 2007, pp. 216~222; 김용환, 2005, pp. 176~181; 박완규, 2007, pp. 165~176, 229~231; Tuck, 1989/2003, pp. 44~59. 홉스의 종교에 대한 태도와 이론에 대한 자세한 사항은 강정인(1993)이 Tuck(1989)의 저술(*Hobbes*. Oxford: Oxford University Press)을 번역하여 편찬한 『홉스의 이해』 중 홉스의 종교에 관한 저작(pp. 103~119) 부분 참조.

35 홉스가 죽은 지 3년 뒤인 1682년에 그의 모교인 "옥스퍼드 대학에서는 『리바이어던』과 『시민론』을 금서목록에 추가"시켰으며, "로마 교황청과 네덜란드 종교회의는 그보다 훨씬 이전부터 금서목록에 홉스의 저서를 올려놓고 있었다"(최공웅 · 최진원, 2009, p. 678).

36 Russell, 1959/2003, p. 228.

37 Russell, 1959/2003, pp. 228~234.

신의 의지가 인간 행위의 근본적인 동인이라는 것이 기독교의 근본적인 교리이었던 것이다.

홉스는 신이 인간의 "자연적 이성"(natural reason)과 "계시"(revelation), 그리고 기적(miracle)을 일으켜 다른 사람의 신용을 얻은 "어떤 사람의 목소리"(voice of some man)에 의해 자기 존재를 드러내고 자신의 법을 선포하므로,[38] 우리가 자연적 이성과 계시에 의해[39] 신의 존재를 인식할 수는 있지만,[40] 인간이 신의 속성을 파악할 수는 없다고 본다. 그는 "사람으로 태어나 사람에게 본성적으로 깃들어 있는 마음을 쓰는 데에는 오감(五感)을 사용하는 것 이외에는 더 이상 아무것도 필요하지 않다는 것이 내 생각"[41]이라면서, 흔히 신의 속성의 하나로 언급되는 "능력의 무한성 관념"을 예로 들어, 인간이 신의 속성을 파악하는 것은 불가능하다는 사실을 논증하고 있다.

> 우리가 상상하는 것은 모두 '유한한' 것이다. 그러므로 '무한한' 것에 대한 관념이나 개념은 존재하지 않는다. 그 어느 누구도 무한대의 이미지를 상상할 수는 없다. [……] 어떤 것이 무한하다는 말은 그 끝이나 한계를 생각할 수

---

38 『리바이어던 I』, 제2부, 31장, p. 458.

39 홉스는 기적을 "하느님이 일으킨 감탄스러운 일"(『리바이어던 II』, 제3부, 37장, p. 104) 또는 "선택한 자들을 구원하기 위해 특별한 대행자를 보내면서, 그들에게 그 대행자의 사명을 분명하게 알려주기 위해 하느님이 하시는 일"(『리바이어던 II』, 제3부, 37장, p. 110)같이 "하느님의 손으로 직접 이루어진 일"(『리바이어던 II』, 제3부, 37장, p. 110)이라고 정의하면서, 이는 구약시대 이후에는 보기 힘든 것이라고 하여(『리바이어던 II』, 제3부, 37장, pp. 104~115), 일상생활에서 신의 존재를 인식할 수 있는 방편은 '이성'과 '계시'라는 사실을 암묵적으로 제시하고 있다.

40 홉스는 "제1원인자" 논증(『리바이어던 I』, 제1부, 11장, p. 146)이나 "제1운동자" 논증(『리바이어던 I』, 제1부, 12장, p. 150) 같은 예를 들어 신의 존재의 확실성에 대해 논의하고 있다.

41 『리바이어던 I』, 제1부, 3장, p. 46.

> 없다는 뜻일 뿐이다. 즉 '무한하다'는 말은 그 말이 적용되는 대상 자체의 개념이 아니라, 우리 자신의 무능력을 나타내는 개념인 것이다. 그러므로 우리가 '하느님'이라는 명칭을 사용하는 것은 신의 개념을 떠올리기 위해서가 아니라, 하느님을 숭배하기 위해서이다. 왜냐하면, 하느님은 이해할 수 있는 존재가 아니며, 그 위대함과 힘을 개념화할 수 있는 존재도 아니기 때문이다.[42]

이렇게 홉스는 "우리가 개념으로서 파악한 것은 우선 감각에 의해, 혹은 전체를 한꺼번에, 혹은 부분을 지각한 것이므로, 감각의 대상이 될 수 없는 것을 나타내는 사고는 있을 수 없다. 따라서 일정한 장소와 크기(혹은 여러 부분으로 분할된 크기)를 떠나서는 그 어느 누구도 대상에 대한 인식을 가질 수가 없다"[43]는 입장에서, 신의 속성이나 의지는 인식의 대상이 될 수 없고 인간은 그럴 만한 능력도 없으며, 따라서 신은 다만 경배의 대상일 뿐이라고 본다.

> 신의 본성은 이해하기 어렵다. 즉 우리는 신이 어떤 존재인지 알 수 없으며, 우리가 알 수 있는 것은 오로지 신이 존재한다는 사실뿐이다. 따라서 우리가 신에게 부여한 속성은 진실로 신이 어떤 존재인지 말해주거나 우리가 가지고 있는 신의 본성에 대한 의견을 의미 있게 하는 것이 아니라, 우리 사이에서 가장 명예로운 존재로 인식되고 있는 신을 그런 말들로써 명예롭게 하려는 인간의 욕구를 의미할 뿐이다.[44]

이렇게 신의 속성과 의지를 인간이 인식할 수 없다면, 이러한 인식

---

42 『리바이어던 I』, 제1부, 3장, p. 47.

43 『리바이어던 I』, 제1부, 3장, p. 47.

44 『리바이어던 II』, 제3부, 34장, p. 52. 이 구절의 번역은 김병곤(2007, p. 219)의 것이 더 유연하게 번역되어 있어서 이를 그대로 옮겼다.

불가능한 것에서 인간 행위의 동인을 찾으려는 시도는 어불성설이라는 것이 홉스의 관점이다. 여기에서 인간 행위의 동인(動因)은 오로지 우리가 보고 느끼고 경험함으로써 인식할 수 있는 인간 자체의 속성에서 찾을 수밖에 없다는 주장이 나오게 된다.

홉스는 "인간의 '삶' 자체는 다만 '운동'에 불과하며, 삶이 감각 없이 존재할 수 없는 것처럼 욕망이나 공포 없이는 존재할 수 없다"[45]고 보아, 인간 행위의 기본적인 동인을 인간의 운동(motion)[46]을 유발하는 "정념"(情念, passion)에서 찾고 있다. 그에 따르면, "눈에 보이는 행동이 일어나기 전에 인체 내에서 일어나는 운동의 단서들을 보통 '기도'(企圖, endeavour)라고 하는데, 이러한 기도가 그것을 야기하는 어떤 것을 향해 있을 때 '욕구'(appetite) 또는 '욕망'(desire)이라고 부르고 [……] 기도가 어떤 것으로부터 멀어지는 쪽으로 나타날 때 일반적으로 '혐오'(aversion)라고 부르는데,"[47] 이러한 욕구 대상의 획득이나 상실 또는 혐오 대상의 회피나

---

45 『리바이어던 I』, 제1부, 6장, p. 92. 홉스는 인간의 외계 인식의 근원인 감각["모든 사고의 근원은 우리가 감각(sense)이라고 부르는 것에 있다"(『리바이어던 I』, 제1부, 1장, p. 27)]은 외계의 사물이 우리 감각기관을 압박하여 생긴 운동["감각의 원인은 바깥의 물체 혹은 대상이다. 이 대상이 감각의 고유기관을 압박한다. [……] [이러한] 압박을 받은 우리들의 내부에서 일어나는 일[감각]도 결국은 다양한 운동일 뿐이다"(『리바이어던 I』, 제1부, 1장, p. 28); "감각이란 어떤 대상의 움직임을 보거나 듣거나 할 때, 그로 인해 신체기관 및 내부의 여러 부분에서 일어나는 운동이다"(『리바이어던 I』, 제1부, 6장, p. 76)]이라고 하여, 인간 삶이 운동에 근원을 두고 있음을 분명히 하고 있다.

46 홉스는 인간을 포함하는 동물의 운동을 "출생과 동시에 시작되어 죽을 때까지 끊임없이 계속되는 '생명의 지탱을 위한 운동'(vital motion)"과 "마음에 생각한 대로 나타나는 운동인 '움직이는 생명체로서의 운동'(animal motion) 또는 '자발적 운동'(voluntary motion)"으로 나누고 있다(『리바이어던 I』, 제1부, 6장, p. 76). 이 가운데 전자는 상상력의 도움을 필요로 하는 것이 아니고, 후자는 감각에 따른 상상력과 사고의 중재를 필요로 하는 것으로, 이러한 자발적 운동의 동인이 곧 정념이라는 것이다. 이러한 사실은 『리바이어던 I』, 제1부, 6장(pp. 76~92)에서 자세히 논의되고 있다.

47 『리바이어던 I』, 제1부, 6장, p. 77. 진석용(2008, pp. 52~55)은 이 구절에 나오는 "endeavour"를

그 실패 및 이와 관련된 사고에서 경험되는 기쁨 · 쾌락 · 불쾌 · 고통 · 슬픔 등의 감정과 그러한 감정의 근원인 욕구를 합하여 "정념"이라고 한다.[48] 행위의 근본적인 동인으로서의 이러한 정념은 사람이면 누구나 비슷하다는 것이 홉스의 생각이다.

> ['너 자신을 알라'는] 격언이 가르치는 바는 사람의 사고와 정념은 누구나 서로 비슷하다는 것이다. 그러므로 자기 자신을 들여다보면서 자기가 어떤 일을 하는지, 언제 '사고하고, 판단하고, 추론하고, 희망을 품고, 공포를 느끼는지', 그 근거가 무엇인지를 살펴보면, 곧 비슷한 상황에서 다른 사람들이 어떤 사고와 정념을 가지게 될 것인지를 쉽게 알 수 있다는 것이다. 내 말은 '정념'의 유사성, 즉 '욕망'과 '공포'와 '희망' 등의 정념이 누구에게나 있다는 것이지, 그 정념의 '대상'의 유사성, 즉 욕망과 희망과 공포의 대상이 누구에게나 동일하다는 것은 아니다. [……] 사람 마음의 특성들은 오로지 마음을 탐구하는 자만이 읽어낼 수 있다.[49]

이와 같이 홉스는 인간 행위의 동인을 신의 의지나 신의 속성 같은 인간의 이성으로는 파악할 수 없는 불가지(不可知)한 것에서 찾으려고

---

"노력"이라고 번역하고 있는데, 김용환(2005, pp. 52~55)은 이 말이 물리적 세계에서의 작은 운동의 시작을 나타내는 라틴어 "*conatus*"를 인간 내부에서 일어나는 작은 운동의 시작을 의미하는 말로 홉스가 번역하여 사용한 것이라는 관점에서 "의도"라는 우리말로 옮기고 있다. 그러나 '의도'는 보통 영어의 'intention'의 번역어로 사용되고 있어서 여기서는 혼동을 피하기 위해 이를 '기도'라고 옮겼다.

**48** "이러한 단순한 정념들, 즉 '욕구 · 욕망 · 사랑 · 혐오 · 미움 · 기쁨 · 슬픔' 등은 고찰하는 관점에 따라 다양한 이름을 지니게 된다"(『리바이어던 I』, 제1부, 6장, p. 82)는 진술에서, 홉스가 말하는 정념이란 욕구와 감정의 집합체를 가리키는 말임을 알 수 있는데, 『리바이어던 I』, 제1부, 6장(pp. 76~92)에서 이러한 다양한 정념에 관해 자세한 개념 규정을 하고 있다.

**49** 『리바이어던 I』, 서설, pp. 23~24.

하지 말고, 인간 스스로가 인식하고 추론해낼 수 있는 인간 자체의 속성인 정념에서 찾아야 한다는 "인간중심주의"를 표방하고 있다. 이러한 인간중심적인 인간이해의 입장이 홉스의 철학으로 하여금 기독교와 단절하게 만든 요인 중의 하나인 것이다.

**선 · 악 개념의 변화: 절대적 보편주의에서 인간적 상대주의로** 중세시대의 "기독교도들은 이 세상에서의 생활을 앞으로 다가올 더 훌륭한 생활을 준비하는 일로 간주하였으며, 인생의 현실에 일어나는 비참한 일들은 자기가 태어날 때부터 어쩔 수 없이 지고 나온 죄를 정화시키기 위해 짊어져야 하는 시련으로 간주하였다."[50] 내세에서 누리게 될 더 훌륭한 생활에 대한 준비는 현세에서 신의 의지를 궁극적인 선(善)으로 받아들이고 이를 실현하는 일이다. 게다가 "기독교는 신의 존재에 대한 관념에다가 내세의 삶에 대한 신의 심판과 개입의 관념을 더한다. 그리고 이에 덧붙여 주권자의 [곧, 신의] 제재와 같은 직접적인 제재를 인정한다."[51] 따라서 궁극적 선의 근거인 신의 속성을 이해하고, 이를 절대적 · 보편적인 삶의 표준으로 받아들여야 한다. 이것이 원죄(原罪)를 정화시키는 유일한 방법이며, 신의 제재를 받지 않고 내세에 이르는 길인 것이다. 이렇게 기독교는 신의 속성과 의지에서 절대선(絶對善)의 관념을 이끌어내는 선 · 악에 대한 절대적 보편주의의 입장을 견지한다.

그러나 홉스는 "이러한 '궁극목적'(*finis ultimus*)이나 '최고선'(*summum bonum*) 따위는 없다"[52]고 본다. 그에 따르면, "선과 악은 우리들의 욕구

---

**50** Russell, 1959/2003, p. 247.

**51** 김병곤, 2007, p. 220.

**52** 『리바이어던 I』, 제1부, 11장, p. 137.

또는 혐오를 나타내는 이름인데, 기질이나 습관 및 (그 사람이 가지고 있는) 주의(主義)에 따라 다르다'[53]는 상대주의적 관점을 제시한다. 이렇게 선 · 악의 기준은 오로지 인간의 정념에 따라 달라진다는 사실을 홉스는 다음과 같은 언술로 분명히 제시하고 있다.

> 어떤 인간이 욕구 또는 의욕을 갖는 것은 그 대상이 무엇이든지 그에게는 '선'(good)이며, 증오 또는 혐오의 대상이 되는 것은 '악'(evil)이다. [……] 선한 것, 악한 것, 경시할 만한 것, 이런 말들은 사용하는 사람과의 관계에서 사용되는 것이기 때문에 (말하는 사람과의 관계를 떠나서) 단정적으로 그리고 절대적으로 그렇다고 할 수 있는 것은 아무것도 없으며, 대상 자체의 성질로부터 선 · 악의 일반적 법칙을 이끌어낼 수도 없다. 선 · 악의 법칙은 코먼웰스[국가]가 없는 곳에서는 오직 그 사람의 인격에서 나올 뿐이며, 코먼웰스가 있는 곳에서는 이를 대표하는 인격에서 나온다.[54]

그러므로 선 · 악의 절대적인 기준이란 있을 수 없고, 오로지 개인의 정념과 이에 대한 이성적 판단에 따라 달라진다는 것이다. 이렇게 선 · 악에 대한 기준이 상대적일 수밖에 없다는 데에서 사람들 사이에 발생하는 다툼의 원인을 찾을 수 있다는 것이 홉스의 관점이다.

> 사람에 따라 미각 · 후각 · 청각 · 촉각 · 시각 등에 무엇이 유쾌하고 무엇이 불쾌한지에 대한 감각 판단이 다를 뿐만 아니라, 일상생활의 행위에서도 무엇이 이성에 합치하고 무엇이 합치하지 않는지에 대한 판단도 다르다. 아니, 같은 사람도 때에 따라 다르다. 한때 존중했던 것, 즉 선이라고 부르던

---

53 『리바이어던 I』, 제1부, 15장, p. 214.

54 『리바이어던 I』, 제1부, 6장, p. 79.

> 것을 어떤 때에는 비난하고, 악이라고 하기도 한다. 바로 여기에서 언쟁과 논쟁이 발생하고 마침내 전쟁이 일어나는 것이다. 개인적 욕구가 선 · 악의 척도가 되는 한, 인간은 자연상태, 곧 전쟁상태에 존재하게 된다.[55]

이와 같이 도덕과 윤리의 기준이 신의 의지와 같은 절대적인 것이 아니라, 인간의 정념과 같은 상대적인 것에 놓여 있다는 입장에 서면, "인간이 이 세상에 있는 한, ['궁극목적'이나 '절대선'을 추구함으로써 얻게 되는] 영원한 정신적 평정(平靜) 같은 것은 없다"고 간주하게 된다. "왜냐하면, '삶' 자체는 '운동'에 불과하며, 삶이 감각 없이 존재할 수 없는 것처럼 욕망이나 공포 없이도 존재할 수 없기 때문이다."[56] 곧 "욕망이 끝난 사람은 감각과 상상력이 정지된 사람과 마찬가지로 더 이상 살아갈 수 없기 때문에", 그리고 "인간의 욕망은 그 목적이 단 일 회의, 혹은 단 한순간의 향락에 있는 것이 아니라, 장래의 욕망에의 길을 영구히 확보하는 데 있기 때문에" 일상생활의 삶에서 느끼는 "복(福)됨이란 욕망이 하나의 대상에서 또 다른 대상으로 계속적으로 이행하는 것이며, 전자의 획득은 후자로 가는 길에 불과"[57]하게 된다. 이렇게 인간의 욕구에서 도덕의 근거를 찾으려는 도덕적 상대주의는 인간 삶을 끝없는 불안과 혼란으로 몰아간다는 문제점을 안고 있다. 그러나 홉스의 이러한 "도덕적 상대주의"는 그의 인간중심주의에서 비롯되는 필연적인 논리체계였으며, 그로 하여금 기독교와 단절하게 만드는 또 다른 요인으로 작용하였던 것이다.

---

**55** 『리바이어던 I』, 제1부, 15장, p. 214.

**56** 『리바이어던 I』, 제1부, 6장, p. 92.

**57** 『리바이어던 I』, 제1부, 11장, p. 137~138.

**표준설정 권한의 중심축 이동: 교회권력에서 국가권력으로** 도덕의 기준을 인간적 욕구와 정념의 상대성에서 찾게 되면, 이와 같이 결과적으로 불안한 상황에 처하게 될 수밖에 없다는 사실을 홉스도 확실하게 인지하고 있었다. 바로 이러한 바탕 위에서 그는 삶의 표준을 새로이 설정할 필요성을 인식하고 있었으며, 그러한 권한을 교회권력에 맡길 것이 아니라 국가의 주권 하에 두어야 한다고 주장하였다.

중세시대에 도덕적 · 윤리적 문제와 심지어는 객관적 진리 여부의 표준을 설정하는 권한까지도 교회권력에 위임하고 있었던 배경에는 신의 속성과 이에서 도출되는 신의 의지에서 삶의 "궁극목적"이나 "절대선"의 근거를 찾아야 한다는 교회권력이 도사리고 있었다. 중세시대에는 교회권력이 모든 권위의 원천으로 작용하고 있었기에, 이로부터 삶의 모든 영역에서의 표준을 구하려고 하였던 것이다.

이러한 교회권력은 성경에 대한 그릇된 해석에서부터 비롯한다는 것이 홉스의 생각이다.[58] 그는 이러한 성경에 대한 그릇된 해석이 계속 통용된 까닭을 교회가 이로 인해 생기는 이익을 독점해왔다는 사실에서 찾고 있다.[59] 이러한 그릇된 성경 해석으로 인해 "교회의 목사와 교사들은

---

58 이러한 사실을 홉스는 『리바이어던 II』의 제3부와 제4부의 이곳저곳에서 거듭 논의하고 있다. 그에 따르면, 이러한 성경에 대한 그릇된 해석 가운데 가장 잘못된 것은 "교회가 곧 하느님의 나라이다"라는 교리이다. 이 점에 대해서는 『리바이어던 II』, 제3부의 35장(pp. 67~79) 및 39장(pp. 144~147)에서 자세히 언급하고 있다.

59 "그러한 어둠의 교리들이 그들에게 가져다주는 이익은 [……] 기독교 인민들의 합법적 주권자 위에 또 하나의 불법적 권력을 세우고, 그 권력을 유지할 수 있게 해주고, 그 권력을 지탱하는 사람들이 세속적인 부와 명예와 권력을 도모할 수 있게 해준다는 것이다. [……] 이 모든 영적 어두움을 꾀하여 일으킨 자들은 교황과 로마의 성직자들과 기타 이 그릇된 교리들을 사람들의 마음속에 심어주려고 안간힘을 쓰는 자들이다"(『리바이어던 II』, 제4부, 47장, p. 413). 홉스는 『리바이어던』 제4부의 마지막 장(『리바이어던 II』, 제4부, 47장, pp. 408~422)을 "이러한 어두움에서 생기는 이익과 그 수익자"에 할애하여 논의하고

하느님의 공적 대행자로서 교회에 대한 지배권을 가질 수 있었고, [……] 교구목사와 위정자의 자리를 차지할 수 있었으며, [……] 제 마음에 들지 않는 군주는 마음대로 갈아치울 수 있었다."[60] 이렇게 세속에 대한 지배권과 함께 교회는 사람들이 가지고 있는 사상과 이념 및 외계 현상에 대한 과학적 이론의 진리 여부뿐만 아니라, 삶의 제반 도덕적 표준을 설정할 수 있는 권한을 아울러 가지고 있었다.

홉스는 "모든 진리는 '이성'에서 나오거나 혹은 '성경'에서 나온다는 점"[61]에 비추어볼 때, 성경에 대한 그릇된 해석과 이성에 반하는 강요에서 비롯되는, 교황과 주교 및 종교회의로 대표되는 교회의 권력, 즉 "교권"(敎權)은 "성경에도 근거가 없고, 이성적으로도 합당하지 않다"[62]고 주장한다. 이러한 교권의 강제력은 전혀 성경적이지도 않고, 또 이성적으로도 불합리한 일[63]이라는 것이다.

> 우리 구주는 교회 지도자들에게 강제력을 넘겨준 일이 없다. 우리 구주가 그들에게 넘겨준 권력은 그리스도의 나라를 선포하고, 사람들이 그 나라에 복종하도록 설득하고, 하느님 나라에 들어가기 위해 어떻게 해야 하는지를 교시와 충고로써 가르치는 권력일 뿐이다. 그러므로 12사도와 기타 복음 전도자들은 교사들이지 사령관이 아니며, 그들의 가르침은 법이 아니라 유익

---

있다.

60 『리바이어던 II』, 제4부, 47장, p. 409.

61 『리바이어던 II』, 재검토 및 결론, p. 435.

62 진석용, 2008, 제1권, p. 500; 제2권, p. 464.

63 "[교황이나 주교 및 목사들같이] 작은 잘못을 해도 큰 위험이 초래된다고 가르치는 사람들이 무조건 자기들의 이성을 따르라고 하는 것은 불합리한 일이다. 각자 이성을 가지고 있기 때문에, 다른 어떤 사람의 이성을 따르라고 하거나, 혹은 다수 사람들의 여론을 따르라고 하는 것도 불합리한 일이다"(『리바이어던 II』, 제4부, 47장, p. 417).

한 충고일 뿐이다.[64]

홉스에 따르면, "교황의 권력은 [……] '수장적'(首長的, archical) 권력도 아니고, '지배자적'(支配者的, cratical) 권력도 아니며, 다만 '교사적'(敎師的, didactical) 권력일 뿐이다. 하느님은 자발적 복종을 원할 뿐, 강요된 복종은 받아들이지 않기 때문이다."[65] 홉스는 이러한 수장적이고 지배자적인 강제력을 그 자신이 기독교도인 주권자에게 부여하고 있다. 즉, "최고의 교권이 기독교도인 주권자에게 있다"[66]는 것이다.

> 기독교도인 주권자는 국가 통치권과 교회 통치권을 모두 가지고 있다. 그러므로 주권자는 인간이 가질 수 있는 모든 권력을 사용하여 정치적으로나 종교적으로나 백성들의 외적 행위를 통치할 수 있으며, 백성을 통치하는 데 필요한 법을 제정할 수 있다. 국가의 구성원과 교회의 구성원들이 동일한 사람들이기 때문에, 주권자는 코먼웰스의 백성을 통치하는 동시에, 교회의 신도들을 통치한다.[67]

이와 같이 홉스는 중세시대까지 교회가 가지고 있던 제반 권력을 주권자에게 부여하여, 교회를 국가권력에 종속시키려고 하였다. 따라서 "어떤 교리를 백성들에게 가르쳐야 하는지에 대한 판단의 권한", "교회를 이끌 목사들을 임명하고, 그들에게 신도들을 가르칠 책무를 부과할 권한", "재판관을 임명하고, 성경의 해석자를 임명하는 권한", "대학교수의

64 『리바이어던 II』, 제3부, 42장, p. 180.
65 『리바이어던 II』, 제3부, 42장, p. 269.
66 『리바이어던 II』, 제3부, 42장, p. 242.
67 『리바이어던 II』, 제3부, 42장, p. 240.

임명권"[무엇이 올바른 진리인지를 판단할 권한] 및 "백성들의 올바른 생활태도를 결정할 권한"[68] 등 예전에 교회가 가지고 있던 모든 권한을 주권자에게 부여하고 있다. 교회권력과 정치권력이 대립하면 혼란과 내란이 발생한다는 사실은 역사가 증명한 바이고, "정치권력은 바로 이런 혼란과 내란을 막기 위해 생겨났기"[69] 때문에, 혼란과 내란으로부터 사회를 지키는 유일한 방법은 교회권력을 국가권력의 하위에 두는 길밖에 없다는 것이다.

삶의 표준을 설정하는 권한의 중심축은 이렇게 홉스에 의해 교회권력에서 "국가권력"으로 이동하였다. 이러한 중심축 이동의 필요성에 관한 주장은 홉스로 하여금 기독교와 단절하게 만든 결정적 요인이라고 볼 수 있는데, 이러한 사실도 인간중심주의자로서의 그의 면모를 여실히 드러내주고 있다고 하겠다.

### 2) 홉스의 역동적 물질주의와 아리스토텔레스와의 단절

홉스에게 있어서 기독교와의 단절은 아리스토텔레스적 중세의 세계관과의 단절을 위한 초석의 의미를 가진다. 초기 기독교 철학(스콜라 철학)은 플라톤의 영향을 많이 받았으나, 아리스토텔레스의 철학이 "점차 플라톤의 영향을 밀어내고 그 자리를 차지"하게 되었으며, 이런 의미에서 "고대의 철학자들 중에서 스콜라 철학의 수호성인 역할을 한 사람은 아리스토텔레스였다."[70] 아리스토텔레스 철학의 영향은 13세기에 들어서서 "이를 기초로 삼고 기독교의 교리를 합리화시켰던 토마스 아퀴나스에 이르러

68 『리바이어던 II』, 제3부, 42장. 인용문은 순서대로 p, 231, 232, 241, 235, 255에서 따옴.

69 『리바이어던 II』, 제3부, 42장, p. 232.

70 Russell, 1959/2003, p. 225.

절정에 도달했는데, 이 이후 교회의 호교(護敎) 책임자들은 이 입장을 계속 옹호하였다."[71] 이렇게 "아퀴나스가 이해한 아리스토텔레스 철학이 교회 안의 철학적 주류로서 완벽하고 영속적인 위치를 얻게 되었으며 토미즘, 즉 아퀴나스 신학은 로마 가톨릭교회의 공식적인 교리로 인정되어, 가톨릭교회에서 운영하는 모든 대학과 학교에서 교리로서 가르쳐졌다."[72] 이러한 사정을 이해하고 보면, 기독교와의 단절은 홉스로 하여금 아리스토텔레스 철학과의 단절을 선언하도록 하는 필연성을 내포하고 있다는 사실이 분명해진다.

홉스는 성경의 그릇된 해석이 몰고 온 영적 어두움의 원인을 네 가지로 들고 있다. 그 첫째는 성경에 대한 무지로 인해 "성경의 빛을 오용하고 깨뜨렸다"는 점이다; 둘째는 "이교도 시인들의 귀신학, 즉 귀신에 대한 황당무계한 학설을 끌어들였다"는 점이다; 셋째는 헛되고 그릇된 그리스 철학, 특히 아리스토텔레스의 철학으로 인해 "기독교의 다양한 잔재들을 성경에 섞어 넣었다"는 점이다; 그리고 넷째는 "이러한 잘못된, 혹은 믿을 수 없는 전설에 더하여 날조된, 혹은 믿을 수 없는 역사까지 혼합하였다"는 점이다.[73] 그는 이와 같이 성경에 대한 그릇된 해석을 유도하여 이 세계에 영적 어두움을 초래하고, 결과적으로 내란과 혼란을 유발한 책임의 일단을 아리스토텔레스의 철학에서 찾고 있는 것이다. 홉스는 아리스토텔레스의 철학에 대한 거부감을 『리바이어던』 제4부의 46장에서 아리스토텔레스의 형이상학 · 자연학 · 도덕철학 · 정치철학을 조목조목 비판하면서 제시하고 있다.[74] 이 장에서 그는 아리스토텔레스에 대해

71 Russell, 1959/2003, p. 186.

72 Russell, 1959/2003, p. 228.

73 『리바이어던 II』, 제4부, 44장, p. 311.

74 『리바이어던 II』, 제4부, 46장, pp. 381~406.

다음과 같은 원색적인 비판을 거침없이 쏟아놓는다.

> 내 생각으로는, 아리스토텔레스의 『형이상학』(*Metaphysica*)처럼 자연철학과 거리가 먼 것도 없고, 그의 『정치학』(*Politica*)처럼 통치에 모순되는 것도 없고, 그의 『윤리학』(*Ethica*)처럼 무지한 주장도 없다.[75]

현대 독일의 대표적인 정치철학자인 커스팅(Volfgang Kersting)은 아리스토텔레스와 대비되는 홉스의 형이상학 및 자연철학의 특징을 "역동적 물질주의"(dynamischer Materialismus)라고 불렀다. 그는 아리스토텔레스와 다른 홉스 철학의 기초는 "[우주 안에 실제로] 존재하는 모든 것은 움직이는 물체이며, 사물이 처한 시간과 공간 속에서 겪는 인과적 변화뿐"[76]이라는 명제에 놓여 있다고 주장하면서, 홉스의 자연철학과 사회철학(도덕철학과 정치철학)은 모두 이러한 그의 역동적 물질주의의 입장에 토대를 두고 성립하고 있다고 본다.

**실재론에 대한 인식의 변화: 유물론과 유명론의 선호** 홉스가 『리바이어던』 제4부의 46장에서 제시한 아리스토텔레스에 대한 첫 번째 비판은 그의 "형이상학"(*Metaphysica*) 또는 "제1철학"(*philosophia prima*)에 관한 것이다.[77] 보통 형이상학은 "있는 것의[실제로 존재하는 것의] 원인들과

75 『리바이어던 II』, 제4부, 46장, p. 387.

76 Kersting, 1992/2006, p. 69.

77 '형이상학'이라는 명칭은 원래 기원전 1세기에 아리스토텔레스의 저술들을 모아 편집하는 과정에서, 그의 『자연철학』(*Physica*)에 관한 글 다음에(*meta*) 붙인 한 무리의 글, 곧 "자연철학에 관한 글 뒤에 오는 것들"(*Metaphysica*)이라는 의미를 띠고 있다(조대호, 2004, p. 16; Russell, 1959/2003, p. 124). 홉스도 이러한 사실을 지적하고 있는데(『리바이어던 II』, 제4부, 46장, p. 389), "아마도 아리스토텔레스 자신이 이름을 붙였다면, 형이상학이라는 무의미한

원리들에 대한 학문"을 말한다. "하지만 그것은 있는 것의 한 부류를 다루는 다른 개별 학문들과는 달리 [……] 있는 것[존재하는 것] 모두에 공통적으로 속하는 가장 일반적인 것들과 원리들을 탐구"하는 "보편적 존재론"이다. "그것은 감각세계를 넘어선 부동적인 존재 영역에 대한 학문"으로서, "제1철학"이라고 불리기도 한다.[78]

고대 그리스 철학자들 가운데 존재론의 문제를 최초로 다룬 사람들은 "우주를 이루는 기본적인 원소가 무엇인가" 하는 물음을 제기한 자연철학자들[79]이라고 하겠으나, 인간의 외계 인식과 관련하여 현상과 실재(實在)의 문제를 논리적으로 천착한 대표적인 논의는 소크라테스에 의해 제기되고 플라톤에 의해 정교화된 형상론(形相論)을 들 수 있다.

플라톤에 따르면, 우리가 각각의 개별적인 사물(예: '의자')로부터 얻는

---

용어 대신에 탐구에 필요한 일반적 선결조건을 논하고 있는 책이라는 뜻에서 '제1철학'이라는 이름을 붙였을 것이다"(Russell, 1959/2003, p. 124). 아리스토텔레스 자신이 이미 "제1철학"이라는 용어를 사용하고 있다(조대호, 2004, pp. 20, 36~43). 홉스도 아리스토텔레스의 '형이상학'은 "가장 보편적인 것들의 명칭, 혹은 의미를 한정하는" 데에서 시작하는데, 이러한 엄격한 정의(定義)는 모든 존재자들의 "본질과 생성에 관한 개념을 설명할 때 반드시 필요한 것들"이라는 점에서, 이는 "다른 철학이 모두 의존"해야 하고, 그런 의미에서 이를 "제1철학"이라 부를 수 있다(『리바이어던 II』, 제4부, 46장, p. 389)는 견해를 밝히고 있다.

**78** 조대호, 2004, p. 36.

**79** 이들은 대부분 이오니아(Ionia) 학파 또는 밀레토스(Milētos) 학파에 속하는 원자론(原子論)의 창시자들인데, 예를 들면, 탈레스(Thales, 640~550? B. C.)는 "물"을, 아낙시만드로스(Anaximandros, 610~540? B. C.)는 불 · 물 · 공기 · 흙 같은 구체적 물질이 아니라 이들의 복합으로 나타나는 "온 · 냉 · 건 · 습" 등의 무한자(한정되지 않은 성질)를, 아낙시메네스(Anaximenes, 540? B. C.경)는 "공기"를, 크세노파네스(Xenophanes, 580~480 B. C.)는 "대지"를, 헤라클레이토스(Herakleitos, 535~475? B. C.)는 "불"을, 엠페도클레스(Empedoklēs, 444? B. C.경)는 "흙 · 공기 · 물 · 불"을 우주를 구성하는 기본 원소로 보았으며, 피타고라스(Pythagoras, 580~500? B. C.)는 이들과는 달리 우주 만물의 본질은 "수"(數)에서 찾을 수 있다는 이론을 제시하였다(Guthrie, 1960/2000, pp. 39~63; Lamprecht, 1955/1963, pp. 20~43; Ricken, 1988/2000, pp. 32~85; Russell, 1959/2003, pp. 16~73).

감각 현상은 각각의 '의자'에 따라 달라지기도 하고, 또 같은 사람이라도 보는 각도에 따라서 또는 상황에 따라서 달라지기도 한다. 따라서 이러한 감각의 세계 또는 현상의 세계는 일시적인 것일 뿐, 영원하고 본질적인 실재의 세계라고 볼 수 없다. 그러나 각각의 '의자'로부터 얻는 감각 현상을 뛰어넘어 모든 개별적인 '의자'를 '의자'이게 하는, 즉 모든 개별적인 '의자'에 '의자'의 공통적이고 본질적인 속성을 부여하는 변하지 않고 영원한 '그 무엇'이 있을 수 있다. 이것은 인간의 감각세계가 아니라, "공간과 시간 밖의 관념적인 세계"에 실재하는 것으로, 플라톤은 이를 "이데아"(*Idea*)라고 불렀는데, 이는 구체적인 개별 사물들에 그 자체의 본질적 속성을 부여하는 "형상"(形相, *eidos*, form) 또는 "본"(本, *paradeigma*, pattern)의 의미를 갖는 것이다.[80] 즉 "형상으로서의 '의자'는 완전하고 실제로 존재하는 것인 반면에, 우리가 눈으로 보는 '의자'는 모두 불완전하고 껍데기에 지나지 않는 것이다."[81] 말하자면, "형상은 본질이요 한 사물의 참된 본성이며, 또한 형상의 완전한 소유는 고유의 기능 수행에 상당"[82]하여, 사물이 스스로의 존재 목적을 실현하는 근거가 된다.[83] 이렇게 실재하는 것은 개별적인 사물에 대한 감각 현상이 아니라, 각각의 사물에 그 자체의 본질적 속성을 부여하는 관념인 "형상"뿐이라는 주장이 형상론의 골자이다.

이러한 형상론의 "핵심적 난점은 형상과 수많은 개별자(個別者) 사이의 관계를 설명하는 일이다. 왜냐하면, [개별적인 사물과 떨어져서 별도로 실재하는] 형상은 하나뿐인 데 반해서 개별자는 많기 때문이다."[84] 플라톤은

---

**80** Guthrie, 1960/2000, p. 120.

**81** Russell, 1959/2003, p. 92.

**82** Guthrie, 1960/2000, p. 174.

**83** Guthrie, 1960/2000, pp. 164, 167~182.

이 문제를 "참여"(*methexis*)라는 개념을 사용하여 설명한다. "어떤 가시적 사물[개별자]이 아름다울 경우, 그 원인은 '아름다움'[형상]이 그것과 함께 하거나, 또는 그것이 '아름다움' 자체에 '참여'하기 때문"[85]이라는 것이다. 그러나 "어떻게 개별자들이 형상에 참여할 수 있는지를 알기란 매우 난감한 문제이다. 하나의 형상 전체가 온전하게 모든 [불완전한] 개별자에 나타날 수 없다는 건 분명하다고 하겠는데, 그런 일이 가능하다면 그런 형상은 오직 하나만 있다고 할 수 없을 것이기 때문이다. 이를 대신할 수 있는 설명은 개별자들은 어떤 형상의 일부분만을 지니고 있다는 것인데, 하지만 이렇게 되면 원래의 형상은 아무것도 설명할 수 없게 된다."[86]

아리스토텔레스는 그의 스승인 플라톤이 제시한 형상론이 지닌 이러한 문제점을 "질료-형상 이론"을 통해 극복하려고 하였다. 그에 따르면, 예를 들어 나무로 만든 '의자'라는 하나의 사물은 '나무'라는 "질료"(質料, matter)와 의자를 의자이게 하는 기본 속성, 곧 의자의 "형상"으로 이루어진다고 보았다. 이렇게 아리스토텔레스는 하나의 구체적인 사물이 그 재료인 질료와 함께 그것을 그 사물이게 하는 형상을 갖추고 있다고 하여, 형상의 국소(局所)를 사물 안에 위치 지움으로써 플라톤의 형상론이 갖는 개별자와 형상 사이의 관계라는 난제를 피해 가려고 시도하였다. "즉 플라톤은 형상들이 그것들만으로 따로 존재함을 주장하면서, 동시에 그것들은 그것들의 이름으로 불리는 구체적인 사물들 안으로 어떤 신비적인 방식으로 '들어간' 것으로 보았던 반면, 아리스토텔레스는 형상들이

---

**84** Russell, 1959/2003, p. 93.

**85** Ricken, 1988/2000, p. 121.

**86** Russell, 1959/2003, p. 93.

자연물 안에 언제나 들어 있다고 보았던 것이다."[87]

아리스토텔레스는 재료일 따름인 "질료"를 이 세계에 실제로 존재하는 어떤 것이 되도록 하는 것은 질료에 부과되어 있는 "형상"이라고 주장하였다. 형상은 질료에 특성을 부여하여 이를 실체(實體, substance)로 바꾸어놓는다는 것이다. 여기서 실체란 성질들을 실어 나르면서 그 자체는 변하지 않는 어떤 것이다. 이렇게 보면, "아리스토텔레스의 '질료-형상 이론'에 있어서도 [플라톤에게 있어서와 마찬가지로] 결국 형상이 질료보다 더 중요한 것으로 판명된다. 왜냐하면, 창조력을 발휘하는 건 형상이며, 질료는 물론 필요하긴 하지만 그저 원료로서만 필요하기 때문이다. 아리스토텔레스의 형상은 실체라는 말의 원래 의미[88]에서 결국 실체라고 할 수 있다는 사실이 드러나게 된다. [……] 이 말은 형상이 이 현실세계의 진행 과정의 근저에 있으면서 영원히 변하지 않는 것이란 뜻이다."[89] 곧 아리스토텔레스에게 있어서도 플라톤에게서와 마찬가지로 사물의 본질은 재료로서의 "질료"에 있는 것이 아니라, 그 사물을 그것이게 하는 실체로서의 "형상"에 있으며, 따라서 아리스토텔레스는 플라톤으로부터 "실재성은 형상에 있다는 확신"[90]을 물려받고 있었던 것이다.

홉스의 아리스토텔레스와의 단절은 이러한 "형상만이 실재하는 것"이라는 견해에 대한 신랄한 비판으로부터 비롯된다. 홉스는 이 세상에 실재하는 것은 공간 속에서 길이 · 넓이 · 깊이를 차지하면서 공간의

87 Guthrie, 1960/2000, p. 169.

88 "아리스토텔레스는 재료일 따름인 질료를 이 세계에 실제로 존재하는 어떤 것이 되도록 하는 것은 질료에 부과되어 있는 형상이라고 주장하려고 하였다. 형상은 질료에 특성을 부여하여 질료를 실체(實體)로 바꾸어놓는다. [……] 따라서 실체란 성질들을 실어 나르면서 그 자체는 변하지 않는 어떤 것이다"(Russell, 1959/2003, p. 124).

89 Russell, 1959/2003, p. 125.

90 Ricken, 1988/2000, pp. 164~165.

일부를 점유하고 있는 물체(物體)밖에 없다는 철저한 물질주의 또는 "유물론"의 관점에서 형상의 실재론을 비판하고 있다.

> [아리스토텔레스의] 형이상학이 『성경』과 뒤섞여 신학(school divinity)이 되었는데, 이 신학에 따르면 세상에는 물체로부터 분리된 어떤 본질이 있다는 것이다. 그들은 이것을 '추상적 본질', '실체적 형상'이라고 부르고 있다. [……] [그러나] 세상(the world)은 물질, 즉 물체이다. 내가 말하는 세상은 이 땅(the earth)이 아니라 '우주'(the universe), 즉 존재하는 모든 것을 가리킨다. 그리고 세상은 다차원의 크기를 가지고 있다. 즉 길이 · 넓이 · 깊이가 있다. 또 물체의 부분들도 모두 물체이며, 물체와 동일한 차원을 가지고 있다. 따라서 우주의 모든 부분은 물체이며, 물체가 아닌 것은 우주에 속하지 않는다. 그런데 우주는 전부이기 때문에, 우주에 속하지 않는 것은 '아무것도 아닌 것'(nothing)이며, '아무데도 없는 것'(nowhere)이다.[91]

홉스는 우주 안에 실재하는 것은 일정한 크기를 가지고 일정한 공간을 점유하고 있는 물체뿐이라는 유물론의 입장에서, 아리스토텔레스의 형상론은 언어의 실상을 제대로 파악하지 못하고, 실재와 본질이 분리되어 존재한다고 보는 오류에 빠져 있다고 본다.[92] 그는 아리스토텔레스의 이론이 이러한 "분리된 본질"의 오류에 빠져 다양한 문제점을 노출하고 있다고 주장한다.

> 일단 '분리된 본질'의 오류에 빠지면, 그것과 연결되어 있는 수많은 궤변에 필연적으로 말려들게 된다. 그러한 형상들이 실재하는 것이라고 주장하면,

---

**91** 『리바이어던 II』, 제4부, 46장, pp. 389~390.
**92** 『리바이어던 II』, 제4부, 46장, pp. 390~392.

그 형상들이 있는 '장소'를 제시해야 한다. [아리스토텔레스는 '질료-형상 이론'에서 형상이 있는 장소를 그 물체 내로 국한하기는 한다.] 그러나 동시에 그것들이 공간적 크기를 갖지 않는 비물질적인 것이라고 주장하기 때문에, 이때부터 사람들은 헷갈리기 시작한다. 왜냐하면, 모든 사람들이 어떤 장소에 있다는 것은 곧 어떤 물질이 공간을 차지하는 것이라고 알고 있기 때문이다. [……] 어떤 사물에 의해 '획정된'(circumscriptive) 공간적 한계는 결국 그것이 있는 장소의 결정이며, 장소의 한정이다. [……] [아리스토텔레스는] 특히 인간에 대해서는 영혼이 본질이라고 주장하면서, 영혼은 새끼손가락에도 들어 있고, 몸의 구석구석에 다 영혼이 들어 있지만, 몸 전체에도 영혼은 없고[영혼의 전체적인 모습은 찾을 수 없고], 몸의 어느 부분에도 [전체로서의] 영혼은 [찾을 수] 없다고 한다.[93] 이런 터무니없는 생각으로 하느님을 섬기라고 하니, 누가 이를 따를 수 있겠는가?[94]

---

**93** 아리스토텔레스는 "질료-형상 이론"에서 "사람"은 질료로서의 "몸"과 형상으로서의 "영혼"(*Psychē*)으로 구성되어 있다고 본다. "영혼은 살아 있는 무엇이거나 생명을 불러일으키는 것"(Barnes, 1982/1989, p. 122)이어서 모든 생물체가 공유하고 있는 생물체의 형상인데, 이런 점을 염두에 두고 Lamprecht(1955/1963, pp. 96~98)는 이를 "생명"이라고 번역하고 있다. 생물체의 종류에 따라 각각의 영혼에 위계가 있다는 것이 아리스토텔레스의 생각이다. 아리스토텔레스에 따르면, 영혼은 "영양혼" · "감각혼" · "이성혼"으로 나누어진다. "이 중 첫 번째 영양혼은 모든 생물이 지니고 있는데, 이 영양혼을 가진 생물은 모두 신진대사를 한다고 할 수 있다. 감각혼, 즉 감수성은 동물과 인간에게는 있지만 식물에는 없는 반면에 이성혼, 즉 이성은 인간에게만 특유한 것이다"(Russell, 1959/2003, p. 140). 곧 영양혼은 영양 · 발육 · 번식과 같은 "식물적 생명"의 기능이고, 감각혼은 감각 · 감정 · 운동 같은 "동물적 생명"의 기능에 해당하며, 이성혼은 사고 · 믿음 · 앎 같은 모든 인식활동, 곧 "이성적 생명"의 기능에 해당한다(Lamprecht, 1955/1963, pp. 96~98; Barnes, 1982/1989, pp. 122~127). 이는 플라톤의 "욕망 · 열정 · 이성"의 "영혼삼분설"을 물려받은 것인데, 다만 이에 위계구조의 개념을 덧붙인 것에 불과하다. 이러한 관점에 따르면, 인간에게 고유한 형상은 인간만이 소유하고 있는 이성혼에서 찾아야 하며, 따라서 이성이 인간을 인간답게 하는 인간의 본질이라는 것이다.

**94** 『리바이어던 II』, 제4부, 46장, pp. 393~394.

홉스는 이 세상에 실재하는 것은 "이 의자", "저 의자", "이 사람", "저 사람" 같은 공간 속의 장소를 실제로 점유하고 있는 구체적인 물체뿐이라는 철저한 유물론의 신봉자였으므로, 스스로 공간 속의 장소를 점유하지도 못하면서 물체와 분리되어 독립적으로 존재한다고 가정되는 형상의 실재를 인정할 수 없었다. 아리스토텔레스로 대표되는 중세의 관념 실재론과 누구보다도 철저하게 결별하였던 "홉스는 근대 제일의 유물론자이다. 그는 고대 그리스의 [……] 원자론과 유물론을 계승하고 있다. 기독교의 등장 이후 1,500여 년이란 오랜 시간을 사상사의 무대 뒤편에서 때를 기다려야 했던 유물론은 17세기에 와서 홉스를 [……] 통해서 비로소 철학사의 전면으로 떠오르게 되었던 것이다."[95]

철저한 유물론자로서 홉스는 자연스럽게 14세기 오캄(William Ockham, 1285~1349)이 구체화한 "유명론"(唯名論, nominalism)의 입장을 받아들일 수밖에 없었다. "유명론은 간단히 말해 여러 대상에 공통적으로 적용되는 보편적 개념이란 실재하지 않는, 곧 이름에 지나지 않는다는 입장이다."[96] 그러므로 유명론자들은 각 개별적인 사물의 공통적 속성을 추상화하여 구성해낸 관념인 형상은 실재하지 않는 이름일 뿐이라고 본다. 곧 보편적 개념은 다만 이름일 뿐이며, 개체를 떠난 보편성은 존재하지 않는다는 것이다. 이렇게 "유명론은 사물의 실체가 그것의 개체성(individuality)에 있다는 입장에 서 있다. 다시 말해 객관적으로 존재하는 것은 감각으로 인식할 수 있는 개체뿐이라는 말이다."[97] 홉스가 유명론을 받아들였다는 사실은 다음 인용문에서 확인할 수 있다.

**95** 김용환, 2005, p. 52.

**96** 박완규, 2007, p. 198.

**97** 박완규, 2007, p. 199.

이름 중에는 '피터' · '존' · '이 남자' · '이 나무'처럼 오직 하나의 사물에만 '고유하게'(proper) 적용되는 것이 있는가 하면, 인간 · 말[馬] · 나무 등과 같이 '공통으로'(common) 적용되는 것도 있다. 후자는 이름은 하나지만, 여러 개체들이 같이 쓰는 이름이다. 그 모든 개체들에 다 같이 적용된다는 점에서 '보편적인 것'이라고 불린다. 세상에는 이름 이외에는 보편적인 것이 없다. 그 이름이 적용되는 대상은 하나하나가 다 개별자로서 하나뿐인 것이기 때문이다.[98]

이렇게 보편자로서의 형상이 실재하는 것이 아니라 다만 하나의 이름일 뿐이라는 유명론의 관점에서 홉스는 아리스토텔레스의 형상론을 언어의 효용에 대한 무지에서 기원한 "분리된 본질론"이라고 비판하고 있는 것이다.

그들이 어떤 근거에서 '추상적 본질' 혹은 '실체적 형상'이 있다고 주장하는지 알기 위해서는 먼저 그들이 사용하는 말들의 뜻을 살펴보아야 한다. 말의 효용은 우리의 마음속 사고와 개념을 기록해두거나 혹은 다른 사람에게 나타내 보이는 것이다. 어떤 말은 관념된 사물의 이름이다. [……] 또 어떤 말은 상상 그 자체의 이름이다. [……] 또 어떤 것은 이름의 이름이거나, 혹은 담화의 종류를 가리킨다. [……] 또 어떤 것은 한 이름과 다른 이름과의 관계가 귀결관계인지, 모순관계인지를 나타낸다. [……] 그러면, 이런 말들, 즉 '실재'(entity), '본질'(essence), '본질적'(essential), '본질성'(essentiality), 그리고 그런 말에서 파생되었거나 그런 말에 의존하고 있는, 우리가 흔히 사용하는 말들은 도대체 어떤 종류의 이름일까? 이들은 사물의 이름이 아니라 표지(sign)이다. 표지란 어떤 이름 혹은 속성과 다른 어떤 이름 혹은 속성이 귀결관계에 있다고 생각한

---

98 『리바이어던 I』, 제1부, 4장, p. 53.

다는 것을 알려주는 것을 말한다. [……] [내가 여기서 이런 복잡한 이야기를 하는 까닭은] 사람들이 더 이상 허무맹랑한 이름에 시달리지 않도록 하기 위해서다. 아리스토텔레스의 헛된 철학 위에 쌓아 올린 '분리된 본질'의 교리가 바로 그런 허무맹랑한 이름들로 가득 차 있다.[99]

이렇게 보편성보다 개체성을 중시하는 유명론의 입장은 개체적 물체만이 실재하는 것이라고 보는 유물론의 논리적 귀결이었다. 이러한 "유명론은 중세에서 근대로 넘어가는 과도기의 중요한 철학적 흐름이었다. 유명론은 개인이라는 주체와 개인의 자유가 인식되는 과정에 적지 않은 영향을 미쳤다. 유명론의 사회적 의미는 개인주의의 표출에 있다고 해도 지나친 말이 아니다."[100] 이와 같이 홉스는 유물론과 유명론의 입장에서서 아리스토텔레스로 대표되는 고대와 중세의 철학과 결별함으로써, 근대의 문을 연 "자유주의자"이자 "개인주의자"였던 것이다.

**사물의 본질적 상태에 대한 인식의 변화: 정지에서 운동으로** 아리스토텔레스에 따르면, "사물들 각각은 자체 내에 '운동'(*kinēsis*)과 '정지'(*stasis*)의 원리를 가지고 있다."[101] 이 두 가지 중에서 최종 목적의 상태는 운동 상태가 아니라 정지 상태라고 보는 것이 아리스토텔레스의 입장이다.[102] 그는 "자연의 질서에 따라 모든 물체에는 정해진 자리가

99 『리바이어던 II』, 제4부, 46장, pp. 391~392.

100 박완규, 2007, p. 199.

101 박종현, 2001, p. 109; Guthrie, 1960/2000, p. 172.

102 아리스토텔레스에 따르면, 모든 사물은 그 사물을 그것이게 만드는 본질로서의 형상을 가지고 있는데, 이 형상은 그 사물이 될 수 있는 "가능태"(*dynamis*)로서의 속성과 그 사물의 현재의 상태인 "현실태"(*energeia*)의 속성이라는 이중의 의미를 지닌다. 아리스토텔레스는 각 사물이 가지고 있는 가능태가 완전히 발휘된 현실태, 곧 "완성태"(*entelechia*)를

있다"고 본다. "아리스토텔레스가 말하는 자연의 질서는 정적이고 고정된 질서이다. 이 자연의 질서는 부자연적 또는 폭력적 운동과 변화에 의해 바뀌고 어긋나게 된다. 그에 따르면 정해진 자리를 벗어난 물체는 원래의 자리로 돌아가려고 하는 성향이 있는데, 이렇게 정해진 원래의 자리로 되돌아가려는 움직임이 '자연적 운동'(natural movement)이다. [이러한] 자연적 운동의 원인은 물체 내부에 존재한다. 그 원인은 바로 물체의 무게, 즉 자신의 원위치로 환원하려는 속성이다."[103] 홉스는 아리스토텔레스의 『자연학』(*Physica*)에 제시되어 있는 이 두 가지 주장, 곧 "사물의 본질적 지향 상태는 정지 상태"라는 주장과 "자연적 운동의 원인은 물체 속에 갖추어져 있다"는 주장[104]을 유물론의 관점에서 통박하고 있다.

---

지향하는 것이 사물의 존재 목적이라고 본다. 각 사물이 가능태를 실현하려는 과정이 곧 변화와 운동의 상태이고, 결과적으로 이르게 되는 현실태인 완성태는 변화와 운동이 정지된 상태이다. 즉 사물의 궁극적인 목표 상태는 정적인 질서의 상태라는 것이 아리스토텔레스의 생각인 것이다(박종현, 2001, pp. 109~112; Guthrie, 1960/2000, pp. 159~182; Lamprecht, 1955/1963, pp. 107~119; Ricken, 1988/2000, pp. 230~243). 또한 아리스토텔레스에 따르면, 신(神)은 모든 운동과 변화의 최종 원인이면서 스스로는 변화하지 않는 "부동(不動)의 원동자(原動者)"인데, 그가 "모든 것은 신적인 존재를 지향한다"(Ricken, 1988/2000, p. 239)고 주장하고 있다는 사실에서도, 아리스토텔레스가 정지를 모든 사물의 최종 목적 상태로 보고 있다는 사실의 추론이 가능하다.

**103** 김병곤, 2007, p. 205.

**104** 아리스토텔레스는 사물의 변화와 운동의 원인을 "질료인"(質料因), 좁은 의미에서의 "형상인"(形相因; 러셀은 이를 "물체가 놓여 있는 전체적 상황"에서 원인을 찾는 것으로, "여기서의 형상은 '형태'라고 해도 좋을 것"이라고 보고 있다: Russell, 1959/2003, p. 134), "작용인"(作用因), "목적인"(目的因)의 네 가지에서 찾고 있다. 예를 들어, '층계에서 굴러 떨어지는 돌멩이'의 경우, 돌멩이라는 물체의 질료 자체에서 원인을 찾는 것이 질료인이고, 그 돌멩이가 층계의 끝에 놓여 있는 상황에서 원인을 찾는 것이 형상인이며, 누군가가 그 돌멩이를 밀었다는 데에서 원인을 찾는 것이 작용인, 돌멩이는 가능한 한 가장 낮은 곳으로 떨어지려고 하는 욕구를 가지고 있다고 보고, 이러한 돌멩이의 본질적 속성에서 원인을 찾으려는 것이 목적인이다. 이 중에서 질료인과 형상인은 어떤 사건이 일어나려면 무언가가 반드시 어딘가에 있어야 한다는 뜻에서 원인 상황이 갖추어야 하는 필요조건일

홉스는 갈릴레이를 따라 "움직이는 물체는 어떤 다른 것이 그것을 멈추게 하지 않는 한 계속 운동 상태에 있으며, 외부 힘의 지속적인 작용이 없어도 그 운동은 계속 된다고 가정했다. 그러니까 운동이 물질 자체의 속성"으로서 "궁극적인 실체는 '운동하고 있는 물체'라고 생각했으며, 사람은 외부의 사물이 운동하지 않는 한 그 사물에 대해 알 수 없다고 판단"[105]하였다.

> 물체는 일단 운동을 시작하면, 다른 어떤 것이 막지 않는 한, 영구히 운동한다. 그리고 그 운동을 완전히 멈추려고 할 경우에는 일순간에 멈출 수는 없고 시간을 두고 서서히 멈출 수밖에 없다. 물의 경우, 수면 위의 바람이 그쳐도 물결의 넘실거림이 한동안 그치지 않는 것처럼, 인간의 내부에서 일어나는 운동의 경우에도, 즉 보거나 꿈꾸거나 할 경우에도 똑같은 현상이 일어난다.[106]

사물의 본질적 상태인 운동의 원인을 사물의 내적 속성에서 찾으려는 아리스토텔레스의 주장도 홉스에게는 비판의 대상이다. "어떠한 것도 그 자체로는 변하지 않으며",[107] 운동의 원인은 외부 대상으로부터 오는

---

뿐이어서, 오늘날에는 이를 원인이라고 보지는 않는다. 작용인은 사물의 운동을 유발하는 외적 요인을 말하는 것으로, 오늘날에는 이 작용인만을 유일한 원인으로 인정하고 있다. 사물 자체의 속성에서 원인을 찾으려는 목적인은 사물의 본질적 상태인 형상의 한 속성인 가능태에의 지향에서 원인을 찾으려는 아리스토텔레스의 목적론적 사고의 전형을 보여주는 것인데, 생물과 사회에 관한 문제들을 고찰하는 데에는 그럴듯하게 적용될 수 있으나, 무생물의 운동의 원인으로서는 물활론(物活論)적 사고에서 나오는 억지라고 할 수 있다 (Barnes, 1982/1989, pp. 100~109; Lamprecht, 1955/1963, pp. 109~116; Russell, 1959/2003, pp. 133~136). 물체 내부에서 변화와 운동의 원인을 찾으려는 것은 이 목적인에서 원인을 찾으려는 것을 의미하는데, 홉스는 『리바이어던』 곳곳에서(예: 제1부, 2장, pp. 31~32; 제4부, 46장, pp. 396~397) 이러한 아리스토텔레스의 목적론적 원인설을 비판하고 있다.

**105** 박완규, 2007, p. 51.

**106** 『리바이어던 I』, 제1부, 2장, p. 32.

압박 또는 외부 대상의 운동에서 찾을 수밖에 없다는 것이 홉스의 주장이다.

> [아리스토텔레스의 영향을 받은] 스콜라 학파는 무거운 물체가 낙하하는 것은 휴식 욕구 때문이며, 그 물체에 가장 알맞은 장소에서 그 본성을 유지하기 위한 것이라고 설명한다. 그렇다면 그 물체가, 그 무생물이 자신의 본성을 유지하는 데 도움이 되는 욕구와 지식을, 생물인 인간이 가지고 있는 이상으로 가지고 있다는 말인데, 한마디로 터무니없는 주장이다.[108]

> 왜 어떤 물체들은 땅 쪽으로 떨어지고, 또 어떤 물체들은 땅에서 멀어져 올라가느냐고 물어보면, 그들은 아리스토텔레스가 가르친 대로 이렇게 대답한다. 아래로 떨어지는 물체는 '무겁기' 때문인데, 이 '무게'로 인해 아래로 떨어진다고. 다시 그들에게 무거움이 무엇이냐고 물으면, 무거움이란 지구 중심으로 향하려는 노력이라고 대답한다. 그러니까 물체가 아래로 내려가려는 노력 때문이라는 것이다. 이것은 물체가 내려가는 이유는 물체가 내려가기 때문이고, 올라가는 이유는 올라가기 때문이라고 말한 것과 같다. 그들은 또 이렇게 말한다. 지구의 중심은 무거운 물건들이 휴식하는 장소이며, 머무르는 장소이기 때문에 그런 노력이 있는 것이라고. 돌이나 금속도 인간처럼 욕구가 있어서 가고 싶은 장소를 알아서 움직인다는 말인가? 혹은 인간과는 달리 휴식을 좋아하기라도 한단 말인가? 유리판이 창문에 달려 있는 것보다 길바닥에 떨어져 있는 것이 더 안전하다고 판단하여 떨어졌다는 말인가?[109]

운동이 사물의 본질적 상태라는 철저한 유물론의 입장에서 홉스는 "인간의 '삶' 자체도 '운동'에 불과"[110]할 뿐이라고 본다. 그에 따르면,

---

**107** 『리바이어던 I』, 제1부, 2장, p. 31.

**108** 『리바이어던 I』, 제1부, 2장, pp. 31~32.

**109** 『리바이어던 II』, 제4부, 46장, pp. 396~397.

"모든 사고의 근원인 [……] 감각(sense)"도 대상물이 감각기관을 압박하고, "이 압박이 신경이나 힘줄이나 박막 등을 거쳐 안으로 두뇌와 심장에 전달되면, 이에 대한 저항 또는 반대 압력, 즉 이로부터 해방되려는 마음의 노력"에서 생긴 결과이어서, "압박을 받은 우리들의 내부에서 일어나는 일[감각]도 결국은 다양한 운동일 뿐"[111]이라는 것이다. 이렇게 인간의 본질적 상태도 운동으로 환원할 수 있다는 것이 홉스의 주장이다.

> 동물에게는 동물 특유의 두 가지 '운동'이 있다. 하나는 '생명의 지탱을 위한 운동'(vital motion)으로서 출생과 동시에 시작되어 죽을 때까지 끊임없이 계속된다. [……] 또 하나는 '움직이는 생명체로서의 운동'(animal motion)으로서 다른 말로는 '자발적 운동'(voluntary motion)이라고 하기도 한다. [……] 감각이란 어떤 대상의 움직임을 보거나 듣거나 할 때 그로 인해 신체기관 및 내부의 여러 부분에서 일어나는 운동이다. [……] 눈에 보이는 행동이 일어나기 전에 인체 내에서 일어나는 운동의 단서들을 '기도'(企圖, endeavour)라고 한다.[112]

이처럼 홉스는 사물의 본질적인 상태는 "운동"이며, 이러한 운동은 "외적인 작용의 결과"라고 하는 갈릴레이의 유물론을 이어받아 근대를 연 이단자[113]였다. 사물의 본질적 상태를 운동에서 찾는 홉스의 관점은 그로 하여금 아리스토텔레스와 단절하도록 한 또 하나의 계기였던 것이다.

---

**110** 『리바이어던 I』, 제1부, 6장, p. 92.

**111** 『리바이어던 I』, 제1부, 1장, pp. 27~28.

**112** 『리바이어던 I』, 제1부, 6장, pp. 76~77.

**113** Tuck, 1989/1993, pp. 44~59.

국가형성 근거에 대한 인식의 변화: 자연국가론에서 인위적 국가론으로

사물의 근본적 상태인 운동의 원인을 사물 자체의 속성에서 찾는 것이 불합리하다는 홉스의 생각은 그의 국가형성 이론에도 그대로 이어지고 있다. 그는 인간의 의도적 운동을 유발하는 근본적인 원인은 욕구와 혐오같이 대상물로 향하거나 대상물로부터 멀어지려는 운동을 일으키는 정념에서 찾을 수 있다는 "정념론"[114]에 기초를 둔 "자연상태론"[115]과 "사회계약론"[116]을 근간으로 하여, 아리스토텔레스의 "자연국가론"과는 다른 "인위적 국가론"을 제시하고 있다.[117]

아리스토텔레스는 『정치학』(*Politica*)에 관한 논의를 "인간은 정치적 동물(*zoon politicon*)"[118]이라는 유명한 명제로부터 시작한다. 이는 사람의 본질을 이루는 "형상" 속에 이미 사회와 국가를 이루어 살고자 하는 본성이 포함되어 있음을 의미하는 것이다. 형상은 그 자체 해당 사물이 수행해야 하는 "기능"(*ergon*)이자 "목적"(*telos*)의 체계이므로,[119] 인간의 형상 속에 정치적 본성이 갖추어져 있다는 전제는 인간 삶의 기능과 목적은 바로 사회와 공동체(국가)를 형성하여 사는 데에서 찾을 수 있다는 논리로 이어진다. 따라서 아리스토텔레스는 사회와 국가는 인간의 본성에 따라 자연스럽게 형성되는 삶의 기반이라고 본다. 곧 인간이 태어나면

---

**114** 『리바이어던 I』, 제1부, 6장, pp. 76~92.

**115** 『리바이어던 I』, 제1부, 13장, pp. 168~175.

**116** 『리바이어던 I』, 제1부, 14장, pp. 176~193.

**117** 박완규, 2007, pp. 157~162; Kersting, 1992/2006, pp. 17~46; Russell, 1959/2003, pp. 142~145, 280~283.

**118** Aristotelēs, *Politica*, 1253a 2(Kersting, 1992/2006, p. 18에서 재인용). 본래 이 명제는 그리스인에게만 적용되는 것으로, 그리스 예외주의를 표상하는 말이다. 아리스토텔레스에 따르면, 페르시아인은 노예 상태가 적합한 인간으로, 폴리스에 살지 못한다. 그러므로 여기서 인간은 그리스인을 가리킬 뿐이다.

**119** 박종현, 2001, pp. 167~173; Guthrie, 1960/2000, pp. 183~206.

서부터 자연적으로 "가족" 속에서 사는데, 여러 가족이 모여 자연스럽게 "마을"이 형성되고, 여러 마을이 모여 자연스럽게 "국가"가 형성된다는 것이다.[120] 이러한 자연국가론을 아리스토텔레스는 다음과 같이 진술하고 있다.

> 국가는 자연적으로 존재하는 공동체들의 완성이기 때문에 모든 국가는 자연적으로 존재하는 것이며, 국가 성립 이전의 다른 공동체들과 똑같은 성격을 띠는 것이다. 국가는 이런 여러 공동체들의 종착역이며 최고의 단계이다. 사물의 본성이란 바로 그것의 최후의 형태 또는 완성에 있는 것이다.[121]

아리스토텔레스는 형상론의 목적론적 관점에서 이처럼 "가장 크고 가장 포괄적인 공동체인 국가는 가장 위대한 목적을 추구하지 않으면 안 된다"[122]고 보았다. 이러한 목적론적 정치론에 따르면, "개인은 정치적 인간으로서 어디까지나 공동체의 일원이다. 개인은 공동체에 참여하는 것에 의해 그 본질이 정의되고, 공동체 안에서 정치적 삶, 즉 공동체의 실험장에 적극적으로 참여함으로써 자아를 실현한다. 이러한 공동체의 삶은 공동체의 이익에 기여하는 삶"[123]이라고 본다. 곧 "인간의 존재는 오로지 도시국가(*polis*)에서의 삶, 즉 공동이익을 추구하는 집단적 관심 속에서 그 가치가 규정"되며, "공동의 정치적 활동[사회생활의 질서 추구 활동]에 참여하는 것만이 시민 개개인의 인간적 · 규범적 그리고 개인적 실현"[124]을 보장하는 길이라는 것이다. 이렇게 국가는 "자연적[또는 본원

---

**120** Aristotelēs, *Politica*, 1252b, pp. 4~5(박완규, 2007, p. 158에서 재인용).

**121** Aristotelēs, *Politica*, 1252b, p. 5(박완규, 2007, pp. 158~159에서 재인용).

**122** Russell, 1959/2003, p. 143.

**123** Kersting, 1992/2006, p. 25.

적]이며 개인보다 더 원래적인 것"[125]이라는 주장이 아리스토텔레스의 자연국가론의 논지이다.

이와 같이 아리스토텔레스로 대표되는 전통적 정치학은 "인간을 이미 원래부터 사회적 · 정치적 맥락에서 규정하고 있으며, 정치적 세계의 윤리적 문제와 통치기구의 도덕적 자질에 관한 문제만을 다루고 있다."[126] 즉 정치의 내용적 질과 지배권력에 관한 문제가 그들의 관심사였지, 결코 지배권력 자체의 타당성에 관한 문제가 관심사는 아니었다. 그러나 홉스는 통치권력 자체의 정당화에 관한 문제로부터 그의 정치사상을 전개하고 있다.

홉스는 아리스토텔레스가 제시하고 있는 바와 같은 개인에 대한 국가의 우위론에서 탈피하여, 국가나 사회에 대한 개인의 우위론을 전개한다. 사회나 국가를 구성하는 원료인 개인이 결과물인 국가보다 선행하며, 따라서 개인의 특성에서 국가의 성격이 규정되어야 한다는 것이다. 개인은 욕구와 혐오 같은 정념의 주체로서, 개인의 행동은 욕구 대상의 추구와 혐오 대상의 회피, 곧 정념에 의해 지배된다는 것이 홉스의 관점이다. 이러한 정념에 따른 인간 행동의 동인 가운데 가장 기본적인 것은 자기이익의 추구를 통한 자기보존의 욕구이다. 사회가 형성되기 이전의 "자연상태"(自然狀態, state of nature)에서 사람들은 누구나 무제한적으로 자기이익을 추구하는 자유와 권리를 보유하고 있는 자연권의 주체인데, 이에 따라 누구든지 자기이익의 최대화를 추구하게 되면 사람들 사이에 필연적으로 이익 갈등이 빚어지고, 이로 인한 투쟁이 심화되어 결과적으로

---

**124** Kersting, 1992/2006, p. 18.

**125** Aristotelēs, *Politica*, 1253a 25(Kersting, 1992/2006, p. 19에서 재인용).

**126** Kersting, 1992/2006, p. 22.

"만인에 대한 만인의 전쟁상태"가 야기된다는 것이다. 이렇게 되면 자기 보존을 이루기 어렵게 되므로, 이성의 주체이기도 한 인간은 이성적 계산을 통해 자연권의 동등한 상호 양도에 동의하는 사회계약을 맺게 되고, 성원들로 하여금 계약의 준수를 강제하는 권력인 주권을 설립하기로 합의하게 되는데, 그 결과로 형성되는 것이 국가라는 것이다. 이와 같이 국가와 그 권력(주권)은 그 구성요소인 개인들의 인위적 합의(사회계약)에 의해 정당성을 부여받게 된다는 것이 홉스의 인위적 국가론의 핵심이다.[127]

홉스는 자연적 국가론에 대한 비판 이외에도 아리스토텔레스의 정치학이 "[아리스토텔레스 당시의 아테네와 같은] 민중적 정부 이외의 모든 정부를 '폭군정'(*tyranny*)으로 여긴다는 점", "인치(人治)가 아니라 법치(法治)를 훌륭한 통치라고 주장한다는 점", "법의 힘으로 사람들의 사고와 양심까지 지배하려고 한다는 점", "코먼웰스[국가]로부터 권위를 위임받지도 않은 사적 개인이 코먼웰스의 대표자의 허락 없이, 자신의 뜻에 따라 법을 해석한다는 점" 등에서 오류를 범하고 있다고 주장한다.[128] 이러한 홉스의 정치론은 국가에 대한 개인의 우위를 주장하고, 개인의 욕구와 감정의 자유로운 추구, 그리고 이성에 의한 합리적인 이익 갈등의 조정에서 국가형성의 근거를 찾으려고 한다는 점에서, 개인주의자이자 자유주의자이며 또한 "합리주의자"이기도 한 홉스 사상의 근대성을 여실히 드러내주고 있는 것이다.

---

**127** 이는 특히 『리바이어던』 제1부 6장, 13장, 14장, 15장 및 제2부 17장에 제시되어 있는 홉스 사상의 골자인데, 이러한 홉스의 인위적 국가론에 대해서는 "홉스의 사회계약론" 항목에서 자세하게 논의될 것이다.

**128** 『리바이어던 II』, 제4부, 46장, pp. 401~405.

### 3) 홉스의 기계적 과학주의와 연구방법론

이상에서 보듯이 홉스는 교회와 교회권력 및 기독교 교리의 근간이 되어왔던 아리스토텔레스 철학과의 단절을 통해 중세적 세계관과 학문체계로부터 탈피하여 근대의 문을 활짝 연 "근대주의자"였다. 근대주의자로서의 홉스의 사상은 "개인중심주의" · "유물주의" · "자유주의" · "이성중심주의"와 같은 근대의 특징을 고루 갖추고 있다. 홉스가 중세적 학문체계와 결별하고 근대라는 새로운 세기로 이행하는 데에는 이러한 사상의 근대적 기초뿐만 아니라, 새로운 방법론이 필요하였다.

17세기 초반 근대의 문을 열었던 베이컨 · 홉스 · 데카르트 같은 철학자들은 중세와의 결별을 위해서는 새로운 학문의 방법이 필요하다는 사실을 인식하고, 이의 정립을 최우선 과제로 추구하였다. 그리하여 베이컨은 1620년에 출간한 『신기관』(*Novum Organon*)에서 "귀납법"(induction)을 경험철학의 기본 방법론으로 제시하였고, 데카르트는 1637년 출간한 『방법서설』(*Discours de la méthode*)에서 새로운 "수학적 방법론"을 탐색하였다. 홉스도 이들과 같은 입장에서 중세를 대체할 새로운 방법론을 모색하였던 것이다.[129] 이들은 모두 새로운 방법론의 기초를 수학적 인식 방법과 예증 방법, 곧 수학적 정확성과 확실성에서 찾으려고 하였다는 공통점을 가지고 있었다.[130]

홉스는 새로운 방법론의 이상을 유클리드(Euclid, 323~285 B. C.)가 기초를 세운 기하학의 엄밀한 연역적 논증 방법에서 찾으려고 하였다. 그는 기하학을 "하느님이 지금까지 인간에게 준 유일한 과학"[131]이라거나,

---

129 김병곤, 2007, pp. 204~210; 김용환, 2005, pp. 45~51; 박완규, 2007, pp. 40~59; Kersting, 1992/2006, pp. 49~75.

130 김병곤, 2007, p. 206; Kersting, 1992/2006, pp. 49~50.

131 『리바이어던 I』, 제1부, 4장, p. 57.

"모든 자연과학의 어머니"라고 예찬하면서, "자연은 운동으로 작용한다. 그러므로 자연이 작용하는 방식과 정도는 [기하학에서 밝혀진] 선과 도형의 비례와 속성에 관한 지식 없이는 알 수가 없다"[132]고 주장하였다. 중세에는 기하학의 가치를 인식하지 못하고 경시하고 있었다는 것이 홉스의 중세에 대한 비판의 하나의 요점이었다.

> 기하학의 경우, 최근까지도 들어설 자리가 없었다. 기하학은 똑떨어지는 진리이기 때문이다. 그리고 누구라도 천재성을 발휘하여 기하학적 진리를 밝히는 자가 있으면, 보통 그를 마술사라고 여기고, 그 진리는 악마적인 것으로 여겼다.[133]

홉스는 이러한 기하학을 사물의 물리적 운동 영역에 적용하여 자연과학을 새롭게 변모시킨 최초의 사람이 갈릴레이라고 보고,[134] 갈릴레이가 기계적 운동관에서 이룩한 성취를 본받아 사회과학을 기하학의 엄밀한 "연역적 논증 방법"의 기초 위에 세우려고 하였다. 즉 홉스는 "갈릴레이를 모델로 하는 신과학의 체계를 사회과학을 포함한 전 학문체계에 도입함으로써, 아리스토텔레스적 구과학의 대안을 제시하려고"[135] 시도하였던 것이다.

---

132 『리바이어던 II』, 제4부, 46장, pp. 386~387.

133 『리바이어던 II』, 제4부, 46장, pp. 388~389.

134 "[기하학의 논증 방법을 통해] 운동의 본질에 관한 지식, 즉 자연철학의 문을 우리에게 처음 열어준 사람은 우리시대의 갈릴레이였다"[William Molesworth (Ed.). 1839~1845/1992. *The English Works of Thomas Hobbes* (11 Vols.). London: John Bohn. Vol. 1. p. viii~ix; 김용환, 2005, p. 53에서 재인용].

135 김병곤, 2007, p. 196.

**기하학의 연역적 논증 방법에의 경도** 홉스는 40대 중반 제3차 대륙 여행 도중에 유클리드의 기하학을 처음 알게 되고, 그 증명 방법의 치밀함에 큰 감명을 받았다. 기하학은 사물의 모양이나 크기, 위치에 관한 성질을 연구하는 수학의 한 분야이다. 기하학은 "선"이나 "점" 같은 용어의 의미를 정확하게 정의한 다음,[136] 이런 정의에 따라 엄격하게 결론을 유도해내는 연역적 증명 방법을 사용한다. "두 점 사이를 잇는 최단 거리는 직선이다", "평행하는 두 직선은 만날 수 없다"와 같은 누구도 부정할 수 없는 확실성을 가진 명제를 "공리"(公理, *theorem*)라고 하는데, "도형의 어떤 성질을 나타내는 명제가 참이라는 것을 증명할 때, 그 근거로 제시되는 공리까지 증명할 필요는 없다. 공리는 분명한 참이고, 증명의 출발점이 된다."[137] 이처럼 기하학은 엄격한 개념 정의에 의해 공리라는 참 명제를 정립하고, 이로부터 연역하여 사물의 다른 성질들을 반박의 여지를 남기지 않고 엄격하게 증명하려고 하는 학문이다.

홉스는 이러한 "기하학이 똑떨어지는 진리"[138]의 체계여서 "하느님이 지금까지 인간에게 준 유일한 과학"으로 "모든 자연과학의 어머니"이기 때문에, 기하학의 연역적 증명 방법이 과학적 방법론의 원형이 될 것이라고 여겼다. 이러한 전제에서 그는 기하학이 "점"과 "선"같이 도형의 가장 기본적인 측면에 관한 정의(공리)에서 시작하여 점차 복잡한 성질에 관한 연역적 증명으로 나아가는 것처럼, 국가를 구성하는 기본적인 "원자"인 개인의 경험을 가장 간단하고 원초적인 것의 개념 정의에서부터

---

**136** "하느님이 지금까지 인간에게 준 유일한 과학인 기하학에서는 용어의 의미를 정하는 일에서부터 시작한다"(『리바이어던 I』, 제1부, 4장, p. 57).

**137** 박완규, 2007, p. 47.

**138** 『리바이어던 II』, 제4부, 46장, p. 388.

비롯하여, 이로부터 점차로 복잡한 현상으로 나아가고, 결국에는 사람들 사이의 행동과 사람들의 연합을 연역적으로 추론해나가는 데까지 이르려고 하였던 것이다. 이러한 맥락에서 그는 『리바이어던』 1장을 "감각"(sense)에 대한 개념 정의에서 시작하고 있다.

> 모든 사고의 근원은 우리가 '감각'이라고 부르는 것에 있다. 인간의 마음속에 들어 있는 모든 개념은 최초에는 전체적으로든 부분적으로든 감각기관에 의해 얻어지는 것이기 때문이다. 즉 감각기관이 얻은 것을 근원으로 하여 나머지 개념들이 생겨난다. [……] 감각의 원인은 바깥의 물체 혹은 대상이다. 이 대상이 각 감각의 고유기관을 압박한다. 이 압박은 미각이나 촉각처럼 직접적인 경우도 있고, 시각이나 후각이나 청각처럼 간접적인 경우도 있다. 이 압박이 신경이나 힘줄이나 박막 등을 거쳐 안으로 두뇌와 심장에 전달되면, 이에 대한 저항 또는 반대 압력, 즉 이로부터 해방되려는 마음의 노력이 생긴다.[139]

홉스는 감각에 이어 "상상"(2장), "상상의 연속"(3장), "언어"(4장), "추론과 지식"(5장), "정념"(6장) 등으로 확대하여 과학적으로 엄밀한 개념 규정을 시도한다. 홉스가 이러한 서술 방식을 택한 이유는 "기하학의 방법을 이용하여 운동 따위에 관한 과학의 추상적 원리에서 사회에서의 인간 행위를 연역해내려고 한 것이다. [……] 그는 물리학 · 심리학 · 정치학 사이에는 연속성이 있으며, 여러 분야를 일관성 있고 체계적으로 고찰할 수 있다고 확신하였다."[140]

이처럼 가장 단순하고 기초적인 현상의 개념과 그 작동 원리로부터

---

**139** 『리바이어던 I』, 제1부, 1장, pp. 27~28.
**140** 박완규, 2007, p. 49.

보다 복잡한 것의 개념과 작동 원리를 연역해내고, 물리적 운동 원리에서 인간의 행동 원리를 추론해낸 다음, 이로부터 복잡한 국가형성과 조직의 원리를 이끌어내려는 홉스의 시도는, 기하학의 연역적 증명 방법이 갈릴레이 같은 물리학자뿐만 아니라 철학자나 사회과학자의 연구에도 적용될 수 있는 근원적인 과학성을 띠고 있다는 그의 믿음을 그대로 반영하고 있는 것이다.

**홉스의 과학적 연구 방법: 분해와 결합** 홉스가 이해한 기하학의 연역적 증명 방법의 핵심은 더 이상 증명의 필요가 없는 단순한 공리의 개념 규정으로부터 복잡한 것의 증명에로 나아가는 것이었으며, 그는 이를 과학적 연구 방법의 핵심이라고 여겼다. 그는 자기가 귀감으로 삼고 있는 갈릴레이가 물리학에서 이룬 성취도 이러한 과학적 연구 방법에 힘입은 바가 크다고 생각하여, 이를 자기의 사회사상의 연구에도 적용하려고 하였다. 이러한 홉스의 연구방법론은 한마디로 "분해(分解)와 결합(結合)의 방법"(resolutive－compositive method)이라고 할 수 있다.[141]

"여기서 분해란 우리가 알고자 하는 대상을 가장 작은 단위로 분해하여 더 이상 의심할 바 없는 확실한 토대를 찾아가는 과정을 말하며, 결합이란 그 토대로부터 점차 복잡한 것으로 종합해가는 과정을 말한다."[142] 홉스가 이러한 분해－결합을 자기 방법론의 핵심으로 삼고 있다는 사실은 "철학"과 그 "방법"에 대한 그의 정의에서 잘 드러난다.

---

**141** 홉스의 "분해－결합 방법"에 대해서는 김용환(2005, pp. 45～51), 박완규(2007, pp. 40～59) 및 Kersting(1992/2006, pp. 49～75) 참조.

**142** 김용환, 2005, p. 49.

> 나는 '철학'이 '추론을 통해 얻은 지식'이라고 생각하고 있다. 즉 '어떤 것의 생성 방식으로부터 그것의 속성을 알아내는 것, 혹은 속성으로부터 그것이 생성될 수 있는 가능한 방식을 알아내는 것이 바로 철학이며, 이로써, 물질과 인간의 힘이 허용하는 한, 인간의 생활이 요구하는 효과를 생산할 능력을 갖게 된다.' 그러므로 기하학자들은 여러 도형들의 속성을 알아내고, 그 속성으로부터 추론에 의해 그 도형을 만드는 새로운 방법을 알아낸다. 이로써 토지와 수량의 측정이 가능해지고, 기타 여러 가지 많은 일을 할 수 있다.[143]

> 철학에서 방법은 알려진 원인으로부터 결과를, 또는 알려진 결과로부터 원인을 찾아내는 가장 빠른 지름길이다. [……] 사물들의 원인을 알아내는 데는 분해와 결합 또는 부분적인 분해와 결합 이외의 방법은 없다. 결합을 종합적이라고 부르는 것처럼 분해는 보통 분석적 방법이라고 부른다.[144]

이러한 근거 위에서 "홉스는 분해-결합 방법을 이용하면 기존의 모든 정치적 사실들을 그 구성요소로 환원해 분석할 수 있고, 거꾸로 이러한 요소들에서 출발해 전체의 구성 원리나 법칙을 찾을 수 있다고 보았다. 이에 따라 기존의 사회를 가장 단순한 요소인 개인들로 분해하고, 또 개인들을 운동의 기본 요소로 분해한 뒤, 다시 이를 논리적인 전체로 재구성하는 방법을 채택했다. [……] 홉스 사상의 핵심이라고 할 수 있는 '개인의 동의에 의한 국가형성'은 이 방법에 바탕을 두고 있다."[145] 홉스는 『리바이어던』 "서설"에서 이러한 논점을 다음과 같이 진술하고 있다.

---

**143** 『리바이어던 II』, 제4부, 46장, p. 381.

**144** Molesworth (Ed.). 1839~1845/1992. *The English Works of Thomas Hobbes* (11 Vols.). London: John Bohn. Vol. 1, p. 66; 김용환, 2005, p. 66에서 재인용.

**145** 박완규, 2007, pp. 54~55.

> 자연은 하느님(God)이 세계를 창조하여 다스리는 기예(art)이다. 다른 많은 일들에서 (우리가) 그렇게 하듯이 이 자연을 인간의 '기예'로 모방하면, 여기에서 보는 바와 같이 하나의 인공동물(artificial animal)을 만들어낼 수도 있다. 생명은 신체나 사지의 운동을 말하고, 이 운동은 내부의 중심 부분에서 시작된다는 것을 안다면, 모든 '자동장치들'(시계처럼 태엽이나 톱니바퀴로 움직이는 기계장치들)은 하나의 인공적 생명을 가지고 있다고 말하지 못할 이유가 무엇인가? '심장'에 해당하는 것이 '태엽'이요, '신경'에 해당하는 것이 여러 가닥의 줄이요, '관절'에 해당하는 것이 '톱니바퀴'이니, 이것들이 곧 제작자가 의도한 바대로 전신에 운동을 부여하는 것이 아니겠는가? '기예'는 한 걸음 더 나아가 자연의 가장 합리적이고 가장 탁월한 작품인 '인간'을 모방하기에까지 이른다. 즉, 기예에 의해 [……] 저 위대한 '리바이어던'(*Leviathan*)이 창조되는데, 이것이 바로 인공인간(artificial man)이다. [……] 이 인공인간에게 있는 '주권'은 인공 '혼'으로서 전신에 생명과 운동을 부여한다. '각부 장관들'과 사법 및 행정 '관리들'은 인공 '관절'이다. '상벌'은 모든 관절과 사지를 주권자와 연결시켜 그 의무의 수행을 위해 움직이도록 하는 것이므로 자연인의 신체에서 '신경'이 하는 일과 똑같은 일을 한다. [……] 이 정치공동체의 각 부분을 처음 제작하고 모으고 결합하게 만든 '약정'(約定, pact)과 '신의계약'(信義契約, covenants)은 하느님이 천지를 창조하실 때 '이제 사람을 만들자'고 선언하신 '명령'(fiat)과 같다고 할 수 있다.[146]

이렇게 홉스는 인간을 일종의 "자동화된 기계"로 보고, 각 부분별 장치를 분해하여 분석한 다음, 각각의 작용 원리에 따라 이를 다시 결합하면 국가 곧 "리바이어던"이라는 "인공인간"을 만들 수 있다고 보고 있다. 즉 국가를 그 구성 원료인 개인으로 분해하고, 개인을 다시 그 운동

146 『리바이어던 I』, 서설, pp. 21~22.

원리들에 따라 가장 작은 단위까지 분해한 다음, 이들을 다시 역순으로 결합하면 국가형성에 이르게 되며, 국가의 목적이나 기능은 그 재료인 개인의 특성과 이러한 형성 원리로부터 도출되어야 한다는 것이 『리바이어던』에서 제시되고 있는 홉스의 논지인 것이다.

## 2. 홉스의 사회계약론

홉스는 갈릴레이의 운동관을 본받아 우주는 물체로 구성되어 있고, 자연의 본원적인 상태는 이를 구성하는 물체들의 운동 상태라는 철저한 유물론을 기조로 하여 사회사상을 전개하고 있다. 그는 사회와 국가를 그 가장 기본적인 구성요소들이 그 작용 원리, 곧 운동 원리에 따라 결합하여 구성되는 인공적인 구조물이라고 보았다. 그러므로 국가 같은 복잡한 조직체의 목적이나 제도도 이를 구성하는 기본적인 재료들로 분해한 다음, 그 재료들의 운동 원리에 따라 결합하면 쉽게 이해할 수 있다는 것이 홉스의 신념이었다.

홉스에 따르면, 국가를 구성하는 기본 재료는 "인간"이고, 그 작용 원리는 누구나 유사하게 가지고 있는 "정념"에서 찾아야 한다.[147] 그런데 국가를 구성하는 재료로서의 인간은 국가가 형성되기 이전인 자연상태의 인간이다. 즉 "국가로부터 더 이상 쪼개지지 않고 남아 있게 되는 것,

147 홉스는 『리바이어던』의 "서설"에서 "['리바이어던'이라는 '인공 인간'의] '재료'는 무엇이며, 그 '제조자'는 누구인가? 둘 다 '인간'이다"(『리바이어던 I』, 서설, p. 23)라고 선언한 다음, 그 작용 원리, 곧 인간의 운동 원리는 누구나가 비슷하게 가지고 있는 '욕망'과 '공포'와 '희망' 등의 '정념'(『리바이어던 I』, 서설, p. 24)에서 찾아야 한다는 점을 분명히 하고 있다.

곧 분해의 산물은 자연상태의 인간이다. 국가를 구성 성분으로 분해하는 과정은 그러므로 인간의 자연상태화 과정을 의미한다. 분해의 마지막에 남는 침전물이 바로 자연상태의 인간이다. [……] [그러므로 홉스의 연구는] 자연상태의 인간에 관한 기술 및 정치적 목적을 가지는 자연상태의 인간을 다루는 인간론으로부터 시작한다."[148]

이러한 관점에서 홉스의 『리바이어던』은 국가형성 이전 상태, 곧 자연상태의 인간론(제1부 "인간에 대하여")으로부터 출발하여, 국가형성 이후의 국가론(제2부 "코먼웰스에 대하여")으로 진행된다. 제1부 인간론에서 그는 국가의 구성 재료인 자연인의 작용 원리, 곧 운동 원리를 가장 단순한 "감각"(1장)으로부터 시작하여 "자발적 운동의 내적 발단"인 "정념"(6장) 등 점차 복잡한 수준으로 나아가, 자연상태에서의 인간 행동의 근본 원리를 찾아낸다. 이어서 아무런 인위적인 제한이 가해지지 않은 자연상태에서 이러한 인간 행동의 원리들이 작용하는 모습을 추론해내고, 이러한 자연상태로부터 사람들 사이의 연합의 가능성과 연합의 원리들을 도출해낸다. 제2부 국가론에서는 이러한 연합의 결과로 구성된 국가권력의 제반 사항에 대해 조목조목 논의한다.

따라서 『리바이어던』에서 제시되고 있는 홉스의 "사회계약론"의 기본 요지를 파악하기 위해서는, 자연인의 자발적 운동을 야기하는 본유적인 특성(본성)에 관한 "인간론", 아무런 인위적 제한이 가해지기 이전의 사람들의 삶의 모습에 대한 "자연상태론", 이러한 자연상태를 벗어나 시민사회로 이행하는 과정에 관한 "계약론", 그리고 계약에 의해 설립되는 국가의 권력에 대한 "주권론"에 대해 차례대로 이해해야 한다.

---

**148** Kersting, 1992/2006, p. 78.

### 1) 자연인의 본성과 자발적 운동의 원천

홉스는 "인간의 '삶'은 '운동'에 불과하다"[149]는 철저한 유물론적 운동관에 입각하여 그의 인간론을 시작한다. 그는 "인체 내에서 실제로 일어나는 것은 바깥 물체의 움직임에 의해 생기는 운동뿐"[150]이라는 관점에서, 인간의 외계 인식 과정의 시초인 감각(sense)도 "외부 대상으로부터 압박을 받아 [……] 신체 내부에서 일어나는 다양한 운동일 뿐"[151]이라고 본다. 그는 생명체로서 인간이 하는 "자발적 운동"이 인간이 하는 모든 행위의 기초라고 보고 있는데, 『리바이어던』 6장의 제목을 "보통 정념이라고 불리는 자발적 운동의 내적 발단에 대하여"라고 붙여, 자연인의 자발적 운동을 야기하는 내적인 동인(動因)은 정념(情念, passion)에서 찾아야 한다는 점을 분명히 하고 있다. 그러니까 자발적 운동의 원천인 정념이 인간 본성 가운데 핵심적인 것이다.

그러나 이러한 정념은 인간만이 아니라 동물들도 갖추고 있는 것이다. 홉스는 다른 동물들은 가지고 있지 못한데, 인간만이 고유하게 본유하고 있는 능력이 있다고 보았다. 그것은 바로 "이성"(理性, reason)이다.[152]

---

149 『리바이어던 I』, 제1부, 6장, p. 92.

150 『리바이어던 I』, 제1부, 6장, p. 80.

151 『리바이어던 I』, 제1부, 1장, p. 28.

152 다음과 같은 진술에서, 홉스가 동물과 인간의 차이를 이성 능력의 보유 여부에서 찾고 있다는 사실을 알 수 있다: "인간과 '이성적 존재'라는 말은 외연이 동일하므로 서로 상대방을 포함하고 있다"(『리바이어던 I』, 제1부, 4장, p. 54); "어떤 일을 생각할 때 그 결과가 어떠할 것이며, 그 일에 자신이 어떤 효과를 미칠 수 있는지에 대해 탐구하는 능력[이성 능력]이 있다는 점에서, 인간은 다른 어떤 동물보다 우월하다"(『리바이어던 I』, 제1부, 5장, p. 69); "인간은 이성을 가지고 있다는 점 이외에도 바로 '호기심'(curiosity)이라는 정념을 가지고 있다는 점에서 다른 '동물들'과 다르다"(『리바이어던 I』, 제1부, 6장, p. 84); "동물들은 인간과는 달리 이성을 사용하지 않는다"(『리바이어던 I』, 제1부, 17장, p. 230); "이성이 없는 동물들은 '권리 침해'와 '손해'의 개념이 없으므로 자기가 안락하기만 하면, 동료에게 반감을 갖지 않는다"(『리바이어던 I』, 제1부, 17장, p. 231).

이러한 이성은 "추론"(推論, reason), 곧 합리적인 계산 능력을 의미한다.[153] 그러므로 정념에서 비롯되는 대상에 접근하거나 또는 대상으로부터 회피하는 다양한 반응 중에서 개인에게 가장 유리한 것을 합리적으로 계산하여 선택하게 하는 도구적 기능을 수행하는 것이 바로 이성이라고 볼 수 있다.[154] 이러한 사실을 홉스는 "인간의 자발적 행위는 모두 자신의 이익을 도모하기 위한 것이며, 이 목적에 가장 도움이 되는 행위가 가장 이성적인 행위"[155]라고 진술하고 있다. 이렇게 홉스는 정념 이외에 합리적으로 욕구를 추구하는 도구적 기능을 수행하는 이성을 인간에게 본유적인 특성으로 제시하고 있다.

홉스가 이성 이외에 인간과 동물의 차이로 제시하고 있는 또 한 가지는 인간의 과도한 권력추구욕망이다. 그는 "인간은 명예와 지위를 위해 끊임없이 경쟁하지만, 동물들은 그렇지 않다"거나, "동물들은 공동 이익과 사적 이익이 다르지 않다. [……] 그러나 인간은 자기를 남과 비교하는 데에서 기쁨을 얻기 때문에 우월감 이외에는 아무것도 좋아하지 않는다." 또는 "동물들은 '권리 침해'와 '손해'의 개념이 없으므로 자기가 안락하기만 하면, 동료들에게 반감을 갖지 않는다. 그러나 인간은 [……] 자신의 지혜를 과시하고 코먼웰스를 통치하는 사람들의 행동을 통제하고 싶어 한다"고 진술하여, 인간이 끝없는 권력추구욕망을 가지고 있음을 분명히

153 영어의 reason은 "이성"으로도 번역되고, "추론"으로도 번역된다. 홉스는 『리바이어던』, 제1부의 5장(『리바이어던 I』, pp. 65~75)을 추론과 그에 의해 얻게 되는 과학적 지식에 할애하고 있는데, 이 장은 곧 이성 능력에 대해 집중적으로 논의하고 있는 것으로도 볼 수 있다. 이 장의 서두에서 그는 "추론이란 각 부분을 '더하기'하여 합계를 생각하는 일, 혹은 어떤 액수에서 다른 액수를 '빼기'하여 나머지를 생각하는 것을 말한다"(p. 65)고 진술하여, 추론의 기초가 계산에 있음을 분명히 하고 있다.

154 Kersting, 1992/2006, pp. 95~101.

155 『리바이어던 I』, 제1부, 15장, p. 198.

하고 있다.[156] 그는 "나는 모든 인간에게서 발견되는 일반적 성향으로서 죽을 때까지 계속되는 '권력'(權力, power)에 대한 끊임없는 욕망을 제일 먼저 들고자 한다"[157]라고 진술하여, 권력 추구 욕망을 인간의 또 다른 본유적 성향으로 제시하고 있는 것이다.

**자발적 운동의 동인: 정념** 홉스는 인간을 포함한 동물의 운동을 "혈액의 순환 · 맥박 · 호흡 · 소화 · 영양 · 배설" 같은 "생명의 지탱을 위한 운동"(vital motion)과 "걷고, 말하고, 사지를 움직이는 등 마음에 생각한 대로 나타나는 운동"인 "움직이는 생명체로서의 운동"(animal motion)의 두 가지로 나눈다. 이 중에서 전자는 "상상력의 도움을 필요로 하지 않는" 생명 현상 자체일 뿐이지만, 후자는 "항상 '어디로', '어떻게', '무엇을'이라는 사고에 의존하는 까닭"에, 상상력이 내적 동기로 작용하는 "자발적 운동"(voluntary motion)이다. 이러한 자발적 운동의 내적 단서들을 보통 "기도"(企圖, endeavour)라고 한다.[158] 그러므로 자발적 운동이 살아 있는 자연인이 삶을 영위하는 기본적인 운동인 셈인데, 이러한 자발적 운동은 곧 의도적 운동이라는 것이 홉스의 생각이다. 이러한 기도는 대상에 다가가거나 대상으로부터 멀어지려는 두 가지 방향으로 나타난다. 즉 자연인의 자발적 운동은 대상에 대한 접근 또는 대상으로부터의 회피의 두 가지 형태를 띤다.

---

**156** 『리바이어던 I』, 제2부, 17장, pp. 230~231.

**157** 『리바이어던 I』, 제1부, 11장, p. 138. 진석용(2008)은 이 인용문의 power를 "힘"이라고 번역하고 있으나, 홉스에게서 이는 사회적 의미를 함유하는 용어라는 점에서 여기에서는 '권력'이라고 번역하기로 한다.

**158** 『리바이어던 I』, 제1부, 6장, pp. 76~77.

이러한 기도가 그것을 야기하는 어떤 것을 향해 있을 때 '욕구'(appetite) 또는 '욕망'(desire)이라고 부른다. [……] 그리고 기도가 어떤 것으로부터 멀어지는 쪽으로 나타날 때 일반적으로 '혐오'(aversion)라고 부른다.[159]

홉스에 따르면, 욕구와 혐오는 대상에 대한 감정 그 자체이거나, 또는 대상에 대한 감정을 유발한다. 즉 욕구는 대상에 대한 "사랑"의 감정을 유발하고, 혐오는 대상에 대한 "미움"의 감정을 유발한다.

사람이 어떤 것을 욕구할 때는 그것을 '사랑한다'(love)고 말할 수 있고, 혐오하고 있을 때는 '미워한다'(hate)고 말할 수 있다. 따라서 욕구와 사랑은 동일한 것이다. 다른 점은 욕구는 대상의 부재를, 사랑은 보통 대상의 존재를 나타내고 있다는 것뿐이다. 마찬가지로 혐오는 대상의 부재를, 미움은 대상의 존재를 나타낸다.[160]

이와 같이 욕구의 대상에 접근하려는 운동과 대상으로부터 회피하려는 운동에 성공할 때, 또는 그런 기대를 가질 때 자연인은 "기쁨 · 사랑 · 희망" 같은 감정을 느끼고, 이러한 운동에 실패하거나 그런 기대를 가질 때 "슬픔 · 미움 · 절망 · 분노" 같은 감정을 느낀다.[161] 홉스는 이러한 "욕구 · 욕망 · 사랑 · 혐오 · 미움 · 기쁨 · 슬픔" 등을 통틀어 "정념"이라고 부르고 있다.[162] 즉 정념이란 대상에 대한 욕구와 혐오 및 이로부터 유발되는 감정들을 아울러 일컫는 말인데, 홉스에 의하면 이러한 정념이

**159** 『리바이어던 I』, 제1부, 6장, p. 77.
**160** 『리바이어던 I』, 제1부, 6장, p. 78.
**161** 『리바이어던 I』, 제1부, 6장, pp. 78～88.
**162** 『리바이어던 I』, 제1부, 6장, p. 82.

자연상태에서의 인간의 자발적 운동을 야기하는 내적인 동인이라는 것이다.

이러한 욕구와 혐오 같은 정념의 대상은 자연인에게 있어서 "선"과 "악"의 기준으로 작용한다. "어떤 인간이 욕구 또는 의욕을 갖는 것은 그 대상이 무엇이든지 그에게는 '선'(good)이며, 증오 또는 혐오의 대상이 되는 것은 '악'(evil)"[163]이라는 것이다. 홉스는 욕구 대상의 획득 또는 혐오 대상의 회피는 자연인에게 "쾌락"(pleasure) 혹은 "환희"(delight)를 가져오고, 이는 결국 "생명운동을 강화하고 또한 생명운동에 도움"이 되는 좋은 것(선)이지만, 그 반대의 것은 "훼방"(molestation) 혹은 "불쾌"(displeasure)를 유발하여, 결국 "생명운동을 방해하고 문제를 일으키는"[164] 나쁜 것(악)이라고 보았다.

> '쾌락' 또는 '환희'는 선의 나타남 혹은 선에 대한 감각이며, '훼방' 또는 '불쾌'는 악의 나타남 혹은 악에 대한 감각이다. 따라서 모든 욕구 · 욕망 · 사랑은 많든 적든 기쁨을 동반하며, 모든 증오와 혐오는 많든 적든 불쾌함과 성남을 동반한다.[165]

이와 같이 홉스는 자연상태에서의 선악의 기준은 신의 의지와 같은 절대적 보편성을 갖는 것이 아니라, 개체로서의 자연인의 욕구와 혐오 및 그 대상에 대한 접근 또는 회피 운동의 결과로 얻게 되는 쾌락과 불쾌 같은 정념에 근거하고 있다는 "상대주의적 도덕관"을 주장한다. 이러한 그의 정념론의 근저에는 "개인주의"와 "쾌락주의"(快樂主義,

---

163 『리바이어던 I』, 제1부, 6장, p. 79.

164 『리바이어던 I』, 제1부, 6장, pp. 80~81.

165 『리바이어던 I』, 제1부, 6장, p. 81.

hedonism)가 놓여 있는 것이다.[166]

자연인이 가지고 있는 다양한 정념 가운데 홉스가 최고의 욕구, 곧 자연인에게 최대의 쾌락을 가져다주는 욕구라고 내세운 것은 자기보존(自己保存)의 욕구이다. 홉스에 따르면, 인간의 "삶은 운동에 불과하고,"[167] 이러한 운동은 생명현상 그 자체이거나(생명의 지탱을 위한 운동), 생명운동을 강화하는 운동(움직이는 생명체로서의 운동, 즉 자발적 운동)의 두 가지로서, 모두 자연인으로서의 생명의 유지, 곧 자기보존과 관련되는 것이기 때문이다. "욕망이 끝난 사람은 [……] 더 이상 살아갈 수가 없으므로 [……] 만족된 생활을 확보하는 것은 모든 인간의 자발적 행위(의 목적)이며, 자연적 성향"[168]이다. 따라서 자기이익의 추구를 통해 자기보존을 이루는 것이야말로 자연상태에서의 인간 삶이 지향해야 하는 최고선(最高善)이라는 것이 홉스의 기본 논지이다. 이의 연장선상에서 자연인이 가장 혐오하는 것은 생명운동의 중단, 곧 죽음에 대한 공포라고 볼 수 있다. 죽음은 생명현상 그 자체 및 생명운동의 정지를 가져오는 것으로서, 생명체에게는 가장 부자연스러운 상태이기 때문이다. 따라서 죽음의 공포는 자연상태에서 최대의 불쾌를 가져오는 최고악(最高惡)인 것이다.

이렇게 홉스는 "인간은 모두 자기보존에 관심을 기울이고, 죽음을, 그것이 폭력에 의한 것이든 자연적인 것이든 간에, 모든 수단을 동원해 피해야 할 가장 나쁜 것(*summum malum*)이라고 생각한다."[169] 이러한 맥락에서 보면, 자연인의 모든 행위의 근본적인 동인은 죽음의 공포에서 벗어나 자기이익을 적극적으로 추구함으로써 자기보존을 이루려는 노력

166 박완규, 2007, pp. 64~66; 진석용, 2008, 제1권, p. 484; 제2권, p. 448.
167 『리바이어던 I』, 제1부, 6장, p. 92.
168 『리바이어던 I』, 제1부, 11장, pp. 137~138.
169 Kersting, 1992/2006, pp. 85~86.

에서 찾을 수 있다는 주장이 홉스의 사회계약론의 출발 논지가 된다. 홉스에 따르면, 이는 기하학의 공리와 같이 더 이상 증명이 필요 없는 사회철학의 공리인 것이다.

**적절하고 합리적인 수단의 강구 능력: 이성** 정념의 대상에 대한 접근이나 회피 운동의 실제적이고도 합리적인 내용을 강구하고 선택적으로 실행하게 하는 도구적 · 전략적 기능을 수행하는 것이 다른 동물들과는 달리 인간만이 가지고 있는 이성의 기능이다. 즉 정념은 자연인의 운동을 유발하는 가능성의 체계일 뿐이지만, 이를 실제적인 운동으로 옮기도록 행동의 내용을 정하고, 그 방향을 설정하며, 이를 지속적으로 실행하도록 하는 것은 전적으로 이성의 기능이라는 것이 홉스의 생각이다.

홉스에 따르면, "[감각이나 상상 또는 정념 같은] 여타의 다른 의식 영역이나 의식활동에 해당하는 것이 이성에도 해당된다. 그것은 바로 이성도 [감각이나 상상 또는 정념 같은 다른 활동과 마찬가지로] 인간의 운동 체계의 한 분과이며, 전체적으로는 물리학의 개념으로 재구성될 수 있다는 것이다."[170] 이는 이성도 인간의 운동, 곧 행위의 준칙으로 작용함을 의미한다. 즉 이러한 이성에 의해 행위를 유발하는 선호 경향과 관심 곧 정념이 무력해진다기보다는, 대상에 대한 욕구와 혐오 대상의 회피라는 기본 원칙이 여전히 유효하게 남은 상태에서 이성은 다만 그를 위한 충족 행위와 기피 행위의 방법을 규정하는 것이다.

홉스가 제시하는 이성의 기능은 다양하다. "이성은 우선 기억과 경험으로서 상황 인식을 풍부하게 하고, 최상의 행동양식을 찾는 데 필요한 정보체계를 확대시켜준다. 이성은 또한 우리의 선호 경향을 통제하며,

**170** Kersting, 1992/2006, p. 95.

냉정한 계산을 통해 인식된 상황을 여러 선택 가능성 있는 사안으로 이해하여 적절한 선택을 하도록 돕는다. 이성은 또 수단의 비용도 계산하며 여러 가지 부수적 결과에 대해서도 민감하다. 행위판단에 있어서 이성은 과거의 경험을 현재화하고 미래의 관심사를 고려하면서, 정념의 인과적 충족기계의 현재성을 과거와 미래의 차원으로까지 확대시킨다. 이성은 실제로 미래를 의식하는 것이며, 중장기적으로 또는 직간접적으로 충족전략을 구사할 수 있다."[171] 이렇게 이성은 정보체계의 확대, 냉정한 계산을 통한 최적 행위의 선택, 행위 결과의 평가 및 미래의 인식과 이를 위한 준비의 기능을 수행한다.[172]

이러한 이성은 언어를 매개로 하여 추론하는 능력인데,[173] 홉스에 따르면 추론은 곧 계산적 사고를 하는 것이다.

> '추론'(reason)이란 각 부분을 '더하기'하여 합계를 생각하는 일, 혹은 어떤 액수에서 다른 액수를 '빼기'하여 나머지를 생각하는 것을 말한다. [……] 이러한 연산 작업은 수에 대해서만 이루어지는 것이 아니다. 더하거나 뺄 수 있는 모든 일에 적용될 수 있다. [……] 정치학 저술가는 여러 개의 '협정'을 합하여 인간의 '의무'를 찾아내며, 법률가는 여러 가지 '법률'과 '사실'을 합하여 개개인의 행위에서 무엇이 '옳고' '그른지'를 가려낸다. 요컨대 '더하기'와 '빼기'의 여지가 있는 곳에서는 어디서나 '추론'의 여지가 있다.[174]

171 Kersting, 1992/2006, pp. 95~96.

172 홉스는 특히 『리바이어던』 3장("상상의 계속", pp. 40~48), 4장("언어능력", pp. 49~64), 5장("추론", pp. 65~75)에서 이성의 기능에 대해 집중적으로 논의하고 있다.

173 이러한 사실을 홉스는 "언어가 없으면 추론이 없다"(『리바이어던 I』, 제1부, 4장, p. 59)는 말로 표현하고 있다. 그는 "모든 발명 중에서 가장 고귀하고 유익한 발명은 [……] 언어의 발명이었다"(『리바이어던 I』, 제1부, 4장, pp. 49~50)면서, "[이성 능력이 없는] 동물들은 [……] 언어를 사용할 줄 모른다"(『리바이어던 I』, 제2부, 17장, pp. 230~231)고 진술하여, 언어에 의한 추론이 곧 이성의 작용임을 분명히 하고 있다.

바로 이성에 의한 이러한 계산적 사고를 통해 사람들은 다양한 행동방식들의 실행 가능성과 적합성 및 이들이 가져올 미래의 성과의 크기를 비교하여, 이 중에서 가장 큰 자기이익을 제공하면서 동시에 가장 작은 손실을 유발함으로써 결과적으로 자기보존의 욕구를 가장 잘 충족시켜줄 수 있는 행위를 선택하게 된다. 즉 이성적 합리성은 자기보존이라는 목표를 추구하는 과정에서 "수단의 최적화와 효과의 최대화를 목적"[175]으로 하는 것이다. 이러한 근거에서 홉스는 상호 전쟁의 상태인 자연상태에서 자연인들이 서로 합의할 수 있는 적절한 평화의 규약을 만들게 되는 바탕도 이성의 능력에서 찾는다.[176] 곧 자연상태라는 전쟁상태를 끝내고 평화를 이루기 위한, 그리하여 자기보존을 이루기 위한 협약의 근거도 이성의 계산 능력에 있다는 것이다. 이렇게 보면, 홉스에 의해 개념화된 이성관은 "도구적 이성관"이다.

**자기보존 수단의 확보와 유지: 권력추구의 욕망** "홉스가 보는 인간은 이성에 의해 필연적으로 권력적 존재가 된다."[177] 이성은 목적에 유용한 수단을 세심하게 마련하는 능력에서 나타나며, 모든 가능한 상황에 대해, 즉 현재의 욕구와 고통에 대해서 뿐만 아니라 미래의 욕구와 고통에 대해서도 조치를 취할 준비를 갖추게 한다. 이성을 통한 이러한 준비는 권력을 차지하고자 하는 노력을 통해 드러난다. 홉스는 이러한 권력추구

---

174 『리바이어던 I』, 제1부, 5장, pp. 65~66.

175 Kersting, 1992/2006, p. 98.

176 "이성은 [가혹한 자연상태에서 빠져나오기 위해] 인간들이 서로 합의할 수 있는 적절한 평화의 '규약'(規約, article)들을 시사한다"(『리바이어던 I』, 제1부, 13장, p. 175).

177 Kersting, 1992/2006, p. 100.

의 욕망이 인간에게 본유적인 것이라고 본다.

> 나는 모든 인간에게서 발견되는 일반적 성향으로서 죽을 때까지 계속되는 '권력'에 대한 끊임없는 욕망을 제일 먼저 들고자 한다. 이것은 인간이 이미 획득한 것보다 더 강렬한 환희를 구하기 때문에 그런 것이 아니요, 보통 수준의 권력에 만족할 수 없기 때문에 그런 것도 아니다. 잘 살기 위한 더 많은 권력과 수단을 획득하지 않으면, 현재 소유하고 있는 권력이나 수단조차 확보할 수 없기 때문이다.[178]

권력을 추구하고자 하는 인간의 부단한 노력에 대한 홉스의 강조 속에는 "인간은 모든 도덕적 기본 요소들로부터 벗어나 있는 자연스런 환경에서 움직이는 기계, 곧 물리적 존재형식에 의해 적절하게 기술되는 기계에 불과하다"는 사실, "인간은 이성이라는 고유한 특징을 가지고 있어서 현재의 욕구를 만족시키기 위해 노력할 뿐만 아니라 미래에 필요하게 될 욕구 때문에 불안해지기도 하며, 현재의 욕구 충족을 미래의 욕구 충족을 위해 적극적으로 활용할 줄도 아는 능력을 가진 매우 복잡한 운동기계"라는 사실, "권력은 미래의 편안한 상태를 보장하기 위한 현재의 수단"이라는 사실, 그리고 인간에게 있어서 "미래에 대한 기대와 불안에는 언제나 주관적 개연성이 결부되어 있어서, 이러한 개연성의 불확실성으로부터 끊임없는 권력 증대를 위한 노력이 나오는 것"이라는 사실들이 전제되어 있다.[179] 이러한 관점에서 보면, 홉스의 사상은 "유물론적 기계론", "개인주의" 및 "미래지향주의"에 기초를 두고 있다는

178 『리바이어던 I』, 제1부, 11장, p. 138.

179 Kersting, 1992/2006, pp. 104~105.

사실이 분명하게 드러난다.

홉스가 사용하는 "권력"이라는 용어에는 자기보존 수단의 범주에 포함되는 능력이나 힘 등 모든 것이 해당된다. 이에는 인간이 본유적으로 갖추고 있는 것뿐만이 아니라, 사회적으로 획득한 것까지 개인의 자기보존에 유익한 모든 것이 포함된다.

> 어떤 사람의 권력이란 (보편적으로 볼 때) 미래에 분명히 이익이 될 것으로 보이는 것을 획득하기 위한 현재의 수단이다. 그것은 '고유한'(original) 것이거나 '도구적인'(instrumental) 것이다. '자연적 권력'(natural power)은 뛰어난 힘 · 외모 · 사려분별 · 기예 · 웅변 · 관대함 · 고귀함 같은 신체적 · 정신적 능력의 우월성을 말한다. '도구적 권력'(instrumental power)은 이러한 자연적 권력이나 운을 통해 얻어지는 것으로, 부 · 명성 · 친구 그리고 사람들이 행운이라고 말하는 비밀스러운 신의 작용 등과 같은 것을 [다른 사람보다] 더 많이 얻기 위한 수단을 의미한다. 이러한 점에서 권력의 속성은 갈수록 확대되는 명성이나 앞으로 나아갈수록 점점 더 빨라지는 무거운 물체의 운동과 같은 것이다.[180]

여기서 "자연적 권력"은 고유하게 타고난 "신체적 · 정신적 능력의 우월성"으로 정의되고, 획득된 "도구적 권력"도 "[다른 사람보다] 더 많이 획득하기 위한 수단"으로 정의된다는 사실에 주목할 필요가 있다. 이는 "권력은 한 개인이 개인적인 능력을 발휘해 사물을 지배하는 데서 성립하는 것이 아니라, 한 개인의 능력이 다른 사람의 능력을 얼마나 능가하느냐 하는 능력의 초과분으로 이루어진다"[181]는 사실을 의미하는 것이다. 이러

180 『리바이어던 I』, 제1부, 10장, pp. 121~122. 이 인용문의 번역은 박완규(2007, pp. 72~73)의 것이 더 유연하다고 판단되어, 이를 그대로 옮겼다.

181 박완규, 2007, p. 73.

한 사실도 권력과 (비교판단의 계산능력으로서의) 이성의 불가분리성을 잘 드러내주고 있다.

이처럼 권력이란 절대적인 것이 아니라 상대적인 것이다. "이 때문에 인간 사회에서는 사람들이 다른 사람의 값을 정하는 권력 시장 같은 관계가 형성된다."[182]

> 인간의 '값어치'(value) 또는 '가치'(worth)는 다른 모든 것과 마찬가지로 그의 '시중가격'(市中價格, price)이다. 즉 그가 사용하는 힘의 양(量)에 상응하는 것이다. 그러므로 그것은 절대적인 것이 아니라 다른 사람의 필요와 판단에 달려 있다. 군대의 유능한 지휘관은 전쟁 중이거나 혹은 전쟁이 임박한 상황에서는 가격이 매우 높지만, 평화 시에는 그렇지 않다. 학식 있고 청렴한 법관은 평화 시에는 가격이 높지만, 전시에는 그렇게 높지 않다. 그리고 다른 물건들도 다 그렇듯이, 인간의 경우에도 파는 사람이 아니라 사는 사람이 가격을 결정한다. 예를 들어, 어떤 사람이 자신을 최고의 가치로 평가한다고 해도 (사실상 대부분의 사람들이 그러고 있지만) 그의 실제 가치는 다른 사람들의 평가 그 이상은 아니다.[183]

바로 이렇게 시장에서의 상호 비교가 개인의 가치, 곧 권력의 크기를 결정하는 척도이기 때문에, 시장에서 사람들은 다른 사람보다 더 높은 가격을 받기 위해, 곧 더 큰 권력을 차지하기 위해 경쟁하게 된다고 홉스는 본다. 따라서 권력에의 욕망은 결과적으로 사람들 사이의 분쟁이나 투쟁을 야기하게 된다는 것이다.

---

**182** 박완규, 2007, p. 74.

**183** 『리바이어던 I』, 제1부, 10장, pp. 123~124.

부 · 명예 · 지배 · 기타 다른 힘[184]에 대한 경쟁은 논쟁이나 반목 또는 전쟁을 낳기 쉽다. 왜냐하면, 한 경쟁자가 욕망을 달성하는 길은 다른 경쟁자를 죽이거나, 정복하거나, 축출하거나, 배격하는 것이기 때문이다.[185]

이와 같이 자연상태에서 권력에의 욕망을 끝없이 추구하다 보면, 필연적으로 서로 간에 물고 물리는 전쟁상태에 돌입하게 되고, 결국 공통의 파멸에 이를 수밖에 없게 된다. 따라서 인간을 "권력적 존재"로 개념화하는 홉스의 논리 속에는 권력 욕구를 제한하거나 또는 유보시키는 것이 사회에 평화를 가져오는 핵심이라는 주장이 들어 있다고 추론할 수 있다. 이러한 자기보존의 방편으로서의 권력추구가 도구적 이성에서 비롯되는 것이라면, 이의 제한이나 유보도 결국 도구적 이성에 의존할 수밖에 없다는 것이 홉스 사회계약론의 기본 논지이다. 홉스는 경쟁과 투쟁이 만연한 자연상태에서 권력추구의 욕망을 잠재우고 평화를 추구하게 하는 계율들은 모두 이성이 찾아낸 것이라고 본다.[186] 이렇게 홉스에게 있어 이성은 권력추구의 투쟁을 야기하기도 하고, 반대로 평화를 지향하게 하기도 하는 양날의 칼인 셈이다.

### 2) 자연상태와 자연권: 만인에 대한 만인의 전쟁

"자연상태는 법이나 계약을 강제하는 어떠한 권위도 존재하지 않을 때 현재 있는 그대로의 인간이 필연적으로 취하게 되는 행동양식을

184 홉스는 "부 · 지식 · 명예에 대한 욕망은 권력에 대한 욕망으로 귀착될 수 있다. 부 · 지식 · 명예도 결국은 권력의 한 종류에 불과하기 때문이다"(『리바이어던 I』, 제1부, 8장, p. 105)라고 하여, 이들이 권력의 요인들임을 재차 강조하고 있다.

185 『리바이어던 I』, 제1부, 11장, p. 139.

186 이러한 사실은 다음 "자연법" 항목에서 자세히 언급될 것이다.

묘사한 것이다. 곧 적절한 정치조직이 없을 때 인간이 놓이게 되는 상황을 뜻한다."[187] 홉스는 이러한 자연상태를 역사에서 끌어내지 않고, 인간의 "정념"에서 추론해냈다.[188] 즉 홉스의 자연상태론은 인간의 이기적인 정념에 근거한 허구적인 논리적 가설이지, 역사적 사실에 근거를 두고 있는 것이 아닌 것이다.

> 이와 같은 전쟁의 상태[자연상태]는 과거 어느 시기에도 존재한 일이 없다고 반론을 제기할 사람이 있을지도 모르겠다. 나도 전 세계에 걸쳐 그런 상태가 보편적으로 존재했다고 생각하지는 않는다.[189]

이렇게 홉스의 자연상태는 "인류의 원시적 상태나 이미 극복해버린 역사적 과거가 아니라, 정부가 존재하기 전의 인간의 상태, 즉 정치적 사회상태에 대한 논리적 반대 개념이다. 즉 그것은 인간의 본성에 대한 고찰을 통하여 논리적으로 연역된 이론적 구성물이며, 인간이 정치공동체를 구성하는 의도와 목적을 결정하기 위한 합리적 허구인 것이다."[190]

그러나 홉스는 "자연상태론"이 역사적인 사실에 근거를 두고 있는 것이 아니라고 할지라도, 예를 들어 아메리카와 같이 홉스 당시(17세기)에도 아직 자연상태에서 살고 있는 지역들이 많이 있다는 사실,[191] 문명사회

187 박완규, 2007, p. 84.

188 홉스는 "[자연상태에서 벌어지는] 이런 일들에 대해 자세히 생각해보지 않은 사람들은 [……] 인간의 정념으로부터 이끌어낸 나의 추론이 과연 경험적으로도 뒷받침될 수 있는지 궁금해 할 것이다"(『리바이어던 I』, 제1부, 13장, p. 172)라고 진술하여, "자연상태론"이 그의 "정념론"에서 추론된 것임을 분명히 하고 있다.

189 『리바이어던 I』, 제1부, 13장, p. 173.

190 진석용, 2008, 제1권, p. 484; 제2권, p. 448.

191 『리바이어던 I』, 제1부, 13장, p. 173.

에 살고 있는 사람들도 여행갈 때 무장을 하고, 잠잘 때 문단속을 하며, 집에 있을 때도 금고 문을 단단히 잠그는 등 혹시 있을지도 모르는 타인으로부터의 위해에 적극적으로 대비한다는 사실,[192] 그리고 문명국들이 군비 경쟁을 하고 무장 배치를 하는 등의 전쟁 준비태세를 갖춘다는 사실[193]들을 통해 보면, 자기의 자연상태론이 경험적 근거를 갖고 있음을 주장한다.

홉스는 인간의 실질적인 행위 동인인 "정념"에서 추론되는 이러한 자연상태에 대한 논리로부터 정치이론을 이끌어낸다. 그는 인간의 정치적 본성, 곧 인간의 기본적인 사회성을 가정하고 이로부터 국가형성의 근거를 도출해내려는 고전적인 정치이론과는 달리, 개인의 정념에 근거를 둔 자연상태론에서 국가형성의 근거를 유도해내려는 것이다.[194] 이렇게 홉스가 자연상태론을 기반으로 삼아 정치이론을 탐색하려고 한 데에는 이유가 있다. "기존의 사회관이 상정하고 있던 질서를 부정함으로써 전통적－공동체적인 연계를 단절한 뒤에, 자유롭고 평등한 개인으로 이루어지는 새로운 사회관계를 구상하려는 목적이 있었기 때문이다."[195] 이러한 관점에서 보면, 홉스의 자연상태론은 자유주의자이자 개인주의자로서의 그의 면모를 잘 드러내주는 이론체계이다.

**자연상태: 끝없는 경쟁과 갈등, 그리고 투쟁** 죽음의 공포를 이겨내고 자기이익을 확보함으로써 자기를 보존하고자 하는 욕구와 이러한 자기보존을 만족스럽게 이루기 위한 수단으로서의 권력을 소유하고자

---

**192** 『리바이어던 I』, 제1부, 13장, pp. 172～173.

**193** 『리바이어던 I』, 제1부, 13장, pp. 173～174.

**194** 진석용, 2008, 제1권, p. 483; 제2권, p. 447.

**195** 박완규, 2007. p. 78.

하는 욕망이라는 정념이 자연인의 행위의 근본적인 동인으로 작용한다는 것이 홉스의 정념론의 핵심이다. 그런데 인간 삶의 장(場)인 자연에는 개인에게 이익을 가져다주는 대상이나 그 확보를 위한 힘이나 능력이 무한정 주어져 있지 않다. 자연은 항상 한정적이고 제한적이어서, 자연인은 항상 결핍을 느끼고 살기 마련이고, 결과적으로 사람들 상호 간에 경쟁이 불가피하게 된다.[196]

> 같은 것을 놓고 두 사람이 서로 가지려고 한다면, 그 둘은 적(敵)이 되고, 따라서 상대방을 파괴하거나 굴복시키려고 하게 된다. 파괴와 정복을 불가피하게 만드는 경쟁의 주된 목적은 자기보존이다. 때로는 (파괴와 정복에서 오는) 쾌감 그 자체가 목적인 경우도 있다. [……] 다른 힘은 두려워할 것 없이 오직 상대방 한 사람만 이길 수 있으면 침략이 성공할 수 있는 상황에서는, 누군가 농사를 짓거나 안락한 거처를 마련해놓으면 다른 사람들이 몰려와서 그의 노동의 열매를 약탈하고 심지어는 생명이나 자유까지 박탈할 가능성이 얼마든지 있다. 그리고 그 침략자 또한 같은 종류의 침략을 당할 위험이 있다.[197]

이렇게 홉스는 자기보존을 위한 행위에서 필연적으로 경쟁이 빚어질 수밖에 없다고 본다. 그러므로 사람들이 두려워할 아무런 공통의 권력이 없는 자연상태는 필연적으로 갈등과 경쟁과 투쟁이 만연하는 상태가 된다는 것이다.

> 사람들은 그들 모두를 위압하는 공통의 권력이 없이 생활하는 동안에는 전쟁이

**196** Kersting, 1992/2006, pp. 130~142.
**197** 『리바이어던 I』, 제1부, 13장, p. 169~170.

> 라고 부르는 상태에 있다. 이러한 전쟁은 만인에 대한 만인의 전쟁이다. 전쟁은 전투나 투쟁 행위에만 있는 것이 아니라 전투를 통해 싸우고자 하는 의사가 충분히 엿보이는 기간을 말하기 때문이다. 따라서 전쟁의 본성에 관해서는 기후의 본성과 마찬가지로 시간의 개념이 고려되어야 한다. 악천후의 본성은 한두 차례의 소나기에 있는 것이 아니라, 며칠에 걸쳐 날씨가 그러한 악천후로 향하는 경향에 있는 것이다. 그와 마찬가지로 전쟁의 본성은 실제 전투에 있는 것이 아니라, 전투할 의향이 있음이 잘 알려져 있는 것에 있다. 그 기간에는 반대의 방향으로 향하는 어떤 보장도 없는 것이다. 그 밖의 시간은 모두 평화이다.[198]

이와 같은 자연상태에서 인간의 삶이 혼란에 빠질 수밖에 없는 것은 "선 · 악"과 "정의 · 불의" 또는 "옳음 · 그름"을 구별하는 공통의 기준이 없이, 그리고 이를 강제할 공통의 권력이 없이 개인의 정념이 유일한 행위 표준이기 때문이다.

> 우리 중 어느 누구도 자연상태에 있는 인간의 본성을 비난하지 않는다. 인간의 욕망과 정념은 그 자체로서는 죄가 되지는 않는다. 정념에서 일어나는 행동도 그것을 금지하는 '법'을 알기 전까지는 죄가 아니다. 법이 만들어지기 전에는 사람들은 그게 죄라는 것을 알 수 없다. 또한 사람들이 법을 만들 사람에 대해 의견이 합치되기 전에는 어떤 법도 만들어질 수 없다.[199]

> 만인이 만인에 대하여 전쟁을 하는 상황에서는 그 어떠한 것도 부당한 것이

---

198 『리바이어던 I』, 제1부, 13장, pp. 171~172. 이 인용문의 번역은 박완규(2007, pp. 77~78)의 것이 더 유연하다고 판단되어, 이를 그대로 옮겼다.

199 『리바이어던 I』, 제1부, 13장, p. 173. 이 인용문의 번역은 박완규(2007, p. 80)의 것이 더 유연하다고 판단되어, 이를 그대로 옮겼다.

될 수 없다. '옳음'과 '그름'의 관념, '정의'(正義)와 '불의'(不義)의 구별이 존재하지 않기 때문이다. 공통의 권력이 없는 곳에는 '법'도 존재하지 않는다. 법이 없는 곳에는 불의(즉 불법)도 존재하지 않는다. 전쟁에서 요구되는 것은 오로지 폭력과 기만뿐이다.[200]

이렇게 공통의 법과 권력이 없는 자연상태에서는 개인의 정념만이 유일한 행위의 표준이어서, "옳고 그름"과 "정의와 불의"를 판단할 기준이 없이 오로지 "폭력과 기만"이 판치게 되기 때문에, 만인에 대한 만인의 전쟁이 벌어지는 자연상태에서의 인간의 삶은 가혹할 수밖에 없다. 자연상태에서의 인간 삶의 가혹함에 대해서 홉스는 자주 인용되는 다음과 같은 유명한 말로 표현하고 있다.

전쟁상태에서 벌어지는 모든 일은 만인이 만인에 대해 적인 상태, 즉 자기 자신의 힘과 노력 이외에는 어떠한 안전 대책도 존재하지 않는 상태에서도 똑같이 발생할 수 있다. 이러한 상태에서는 성과가 불확실하기 때문에 근로의 여지가 없다. 토지의 경작이나 해상무역, 편리한 건물, 무거운 물건을 움직이는 기계, 지구 표면에 관한 지식, 시간의 계산도 없고, 예술이나 학문도 없으며, 사회도 없다. 끊임없는 공포와 생사의 갈림길에서 인간의 삶은 고독하고, 가난하고, 험악하고, 잔인하고, 그리고 짧다.[201]

이와 같이 아무런 공통의 강제력이 없는 자연상태에서는 끝없는 경쟁과 갈등 때문에 만인에 대한 만인의 전쟁상태가 빚어지며, 결과적으로 사람들은 자기보존을 이루지 못하고 비운의 죽음을 맞게 될지도 모르는

**200** 『리바이어던 I』, 제1부, 13장, p. 174.
**201** 『리바이어던 I』, 제1부, 13장, p. 172.

가혹하고 비참한 운명에 처하게 될 것이라고 홉스는 전제한다. 자기보존의 노력이 오히려 자기멸절의 위험을 가져오는 독배가 될 수도 있다는 것이다.

**자연적 평등성과 자연권: 자기보존권리의 무제한적인 추구** 자연상태에서 만인에 대한 만인의 전쟁이 벌어지는 데에는 인간이 신체적으로나 정신적으로 평등하게 태어났다는 사실이 놓여 있다. 이와 같은 "자연적 평등성은 위협의 대칭성을 내포하고 있다는 사실"[202]을 의미한다. 누구나 비슷한 능력을 가지고 태어나기 때문에 누구나 타인에 대해 삶을 위협하는 존재가 된다.

> 자연은 인간이 신체적 · 정신적 능력의 측면에서 평등하도록 창조했다. 간혹 신체적 능력이 남보다 더 강한 사람도 있고, 정신적 능력이 뛰어난 경우도 있지만, 양쪽을 모두 합하여 평가한다면, 인간들 사이에 능력 차이는 거의 없다. 있다고 하더라도 다른 사람보다 더 많은 이익을 주장할 수 있을 만큼 크지는 않다. 왜냐하면, 체력이 아무리 약한 사람이라고 하더라도 음모를 꾸미거나 혹은 같은 처지에 있는 약자들끼리 공모하면, 아무리 강한 사람이라도 충분히 죽일 수 있기 때문이다. 정신적 능력의 경우에는 체력보다도 오히려 더 평등하다고 나는 생각한다. [……] 이러한 동등성을 부정하는 것은 자신의 지혜에 대한 헛된 자만일 뿐이다.[203]

이렇게 홉스가 말하는 평등의 개념은 "인권의 평등"과 같은 선언적 수사가 아니라, "어느 누구도 타인의 공격으로부터 안전할 수 없다"는

**202** Kersting, 1992/2006, p. 138.
**203** 『리바이어던 I』, 제1부, 13장, pp. 168~169.

위협의 대칭성을 내포하는 매우 실질적인 개념이다. "인간의 가장 큰 관심사는 '자기보존'이기 때문에 타인을 죽일 수 있는 능력의 평등은 인간의 사회적 행동의 '합성' 과정에서 중요한 의미를 갖는다. 자기보존이 가장 주된 관심사라는 것은 곧 폭력에 의한 죽음의 공포가 인간의 가장 강렬한 정념이라는 것을 의미한다."[204] 이러한 능력의 평등이 위협의 대칭성을 가져오는 것은 능력의 평등으로부터 희망의 평등이 유추되기 때문이다.

> 능력의 평등에서 희망의 평등이 생긴다. 즉 누구든지 동일한 수준의 기대와 희망을 품고서 목적을 설정하고, 그 목적을 달성하기 위해 노력한다. [……] [사람들이 평등한 희망을 품고 설정하고 달성하고자 하는] 경쟁의 주된 목적은 자기보존이다.[205]

홉스에 따르면, 자연상태에서의 능력의 평등은 누구나 자기보존의 목적을 달성할 수 있다는 희망의 평등을 가져오고, 이러한 희망의 평등은 누구나 평등하게 자기보존을 위해 노력할 권리, 곧 자유를 평등하게 가지고 있다는 관념을 낳는다.

> 일반적으로 학자들이 '자연적 권리'(*jus naturale*)라고 부르는 '자연권'(right of nature)은 모든 사람이 그 자신의 본성, 즉 자신의 생명을 보존하기 위해 자기 뜻대로 힘을 사용할 수 있는 '자유'(liberty), 즉 그 자신의 판단과 이성에 따라 가장 적합한 조치라고 생각되는 어떤 일을 할 수 있는 자유를 말한다.[206]

---

**204** 진석용, 2008, 제1권, p. 485; 제2권, p. 449.

**205** 『리바이어던 I』, 제1부, 13장, p. 169.

**206** 『리바이어던 I』, 제1부, 14장, p. 176.

여기서 홉스가 말하는 자유란 "외부의 방해가 없는 것"을 말한다. 그는 "외부적 방해가 있을 경우에는 인간이 자기 뜻대로 힘을 사용하는 데 제한을 받는다"면서도, "그렇다고 해서 자신의 판단과, 그리고 자신의 이성이 명하는 바에 따라 사용 가능한 힘을 행사하는 것까지 막을 수는 없다"[207] 고 보고 있다. 즉 자연권은 외부적 방해에도 불구하고 무제한적으로 자기이익을 추구하여 자기보존을 확보하려는 권리라는 것이다. 자연권의 핵심이 자기보존권리의 무제한적인 추구에 놓여 있다는 사실을 홉스는 다음과 같이 적시하고 있다.

> 인간의 상태는 만인에 대한 만인의 전쟁상태이기 때문에, 모든 사람은 오직 자신의 이성의 지배만 받을 뿐이며, 적으로부터 자기의 생명을 지키는 데 도움이 되지 않는다고 판단되는 일은 결코 하지 않을 것이다. 따라서 만인은 만물에 대한 권리를 가지며, 심지어는 다른 사람의 신체에 대해서까지 권리를 갖는다. 이처럼 만인이 만물에 대하여 자연적 권리를 갖는 상황이 지속되는 한, 어느 누구도 천수를 안전하게 누릴 수 있다는 보장이 없다. 여기에는 강한 자이든 약한 자이든 예외가 없다.[208]

이와 같이 자연상태에서 인간이 가지는 자연권, 곧 자기보존의 권리는 심지어는 타인의 신체에 대한 권리까지도 포괄한다는 것이 홉스의 생각이다. 즉 자기보존권리의 행사에는 아무런 제한이 따르지 않는다는 것이다. 그러나 자연상태에서 인간은 바로 이러한 무제한적인 자연권, 곧 자유를 보유하고 있기 때문에, 결과적으로 자기 생명의 위협까지도 감수해야

---

**207** 『리바이어던 I』, 제1부, 14장, p. 176.
**208** 『리바이어던 I』, 제1부, 14장, p. 177.

하는 존재가 된다. 무제한적인 자연권의 추구는 결과적으로 개인에게 스스로를 구속하는 족쇄가 되는 것이다. 홉스는 자연상태를 논의하는 『리바이어던』 13장의 제목을 "인간의 자연상태, 그 복됨과 비참함에 대하여"라고 명명함으로써 자연권, 곧 자기보존의 자유가 함유하고 있는 이러한 이중성을 잘 드러내고 있다.

**자연상태에서의 갈등의 요인: 경쟁 · 불신 · 공명심** 아무런 인위적인 강제력이 작용하지 않는 자연상태에서 자연권을 무제한적으로 추구하게 되면, 결과적으로 만인에 대한 만인의 전쟁상태가 야기된다. 그렇다면, 자연상태에서 사람들 사이에 갈등과 분쟁을 야기하는 구체적인 요인들에는 무엇이 있을까? 홉스는 경쟁과 불신과 공명심 세 가지를 들고 있다.

> 인간의 본성이 바로 이러하기 때문에[자기보존을 목적으로 하기 때문에], 우리는 사람들 사이에 분쟁이 발생하는 원인을 세 가지로 정리할 수 있다. 첫째는 '경쟁'(competition)이고, 둘째는 '불신'(diffidence)이며, 셋째는 '공명심'(glory)이다. 인간은 경쟁 때문에 이익 확보를 위한 약탈자가 되고, 불신 때문에 안전 보장을 위한 침략자가 되며, 공명심 때문에 명예 수호를 위한 공격자가 되는 것이다. 첫째는 타인과 그들의 처자 권속 및 가축들을 지배하기 위해 폭력을 동원하는 것이고, 둘째는 자기방어를 위해 폭력을 동원하는 것이며, 셋째는 한마디 말, 혹은 단 한 번의 웃음, 혹은 의견의 차이 등, 자신의 신상이나 자신의 친척 · 친구 · 직업 · 가문에 대해 얕잡아보는 사소한 표현들 때문에 폭력을 동원하는 것이다.[209]

한정된 자원의 확보를 위한 경쟁이 자연상태에서 발생하는 분쟁의

**209** 『리바이어던 I』, 제1부, 13장, p. 171.

원인이 된다는 사실은 자명한 일이다. 만일 두 사람이 서로 함께 공유할 수 없는 같은 대상을 놓고 경쟁한다면, 그들은 자기이익을 최대화하려는 목적에서 서로 적이 되어 상대방을 파멸시키고 무력화시키기 위해 모든 노력을 경주하게 될 것이다. 한정된 자원에 대한 경쟁은 다만 "상대방의 이익은 동일한 양의 나의 손해"를 가져오는 "합계(合計)－영(零) 게임"(zero－sum game)으로 진행되어 분쟁을 야기할 뿐이라는 것이다.[210]

상대방의 공격성에 대한 불신은 타인을 먼저 공격함으로써 자신의 생존 가능성을 높이려는 의지에서 나오는 합리적인 행동이라고 홉스는 본다. 타인을 믿지 못하는 데서 나오는 선제 공격은 이성적 계산의 필연적 결과라는 것이다.[211]

> 상호간에 불신이 존재하는 상황에서는 누구라도 예상되는 위협으로부터 자기 자신을 안전하게 보존하기 위한 합리적 조치를 강구하게 된다. 그것은 곧 폭력이나 계략을 써서 가능한 한 많은 사람들을 오랫동안 지배하여 더 이상 자신에 대한 위협이 되지 못하도록 무력화시키는 일이다. 이것은 오로지 자기 자신을 보존하기 위한 불가피한 조치이기 때문에 일반적으로 허용될 수밖에 없다.[212]

공명심에서 자기의 명예를 지키고자 하는 행동도 분쟁의 원인이 된다. "인간은 누구나 자기 친구들이[다른 사람들이] 자기를 높이 평가해주기를 바란다. [……] 따라서 자기를 경멸하거나 혹은 과소평가하는 기미가 보이기만 하면, 자기를 경멸한 사람을 공격하여 평가의 수정을 강요하고,

---

**210** Kersting, 1992/2006, pp. 115～116.

**211** Kersting, 1992/2006, pp. 132～138.

**212** 『리바이어던 I』, 제1부, 13장, p. 170.

다른 사람들에게는 하나의 본보기를 보여줌으로써, 자신에 대한 그들의 평가가 더욱 높아질 것을 기대한다."[213] "명예도 결국 권력의 한 종류"[214] 이므로, 명예를 지키는 일은 자기의 권력을 확대하는 일이기 때문이다.[215]

홉스는 이렇게 한정된 자원에 대한 경쟁, 타인의 공격성에 대한 불신, 그리고 스스로의 명예를 지키고자 하는 공명심이 자연상태에서 사람들 사이에 분쟁을 일으켜, 결국 자연상태를 만인에 대한 만인의 전쟁상태로 이끄는 구체적인 요인으로 작용한다고 보고 있다. "홉스가 분쟁의 세 가지 원인으로 꼽고 있는 '경쟁 · 불신 · 공명심'은 자연상태의 인간만이 아니라, 문명사회의 인간이 지닌 자연적 성향이기도 하다."[216] 이렇게 이들은 오늘날에도 여전히 사회에 혼란을 가져오는 주요 원인임이 확실하며, 홉스의 자연상태론은 비록 논리적 구성물일 뿐 역사적 사실이 아니라고 해도, 오늘날의 사회 상황을 분석하는 데에 적용될 수도 있는 이론적 가치를 지닌다고 할 수 있을 것이다.

### 3) 자연법과 사회계약: 평화 추구와 국가의 형성

이상에서 보듯이 아무런 인위적인 강제력이 없는 자연상태에서는 자기보존욕구를 무제한적으로 추구하는 자연권만이 작용하고 있어서, 필연적으로 만인에 대한 만인의 끊임없는 투쟁이 벌어짐으로써 폭력과 기만이 만연하는 가혹한 상황이 연출된다. 그렇다면, 이러한 자연상태로부터 벗어날 수 있는 방안은 없는가? 홉스는 이 부분에서 희망의 계율을

---

213 『리바이어던 I』, 제1부, 13장, pp. 170~171.

214 『리바이어던 I』, 제1부, 8장, p. 105.

215 홉스는 『리바이어던 I』, 제1부, 10장(pp. 124~135)에서 권력의 한 요인으로서의 "명예"의 기능과 그 요인에 대해 집중적으로 논의하고 있다.

216 박완규, 2007, p. 91.

제시한다. 이는 자연법에 따라 자연권의 상호 동등한 양도에 합의함으로써 공통의 강제력을 수립하는 일이다.

> 인간의 자연적 상태가 얼마나 가혹한가 하는 것은 지금까지의 설명으로 충분할 것이다. 그러나 인간이 그러한 가혹한 상태로부터 빠져나올 수 있는 가능성이 없는 것은 아니다. 그 가능성의 일부는 인간의 정념에서, 일부는 인간의 이성에서 생겨난다. 인간을 평화로 향하게 하는 정념으로는 죽음에 대한 공포, 생활의 편의를 돕는 각종 생활용품에 대한 욕망, 그러한 생활용품을 자신의 노력으로 획득할 수 있다는 희망 등이 있다. 그리고 이성은 인간들이 서로 합의할 수 있는 적절한 평화의 '규약'(規約, article)들을 시사한다. [이러한 규약들은] '자연법'(自然法, Laws of Nature)이라고 불러도 좋을 것이다.[217]

여기서 죽음의 공포에 대한 정념은 이성에 의해 평화를 추구하는 자연법이 작동하는 전제조건에 해당하고, 생활의 편의를 가져오는 생활용품을 획득하려는 희망은 자연상태에서 벗어나 평화를 이룩한 이후에 얻어지는 효과라고 볼 수 있다. 그러므로 자연상태의 비참함으로부터 벗어나려는 노력은 전적으로 인간의 이성에 의해 찾아낸 자연법을 따르는 일로 집약된다. 이러한 관점에서 홉스는 『리바이어던』에서 자연상태에 관한 논의(13장)에 이어, 죽음에 대한 공포나 편리한 생활용품 획득의 희망 같은 정념에 관해 논의하지 않고, 곧바로 14장과 15장을 자연법에 관한 논의에 할애하고 있는 것이다.

> '자연법'(*lex naturalis*)이란 인간의 이성이 찾아낸 '계율'(precept) 또는 '일반적 원칙'(general rule)을 말한다. 이 자연법에 따라 자신의 생명을 파괴하는 행위나

---

**217** 『리바이어던 I』, 제1부, 13장, pp. 174~175.

자신의 생명보존의 수단을 박탈하는 행위는 금지되며, 또한 자신의 생명보존에 가장 적합하다고 생각되는 행위를 포기하는 것이 금지된다.[218]

이 인용문에서 자명하게 드러나듯이, 이성이 찾아낸 자연법도 결국 자기보존의 욕구를 충족하려는 것을 목적으로 하고 있다. 즉 자연상태가 빚어내는 갈등과 투쟁의 혼란 속에서는 자기보존욕구를 충족하는 것이 어려워지므로, 몇 가지 제한조건을 붙여 서로 투쟁하지 못하도록 유도한 상태에서 자기보존을 이루려는 규율의 체계가 곧 자연법이다. 앞에서 홉스가 개념화하는 인간의 이성은 합리적 계산능력을 말하는 것으로, 다양한 가능 행위들 중에서 자기보존에 가장 유리한 행위를 합리적 계산을 통해 선택 · 수행하게 하는 도구적 · 전략적 기능이 이성의 핵심 기능임을 밝힌 바 있다. 이러한 이성이 찾아낸 평화의 규범이 바로 자연법으로, 자연법 이론은 홉스의 "도구적 · 전략적 이성관"을 잘 드러내주는 논리체계인 것이다.[219]

이렇게 자연법이 자기보존을 목적으로 하는 규율의 체계라면, 이는 자연상태에서 자기보존욕구를 추구할 자유인 자연권과는 어떠한 관계에 있는가? 이 문제에 대한 해답을 홉스는 권리와 법의 개념의 차이에서 찾고 있다.

이 문제에 관한 논의를 할 때 사람들은 흔히 '권리'(*jus*)와 '법'(*lex*)을 같은 뜻으로 혼용하는데, 이 둘은 서로 다른 개념이다. '권리'는 어떤 일을 하거나 혹은 하지 않을 자유를 말하는 반면, '법'은 어떤 일을 하도록 지시하거나

---

**218** 『리바이어던 I』, 제1부, 14장, p. 176.

**219** Kersting, 1992/2006, pp. 95～101, 143, 171～175.

혹은 하지 못하도록 금지하는 것이기 때문이다. 그러므로 법과 권리는 의무와 자유만큼이나 다르며, [자연법과 자연권은 이와] 똑같은 방식으로 다른 말이다.[220]

이와 같은 관점에서 보면, 자연권은 자기보존을 위해 어떤 일을 하거나 하지 않을 결정이 전적으로 개인에게 주어져 있는 자유의 문제이지만, 자연법은 자기보존을 위해 반드시 어떤 일을 하거나 하지 말아야 하는 강제적인 의무 사항이다. 즉 자연법은 자연상태의 혼란에서 벗어나 평화의 상태로 이행하기 위한 강제적인 규율의 체계인 것이다.

**제1자연법: 평화 추구의 의무** 홉스가 만인에 대한 만인의 전쟁으로 인해 야기되는 혼란으로부터 벗어나 평화를 이루기 위한 기본 원칙으로 제시하고 있는 제1의 자연법은 "평화 추구의 의무"를 규정한 것이다.

> '모든 사람은, 달성될 가망이 있는 한, 평화를 얻기 위해 노력해야 한다. 평화를 달성하는 일이 불가능할 경우에는 전쟁에서 승리하기 위한 어떤 수단이라도 사용해도 좋다.' 이 원칙의 앞부분은 자연법의 기본을 나타내고 있는 것으로서 '평화를 추구하라'는 것이고, 뒷부분은 자연권의 요지를 나타내고 있는 것으로서 '모든 수단을 동원하여 자신을 방어하라'는 것이다.[221]

이 인용문에서 보듯이 홉스는 평화 추구의 의무와 자기보호의 권리를 나란히 진술하여, 그가 "자기보호"와 "평화의 추구"를 동의어로 보고 있음을 드러낸다. 그에게 있어 평화를 추구하는 일과 자기보호는 동일한 목적의 다른 두 표현인 것이다. "평화에 대한 보장 없이 자기보호란

---

**220** 『리바이어던 I』, 제1부, 14장, pp. 176~177.
**221** 『리바이어던 I』, 제1부, 14장, p. 177.

있을 수 없으며, 자기보호가 보장되지 않는 평화는 강요된 평화"[222]이거나 위장된 평화이기 때문이다. 홉스는 전투할 의도가 있을 때는 실제 전투행위의 발발 여부에 상관없이 전쟁상태이며, 전투의 의도가 없는 그 밖의 시간만이 평화라고 보아,[223] 평화를 이루는 일의 지난함을 지적한 바 있다. 제1자연법은 평화 추구의 의무를 이성의 가장 기본적인 명령으로 규정함으로써, 평화가 곧 자기보존의 가장 확실한 길임을 명시하고 있는 것이다.

그러한 의미에서 이 제1자연법은 단순히 여러 개의 자연법 가운데 하나가 아니다. 홉스는 이를 "기본 자연법"이라고 하여, 다른 자연법보다 우위에 놓고 있다. 그가 평화 추구의 의무를 자연법 가운데 "첫 번째 자리에 놓은 이유는 홉스 정치철학의 목적이 바로 평화의 안정적 확보에 있기 때문이다. 전쟁과 평화의 문제는 홉스뿐만 아니라 영국 시민전쟁[청교도혁명]을 직접 경험한 당시 모든 이의 관심사였을 것이다. 자연상태에서 시민사회로의 이행은 곧 평화와 안전의 확보를 의미"[224]하였던 것이다.

**제2자연법: 자연권의 상호 동등한 양도에 관한 계약** 제1자연법은 전쟁상태의 비참함으로부터 벗어나기 위해 평화를 추구할 것을 명령하고 있을 뿐, 누구나가 그토록 원하는 평화가 어떻게 조성될 수 있는가에 대해서는 아무런 방안도 제시하지 못한다. 구체적인 평화 추구의 규칙을 제시하고 있는 것이 제2자연법이다.

222 김용환, 2005, p. 82.

223 『리바이어던 I』, 제1부, 13장, pp. 171~172.

224 김용환, 2005, pp. 80~81.

평화 추구의 의무를 규정한 기본 자연법으로부터 다음과 같은 제2의 자연법이 도출된다. '인간은 평화와 자기방어가 보장되는 한, 또한 다른 사람들도 다 같이 그렇게 할 경우, 만물에 대한 이러한 권리[만물을, 심지어는 다른 사람의 신체까지도 자기 뜻대로 처분할 수 있는 권리]를 기꺼이 포기하고, 자신이 타인에게 허락한 만큼의 자유를 타인에 대해 갖는 것으로 만족해야 한다.' 왜냐하면 모든 사람이 자기 뜻대로 무엇이든지 할 수 있는 그런 권리를 보유하는 한, 모든 인간은 전쟁상태에 놓이게 되기 때문이다. 그러나 자기는 그러한 권리를 포기할 의사가 있지만, 다른 사람들은 그러한 권리를 포기할 의사가 없는 경우에는, 어느 누구도 자신의 권리를 포기할 이유가 없다. 그것은 평화를 달성하는 일이 아니라 자기 자신을 타인의 먹이로 제공하는 일이기 때문이다.[225]

이 제2자연법에서 "자연권의 상호 동등한 양도"라는 홉스 "사회계약론"의 요지가 개진되고 있다. 이 인용문에서 "권리를 '포기한다'(lay down)는 것은 다른 사람이 그런 권리를 누리는 것을 방해할 '자유'를 스스로 포기한다는 것을 의미한다."[226] 이러한 "권리의 포기는 두 가지 방식 중 하나로 이루어진다. 하나는 권리를 '폐기'(renounce)하는 것이고, 또 하나는 권리를 다른 사람에게 '양도'(transfer)하는 것이다. 폐기는 결과적으로 누구에게 이익이 되느냐와 상관없이 '일방적으로' 자기의 권리를 버리는 것을 말한다. 양도는 어느 특정인(들)에게 이익이 될 것을 염두에 두고 자기의 권리를 버리는 것을 말한다."[227] 앞의 인용문에서 "권리의 포기는 상호 동등하게 이루어져야 한다"고 규정하고 있다는 점에 비추어

225 『리바이어던 I』, 제1부, 14장, pp. 177~178.

226 『리바이어던 I』, 제1부, 14장, p. 178.

227 『리바이어던 I』, 제1부, 14장, p. 179.

보면, 권리의 포기는 "양도"의 형태로 이루어져야지 "일방적으로 권리를 폐기"하는 방식으로 이루어져서는 안 된다는 것이 홉스의 본뜻임을 짐작할 수 있다.[228]

이러한 양도에 의해 권리를 포기하고 나면, "그로부터 이익을 얻을 사람의 권리 행사를 방해하지 않을 '의무'(obliged)를 지거나, 혹은 방해하지 않도록 '속박'(bound)된다. 그는 (권리를 포기한) 자신의 자발적 행동을 무효화하지 '말아야 한다.' 그것이 바로 그의 '책무'(duty)이다. 만일 방해 행위를 한다면 그것은 '불의'(injustice)이며, 또한 '권리침해'(injury)에 해당한다. 방해할 권리를 이미 폐기했거나 양도했으므로 그럴 '권리가 없는'(*sine jure*) 상태에 있기 때문이다."[229] 이와 같이 권리의 양도에는 이에 수반되는 책무를 이행할 채무가 따른다.

이렇게 권리를 양도하는 방식으로는 선언(宣言) 혹은 명시(明示)가 있다. 이는 권리를 양도한다는 사실을, 혹은 다른 사람에게 양도했다는 사실을 분명한 기호로 나타내는 것을 말한다. "이 기호는 말일 수도 있고, 행위일 수도 있으며, 또 흔히 그러하듯이 말과 행위를 병용할 수도 있다. '증서'(證書, bonds)가 바로 그러한 구속과 의무를 나타내는 행위에 속한다. 증서의 힘은 증서 그 자체에서 나오는 것이 아니라, 일탈행위에 뒤따를 해로운 결과에 대한 공포에서 오는 것이다."[230] 이러한 증서에 의해 "권리를 상호 양도하는 것을 '계약'(契約, contract)이라고 한다."[231] 그러므로 평화를

---

228 홉스는 『리바이어던 I』, 제1부, 14장(pp. 176~193)에서 제2자연법에 의한 자연권의 포기를 "계약"(契約, contract)의 개념으로 정리하면서, "권리를 상호 양도하는 것을 계약이라고 한다"(p. 181)거나 "모든 계약은 권리의 상호양도 또는 권리의 변경"(p. 184)이라고 진술하여, 제2자연법에 의한 자연권의 포기가 일방적인 폐기보다는 쌍무적인 상호양도의 형태로 이루어져야 한다는 사실을 명시적으로 지적하고 있다.

229 『리바이어던 I』, 제1부, 14장, p. 179.

230 『리바이어던 I』, 제1부, 14장, p. 180.

지키기 위한 "권리의 상호 동등한 양도"는 "계약"에 의해 증서로 표명되어야 비로소 효력을 지니게 된다.

권리의 양도에 따르는 채무의 이행은 즉각 이루어질 수도 있고, 일정 기간이 지난 후의 특정 시점에 이루어지도록 상대방을 신뢰하고 기다릴 수도 있다. 홉스에 따르면 계약이란, 채무의 이행을 즉각 하거나 신뢰를 바탕으로 이를 미루어 주거나 간에, "권리를 상호 양도하는 행위"를 통틀어서 말한다.[232] 이 중에서 홉스가 강조하고 있는 것은 일방의 계약자는 채무를 즉각 이행하고, 상대방의 채무 이행은 그에 대한 신뢰를 바탕으로 하여 기다려주는 신의계약의 경우이다.[233]

> 이러한 종류의 계약은 채무를 먼저 이행한 선이행자(先履行者)의 입장에서 보면 '약정'(約定, pact) 또는 '신의계약'(信義契約, covenant)에 해당한다. 또한 계약 당사자 쌍방이 각각의 채무를 나중에 이행할 것을 현재 계약할 수도 있다. 이런 경우, 장래의 채무이행이 신뢰된 상태에 있기 때문에, 그의 채무이행은 '약속의 준수'(keeping of promise) 또는 '신의성실'(faith)을 좇은 것이며, 채무의 불이행은 (자발적 의사로 이루어진 경우) '반신의행위'(反信義行爲, violation of faith)에 해당한다.[234]

일상생활에서 계약자 쌍방이 계약을 하고 곧바로 이에 따르는 채무를

---

**231** 『리바이어던 I』, 제1부, 14장, p. 181.

**232** 진석용(2008, 제1권, pp. 181~182, 역자 주 4)은 홉스의 "계약"(contract), "약정"(pact) 및 "신의계약"(covenant)의 의미 차이에 대해 자세히 분석하고 있다.

**233** 홉스는 "『리바이어던』 전편에 걸쳐 주권 설립의 계약[국가권력 형성의 계약]을 '신의계약'이라고 표현하고 있다. 즉 자연권의 양도는 현재 이루어지는 반면(그 결과 주권이 성립한다), 주권으로부터의 보호는 현재로부터 미래에 이르기까지 계속되는 이른바 '약속'의 성격을 띤다"(진석용, 2008, 제1권, 역자 주 4, p. 182)는 관점에서 신의계약을 강조하고 있다.

**234** 『리바이어던 I』, 제1부, 14장, pp. 181~182.

이행하는 경우는, 돈을 주고받으면서 물건을 사고파는 경우 이외에는 찾아보기 힘들다. 그 대신 계약자 중 한 편은 채무를 즉각 이행하는 데 반해 상대방은 이를 미룬다거나, 계약자 쌍방이 모두 채무이행을 미루는 신의계약이 대부분이다. 이러한 신의계약에는 "약속"(promise)이 포함되어 있고, 약속에는 반드시 "신뢰"가 전제되어 있다. 그러므로 상대방의 채무 이행 약속에 대해 신뢰를 할 수 없는 경우에는 계약이 성립될 수 없다.

> 계약자 쌍방이 계약의 내용을 현재 이행하지 않은 상태에서 상호 신뢰를 바탕으로 한 신의계약이 자연상태, 즉 만인에 대한 만인의 전쟁상태에서 체결되었다면, 그 계약은 무효이다. 그러나 그들 쌍방에 대하여 약정된 채무를 이행하도록 강제할 수 있는 충분한 권리와 힘을 가진 공통의 권력이 존재한다면, 그 계약은 무효가 아니다. 자연상태, 즉 모든 사람이 평등하고, 각자가 품게 된 공포심의 정당성에 대한 판단도 각자가 하게 되는 자연상태에서는 그러한 강제적 힘을 기대할 수 없다. 강제적 힘에 대한 공포가 없으면 말로 이루어진 약정은 인간의 야심 · 탐욕 · 분노 및 기타 다른 정념을 이겨내지 못한다. 따라서 채무의 선이행자는 상대방이 나중에 이행할 것이라는 보증을 받을 수가 없다. 이러한 보증이 없는 상태에서 채무를 먼저 이행하는 것은 자기 자신을 적에게 넘겨주는 것과 다를 바가 없다. 이것은 생명과 생활수단의 방어라는, 결코 포기할 수 없는 권리에 반하는 것이다. 그러나 사회상태에서는 그런 걱정을 할 이유가 없다. 사회상태에서는 그런 반신의행위를 하는 자를 규제하는 권력이 존재하기 때문에, 어느 일방에게 채무의 선이행이 의무화된 신의계약 같은 것이 유효하게 성립할 수 있다.[235]

이러한 관점에서 보면, 신의계약에는 항상 채무의 이행을 강제할 공통

---

235 『리바이어던 I』, 제1부, 14장, pp. 186~187.

의 권력에 대한 내용이 포함되어야 한다. 이 점이 바로 사회계약을 통한 국가주권의 성립이라는 홉스 사회계약론의 요체이다. 그런데 공통의 권력이 가지는 이러한 강제력의 근거는 공포심에 기반을 두고 있다는 것이 홉스의 주장이다.

> 앞에서 말한 것처럼, 말의 힘만으로는 인간이 스스로 맺은 신의계약을 이행하게 하도록 만들 수가 없다. 다만 인간의 본성 속에 신의계약의 이행을 강화시킬 것으로 생각되는 것이 딱 두 가지가 있다. 하나는 약속을 파기했을 때 생겨나는 결과에 대한 공포이고, 또 하나는 남들에게 약속을 잘 지키는 사람으로 평가받으려는 명예심 혹은 자존심이다. 그러나 후자는 일종의 의협심으로서, 보통 사람들에게서는 거의 찾아보기 힘든 미덕이기 때문에 기대할 바가 못 된다. [……] 결국 우리가 기댈 수 있는 정념은 공포심 하나뿐이다. [……] 그러므로 시민사회 이전이나 혹은 전쟁으로 시민사회가 중단된 기간에는 탐욕 · 야심 · 육욕 등의 강력한 욕망의 유혹에 대항하여 기존에 합의한 평화계약을 강화할 수 있는 것은 보이지 않는 힘에 대한 공포밖에 없다.[236]

이렇게 공권력의 강제에 대한 공포가 신의계약에 따른 채무를 이행하게 하는 유일한 원천이다. 따라서 공통의 권력이 갖는 강제력에 대한 공포가 클수록 신의계약이 잘 지켜지고, 결과적으로 평화가 유지될 수 있다는 것이 홉스의 생각이다. 바로 이 점에서 홉스의 사회계약론과 절대주권론이 만나게 된다.

이러한 자연권 양도의 계약에서 모든 자연권을 무조건적으로 양도하기로 계약하는 것은 아니다. “인간이 자신의 권리를 양도할 때는 [……] 그렇게 하여 자기에게 돌아올 반대급부가 있거나, 혹은 다른 어떤 이익을

236 『리바이어던 I』, 제1부, 14장, pp. 191~192.

기대할 수 있기 때문이다. 자신의 권리를 포기하는 행위는 자발적 행위인데, 모든 자발적 행위는 '자신의 이익'을 목적으로 한다. 그러므로 어떤 서약과 어떤 표시에 의해서도 결코 폐기 또는 양도된 것으로 볼 수 없는 권리들이 존재한다"[237]는 것이 홉스의 주장이다. 그것은 "생명의 위협에 대해 저항할 권리"와 "생명보존의 수단들을 안전하게 확보하는 권리" 같은 것들이다.[238] 즉 자연상태의 위험으로부터 자기를 안전하게 지키기 위해 권리 양도의 계약을 맺는 것이므로, 양도되는 권리 속에 당연히 생명보존의 권리는 포함될 수 없다는 것이다. 절대주권의 유일한 한계는 바로 이렇게 구성원들 각자가 자신의 생명을 보존하려는 노력에 제한을 가할 수 없다는 데 있으며, 절대주권이 구성원들의 안전을 지켜주지 못하면 그 성립 근거를 잃게 된다는 것이 홉스의 주권론의 또 다른 요체이다.

이와 같이 자기이익을 안전하게 확보하려는 목적에서 자연상태로부터 탈피하기 위해, 개인이 가지고 있는 자연적 권리를 상호 동등한 만큼씩 양도하기로 합의하는 계약을 맺게 된다는 사실에서 국가형성의 근거를 찾으려는 것이 홉스의 사회계약론의 핵심이다. 따라서 이러한 규율을 제시하는 제2자연법이 홉스 사회이론의 기본이라고 볼 수 있다. 이러한 홉스의 이론은 "자기이익의 추구"를 사회생활의 목표라고 본다는 점, 그리고 "교호성"(交互性, reciprocity)과 "공정성"(公正性, fairness)을 사회관계의 형성과 유지의 기초로 삼고 있다는 점에서 현대 사회과학자들이 제시하는 대표적인 사회관계론인 "사회교환이론"과 맥을 같이하고 있다. 이러한 사실은 서구의 현대 사회관계론이 홉스와 같은 자유주의자들의

---

237 『리바이어던 I』, 제1부, 14장, p. 180.

238 『리바이어던 I』, 제1부, 14장, pp. 180~181.

사회계약론을 이론적 모태로 삼아 정립된 것임을 암시해준다.[239]

여기서 한 가지 고찰해보아야 할 것은 "자연권의 상호 동등한 양도"에 관한 제2자연법의 내용이 "남이 너에게 행하기를 원치 않는 일은 너도 남에게 행하지 말라"[240]는 서구 사회에 내려오는 황금률(黃金律)에서 도출되고 있다는 사실이다.[241] 이러한 관점에서 보면, 홉스의 제2자연법은 『논어』(論語)에서 공자가 제시하는 "자기가 바라지 않는 것을 남에게 베풀지 말라"[242]는 인(仁)의 원리와 같은 근거를 갖고 있는 것으로 볼 수도 있다.[243]

그러나 "상호 동등한 권리 양도"에 관한 홉스의 제2자연법의 목적은 자기보존욕구의 안전한 충족이어서, 어디까지나 이기적 욕구가 그 배경에 놓여 있다. 홉스 자신이 성경에 나오는 "너희는 남에게 대접을 받고자 하는 대로 남을 대접하라"[244]는 예수의 산상수훈(山上垂訓)을 제2자연법 도출의 배경으로 제시하여,[245] 남에 대한 대접의 배경에 남으로부터 동등한 대접을 받으려는 이기적 욕구가 놓여 있는 것과 마찬가지로, "남이 양도하는 만큼 자기의 권리를 양도하라"는 제2자연법의 배경에도 이기적 욕구가 놓여 있음을 분명히 하고 있다. 이와 같이 "홉스의 심리학에는 순수한 도덕적 동기의 여지가 없는 것이다."[246]

---

239 이러한 사실은 선기(先記)필자(조긍호, 2012, 제4장, pp. 442~513) 참조.

240 『리바이어던 I』, 제1부, 14장, p. 178.

241 Kersting(1992/2006)은 제2자연법이 이러한 황금률에 기초하고 있기 때문에, "홉스는 이 자연법칙이 '가장 단순한 이성도 쉽게 통찰할 수 있는 격률'로 요약될 수 있다는 확신을 가졌다"(p. 164)고 보면서, 제2자연법은 이 황금률과의 연관을 통해 "내적 공정성과 공정한 무장해제의 확실한 기반을 얻게 된다"(p. 161)고 주장하고 있다.

242 己所不欲 勿施於人(『論語』, 顔淵 2; 衛靈公 23).

243 김용환(2005, pp. 121~122)과 박완규(2007, p. 111)가 이러한 견해를 피력하고 있다.

244 『마태복음』, 7장, 12절; 『누가복음』, 6장 31절.

245 『리바이어던 I』, 제1부, 14장, p. 178.

하지만 공자가 말하는 "자기가 바라지 않는 것을 남에게 베풀지 말라"는 경구에는 "자기가 바라지 않는 것은 남 또한 바라지 않는 것"이라는 사실이 전제되어 있다. 그러므로 이 경구에서 강조하는 것은 자기이익 추구가 아니라 타인에 대한 배려를 앞세워야 한다는 것이다. 말하자면, 이 경구에는 "자기가 서고자 하는 곳에 남을 먼저 세워주고, 자기가 이루고자 하는 일은 남이 먼저 이루도록 해주어라"[247]라는 적극적인 타인에 대한 배려, 곧 이타적 동기가 그 배경에 놓여 있는 것이다. 공자가 제시하는 인(仁)은 타인에 대한 관심과 배려를 자기이익보다 앞세울 것을 요구하는 덕목이다.[248] 즉 타인에 대한 배려는 덕(德)의 목적이거나 덕 그 자체이지, 이기적 욕구의 충족이 전제되어 있는 것은 아니다. 이러한 관점에서 보면, 이기적 동기가 근원인 홉스의 제2자연법과 이타적 동기가 근원인 공자의 인(仁)은 출발 근거부터가 다른 것이다.

**제3자연법: 신의계약 준수의 의무** "평화 추구의 의무"와 "자연권의 상호 동등한 양도의 계약"을 명령한 제1과 제2의 자연법에 이어, 홉스는 "신의계약 준수의 의무"를 제3자연법으로 설정한다.

> 인간이 본래부터 가진 자연권은, 타인에게 양도하지 않고 자기가 가지고 있을 경우, 인류의 평화를 저해하게 된다. 그러므로 제1 및 제2의 자연법은 이 권리를 타인에게 양도할 것을 명하는데, 이로부터 제3의 자연법이 생겨난다. 그것은 '신의계약을 맺었으면 지켜야 한다'는 것이다. 이행의 의무가 없다면 신의계약은 아무 쓸모없는 공약(空約)에 불과하다. 만인에게 만물에 대한

246 Kersting, 1992/2006, p. 171.

247 己欲立而立人 己欲達而達人(『論語』, 雍也 28).

248 이에 대해서는 선기필자(조긍호, 2008, pp. 116~121) 참조.

권리가 남아 있는 한 [모든 사람이 각자 만물에 대한 권리를 보유하는 한], 우리는 여전히 전쟁상태에 있게 된다.[249]

사회 형성의 근거인 계약을 준수하지 않을 경우 사회는 사회로서 존속할 수가 없다는 점에서, "신의계약 준수의 의무"를 명령한 제3자연법은 상호 계약을 통해 형성한 사회를 유지하기 위한 의무를 규정하고 있는 것이다. 홉스의 제3자연법 속에는 이미 사회 유지를 위한 규범으로서의 정의의 원칙이 내포되어 있다.

이 제3자연법 속에 '정의'(正義, justice)의 원천이 들어 있다. 신의계약이 성립되기 전에는 어떠한 권리도 양도된 것이 아니며, 따라서 만인이 만물에 대하여 권리를 가지기 때문에 어떤 행위도 불의가 될 수 없다. 그러나 신의계약이 맺어지면 이것을 깨뜨리는 행위가 불의가 된다. '불의'(不義, injustice)란 간단히 말해서 '신의계약의 불이행'을 말한다.[250]

요컨대, 계약 준수를 이행하는 것이 바로 정의이고, 이를 이행하지 않는 것이 불의라는 것이다. 즉 "정의는 신의계약을 준수하는 것이며, 우리 자신의 생명에 파괴적인 어떤 일을 하지 못하도록 금지하는 이성의 법칙이며, 따라서 자연법"[251]이라는 것이다. 신의계약의 준수는 계약에 따르는 채무의 이행 행위를 통해 이루어지는데, 홉스에 따르면 이러한 채무이행 행위가 정의의 원칙에 부합하는가의 여부는 전통적으로 "교환적 정의"(commutative justice)와 "분배적 정의"(distributive justice)의 두 측면에

**249** 『리바이어던 I』, 제1부, 15장, p. 194.
**250** 『리바이어던 I』, 제1부, 15장, p. 194.
**251** 『리바이어던 I』, 제1부, 15장, p. 200.

서 판정할 수 있다. 여기서 "교환적 정의는 계약을 통하여 발생한 쌍방의 채무가 동등한 가치, 즉 대가성을 지니는 것을 의미하고, 분배적 정의는 같은 자격을 가진 사람에게는 같은 이익을 분배해주는 것을 의미한다."[252] 그런데 이 두 정의의 판정 기준은 등가성(균등성)과 형평성으로 달라지기는 하지만, 모두 정당성 곧 공정성에 달려 있다는 것이 홉스의 의견이다.[253] 그러므로 사회 유지를 위한 규범은 교환과 분배에서의 공정성에서 찾을 수 있다는 것이 홉스의 주장인 것이다.[254]

앞에서도 지적되었듯이, 신의계약 준수의 의도는 이를 요구하는 강제력의 존재를 전제로 해서라야 유발된다는 것이 홉스의 관점이다. 즉 정의와 불의는 공통의 권력이 가지는 강제력의 배경 하에서 성립되는 개념인 것이다.

> 정의와 불의의 개념이 존재하기에 앞서, 먼저 어떤 강제적 힘이 존재하여야 한다. 이 강제력이 하는 일은 신의계약을 이행하지 않았을 때 얻을 수 있는 이익보다도 더 큰 처벌의 공포를 통하여 신의계약 당사자 쌍방이 각각의 채무를 이행하도록 평등하게 강제하고, 그들이 보편적 권리를 포기한 대가로 상호계약에 의해 '소유권'(所有權, property)을 확보할 수 있도록 보장하는 것이다. 이런 일을 가능하게 하는 힘은 코먼웰스가 수립되기 전까지는 존재하지

252 『리바이어던 I』, 제1부, 15장, p. 203.

253 『리바이어던 I』, 제1부, 15장, p. 203~204. 이 가운데 분배정의의 원칙으로서의 형평성[equity; 진석용(2008, 제1권, pp. 204, 209~210)은 이를 "공평성"이라고 번역하고 있으나, 전통적으로 사회심리학에서는 이를 "형평성"이라고 번역하고 있다]에 대해 홉스는 제11자연법(『리바이어던 I』, 제1부, 15장, pp. 209~210)으로, 교환의 등가성 또는 평등성(균등성)에 대해서는 제12자연법(『리바이어던 I』, 제1부, 15장, p. 210)으로 제시하고 있다.

254 이렇게 사회 유지의 규범을 공정한 정의의 규범으로 이해하는 홉스의 입장은 현대 서구 사회교환론자들의 이론으로 연결되고 있다. 이에 대해서는 선기필자(조긍호, 2012, 제4장, pp. 442~513) 참조.

않는다. [……] 그러므로 '각자의 것', 즉 소유권이 없는 곳에는 불의가 없으며, 어떤 강제력, 즉 코먼웰스가 없는 곳에는 소유권이 없다. 왜냐하면 만인이 만물에 대하여 권리를 가지고 있기 때문이다. 그러므로 코먼웰스가 없는 곳에서는 불의가 있을 수 없다. 따라서 정의의 본질은 유효한 계약을 지키는 데 있고, 계약의 유효성은 그 계약의 이행을 충분히 강제할 수 있는 사회적 권력의 수립과 더불어 시작되며, 또한 그때 비로소 소유권도 발생한다.[255]

이와 같이 권리 양도의 계약에 관한 제2자연법과 계약 준수 의무에 관한 제3자연법은 모두 계약 당사자 모두에게 공통되는 강제력을 갖는 권력 수립을 전제로 하여 의미를 가진다. 제2자연법은 강제력 수립의 정당한 근거를 규정하는 것이고, 제3자연법은 그렇게 수립된 강제력 유지의 조건을 규정하고 있다는 차이가 있을 뿐이다. 이렇게 홉스의 사회계약론은 자연권의 상호 동등한 양보에 관한 합의(사회계약)에서 국가 권력 형성의 근거를 찾고자 하는 데 이론적 기초를 두고 있는 이론체계이다. 위의 인용문에서 보면, 이러한 국가가 형성된 이후에라야 각자는 자기의 것을 소유하고 향유하여 평화를 누릴 수 있다는 것이 홉스의 주장인 것이다.

**기타 자연법: 평화 유지를 위한 제반 규율** 홉스는 이러한 세 가지 기본적인 자연법 이외에도 열여섯 가지 자연법을 열거하여, 모두 열아홉 개의 자연법을 제시하고 있다. 제4자연법은 "타인의 은혜를 입은 사람은 은혜를 베푼 사람이 자신의 호의에 대해 후회할 만한 사유가 발생하지 않도록 노력해야 한다"는 "보은(報恩, gratitude)의 자연법"이다. 제5자연법

---

255 『리바이어던 I』, 제1부, 15장, pp. 195~196.

은 "모든 사람은 자기 이외의 다른 사람들을 수용하려고 노력해야 한다"는 "공손(恭遜, complaisance)의 자연법"이다. 제6자연법은 "과거의 잘못을 뉘우치고 용서를 빌 때는, 다시는 그런 일을 저지르지 않겠다는 다짐을 받고 용서해야 한다"는 "용서(容恕, pardon)의 자연법"이다. 제7자연법은 "복수를 할 때는 지나간 악의 크기가 아니라 다가올 선의 크기를 보아야 한다"는 "복수(復讎, revenge)의 자연법"이다. 제8자연법은 "어떤 사람도 행위 · 언어 · 표정 · 동작으로 타인에 대한 증오나 경멸을 나타내서는 안 된다"는 "모욕(侮辱, contumely) 금지의 자연법"이다. 제9자연법은 "모든 사람은 타인을 본질적으로 자신과 동등한 존재로 인정해야 한다"는 "자만(自慢, pride) 금지의 자연법"이다. 제10자연법은 "평화의 상태로 들어갈 때 타인에게 결코 허락할 수 없다고 생각하는 권리를 자신에게는 허락해달라고 해서는 안 된다"는 "오만(傲慢, arrogance) 금지의 자연법"이다. 여기서 제9와 제10의 자연법은 평등성의 원칙에서 나오는 규율들이다. 이렇게 제4부터 제10자연법까지는[256] 사회생활의 평화를 유지하기 위하여 지켜야 할 생활태도를 규정한 것들이다.

제11자연법은 "인간과 인간 사이를 판정하도록 부탁받은 사람은 그들 사이를 형평하게 처리해야 한다"는 "형평(衡平, equity)의 자연법"이다. 제12자연법은 "분할할 수 없는 것은 가능한 한 공동으로 사용할 것, 만약 그 양이 충분하다면 무제한으로 그렇게 할 것, 그 양이 충분하지 않다면 권리를 가진 사람의 수에 비례하여 그렇게 할 것"이라는 "공유물의 평등한 사용에 관한 자연법"이다. 제13자연법은 "전체에 대한 권리, 혹은 (교대로 사용하기로 할 경우) 최초의 점유권을 추첨에 의해 결정할 것"에 관한 "추첨의 자연법"이다. 제14자연법은 "공동으로 공유할 수도 없고

256 『리바이어던 I』, 제1부, 15장, pp. 204~209.

분할할 수도 없는 것은 최초의 점유자의 것으로 인정하거나, 운에 의한 결정처럼, 장자(長子)의 것으로 결정할 수밖에 없다"는 "선점(先占)과 장자상속(長子相續)의 자연법"이다. 이렇게 제11부터 제14자연법까지는[257] 자원 교환 및 분배 과정에서의 공정성의 원칙들을 규정한 것이다.

제15자연법은 "평화를 중재하는 모든 사람은 행동의 안전이 허용되어야 한다"는 "중재자(仲裁者, arbitrator)의 안전보장에 관한 자연법"이다. 제16자연법은 "다투는 자는 그들의 권리를 중재자의 판결에 맡겨야 한다"는 "중재자에 대한 복종의 자연법"이다. 제17자연법은 "어느 누구도 자기 자신의 사건에 대하여는 적절한 중재자가 아니다"는 "자기 재판 금지의 자연법"이다. 제18자연법은 "일방이 타방에게 승리할 경우, 그 결과로 어떤 사람이 막대한 이익이나 명예나 혹은 쾌락을 얻는 것이 명백한 경우에는 어떤 소송에서도 그를 중재자로 받아들여서는 안 된다"는 "공정 중재자에 관한 자연법"이다. 마지막으로 제19자연법은 "'사실'에 관한 다툼에서 재판관은 어느 한쪽을 일방적으로 신용해서는 안 되기 때문에, 달리 증거가 없을 경우에는 제3자를, 혹은 제3자와 제4자를, 혹은 그 이상의 사람들을 신용해야 한다"는 "복수(複數)의 증인에 관한 자연법"이다. 이렇게 제15부터 제19자연법까지는[258] 갈등의 공정한 해결에 관한 규율들을 제시한 것이다.

이상에서 보듯이, 제4부터 제19까지의 자연법들은 평화를 유지하기 위한 생활태도(제4~제10), 자원 교환 및 분배의 공정성(제11~제14), 갈등의 공정한 해결(제15~제19)에 관해 규정함으로써, "군중(群衆)으로서의 인간에게 평화를 자기보존의 수단으로서 명하는 자연법들이다."[259] 즉

257 『리바이어던 I』, 제1부, 15장, pp. 209~210.
258 『리바이어던 I』, 제1부, 15장, pp. 210~212.

모든 자연법은 자연상태의 비참함으로부터 벗어나 평화를 이루는 길이며 또한 이를 지키기 위한 규율의 체계들인 것이다.

**자연법: 진정한 도덕철학** 제1에서 제3까지를 포함해서 자연법은 모두 이성의 명령이기 때문에, "이들은 '내면의 법정에서'(*in foro interno*) 구속력을 지닌다. 다시 말하면, 그 자연법대로 시행되어야 한다는 의욕을 갖도록 구속한다. [……] [이렇게] '내면의 법정에서' 구속력을 가지는 모든 법은 그 법에 위반되는 사실에 의해서는 물론, 그 법에 위반되지 않는 사실에 의해서도 파괴될 수 없다. [……] 자연법은 불변하고 영원한 것"[260]이기 때문이다. 홉스는 이렇게 자연법은 "내면의 법정에서" 이를 지키겠다는 의욕을 갖도록 구속하므로, 이를 지키겠다는 의욕만을 가진다면 쉽게 지킬 수 있다고 본다.

> 자연법은 오직 의욕과 노력만을, 거짓 없는 부단한 노력만을 의무로 부과하기 때문에 지키기 쉽다. 노력 이외에는 아무것도 요구하지 않기 때문에 이행하려고 노력하는 자는 다 지킬 수 있다. 그리고 법을 지키는 자는 의롭다.[261]

앞에서도 언급하였듯이, 홉스는 자연법을 지키는 것이 "정의"이고, 이를 위반하는 것이 "불의"라고 규정한다.[262] 자연법은 정의와 불의를 가름하는 체계로서, 자연법을 지키는 정의는 곧 평화를 가져오고, 이를 위반하여 불의를 저지르는 것은 곧 평화를 깨뜨리는 일이 된다. 정의와

---

**259** 『리바이어던 I』, 제1부, 15장, p. 212.
**260** 『리바이어던 I』, 제1부, 15장, pp. 212~213.
**261** 『리바이어던 I』, 제1부, 15장, pp. 213~214.
**262** 『리바이어던 I』, 제1부, 15장, p. 194, 200.

평화는 "선"이고, 불의와 전쟁은 "악"의 원천이다. 그러므로 홉스는 "도덕철학은 사회생활에서 무엇이 '선'이고 무엇이 '악'인가에 관한 학문"으로서, "이들 자연법에 관한 학문이야말로 진정하고도 유일한 도덕철학"[263] 이라고 단정하는 것이다.

> 모든 인간은 '평화'가 선이라는 사실에 동의하고, 따라서 평화에 이르는 길 또한 선이라는 사실에 동의한다. 바로 이러한 길 또는 수단이, 앞에서 말한 바와 같은 '정의 · 보은 · 겸허 · 형평 · 자비' 등과 같은 자연법이자 '덕'이며, 그 반대의 것은 '악덕', 즉 악이다. 덕과 악덕에 관한 학문이 도덕철학이므로, 자연법에 관한 진정한 학설이야말로 진정한 도덕철학이다.[264]

이러한 맥락에서 고찰하면, 홉스가 제시하고 있는 이성의 규율로서의 자연법의 내용들은 사람들이 평화로운 사회생활을 하기 위해 지켜야 할 도덕률의 체계를 정리하여 제시한 것들이라고 볼 수 있다. 곧 홉스는 일상생활에서 도덕원칙들을 이행하게 되면, 평화로운 삶을 영위할 수 있다고 보는 것이다. 그러나 홉스에게 있어 평화는 자기보존의 욕구를 안전한 상태에서 충족하기 위한 이기적인 목적에서 추구되는 것이라는 사실을 주목해야 한다. 홉스는 "[도덕이나] 정의는 [절대적인 도덕률에 근거하는 것이 아니라] 자기이익에 대한 타산적인 행동과 동일선 상에 놓여 있어야 한다"[265] 고 본다. 그에게 있어서 도덕이나 평화의 추구는 결코 타인에 대한 관심이나 배려에 근거하고 있는 것이라고는 볼 수 없는 것이다. 바로 이러한 점에서 인간을 이기적 존재로 개념화하는 개인주의

---

**263** 『리바이어던 I』, 제1부, 15장, p. 214.

**264** 『리바이어던 I』, 제1부, 15장, p. 214.

**265** 진석용, 2008, 제1권, p. 490; 제2권, p. 454.

자로서의 홉스의 면모가 여실히 드러나고 있는 것으로 생각된다.

### 4) 국가권력의 절대성: 절대주권론

자연상태에서 모든 사람이 만물에 대해 가지는 권리인 자연권을 포기하고 자연법을 준수하여 상호 동등한 권리의 양도를 위한 신의계약을 맺음으로써 국가(코먼웰스)가 형성된다. 이렇게 자연상태에서 누리는 자유를 포기하는 계약을 맺기로 합의하는 배경에는 비참한 전쟁상태로부터 벗어나 안전하게 "자기보존과 그로 인한 만족된 삶"을 도모하려는 이기적인 정념이 놓여 있다.[266] 그러나 "자연법 그 자체는 어떤 힘에 대한 공포 없이는 지켜지지 않는다. [……] 칼 없는 신의계약은 빈말에 불과하며, 인간을 보호할 힘이 전혀 없다. 자연법이 존재하더라도 어떤 권력이 확립되어 있지 않으면, 혹은 확립되어 있다고 하더라도 사람들의 안전을 보장하기에 족할 정도로 강력하지 않으면, 모든 인간은 타인에 대한 경계심을 품게 되고, 따라서 자기 자신의 힘과 기량에 의지하려고 들 것이다. 이것은 합법적인 일이다."[267] 바로 여기에서 "인간을 두렵게 하고 공동이익에 맞게 행동하도록 지도하는 공통의 권력(common power)"[268]을 설립할 필요가 나온다.

> 외적의 침입과 상호간의 권리침해를 방지하고 [……] 쾌적한 생활을 보낼 수 있도록 하기 위한 [……] 공통의 권력을 수립하는 유일한 길은 모든 사람의 의지를 다수결에 의해 하나의 의지로 결집하는 것, 즉 그들이 지닌 모든 권력과 힘을 '한 사람'(one Man) 혹은 '하나의 합의체'(one Assembly)에 양도하는

---

**266** 『리바이어던 I』, 제2부, 17장, p. 227.

**267** 『리바이어던 I』, 제2부, 17장, pp. 227~228.

**268** 『리바이어던 I』, 제2부, 17장, p. 231.

것이다. 다시 말하면, 자신들 모두의 '인격'(人格, person)을 지니는 한 사람 혹은 합의체를 임명하여, 그가 공공의 평화와 안전을 위해 어떤 행위를 하던, 혹은 (백성에게) 어떤 행위를 하게 하던, 각자가 그 모든 행위의 '본인'(本人, author)이 되고,[269] 또한 본인임을 인정함으로써, 개개인의 의지를 그의 의지에 종속시키고, 개개인의 다양한 판단들을 그의 단 하나의 판단에 위임하는 것이다. 이것은 동의 혹은 화합 이상의 것이며, 만인이 만인과 상호 신의계약을 체결함으로써 모든 인간이 단 하나의 인격으로 결합되는 것이다. 이것은 마치 만인이 만인을 향하여 다음과 같이 선언한 것과 같다. '나는 스스로를 다스리는 권리를 이 사람 혹은 이 합의체에 완전히 양도할 것을 승인한다. 단 그대도 그대의 권리를 양도하여 그의 활동을 승인한다는 조건 아래.' 이것이 달성되어 다수의 사람들이 하나의 인격으로 결합되어 통일되었을 때 그것을 '코먼웰스'(Commenwealth)라고 부른다. 이리하여 바로 저 위대한 '리바이어던'(*Leviathan*)이 탄생한다. 아니, 좀 더 경건하게 말하자면 '영원불멸의 하느님'(immortal God)의 가호 아래, 인간에게 평화와 방위를 보장하는 '지상의 신'(mortal god)이 탄생하는 것이다. 이 지상의 신은 코먼웰스에 살고 있는 모든 개인이 부여한 권한으로, 강대한 권력과 힘을 사용하여 국내의 평화를 유지하고, 단결된 힘으로 외적을 물리치기 위해 사람들을 위협함으로써, 모든 개인의 의지를 하나의 의지로 만들어낸다.[270]

이것이 바로 국가의 본질이다. 홉스는 이 인용문에 이어서 코먼웰스,

---

**269** 홉스는 "인격이란 '말이나 행위가 그 자신의 것으로 간주되는 사람, 혹은 그의 말이나 행위가 타인 혹은 다른 사물의 말과 행위를 대표하고 있는 것으로 간주되는' 사람"을 가리키는 것으로 정의한다. "본인"은 "대리인"(代理人, actor)에 대립되는 말로 "그의 말과 행동을 소유하는 사람"을 가리키고, 대리인은 "그 말이나 행위가 타인의 말과 행위를 대표하고 있는 것으로 생각될 때"를 가리키는 것으로, "이 경우 대리인은 본인의 권한에 따라 행동한다"는 것이 홉스의 용법이다(『리바이어던 I』, 제1부, 16장, pp. 216~218).

**270** 『리바이어던 I』, 제2부, 17장, pp. 231~233.

즉 국가를 "다수의 사람들이 상호 신의계약을 체결하여 세운 하나의 인격으로서, 그들 각자가 그 인격이 한 행위의 본인이 됨으로써, 그들의 평화와 공동방위를 위해 모든 사람의 힘과 수단을 그가 임의로 사용할 수 있도록 한 것"[271]이라고 간단히 정의하고 있다. 이때 이 인격을 지닌 자가 "주권자"(主權者, sovereign)이고, 그가 지닌 권력을 "주권적 권력"(sovereign power)이라고 하며, 그 외의 모든 사람은 "백성"(百姓, 또는 臣民, subjects)이다.[272] 즉 국가란 모든 사람(자연인격, natural person)이 스스로의 권력을 모두 양도하기로 합의하는 신의계약에 따라 설립된 "인위적 인격"(artificial person)[273]으로, 평화와 공동방위의 책임을 지며, 이를 위해 백성들의 힘과 수단을 무제한적으로 사용할 수 있는 무소불위의 권력을 가지는, 마치 "지상의 신"과 같은 존재라는 것이다.

이렇게 홉스에게 있어서 국가는 주체적 개인 사이의 계약의 산물로 형성되는 것이다. 국가가 모든 성원들의 합의에 바탕을 두고 설립된다는 사실로부터 국가권력의 정당성을 찾으려는 것이 사회계약론의 논지이다. 이러한 계약론은 아리스토텔레스의 목적론적 국가론과 중세의 신분질서 관념이 체계적이고 규범적인 개인주의로 대체되면서 점점 증대하는 시민화 과정을 통해 점차 무르익어갔는데, "이러한 계약론의 발명자가 바로 토마스 홉스"[274]이며, "홉스에 와서 개인은 비로소 국가철학적 계약주의의 주인공이 되었다."[275] 이와 같은 맥락에서 보면, 사회계약론에 따른 국가형성 이론은 근대 개인주의와 직접적인 연결고리를 갖고 있는

271 『리바이어던 I』, 제2부, 17장, p. 233.

272 『리바이어던 I』, 제2부, 17장, p. 233.

273 『리바이어던 I』, 제2부, 16장, p. 216.

274 Kersting, 1992/2006, p. 125.

275 Kersting, 1992/2006, p. 180.

이론체계인 것이다.

국가형성에 관해 홉스는 "무정부적인 자연상태 → 자연법적 계약 → 사회 또는 국가의 형성"의 세 단계의 논증전략을 제시하는데, 이 각각의 단계에서 인간의 "도구적 이성"은 각각 다른 양상으로 작용한다. 우선 자연상태에서 이는 "권력을 축적하는 이성" 곧 "무장하는 이성"으로 작용한다. 즉 자연상태에서 도구적 이성은 합리적 이기주의자인 개인이 자기이익을 최대화하려는 과정에서 나타나는 권력추구의 욕망과 관련을 맺는다. 다음으로 자연법적인 계약의 단계에서 이는 "협동의 이성"으로 작용한다. 이 단계에서 도구로서의 이성은 규칙 중심적 프로그램을 개발하고, 규범을 정리하며, 협동의 전략, 곧 자연법을 설계한다. 마지막으로 국가형성 단계에서 도구적 이성은 합리적 협동성의 규범이 마련되는 것만으로는 평화 정착 및 실질적 협동성은 아직 실현되지 않았다는 사실을 인정하고, 이를 실제로 옮기는 "평화 정착의 이성" 또는 "국가형성의 이성"으로 작용한다. 즉 이 단계에서 도구적 이성은 국가의 강제력에 대한 공포에 기대어 평화를 정착시킬 수밖에 없다는 사실을 인식하고, 각자가 지닌 모든 권력을 법적 인격체인 국가에 양도하게 된다. 이렇게 보면, 홉스에게 있어서 인간의 이성은 다양한 모습을 띠고 작용하지만, 그 밑바탕에는 항상 자기에게 가장 유리한 것을 합리적 계산을 통해 강구하려는 도구적 성격이 깔려 있는 것이다.[276]

**계약의 주체: 주권의 절대성** 이상에서 분명히 밝혀졌듯이, "국가는 '다수'의 인간이, 상호 평화롭게 지내고 다른 사람들의 위협으로부터 보호를 받을 목적으로, '만인 상호간에' 합의하여, 다수결에 의해 어느

---

**276** Kersting, 1992/2006, pp. 125～127, 172～175.

'한 사람' 혹은 '하나의 합의체'에 모든 사람들의 인격을 '대표하는' '대표자'로서의 '권리'를 부여하고, 그 사람 혹은 합의체에 '찬성투표'한 자나 '반대투표'한 자나 모두 똑같이 그의 행위와 판단을 자기 자신의 것으로 승인하기로 '신의계약'을 체결할 때 설립된다."[277]

홉스에 따르면, 이렇게 국가를 설립하자는 신의계약은 다수의 개인들, 곧 국민들이 모여 개인들(국민들) 사이에 체결되는 것이고, 이들의 합의에 의해 모든 사람의 권한을 양도받은 대표자, 곧 주권자와 국민들 사이에 체결된 것이 아니다. 즉 계약의 주체, 곧 계약을 맺은 "본인"들은 국가를 구성하는 각각의 개인들이고, 이들에게서 권한을 위임받은 주권자는 "인위적 인격"(artificial person)으로서 그들의 "대리인"일 뿐이다. 이때 계약의 주체인 개인들은 "그 신의계약의 모든 결과에 종속된다."[278] 이렇게 신의계약을 체결한 "각자는 그들의 공통의 대표자에게 각자 개별적으로 권한을 부여"하지만, 이때 자연인 각자는 그들의 대표자에게 무제한으로 권한을 부여하는 것이기 때문에, 그들은 "대표자의 모든 행위를 자기의 행위로 승인하는 것이다."[279] 즉 대리인인 주권자는 계약의 본인인 국민들 모두에게서 그들의 모든 권한을 위임받았으므로, 국민들 각자가 원래 가지고 있던 권한보다 막강한 권한을 가지게 된다. 여기에서 계약의 주체가 아니면서도 주권자가 권력 위임자인 국민들 각자의 권력을 뛰어넘는 무소불위의 절대권력을 가지게 되는 역설이 도출된다.

이와 같이 국민들이 신의계약을 통해 그들의 모든 권력을 대표자(주권자)에게 양도함으로써 설립된 주권의 절대성은 국민들 스스로가 그렇게

277 『리바이어던 I』, 제2부, 18장, p. 235.
278 『리바이어던 I』, 제1부, 16장, p. 218.
279 『리바이어던 I』, 제1부, 16장, p. 221.

하기로 주체적으로 합의하였다는 사실에서 나온다는 것이 홉스의 주장이다. 계약의 주체로서 본인들이 자발적으로 합의한 사항에 대해서는 전적으로 본인들이 책임을 져야 하기 때문이다. 주권 곧 국가권력은 다음과 같은 절대성을 갖는다.

첫째로 백성들은 일단 신의계약을 체결하여 국가를 설립한 이상, "신의계약에 의해 주권자의 행위와 판단을 자기 자신의 것으로 인정할 의무가 있기 때문에, 그의 허가 없이는 어떠한 경우에도 다른 자에게 복종하는 새로운 신의계약을 맺을 수 없다."[280] 즉 일단 합의에 의해 설립된 국가의 통치형태는 여하한 경우에도 변경할 수 없다는 절대성을 가진다.

둘째로 주권자로 선정된 자는 사전에 그의 백성들과 어떤 신의계약도 체결하지 않았다. "모든 사람들의 인격을 지니는 권리가 주권자에게 부여된 것은 주권자와 사람들 사이에서 이루어진 일이 아니라, 만인 상호간의 신의계약에 따라 이루어진 것이기 때문에, 주권자 측에서 신의계약을 파기하는 일은 있을 수가 없다."[281] 따라서 백성들 중 어느 누구도 주권자의 권리를 거부하거나 빼앗을 수 없다. 즉 주권은 어떠한 경우에도 결코 박탈될 수 없다는 절대성을 가진다.

셋째로 "다수의 사람들이 동의하여 주권을 선포한 이상, (주권의 설립에) 반대한 자도 나머지 사람들에게 동의하지 않으면 안 된다. 다시 말하면, 그도 주권자의 모든 행위를 기꺼이 승인해야 한다."[282] 그렇게 하지 않는 것은 불의를 저지르는 일이고, 따라서 국가권력의 보호를 받을 수 없다. 이렇게 주권은 모든 사람들의 복종을 요구하는 절대성을 가진다.

---

**280** 『리바이어던 I』, 제2부, 18장, pp. 235~236.

**281** 『리바이어던 I』, 제2부, 18장, p. 237.

**282** 『리바이어던 I』, 제2부, 18장, p. 239.

넷째로 "주권의 설립에 의해, 모든 백성은 주권자의 모든 행위와 모든 판단의 본인이 되었기 때문에, 주권자가 어떤 행동을 하든지 백성 중 어느 누구에게도 권리침해가 되지 않으며, 또한 백성들로부터 불의를 저질렀다는 비난을 받을 이유도 없다. [……] 코먼웰스의 설립에 의해 모든 사람이 각자 주권자의 모든 행위의 본인이 된 상태에서, 주권자로부터 권리침해를 당했다고 불평하는 것은 자기 자신이 본인으로 한 행위에 대해 불평하는 것과 같은 일이다."[283] 따라서 주권자는 어떤 국민으로부터도 비판받지 않는 절대성을 가진다.

다섯째로 모든 백성은 주권자의 모든 행위의 본인이다. 그러므로 "주권을 가진 사람은 백성에 의해서 처형되거나, 또는 어떠한 방식으로든 처벌될 수 없다."[284] 이렇게 주권자는 어떤 행위에 대해서도 처벌받지 않는 절대성을 가진다.

홉스는 이러한 논거들에 기초하여 절대주권론을 주장한다. 이러한 절대주권론의 옹호는 사회철학자들이 홉스를 비판하는 요점의 하나이다.[285] 홉스 자신도 이렇게 지나치게 강력한 절대주권에 대한 반론이 없을 것이라고 보지는 않았다. 그러나 "인간이 겪는 그 어떠한 극심한 불편도 내란에 따르는 비참과 공포의 재난에 비하면, 또한 법에 대한 복종도 없고, 약탈과 복수를 못하도록 그들의 손을 묶는 강제력도 없이, 즉 지배자 없이 살아가는 사람들의 분열 상태에 비하면 아무것도 아니다"[286]라는 것이 절대주권론을 옹호하는 홉스의 답변이다. 인간의 이기성

---

**283** 『리바이어던 I』, 제2부, 18장, p. 239.

**284** 『리바이어던 I』, 제2부, 18장, p. 240.

**285** 예를 들면, 커스팅은 홉스의 시민윤리는 "복종하라, 군주에 협력하라, 그리고 저항하지 말라"(Kersting, 1992/2006, p. 212)는 오직 하나의 조항으로 되어 있다고 비판한다. 시민의 평화를 위해 출발한 논리체계에서 시민의 자주성은 설자리를 잃고 말았다는 것이다.

이라는 정념은 너무나 견고한 토대를 가지고 있어서 절대권력으로 통제하지 않으면 제어할 수가 없으므로, 주권의 절대성은 평화를 가져오기 위해 합리적으로 선택한 수단일 뿐이라는 것이다. 이렇게 절대주권론에 관한 주장은 그의 도구적 이성관에서 도출된 논리적 귀결인 것이다.

**주권자의 권리와 의무: 주권의 불가분리성과 분할불능성** 홉스에 따르면, "코먼웰스의 설립 목적은 전체 인민의 평화와 방위에 있기 때문에 이 목적에 대한 권리를 갖고 있는 자는 누구나 그 수단에 대한 권리도 갖는다."[287] 그러므로 신의계약에 의해 국가권력을 위임받은 주권자는 국가 운영에 관한 모든 권한을 위임받아 독점적으로 보유하고 있는 것으로 보아야 한다는 것이 홉스의 주장이다. 그리하여 주권자는 평화와 방위에 관한 모든 권한, 국가 통치를 위한 사상의 선정과 이의 교육권 및 검열권, 재산권의 규정 등 모든 시민법에 대한 입법권, 사법권, 외국과의 전쟁수행권 및 강화권, 공무원 선임권, 처벌권 및 보상권, 훈작서임권(勳爵敍任權), 그리고 기타 국가 행정에 수반되는 모든 권한을 갖는다는 것이다.[288]

이러한 주권은 신의계약을 맺는 모든 개인들이 자기들이 가진 자연권을 대표자에게 모두 위임한 것이기 때문에, 백성들 각자의 권리를 뛰어넘는 강력함을 지니며, 백성들 누구에게도 복종의 의무가 주어지는 무소불위의 강대함을 갖는다. 이들 모든 권리들은 주권이 누구에게 있는지에 대한 표시로서, 그 자체 "주권의 본질"이다. 이러한 권리들은 "주권에 불가분리적으로 결부되어 있어서"[289] "나누어 가질 수도 없으며, 분할할

---

**286** 『리바이어던 I』, 제2부, 18장, p. 247.

**287** 『리바이어던 I』, 제2부, 18장, p. 240.

**288** 『리바이어던 I』, 제2부, 18장, pp. 240~244.

**289** 『리바이어던 I』, 제2부, 18장, p. 245.

수도 없다."[290] 이렇게 주권은 주권자로부터 분리될 수도 없고, 그 내용을 분할할 수도 없는 불가분리성(不可分離性)과 분할불능성(分割不能性)[291]을 특징으로 하며, 따라서 주권자가 분할 불가능한 무소불위의 모든 권력을 보유한다는 홉스의 주장은 그의 절대주권론의 입장에서 나오는 필연적인 논리적 귀결이다.

그러나 주권은 백성들이 생명의 보호와 안전의 보장을 목적으로 하여 대표자에게 모든 권한을 위임하여 탄생한 인공 인간, 곧 "인위적 인격"(artificial person)이 갖는 권력이기 때문에, 그 설립 목적에 의해 그 권한이 제한될 수밖에 없다. 앞에서 자연상태의 자연인들이 상호 동등한 자연권의 양도를 위한 신의계약을 체결할 때에도, "생명의 위협에 저항할 권리"와 "생명보존의 수단들을 안전하게 확보할 권리", 즉 자기생명의 보존에 관한 권리는 결코 양도하지 않았다[292]는 사실을 적시한 바 있다. 그러므로 "폭력에 대한 자기방어의 권리를 포기하는 신의계약이 이루어졌다면, 이 계약은 무효"이며, "사면의 보장이 없는 상황에서 자신을 고소하기로 하는 신의계약도 또한 무효"[293]이다. 그러므로 "주권자가 어떤 사람에게 (설령 정당하게 유죄판결을 받은 자라고 하더라도) 자살하라고, 혹은 자해하라고, 혹은 불구가 되라고 명하거나, 공격을 하는 자에게 저항하지 말라고 명하거나, 혹은 공기 · 약품 등 생존에 필수적인 것들을 금지한 경우에는 그에 복종하지 않을 자유가 있다."[294] 이것이 절대권력의

290 『리바이어던 I』, 제2부, 18장, p. 244.

291 주권의 분할불능성에 관한 홉스의 입장은 입법권과 행정권(연합권 포함)의 분할을 주장한 로크나 입법 · 사법 · 행정 등 삼권의 분립을 주장한 몽테스키웨(Montesquieu, 1689~1755)의 주장을 이어받은, 현대 사회에서 일반적으로 통용되는 상황과는 배치되는 것이다. 이 점은 로크의 사회계약론에 관한 논의에서 다시 다루어질 것이다.

292 『리바이어던 I』, 제1부, 14장, pp. 180~181.

293 『리바이어던 I』, 제1부, 14장, pp. 190~191.

유일한 한계이다.

인간의 모든 행동은 자신을 위한 것이고 자신을 위한 행위 중 가장 중심적인 것은 자기생명의 보존이기 때문에, 어떠한 계약도 그 계약의 당사자가 된 개인으로부터 그의 안전이나 생명을 보호하는 수단을 박탈하는 내용을 포함할 수는 없다. "법리 상, 사회계약은 그 계약의 목적, 즉 자기보존과 안전이 실현되었을 때에만 구속력을 갖는다."[295] 그러므로 국가가 백성들의 생명을 지켜줄 능력을 상실하면, 그 존립 근거를 잃는 셈이다.

> 주권자에 대한 백성의 의무는, 백성을 보호할 수 있는 권력이 주권자의 손에서 지속되는 한, 그리고 오직 지속되는 동안에만 계속되는 것으로 생각된다. 인간에게는 달리 아무도 보호해줄 자가 없는 경우에는 자기보존의 당연한 권리가 있고, 이 권리는 어떤 신의계약으로도 양도할 수 없기 때문이다.[296]

그렇다고 해서, 홉스가 국민들의 국가권력에의 저항권이나 혁명권을 적극적으로 옹호한 것은 아니다. 국가를 설립하기로 하는 신의계약을 체결하는 주체, 곧 계약의 본인은 개인들이고, 주권자는 다만 위임받은 권한만을 행사하는 대리인일 뿐이어서, 본인들이 자기 생명을 위협하는 계약을 체결할 이유가 없고, 대리인인 주권자가 위임받지도 않은 권한을 행사할 수도 없다는 논리에서이다.[297] 그러므로 "백성 각자가 주권자의

294 『리바이어던 I』, 제2부, 21장, p. 289. 홉스는 『리바이어던 I』, 제2부, 21장(pp. 279~296)에서 "백성의 자유"를 논하면서, 이러한 불복종이 가능한 상황들을 제시하고 있다. 이들은 모두 주권의 명령에 의해 자기보존이 불가능해질 경우들이다.

295 진석용, 2008, 제1권, p. 495; 제2권, p. 459.

296 『리바이어던 I』, 제2부, 21장, p. 294.

297 홉스는 『리바이어던 I』, 제1부, 16장(pp. 216~223)에서 "인격, 본인 및 대리인"에 관해

모든 행위의 본인"이기 때문에, "주권을 지닌 대표자가 [백성들에게 해가 되는 것은 하지 않을 것이고, 따라서 그가] 백성들에게 행하는 것은 어떤 경우에도 결과적으로 불의나 권리침해가 되지 않는다"[298]라는 것이 홉스의 한결같은 주장이다.

그러나 "주권은, 이를 설립하는 사람들의 의도로 보면 불멸이지만, 그 자신의 성질로 보면 외국과의 전쟁으로 폭력사(暴力死)할 수도 있고, 또한 사람들의 무지와 정념들로 인하여 설립 당초부터 내재한 내분의 불씨가 자라나 자연사(自然死)할 수도 있다."[299] 리바이어던, 곧 국가는 "영원불멸의 신"이 아니라, 필멸의 운명을 가진 "지상의 신"이기 때문이다.[300] 그러나 일단 신의계약을 체결하여 국가가 설립된 후에 계약의 본인들이 자기들의 대리인에 불과한 주권자에게 스스로 위임한 권리를 박탈할 수는 없고, 다만 "주권자가 스스로 통치권을 포기하거나 후계자에게 승계를 포기한 경우"나 "전쟁에 패하여 승리자의 백성이 된 때"[301] 이외에는 주권자의 권리를 박탈할 수 없다는 것이 홉스의 절대주권론의 또 다른 논리인 것이다.

**통치의 형태: 군주정의 옹호** 국가의 통치형태는 주권을 위임받은 대표자의 수에 따라 세 가지로 나뉜다. "대표자가 한 사람일 경우 그 코먼웰스는 '군주정'(君主政, monarchy)이고, 대표자가 모일 의사가 있는 모든 사람인 경우에는 '민주정'(民主政, democracy) 또는 '민중적 코먼웰

---

개념 규정을 하면서, 이러한 논리를 제시하고 있다.

**298** 『리바이어던 I』, 제2부, 21장, p. 283.

**299** 『리바이어던 I』, 제2부, 21장, p. 294.

**300** 『리바이어던 I』, 제2부, 17장, p. 232.

**301** 『리바이어던 I』, 제2부, 21장, pp. 295~296.

스'(popular commonwealth)이며, 일부의 합의체가 대표자가 되는 경우에는 '귀족정'(貴族政, aristocracy)이라고 불린다."[302] 군주정에 불만을 갖는 사람들은 그것을 "폭군정"(暴君政, tyranny)이라고 하고, 귀족정을 혐오하는 사람들은 그것을 "과두정"(寡頭政, oligarchy)이라고 하며, 민주정이 못마땅한 사람들은 그것을 "무정부"(無政府, anarchy)라고 부를 뿐, 이들이 또 다른 통치형태는 아니다.[303] 이와 같이 홉스는 통치형태를 군주정 · 귀족정 · 민주정의 세 가지로만 구분한다.

"이러한 세 종류의 코먼웰스 간의 차이는 권력의 차이에 있는 것이 아니라, 인민에게 평화와 안전을 제공하는 편의와 적절성의 차이에 있다. 인민의 평화와 안전이야말로 주권의 설립 목적이기 때문이다."[304] 홉스는 세 가지 가운데 군주정이 인민의 평화와 안전을 지키는 데 있어서 가장 효율적이고 편의적인 통치형태라고 본다. 그 이유를 홉스는 군주정이 갖는 다음 여섯 가지 장점에서 찾고 있다.

첫째, 대표자가 인민의 일부(귀족정)이든, 인민 전체(민주정)이든 간에 여러 사람의 합의체일 경우와는 달리, 군주정에서는 공익과 사익이 일치한다. 둘째, 군주정에서는 국가통치에 필요한 조언을 쉽게 얻을 수 있다. 셋째, 군주정에서는 결단의 일관성이 잘 유지된다. 넷째, 군주정에서는 시기심이나 이해관계 때문에 주권자의 의견이 갈리는 일이 없다. 다섯째, 군주정에서도 백성들의 재산을 힘으로 빼앗는 등 부패가 있을 수 있지만, 그래도 많은 사람들의 합의체에 의존하는 다른 정치체제보다는 부패의 가능성도 낮고 그 정도도 약하다. 여섯째, 군주정에서는 때로 주권 승계에

---

302 『리바이어던 I』, 제2부, 19장, p. 248.
303 『리바이어던 I』, 제2부, 19장, p. 249.
304 『리바이어던 I』, 제2부, 19장, p. 251.

불편이 따를 수 있으나, 이것은 어느 통치체제에서나 있을 수 있는 일로 특별히 군주정만의 약점은 아니다.[305]

이러한 이유를 근거로 들어 홉스는 한 사람의 군주에게 주권이 집중된 군주정을 다른 어떤 통치형태보다 선호한다. 그러므로 홉스에게 있어서 절대주권론은 곧 절대군주제와 일치한다. 홉스는 마키아벨리(Niccolò Machiavelli, 1469~1527)를 이은 근대 제일의 절대군주제의 옹호자였던 것이다. 이러한 절대군주제의 옹호는 무신론자라는 혐의와 함께 홉스에 대한 비판의 가장 중요한 요인이 되고 있다.

## 3. 홉스 사상의 영향과 그에 대한 비판

홉스는 학문적으로 성숙기를 맞아 그의 첫 저술인 『법학요강』을 발표한 1640년(52세)에 왕당파라는 의심을 받고 프랑스로 망명하여, 장장 12년 동안을 외국에서 보내야 하였다. 당시는 왕당파와 의회파 사이의 갈등이 내란(청교도혁명)의 조짐을 보이던 때였는데, 급기야 1642년에 청교도혁명이 발발하여 그가 귀국하던 1652년(64세)에는 의회파의 승리가 확정되었다. 그는 망명 시절 말기인 1651년(63세)에 그의 주저인 『리바이어던』을 발표하여, "사회계약론"을 주장함으로써 근대 사회철학의 서장을 열었다. 『리바이어던』에서 종합적으로 개진된 홉스의 사회 · 정치철학의 핵심은 만인에 대한 만인의 전쟁을 특징으로 하는 "자연상태론"과 이러한 자연상태의 혼란으로부터 벗어나 평화와 안전을 도모하는 방법론으로서

305 『리바이어던 I』, 제2부, 19장, pp. 251~255.

의 "사회계약론"에 있었다.

자연상태론은 역사적 사실(史實)에 바탕에 두고 성립된 이론이 아니라, 사회와 국가형성의 근거를 개인 자신의 "정념"에서 찾음으로써, 국가형성의 이론적 정당성을 이로부터 도출하려는 논리적 가설이었다. 아무런 인위적인 공통의 강제력이 작용하지 않는 자연상태에서 인간은 이기적인 정념에 따라서 오로지 자기이익만을 배타적으로 추구하는 자연권을 보유하고, 이에 따라 행위할 뿐이라고 홉스는 본다. 이러한 자연상태에서는 인간이 본유적으로 갖추고 있는 이성도 오로지 자기이익을 추구하는 데 전념하기 마련이고, 따라서 인간의 이성도 결과적으로는 합리적 계산을 통해 무제한적으로 권력을 추구하는 행위를 유발하는 원천으로 작용할 뿐이라는 것이 그의 주장이다. 권력추구의 욕망에 따른 자기이익의 무제한적인 추구는 자연상태에서 인간이 취할 수 있는 보편적이고 합리적인 행동양식이라는 것이다. 이런 맥락에서 고티에(David Gauthier)는 홉스의 자연상태론은 "죄수의 딜레마 게임"(prisoner's dilemma game)의 관점에서 이해할 수 있다는 주장을 제시하고 있다.[306]

죄수의 딜레마 게임은 경제학에서 수학적 모형으로 인간의 경제활동을 분석하기 위해 개발된 "게임이론"(game theory)의 한 유형이다. 두 사람이 공모해 강도질을 저지른 뒤 체포되어 취조 받고 있는 경우를 가상해보자. 두 사람은 서로 대면하거나 의사소통을 할 수 없도록 각각 다른 방에서 취조를 받고 있다고 가정하자. 이 두 피의자는 자백하든가(경쟁적 선택지), 아니면 자백하지 않고 버티든가(협동적 선택지) 하는 두 가지 선택지 중에서

**306** Gauthier. (1969). *The Logic of Leviathan*. Oxford: Oxford University Press. [강정인 편역. (1993), 『홉스의 이해』. pp. 137~140 참조]. 김용환(2005, pp. 64~71), 박완규(2007, pp. 126~128), 최공웅 · 최진원(2009, pp. 689~690) 및 Kersting(1992/2006, pp. 128~151)도 홉스의 자연상태론을 죄수의 딜레마 게임의 맥락에서 고찰하고 있다.

하나를 선택해야 한다. 검사가 이 두 피의자에게 두 사람 모두 자백하면(경쟁) 모두에게 3년형이 언도될 것이고, 둘 다 자백하지 않으면(협동) 모두에게 사전에 발각된 경미한 절도죄를 물어 1년형을 언도하게 될 것이며, 한 사람은 자백하고 나머지 한 사람은 자백하지 않으면 자백한 사람(경쟁자)은 수사에 협조한 대가로 즉각 석방하고 자백하지 않은 사람(협동자)은 자백한 자의 증언에 더하여 수사를 지연시킨 죄를 물어 5년형을 언도받게 될 것이라고 제안하였다고 생각해보자. 이때 두 피의자는 과연 어떤 선택을 하게 될까 하는 것이 죄수의 딜레마 게임에서 다루는 문제이다.

게임이론에서는 이 두 피의자가 선택할 수 있는 가장 유리하고 합리적인 선택은 자백하는 것, 즉 경쟁적 선택지를 선택하는 것이라고 예측한다. 상대방에 대한 믿음이 확고하다면 둘 다 자백을 하지 않는 것(협동)이 두 사람 모두에게 최선이겠지만, 만일 어느 일방이 자백을 하지 않았는데 상대방이 자백했다면 자백하지 않은 자에게 최악의 상황이 빚어질 것이기 때문에 상대방에 대해 신뢰할 수 없는 상황에서는 자백을 하는 것이 자기에게 가장 유리하다고 판단하게 된다는 것이다. 많은 연구들에서 실제로 이런 결과가 얻어졌다. 이렇게 상대방의 행위에 대한 확신이 없거나 상대방을 불신하는 상황에서는 필연적으로 경쟁을 할 수밖에 없고, 따라서 이런 상황에서 경쟁적인 선택지를 선택하는 것, 곧 자백하는 것은 합리적인 행위라는 것이 게임이론가들의 설명이다.

서로에 대한 불신이 팽배한 홉스의 자연상태는 죄수의 딜레마 게임에서 피의자들이 처한 상황과 같다고 볼 수 있다. 그러므로 자연상태에서 경쟁이 만연하고 결국 만인에 대한 만인의 전쟁이 벌어지게 되는 것은, 이기적 본성을 가진 인간의 합리적인 필연일 수밖에 없다는 관점이 홉스의 자연상태를 죄수의 딜레마 게임 상황으로 해석하려는 사람들의 주장이다. 불신의 상황에서 최선의 합리적 행위는 경쟁뿐이라는 논리에서이다.

그러나 이러한 논리에 반대하는 사람도 있다. 죄수의 딜레마 게임에서 피의자들이 놓여 있는 상황은 의사소통의 기회가 원천적으로 봉쇄되어 있어서 상대방에 대한 신뢰가 형성될 수 없지만, 자연상태에서 자연인들이 처해 있는 상황은 얼마든지 서로 의사소통을 할 수 있어서 서로에 대한 신뢰가 싹틀 수 있는 상황이라는 것이다. 그러므로 홉스의 자연상태와 죄수의 딜레마 게임의 상황 사이에는 인간의 존재 조건에 근본적인 차이가 있다는 것이다. 이러한 관점에서 라이언(Alan Ryan)은 다음과 같이 주장한다.

> 딜레마에 빠진 두 죄수는 '효용성을 극대화하려는 사람들'(utility-maximizer)이기 때문에 상대방을 최대한으로 이용하고 착취하려는 사람들이지만, 자연상태에서 존재하는 홉스적 인간은 폭력적인 죽음과 같은 '파국을 피하려는 사람들'(disaster-avoider)이기 때문에 상대방을 이용하기보다는 평화를 모색하는 사람들이다.[307]

자연상태에서 전쟁의 위험을 피하고 평화를 가져오기 위해 이성의 규율인 자연법을 구안(具案)하고 이를 준수하려는 의지를 인간이 가지게 되는 것은 바로 이렇게 인간이 "파국회피자"이자 "평화추구자"이기도 하다는 사실을 드러내는 것이라고 볼 수 있다. 이러한 관점에서 보면, 홉스는 평화애호주의자라고 할 수 있을지언정 결코 전쟁주의자이거나 평화파괴자는 아니다.[308] 사람들이 자연상태에서 벗어나기 위해 상호

---

307 Ryan. (1996). Hobbes's Political Philosophy. In T, Sorell (Ed.), *The Cambridge Companion to Hobbes*. Cambridge: Cambridge University Press. p. 224. (김용환, 2005, pp. 69~70에서 재인용)

동등한 만큼씩 자연권을 양도하기로 계약을 맺음으로써 국가를 설립하고, 국가라는 공통의 강제력을 자기의 울타리로 받아들이게 되는 배경에는 평화애호주의(pacificism)라는 인간의 본성이 놓여 있다는 것이 홉스가 사회계약론에서 주장하고자 하는 진의였던 것이다.

이렇게 홉스에 와서 개인은 국가철학적 계약주의의 주인공이 되었다. "계약론의 발명자가 바로 홉스로서, 그는 자신이 살았던 시기의 혁명적으로 변화하는 이론 및 실질적 세계 관계를 파악하려고 노력함으로써, 정치철학에 있어서의 협정주의에 대한 방법론적 · 인식론적 토대를 발전시켰다."[309] 그러나 홉스의 사회계약론은 그 이론 고유의 전제조건(본질적 이기주의, 자원의 한정성 때문에 발생하는 불가피한 경쟁, 경쟁으로 인해 필연적으로 유발되는 적대적 감정, 예방적 폭력행사를 초래하는 불신, 그리고 사람들의 신체적 및 정신적 능력에서의 자연적 평등성) 때문에 실패하게 될 것이고, 홉스가 설명한 자연상태는 계약에 의해 결코 극복될 수 없을 것이라는

---

**308** 김용환, 2005, pp. 72~83. 물론 홉스의 평화애호주의는 대내적 평화에 국한된다는 한계를 갖는다. 홉스는 국제관계가 힘의 관계이고 자연상태라고 보았기 때문에(『리바이어던 I』, 제1부, 13장, pp. 173~174), 그의 제1자연법이 국제관계에서 평화를 애호하는 것으로 보기는 어렵다. 자연상태의 자연인에게 요구되는 평화애호의 자연법이 이의 준수를 통해 형성된 리바이어던들 사이에 그대로 적용되는 것으로는 볼 수 없는 것이다. 이를 위해서는 리바이어던 사이의 관계를 규제하는 또 다른 자연법(?)이 요구되는데, 홉스는 이를 명시하지 않고 있을 뿐만 아니라, "야수나 하느님과는 신의계약을 맺을 수 없다"(『리바이어던 I』, 제1부, 14장, pp. 187~188)고 지적하여, 신의계약을 맺는 근거인 자연법은 이성의 주체인 자연인들 사이의 규율임을 분명히 하고 있다. 그러므로 홉스의 평화애호주의는 힘의 국제관계에는 적용되지 않고, 대내적 평화에 국한된다는 한계를 갖는 것으로 보아야 한다. 이러한 맥락에서 김용환(200)은 "개인이나 국가가 조직적으로 평화를 실현하기 위해 구체적으로 행동할 것을 요청하는 이념"인 "평화주의"(pacifism)(p. 338)와 구별하여, 홉스의 평화에 대한 일차적이고도 궁극적인 관심을 나타내기 위해 그의 입장을 "평화애호주의"(p. 81)라는 용어로 부르고 있다. 그러나 홉스의 "평화애호주의"는 대내적 평화의 선호에 국한되며, 이런 점에서 그는 결코 "평화주의자"라고는 볼 수 없다.

**309** Kersting, 1992/2006, p. 125.

비판이 홉스의 국가계약이론에 대해 흔히 가해지곤 한다. 이 비판은 홉스가 말하듯이 자연상태에서 체결되는 계약이 과연 효용성을 가지게 될 것인가에 대한 의문을 기초로 한다. 즉 서로 간에 상대방이 약속한 사항을 지킬 것이라는 데 대한 확신을 가질 수 없기 때문에 자연상태에서 계약은 그 본래의 의미대로 효력을 발생하기 힘들 것이고, 그렇다면 국가계약도 마찬가지로 효력을 가질 수가 없지 않겠느냐 하는 것이 비판의 논지이다. 요컨대 국가계약의 성립을 위해 필요한 강제력은 계약이 성립한 이후에 국가에 의해 마련되어야 하는 것이므로, 계약 자체가 이루어질 수 없는 것이 아니냐는 것이다.

이 비판은 "홉스의 이론을 그 생성 순서에 따라 충실하게 읽는 방식, 즉 논증논리의 연쇄를 시간에 따라 이해하고 하나의 논거로부터 하나의 사건만을 읽어내려고 하는 방식"으로부터 연유하는 것이다. "그러나 홉스 이론은 역사를 설명하는 것이 아니며, [……] 에피소드[역사적 사건]를 열거한 것이 아니라 조건 논리적 분석을 목표로 하는 논거를 발전시킨 것이었다. [……] 자연상태 자체가 역사적 사건이 아닌 것과 마찬가지로 그것을 종식시키는 계약도 역사적 사건이 아니다. 따라서 계약의 형성 과정에도 실질적 조건이 결부되지 않는다. [이러한 맥락에서 보면] 유효한 계약으로서 국가를 자연상태라는 조건에서 생성할 수 있기 위해 국가계약이 이미 국가를 전제하고 있다는 비판은 공허한 것"으로 끝나고 만다. 왜냐하면 "자연상태에서 고안된 계약은 합의된 계약 내용의 안전과 보장이 그 계약이 체결된 순간부터 효력을 나타내는 계약"[310]이라고 논리적으로 전제되고 있기 때문이다.

이렇게 홉스 이론의 "협정주의에 나타난 계약의 개념은 역사적 사건이

---

**310** Kersting, 1992/2006, pp. 177~178.

아니라 합법화 이론의 사상적 구조이다. 협정주의는 실제 역사적 진행을 객관적으로 기술하는 이론이 아니라, 국가 통치권력의 개념을 전개하고 국가의 자주권을 규정하는 규범적 이론이다."[311] 이와 같은 협정의 장본인들은 자주적 개인들로서, 이들은 어떠한 기존의 질서에도 구속되지 않는 원시의 비사회적(asocial)인 개인들이다. 이기적인 정념과 도구적 이성의 주체인 자주적 개인들의 계약에 의해 국가공동체가 설립된다는 것이 홉스 사회계약론의 핵심인 것이다.

이상에서 보듯이, 홉스는 개인의 정념에서 인간의 제반 행위의 동인을 찾고 있다는 점에서 "개인주의자"이고, 자연상태에서 인간은 무한한 자유를 보유하고 있는 존재라고 간주하였다는 점에서 "자유주의자"이며, 인간이 가지고 있는 도구적 이성의 합리적 선택에 의한 계약에서 국가형성의 근거를 구하려고 했다는 점에서 "합리주의자"이기도 하다. 또한 그는 우주에 실재하는 것은 운동하고 있는 물체뿐이라고 보았다는 점에서 "유물론자"이고, 기하학의 엄밀한 논증 방법에 기초한 과학적 인간 이해를 주장하였다는 점에서 "과학주의자"이기도 하다. 이와 같이 홉스는 근대 사상의 특징을 고루 갖추고 아리스토텔레스와 교회권력으로 대표되는 중세적 세계관과 결별함으로써, 근대의 문을 활짝 열어젖힌 "근대주의자"였다. 그러므로 홉스 이후 사회철학자들은 스스로가 인정하든 인정하지 않든 간에 그의 영향을 받지 않을 수 없었던 것이다.

그러나 생전에는 물론 사후에도 홉스는 많은 비판을 감수하여야 하였다. 그에 대한 비판은 주로 "무신론자"라는 혐의와 "절대군주론자"라는 비난에 집중되어 있었다. 램프레히트(Sterling P. Lamprecht)에 의하면, 홉스에 대한 평가는 찬사보다는 비판이 훨씬 많아서, 17세기가 끝나기 이전에

311 Kersting, 1992/2006, pp. 125~126.

이미 50명이 넘는 비판자가 있었던 반면 옹호자는 단 두 명밖에 없었다고 한다.[312] 그는 죽자마자 "최고의 무신론자이며 맘스베리의 악마였다"는 비판을 받았지만, 그러나 그는 생전에 이미 "새로운 철학의 빛나는 땅을 개척한 위대한 콜럼버스였다"는 찬사를 받기도 하였다.[313] 아마도 홉스에 대한 최대의 찬사는 "홉스는 마키아벨리보다 더 분석적이고, 보댕보다 더 간결하며, 데카르트보다 더 역사적이고, 스피노자보다 더 통찰력이 있으며, 로크보다 더 일관성이 있다. [한마디로 그는] 아마도 이들 모두보다 더 근대적이었다"[314]는 평가일 것이다.

**312** Lamprecht, 1955/1963, p. 407.

**313** Mintz, S. (1970). *The Hunting of Leviathan*. Cambridge: Cambridge University Press. pp. 20~21. (김용환, 2005, p. 176에서 재인용)

**314** King, P. (Ed.) (1993). *Thomas Hobbes: Critical Assessments*. London: Routledge. Vol. 1, p. xi. (김용환, 2005, p. 185에서 재인용)

# 제3장

# 존 로크의 사회계약론

존 로크[1]는 1632년에 영국 서남부 서머셋(Somerset) 주 링튼(Wrington)이라는 마을의 어느 젠트리 가계(家系)에 속하는 중산층 가정에서 변호사의 아들로 태어났다. 그의 집안은 서머셋 주의 여러 곳에 다소의 토지를 가지고 있을 정도로 비교적 넉넉한 편이었으며, 양친은 모두 경건한 퓨리턴(淸敎徒, Puritan)이었다. 그의 아버지는 영국 내전(청교도혁명) 당시 의회군에서 복무하기도 하였는데, 이러한 가정 배경은 의회주의자로서의 그의 생애를 이해하는 데 중요한 요인이 되고 있다.

1 로크의 생애와 사상에 대해서는 강정인 · 문지영(1995)이 Barker, E.(1962), Dunn, J.(1984), Gough, J. W.(1976) 및 Pateman, C.(1975)의 로크 관련 저술을 번역하여 합본한 『로크의 이해』(서울: 문학과지성사), 강정인 · 문지영(1996)이 번역한 로크의 『통치론』(*The Second Treatise of Government*)(서울: 까치)에 붙인 "역자해제"(pp. 233~251), 이극찬(1985)이 번역한 『통치론』(서울: 삼성출판사)에 붙인 "해제"(pp. 12~28)와 강정인(2004), 문지영(2007), 서병훈(2003) 및 정연교(1993)의 로크 관련 논문 등을 광범위하게 참고하였다. 이 글에서는 로크의 생애와 사상에 관해 널리 알려진 사실이나 구태여 출처를 밝히지 않아도 될 일반적인 사항에 대해서는 출처를 명기하지 않고, 저자의 독창적인 해석을 제시하거나 원문을 그대로 인용하는 등 특별히 출처를 밝힐 필요가 있는 부분에 대해서만 이를 명기하기로 하겠다.

어린 시절 로크는 아버지의 친구이자 당시 비교적 유명한 정치가였던 알렉산더 포프햄(Alexander Popham)의 후원에 힘입어 의회주의를 지지하고 있었던 웨스트민스터 학교(Westminster School)에 들어갔다. 그가 웨스트민스터를 다니는 동안 내전이 격렬하게 진행되고 있었으며, 17세이던 1649년에는 학교 근처에서 국왕인 찰스 1세가 의회파에 의해 처형되는 광경을 목격하기도 하였다. 웨스트민스터를 졸업한 후 장학생으로 선정된 그는 1652년(20세)에 옥스퍼드의 크라이스트 처치 칼리지(Christ Church College)에 진학하여, 1656년(24세)에 학사학위를, 그리고 1658년(26세)에는 석사학위를 취득하였다. 학위를 취득한 후에도 로크는 연구원으로서 또 그리스어와 철학 교수로서 이 대학에 머물렀는데, 1684년(52세)에 왕명에 의해 교수직을 박탈당할 때까지 30여 년 동안 그와 옥스퍼드의 인연은 지속되었다.

석사학위를 취득한 후 로크는 의학 공부를 새로이 시작하였다. "그의 흥미는 경험과학(經驗科學)에 있었으므로, 자연과학에 대한 순수한 지적 흥미에 이끌려 이 연구를 시작한 것이었다."[2] 이 당시 그는 자연과학자들과 폭넓게 교유하였는데, 그 중에서 "보일의 법칙"(일정한 온도에서 기체의 압력과 부피는 서로 반비례한다는 법칙)으로 유명한 로버트 보일(Robert Boyle, 1627~1691)과는 상당히 가깝게 지내 그의 실험을 직접 도와주기도 하였다. 그는 보일의 과학적 관찰 방법의 영향을 크게 받아, 그의 정치론이나 인식론 속에 나타나는 과학적 태도에는 보일의 영향이 압도적이었다고 할 수 있다.[3] 그의 의학에 대한 관심은 평생 동안 지속되어, 드디어 1674년

2 이극찬, 1985, p. 15.

3 문지영(2007, p. 270)에 따르면, "로크에게 그의 부모가 걸었던 애초의 기대는 성직자가 되는 것이었다." 이극찬(1985, p. 16)은 1664년(32세) 로크가 잠시 옥스퍼드의 교수직을 그만두었을 때 그의 친구들 중에는 그의 성격으로 보아 목사가 되도록 권유한 사람도

(42세)에 옥스퍼드에서 의학 학사학위를 취득하였으며, 1675년(42세)에는 크라이스트 처치 칼리지의 의학 특별연구원이 되어 의사로서 공인받게 되었다.

의학에 대한 로크의 관심은 단지 의사가 되는 것에 그치지 않고, 이후에도 그의 생애에 결정적인 영향을 끼쳤다. 의학 공부가 인연이 되어 1666년(34세)에 평생의 후원자가 된 애슐리 경(Lord Ashley)을 만나게 되었던 것이다. 애슐리 경은 후일(1672) 샤프츠베리 백작(Earl of Shaftesbury)이 되었는데, 절대왕권에 반대하고 의회주의를 정강으로 채택하는 노선을 펼치던 휘그(Whig)당의 창립자이기도 한 사람이다. 1666년에 애슐리 경은 가슴에 생긴 종기의 치료약을 구하기 위해 옥스퍼드를 방문하였는데, 로크는 이때 우연한 인연으로 그를 만나게 되고, 그 후 그의 종기 제거수술을 집도하여 그의 생명의 은인이 되었다. 이 일을 계기로 하여 로크는 애슐리 경의 주치의가 되어 1667년(35세)에 런던에 있는 그의 저택으로 옮겨 살게 되었고, 1681년(49세)까지 그의 주치의 겸 비서로 활동하였다.

애슐리 가에서 로크는 의사 이상의 직분을 떠맡게 되어 애슐리 경이 관여하고 있던 많은 정치적 활동에 관해 조언을 하게 됨으로써, 정계의 중심부와 직접적인 접촉을 가지게 되었다. 특히 애슐리 경이 샤프츠베리 백작의 작위를 받고 대법관이 된 1672년(40세)에 로크는 "성직록"(聖職祿) 담당서기에 임명되었고, 이듬해에는 샤프츠베리가 의장으로 있던 "무역 및 식민지위원회"의 서기가 되어 정부의 일에 직접 관여하였다. 그러나

---

있었다고 기술하고 있는데, Russell(1959/2003, p. 313)은 "기성의 종교에는 로크와 같이 관용의 인생관을 가진 사람이 기대를 걸 만한 것이 아무것도 없었기 때문에 [과학적 실험에 관심을 가지고 있었던] 그는 마침내 의학을 연구하기 시작하였다"고 기술하여, 자연과학에의 관심이 로크를 의학 연구로 이끈 원인이었음을 밝히고 있다.

그는 이러한 관직에 있으면서도 의사의 일을 계속하였다.

로크는 10대에는 청교도혁명(1642~1649), 50대에는 명예혁명(1688) 등 정치적 혼란을 몸소 겪었다. 청교도혁명의 와중에 찰스 1세의 처형을 직접 목격하기도 하였던 로크는 그 집안 배경과 애슐리 경과의 관계로 인해 줄곧 의회파와 결탁된 삶을 살았다. 찰스 2세의 왕정복고(1660) 이후 왕당파인 토리(Tory)당과 의회파인 휘그당 사이의 대립에서 애슐리 경이 휘그당의 창도자였으므로, 그는 자연스럽게 그 이론적 지주 역할을 맡아 수행하였다. 1673년에 샤프츠베리 백작(애슐리 경)이 국왕과의 대립으로 실각함에 따라 로크도 비서직을 사임하였다. 그 후 폐결핵 증상이 나타나는 등 건강이 악화되자 1675년(43세)에 프랑스로 요양을 떠나 4년 동안 그곳에 머물렀다. 1679년(47세)에 로크가 귀국하자 샤프츠베리 백작은 세력을 만회하고 있었는데, 그는 잠시 그의 비서로 복직하였다가 건강이 다시 악화되어 곧 옥스퍼드로 돌아가 2년 동안 그곳에 머물렀다.

샤프츠베리는 1681년에 반왕정(反王政) 음모가 발각되어 투옥되었다가 풀려나, 1682년 말경 네덜란드로 망명을 떠났다가 1683년 초에 그곳에서 사망하였다. 이때 옥스퍼드에서 조용히 연구활동에 전념하고 있던 로크는 반왕정 음모에 직접 가담한 것은 아니었으나, 샤프츠베리와의 관계 때문에 신변에 위협을 느끼고 1683년(51세) 가을에 네덜란드로 망명하였다. 네덜란드에서 5년 이상 망명생활을 하고 있던 로크는 네덜란드의 오렌지공 윌리엄(William of Orange)이 영국 조야(朝野)의 요청으로 영국에 상륙함으로써 명예혁명이 성공한 이듬해인 1689년(57세)에 윌리엄의 아내인 메리(Mary) 공주를 호송하는 배에 동승하여 화려하게 귀국하였다. 명예혁명의 성공 이후 새로운 국왕(윌리엄 3세와 메리 2세)을 비롯하여 정부의 유력자들 중에는 로크의 친구들이 많아, 어떻게 해서든지 그를 정계에 끌어들이려고 하였다. 그러나 그는 건강상의 이유로 거절하고 다만 "물품세에 관한 이의신청 심사관"과 "무역 및 식민지 위원회"의 감독관 등 한두 가지 한직(閑職)만을 맡았다가, 1696년(64세)에 런던 근교에 있는 프랜시스 경(Sir Francis)과 마샴 부인(Lady Masham)의 커드워드(Cudworth) 가로 은퇴하여, 그곳에서 1704년(72세) 봄에 죽음을 맞이하였다.

그는 망명생활에서 돌아온 1689년(57세)에 『관용에 관한 서한』(*The Letters Concerning Toleration*)과 『통치2론』(統治二論, *Two Treatises of Government*)을 익명으로 출간하고, 『인간오성론』(人間悟性論, *Essays on Human Understanding*)을 자신의 이름으로 출간하였다. 그 후 1692년(60세)에는 『금리인하와 화폐가치인상의 결과에 관한 고찰』(*Some Consideration of the Consequences of the Lowering of Interest and the Raising of the Value of Money*)을, 1693년(61세)에는 『교육론』(*Some Thoughts Concerning Education*)을, 그리고 1695년(63세)에는 『기독교의 합리성』(*The Reasonableness of Christianity*)을 또한 익명으로 출간하였다. 이렇게 그는 인간오성론을 제외한 모든 저술을 익명으로 출간하였는데, "임종에 이르러 [……] 자신이 이룬 업적의 규모와 의미를 감지"[4]하고, 눈을 감기 직전에 자신이 저자임을 전적으로 인정하였다.

로크의 주저이자 그의 정치철학의 집대성작인 『통치2론』은 시기를 달리하여 쓴 두 개의 긴 논문인 『제1통치론』(*The First Treatise of Government*)과 『제2통치론』(*The Second Treatise of Government*)으로 구성되어 있다. 『제1통치론』은 "로버트 필머 경 및 그 추종자들의 그릇된 원칙과 근거에 대한 지적과 반박"(*The False Principles and Foundation of Sir Robert Filmer and His Followers Are Detected and Overthrown*), 『제2통치론』은 "시민정부의

---

4 문지영, 2007, p. 273.

참된 기원, 범위 및 목적에 관한 시론"(*An Essay Concerning the True Original, Extent, and End of Civil-Government*)이라는 부제를 달고 있다.[5]

이 중 『제1통치론』은 왕권신수론자이자 절대군주론자인 필머 경이 1680년에 출간한 『족장론』(族長論, *Patriarcha*)에 대해 조목조목 치밀하게 비판함으로써, 왕당파의 이론적 근거의 허구성을 드러내고자 하는 목적으로 집필된 것이다. 필머 경은 『족장론』에서 "사회계약론을 날카롭게 비판하는 한편 세상의 군주들이 아담의 직계 상속자로서 인민에 대해 정당한 지배권을 가진다고 주장함으로써, 당시 휘그파[의회파]와 대립하던 왕 및 토리파[국왕파]의 입장을 이론적으로 옹호·보강하는 데 강력한 영향"[6]을 미치고 있었으므로, 의회주의자로서 이러한 왕권주의에 대해 논리적으로 반박할 필요에서 저술한 것이 『제1통치론』이다. 이렇게 "필머에 대한 로크의 비판을 담고 있는 『제1통치론』은 다분히 파괴적이었으며, 오늘날에는 그 자체적인 의미를 가지기 어렵다."[7]

일반적으로 로크의 『통치2론』은 명예혁명을 옹호하고, 다음 세기에 영국 정치를 지배하게 된 휘그당의 원칙을 정당화하기 위해 저술된 것이라는 평가를 받아온 작품으로,[8] 로크의 정치철학을 집약적으로 제시하고 있는 서술이다. 로크는 『제2통치론』의 "서론"(1장)에서 이 땅 위의 현재의 지배자들은 그 권력의 근원을 아담의 사적(私的) 지배권이나 부권(父權)으로부터 얻은 것이 아니라는 사실, 위정자가 신민에 대하여 갖는

---

5 이러한 근거에서 이극찬(1970)은 로크의 『제2통치론』을 『시민정부론』(서울: 연세대학교 출판부)이라고 번역하기도 하였다.

6 강정인 · 문지영, 1996, pp. 242~243.

7 강정인 · 문지영, 1996, p. 240.

8 강정인과 문지영(1996, pp. 240~243)은 로크의 『통치론』의 번역서에 붙인 "역자해제"(pp. 233~251)에서 로크가 『통치론』을 저술한 목적이 전적으로 명예혁명을 옹호하기 위해서였다는 일반적인 평가는 잘못 알려진 것이라고 지적하고 있다.

권력은 아버지의 자식에 대한 권력, 주인의 하인에 대한 권력, 남편의 아내에 대한 권력, 노예 소유주의 노예에 대한 권력과 같은 가부장권(家父長權)과는 판이하게 다르다는 사실을 지적함으로써[9] 필머 경의 가부장권론을 비판하고 있다. 그는 이러한 비판에 이어 정치권력은 법률을 제정하는 입법권과 법률을 집행하는 집행권 및 외적의 침입으로부터 국가를 방위하는 무력사용권을 "[인민의] 재산(property)을 규제하고 보전할 목적으로" 그리고 "오직 공공선(公共善)을 위해서만 사용하는 권리"[10]라고 지적하여, 정치권력의 목적을 인민의 재산 보전과 공공선의 실현에 둠으로써, 필머 경 및 왕당파들과의 결별을 분명히 선언한다.

『제2통치론』에서 로크는 이러한 정치권력 설립의 근거를 자연상태와 사회계약에서 찾으려는 관점을 제시하고, 이어서 사회계약을 통해 생성되는 정치권력의 내용 및 그 행사의 실제에 대해 자세하게 논의하고 있다. 그러므로 로크가 『통치2론』에서 제시하고자 하는 그의 정치철학의 핵심 내용은 온통 『제2통치론』에 담겨 있다고 보는 것이 통상적인 견해이다. 그리하여 보통 로크의 『통치론』 하면, 그의 『제2통치론』을 가리키는 말로 사용하고 있다. 이러한 맥락에서 이 글에서도 로크의 『제2통치론』을 그냥 『통치론』이라고 부르고, 여기에 제시되고 있는 로크의 사회계약론을 살펴보기로 하겠다.

9 『통치론』, 1장, 1~2, pp. 7~9: 제1장의 주 13에서 지적한 것처럼 이는 강정인 · 문지영(1996)이 로크의 『제2통치론』을 Laslett, P.(1967)의 편찬본(Cambridge: Cambridge University Press)을 원전으로 하여 『통치론』이라는 제목으로 번역한 책(서울: 까치)의 1장, 1~2절, pp. 7~9를 가리킨다. 앞으로 『제2통치론』의 인용은 특별한 표시가 없는 한 이 예를 따른다.

10 『통치론』, 1장, 3, pp. 9~10.

## 1. 로크의 사상적 배경

17세기 영국에서는 데카르트와 스피노자(Baruch Spinoza, 1632~1677) 같은 철학자들이 옹호하던 대륙의 선험론(先驗論, nativism)에 대비되는 경험론(經驗論, empiricism)에 입각한 인식론이 태동하고, 개인의 자유를 최고의 가치로 여기는 자유주의(自由主義, liberalism)가 싹터서 개인주의적 사조가 꽃을 피우고 있었다. 당시 영국에는 물리학자이자 생물학자인 하비(William Harvey, 1578~1657), 화학자인 보일, 생물학자인 후크(Robert Hooke, 1635~1703) 및 물리학자이자 수학자인 뉴턴(Sir Isaac Newton, 1642~1727) 등이 각자의 분야에서 눈부신 업적을 성취하면서 과학혁명을 주도하고 있었다. 그리고 영국에서는 이미 14세기 초부터 의회가 구성되어 헌정(憲政) 체제의 발달이 서서히 이루어져, 17세기에는 의회주의가 거스를 수 없는 대세로 굳어져가고 있었다. 로크가 몸소 겪었던 청교도혁명은 절대군주주의와 의회주의의 한판 대결이었던 것이다.

또한 17세기 영국에서는 상공업이 크게 발달하여 농업보다 상공업이 국가경제의 중심 역할을 담당하고 있었으며, 젠트리 계층과 전문직 종사자의 수가 크게 늘고, 그들에게 부가 집중되어 자본의 축적이 이루어짐으로써 도시자본가 계급이 등장하였다. 이러한 상공업의 발달은 화폐경제를 널리 보급하여 상업혁명을 유발함으로써 자본주의의 사조가 팽배하게 되었다. 이러한 상업혁명과 자본주의의 발달은 개인의 사유재산권 관념을 낳았고, 또 그것을 확보하기 위해 자유로운 경제활동의 추구를 자연스럽게 받아들이게 함으로써, 자유주의 사상이 성숙하는 계기가 되었다.[11]

---

11 민석홍, 1984, pp. 503~504; Burns, Lerner et al., 1984/2003, Vol. 3, pp. 658~667.

한마디로 17세기는 서구 사회, 특히 영국에서는 중세가 퇴장하고 새로운 근대가 뿌리를 내리는 커다란 변혁의 시기였다. 이러한 변혁의 중심에 로크가 있었다. 로크는 영국 경험주의 철학 운동의 주도자였고, 자유주의 사상의 강력한 옹호자였으며, 과학주의의 실천자였고, 의회주의의 이론 제공자였으며, 동시에 자본주의 운동의 선구자였던 것이다.

#### 1) 경험주의자로서의 로크: 경험론적 인식론의 선도

로크는 버클리(George Berkeley, 1685~1753) 및 흄(David Hume, 1711~1776)과 함께 "영국 경험주의(經驗主義) 운동의 위대한 대표자"[12]였다. 그는 주저 중의 하나인 『인간오성론』(1689)에서, 인간의 정신능력의 한계와 사람이 추구할 수 있는 탐구의 종류를 밝히려는 시도를 통해 인간이 가질 수 있는 지식의 범위와 한계를 지적함으로써, 자기의 경험주의 철학의 대의를 제시하고 있다.

로크의 인식론적 탐구의 핵심은 감각 경험의 요소를 강조하는 것이었다. 그의 작업의 "첫 단계는 지식을 엄밀하게 경험이라는 토대 위에 세우는 일인데, 이는 데카르트와 스피노자가 주장했던 본유관념(本有觀念; innate idea)을 거부한다는 것을 뜻한다."[13] 그는 인간의 정신이 원래 백지(白紙, *tabula rasa*) 상태와 같다고 보고, 이 하얀 종이 위에 정신적 내용을 기록하는 것이 경험이라고 주장하였다. 그는 백지 위에 기록되는 경험의 내용을 "관념"(idea)이라고 불렀다. 정신 작용의 재료로서의 이러한 관념에는 그 대상에 따라 인간이 감각기관을 통해 외계를 관찰함으로써

---

12 Russell, 1959/2003, p. 313. 로크의 경험주의철학의 내용은 주로 Lamprecht(1955/1963, pp. 424~445)와 Russell(1959/2003. pp. 313~321)을 참고로 하여 정리하였다.

13 Russell, 1959/2003, p. 314.

얻어지는 "감각관념"(感覺觀念, sensory idea)과 정신이 제 자신을 관찰함으로써 얻어지는 "반성관념"(反省觀念, reflective idea)의 두 가지가 있는데, 이러한 "관념들이 지식의 유일한 근원"이어서 "사고와 사변을 해나갈 때 누구도 감각과 반성을 통해 모은 관념들의 한계를 결코 넘어설 수 없다"[14]는 것이 그의 경험주의의 특징을 이루는 주장이었다.

로크는 관념들을 다시 그 단순성에 따라 더 이상 부분으로 나누어질 수 없는 "단순관념"(單純觀念, simple idea)과 이들을 결합하고 대조하고 추상함으로써 형성되는 "복합관념"(複合觀念, compound idea)으로 나누고 있다. 이 구분을 통하여 로크는 "[전술한 대로] 만일 오로지 감각과 반성의 관념들만 있다면, 어떻게 이것들로부터 정신적 내용들이 만들어지는가, 달리 말하면 어떻게 복합관념이 단순관념들의 조합에 의하여 만들어지는가"[15]를 밝히고자 하였다. 그러나 그는 복합관념들의 재료인 단순관념의 기준, 곧 관념의 단순성에 관한 만족할 만한 기준을 마련하지 못하고 또 이에 대해서는 그다지 관심을 쏟지 않았는데,[16] "왜냐하면 로크의

14 Russell, 1959/2003, pp. 314~315.

15 Russell, 1959/2003, p. 315.

16 Russell(1959/1963, p. 316)은 로크의 이론이 치밀하거나 논리적이지 못하고 다만 자기의 주장만을 아무런 근거도 없이 제시하는 경향이 있었다는 사실을 다음과 같이 지적하고 있다: "로크는 이런 종류의 문제[철학적 난제]에 대해서는 고민하지 않는 게 보통이었다. 그는 자신의 주제를 체계적으로 논하지 못하였고, 난점이 발생하면 논의를 미결의 상태로 놓아두는 수가 흔했다. 로크는 현실에 근거해서 생각하는 사고구조를 가진 사람이어서, 철학적 문제들을 철학적으로 정합성 있는 입장에 서서 해결하려고 하지 않고 단편적 방식으로 취급하였다. 이 점에서 그는 자기의 말처럼 하급 노동자였던 셈이다"; Brandt(1994/2001, p. 231)도 같은 견해를 "[로크의] 『인간오성론』을 공부하는 이는 그 자체 완전히 일관되고 방법론적으로 통일된 그 어떤 이론도 찾아낼 수 없다"는 말로 표현하고 있으며, 노명식(1991, pp. 136~143, 150, 164~165, 204)도 여러 곳에서 로크 연구자들의 말을 인용하여 "로크는 유달리 전후당착의 사상가이고 비체계적인 철학자로 여겨져 왔다"(p. 137)던가, "그의 이론체계에는 혼란과 모순이 가득하다"(p. 137)던가, "그는 그러한 원리적 주장들을 같은

본래의 관심사는 오직 모든 관념들은 어떠한 것이건 마음 자체의 힘을 통해서가 아니라, 경험에 의해서 그것들이 마음속에 생기는 방식을 통하여 마음에 나타난다고 하는 핵심적 주장뿐이었기 때문이다."[17]

버클리와 흄 같은 18세기의 경험론자들은 로크 이론의 세부적인 사항에 대해서는 의견을 달리하고 강하게 비판하였지만, 경험만이 모든 지식과 정신활동의 원천이라는 로크의 경험주의의 요지는 그들에 의해 계승되어 대륙의 선험론과 쌍벽을 이루는 인식론 철학으로 발전하였다. 지식의 원천을 개인의 경험에 두는 이러한 경험주의는 "인식론적 개인주의"를 낳는 배경이 되었다. "인식론적 개인주의의 패러다임은 개인의 경험이 지식의 원천이며, 모든 지식은 개인의 마음과 그것이 받아들이는 감각의 범위 안에서 발생한다고 주장하는 경험주의"[18]에 뿌리를 두고 있기 때문이다.

또한 경험주의는 개인의 경험에 대한 관찰의 결과 얻게 되는 감각관념을 지식의 원천으로 간주함으로써, 지식을 얻는 방법론으로 개인의 경험 내용에 대한 엄밀한 관찰을 중시하는 태도를 낳는다. 이러한 관점에서 17세기 영국에서 이루어진 과학혁명과 (같은 시기 홉스와 로크 같은 철학자들이 체계화한) 경험주의 철학과의 관계를 짐작해볼 수 있다. 경험주의와 과학혁명은 개인의 경험에 대한 엄밀한 관찰의 중시, 곧 개인의 특수성과

---

책 같은 장 안에서 태연히 부정하는 논리를 펴는 데 주저하지 않았다"(p. 139)던가, "존 로크의 철학은 종래의 정설과는 달리 독창적이지도 않고 리버럴하지도 않다. [……] 그의 철학은 항상 그럴듯하고 재치가 있지만, 물에 물 탄 듯이 명확하지 않고 평범하고 빈약하다"(pp. 142~143)는 말로 비판하고 있다.

17 Lamprecht, 1955/1963, p. 434.

18 Lukes, 1973, p. 107; Lukes(1973, pp. 107~109)는 개인의 경험을 모든 지식의 원천으로 하는 경험주의는 인식론적 개인주의를 낳게 됨으로써, 개인주의가 태동하는 사상적 배경으로 작용하고 있다는 사실을 설파하고 있다.

개체성을 중시하는 개인주의라는 같은 뿌리에서 나온 형제들인 것이다.

이렇게 경험주의는 개인의 특수성과 개체 존중의 태도를 유발함으로써 기본적으로 개인주의와 연결된다. 사회보다 개인에게 우선적인 가치를 부여하는 개인주의는 개인이 자유의 주체라는 자유주의를 배경으로 하여 태동한 삶의 태도이다. 그러므로 개인주의는 자유주의와 불가분의 관계를 맺는다. 개인주의의 철학적 핵심은 자유주의인 것이다.[19] 이와 같은 맥락에서 보면, 인식론 철학에서의 로크의 경험주의적 입장은 필연적으로 그로 하여금 개인의 자유를 강조하고 중시하는 자유주의적 태도를 가지도록 유도하게 된다는 점이 분명해진다.

### 2) 자유주의자로서의 로크: 자유주의의 체계화

"로크 철학의 기초적 신조들 중의 하나는 관용(寬容, toleration)의 정신이다."[20] 로크가 옥스퍼드의 학생이었을 때(1652~1658) 그가 적을 두고 있던 크라이스트 처치 칼리지는 관용의 정신이 지배하고 있었다. 내란이 발발하였을 당시(1642) 옥스퍼드는 왕당파에 가담하였는데, 그 왕당파가 패배함으로써 대학의 권위가 상당히 퇴색한 상태였다. 그러다가 내란이 끝난 2년 후인 1651년에 의회파 수뇌부와 친분을 유지하고 있던 존 오웬(John Owen)이 크라이스트 처치 칼리지의 학장으로 취임하여 대학의 재건에 진력함으로써 그 권위를 점차 회복하는 중이었다. 오웬 학장은 관용의 정신을 가지고, 국교도(國敎徒)나 왕당파에 속하는 교수일지라도 대학으로부터 추방하지 않고 보호하였다. "로크가 이와 같은 관용정신이

---

**19** 노명식(1991, pp. 27~37, 박우룡(1998, pp. 72~74), Gray(1995/2007) 및 Lukes(1973)는 자유주의가 개인주의의 이론적 및 역사적 모태라는 사실을 설득력 있게 논증하고 있다.

**20** Russell, 1959/2003, p. 313.

충만한 분위기 속에서 교육을 받았다는 것은 그 후의 그의 종교상의 관용정신에 상당히 큰 영향을 미쳤다. [……] [게다가 그의 가정 배경으로 인해] 로크는 유년과 소년시절, 그리고 웨스트민스터 학생시절을 시종 청교도적인 분위기 속에서 생활해왔다. 따라서 전제정치에 반항하고 종교의 자유를 요구하는 청교도 정신은 로크의 마음속 깊이 내재해 있었다. [이러한 맥락에서 보면] 그의 종교상의 관용정신은 옥스퍼드 시절에 확립되었다"[21]고 볼 수 있다. 이러한 관용의 분위기 속에서 로크는 자연스럽게 종교의 자유와 관용에 관해 관심을 가지게 되었던 것이다. 로크의 이러한 관용의 정신은 망명에서 돌아오자마자 출간한 『관용에 관한 서한』(1689)에서 피력되고 있다.

**자유의 본질: 자율과 자결** "관용은 한 사회나 국가가 기피하거나 용인하지 않는 행동과 사상을 개인이나 사회나 국가가 용납해주고 간섭하지 않는 태도이다."[22] 따라서 종교의 자유와 관용에 대한 로크의 굳건한 신념은 필연적으로 개인의 자유에 대한 신조로 이어진다.[23] 그는 자연상태에서 인간은 "타인의 허락을 구하거나 그의 의지에 구애받지 않고 [……] 자신의 행동을 규율하고 자신의 소유물과 인신(人身, person)을 처분할 수 있는 완전한 자유의 상태"[24]에 있다고 규정한다. 이렇게 "로크가

---

**21** 이극찬, 1985, pp. 14~15.

**22** 노명식, 1991, p. 64. 노명식(1991, pp. 64~70)은 관용의 정신과 자유주의의 관계에 대해 집중적으로 고찰하면서, 관용이 자유주의 태동의 모체이면서 또 그 결과라고 진술하고 있다.

**23** Lamprecht(1955/1963, p. 424)는 "로크의 『관용에 관한 서한』과 『통치론』은 우리가 들 수 있는 어떠한 다른 문헌보다도 흔히 자유주의라고 일컬어지는 전통의 전형으로 되어 있다"고 진술하여, 로크에게 있어서 관용의 정신이 자유주의적 사상 전개의 모체가 되고 있음을 지적하고 있다.

이해하는 자유의 핵심은 자율과 자결이다."[25] 그는 인간의 자유를 "자연상태에서의 자유"와 "사회상태에서의 자유"로 구분하고 있는데, 어느 경우에나 그 핵심은 자율과 자결로 귀결된다.

> 인간의 자연적 자유란 지상의 우월한 권력으로부터 자유로운 것으로서 타인의 의지나 입법권에 구속되지 않고 오로지 자연법만을 자신의 준칙으로 삼는 것이다. 사회 안에서 살고 있는 인간의 자유란 공동체의 동의에 의해서 제정된 입법권 이외에는 여타의 입법권 하에도 있지 않으며, 그 입법부가 위임받은 신탁(信託)에 따라 제정한 법 이외에는 어떠한 의지의 지배나 어떠한 법의 제약 하에도 있지 않는 것이다.[26]

자연상태에서나 사회상태에서 인간이 갖는 이러한 자율과 자결의 권리, 곧 자유는 인간이 이성을 갖추고 있다는 사실에서 그 근거를 찾을 수 있다는 것이 로크의 주장이다. 그는 "우리는 이성적 존재로 태어나는 것과 마찬가지로 또한 자유롭게 태어났다. [……] 나이가 들어 이성을 가지게 되면, 자유도 더불어 따라온다"[27]거나, "인간의 자유 그리고 자신의 의사에 따라 행동할 수 있는 자유는, 그 사람에게 자신을 통치하기 위해서 준거해야 하는 법률을 가르쳐줄 수 있고, 자신의 의지의 자유에 얼마나 많은 것이 남아 있는지를 알게 해주는 이성을 가지는 데에 근거한다"[28]고 진술하여, 이러한 사실을 분명히 하고 있다. 즉 인간이 이성적

---

**24** 『통치론』, 2장, 4, p. 11.
**25** 문지영, 2007, p. 274.
**26** 『통치론』, 4장, 22, p. 29.
**27** 『통치론』, 6장, 61, p. 62.
**28** 『통치론』, 6장, 63, p. 63.

존재로 태어났다는 사실에서 연역하여 로크는 자유를 인간의 본성으로 간주하는 것이다.

**자유의 한계: 자연법과 시민법의 테두리** 인간의 이성에서 자유의 근거를 찾으려는 로크의 관점은 자유의 한계를 설정하는 논리와 자연스럽게 연결된다. 로크는 인간에게 본유적인 자유는 이성이 규정하는 한계를 벗어날 수 없다고 본다. 즉 "이성적 존재로서 인간은 자신의 이성이 명하는 바에 따라 자연법을 준수할 뿐만 아니라, 사회계약에 임해 공동체를 구성하고 공동체가 정하는 법률의 구속 하에 들어가는 데 동의한다"[29] 는 것이 로크 자유론의 핵심 관점이다. 그는 자유란 "방종(放從)의 상태"(state of licence)를 의미하는 것이 아니라고 하여 자유를 방종과 구분함으로써, "자유의 상태"(state of liberty)에 일정한 한계를 지우고 있는 것이다.

> 자연상태에서 인간은 자신의 인신과 소유물을 처분할 수 있는 통제받지 않는 자유를 가지고 있지만, 그는 자신을 파괴할 수 없으며, 또 그의 소유 하에 있는 어떠한 피조물도—그것을 단순히 살려놓는 것보다 죽이는 편이 더 고상한 용도에 봉사하는 경우를 제외하고는— 살해할 수 없다. 자연상태에서는 그것을 지배하는 자연법이 있으며, 그 법은 모든 사람을 구속한다. 그리고 그 법인 이성(理性)은 조언을 구하는 모든 인류에게 인간은 모두 평등하고 독립된 존재이므로 어느 누구도 다른 사람의 생명 · 건강 · 자유 또는 소유물에 위해를 가해서는 안 된다고 가르친다.[30]

자유란, 로버트 필머 경이 우리에게 말하는 것처럼, '사람마다 각자 하고

29 문지영, 2007, p. 276.
30 『통치론』, 2장, 6, p. 13.

싶은 대로 행동하며, 기분 내키는 대로 살며, 어떠한 법에도 구속되지 않는 자유'가 아니다. 정부 하에서 살고 있는 인간의 자유란 일정한 법률, 곧 그 사회에서 설립된 입법권이 제정하고 그 사회의 모든 사람에게 적용되는 공통된 법률을 가지는 것이다. 그 규칙이 정하지 않는 모든 사안에서는 나 자신의 의지를 따르는 자유, 즉 다른 인간의 변덕스럽고, 불확실하고, 알려지지 않은 자의적(恣意的) 의지에 종속되지 않는 자유이다. 자연의 자유가 자연법 이외에는 어떠한 구속 하에도 있지 않듯이 말이다.[31]

이렇게 독립적인 개인이 다른 사람들과 평등하게 가지고 있는 자유는 언제나 또 어떤 조건 하에서도 이성의 규율인 자연법과 이성에 따라 설립된 입법부가 제정한 시민법의 지배를 받아야 하므로, 다른 사람의 자유를 함부로 빼앗거나 침해하는 방종의 상태에서는 결코 보호받을 수 없다는 것이 로크의 주장이다. 즉 누구나가 보유하고 있는 적극적인 자기보전을 위한 자유는 남의 자유에 위해를 가하거나 침해하지 않는 범위에서만 보호받을 수 있다는 한계를 갖는다는 것이다.

자유와 법 사이의 관계에 대한 이러한 로크의 관점에는 홉스의 경우와는 달리 애매한 점이 많다. 홉스는 "자유란 말은 정확히 말하면 외부적 방해의 부재를 의미한다"[32]고 진술하여, "외적 제약이나 방해가 없는 상태, 곧 법이 말이 없는 상태"[33]를 자유의 상태라고 명백하게 규정하였다. 그는 "법과 권리는 의무와 자유만큼이나 다르다"[34]고 진술하여, 자유와 법이 배타적 관계에 있음을 분명히 하고 있다. 그러나 로크는 자유와

31 『통치론』, 4장, 22, p. 29.
32 『리바이어던 I』, 제1부, 14장, p. 176.
33 노명식, 1991, p. 142.
34 『리바이어던 I』, 제1부, 14장, p. 177.

법의 관계를 애매하게 방치하거나, 아니면 법을 자유보다 상위에 놓고 있다.

> 법의 목적은 자유를 폐지하거나 제약하는 것이 아니라 보존하고 확장하는 것이다. [……] 왜냐하면 자유란 타인의 구속과 폭력으로부터 자유로운 것인데, 법이 없는 곳에서는 그것이 가능하지 않기 때문이다. [……] 그것은 인간이 자신을 지배하는 그러한 법률이 허용하는 한도 내에서 그 자신의 뜻대로 그의 인신·행위·소유물 및 그의 전 재산을 처리하고 규제할 수 있는 자유이다. 곧 그것은 타인의 자의적인 의지에 복종하는 것이 아니라, 그 자신의 의지를 자유롭게 따르는 데 존재한다.[35]

이렇게 로크는 "법의 지배가 곧 자유의 형태라고 말한다. 법 자체는 현실적으로 제약이 아니라는 것이다. 그러면 법과 자유는 본래적으로 충돌하지 않는 것이냐 하면 로크의 경우 그렇지도 않다. 왜냐하면 그는 자유를 지키기 위해서는 최소한의 법이 필요하다고 주장하고 있으니 말이다."[36] 이와 같이 자율과 자결의 권리, 곧 자유를 법의 강제력 밑에 두려는 것이 로크의 자유론이 가지는 최대의 문제점인데, 어쨌든 로크에게 있어서 이성의 규율체계인 자연법과 시민법이 정하는 이러한 자유의 한계는 곧 사회계약에 따른 국가 설립의 필요성으로 이어지는 징검다리가 된다.

**자유의 요체: 재산권의 보호** 로크에게 있어서 인간이 본유적으로 갖추고 있는 자유는 재산권의 옹호라는 적극적인 의미를 띠는 것이다.

---

**35** 『통치론』, 6장, 57, pp. 58~59.

**36** 노명식, 1991, p. 142.

그에 따르면 "인간은 본래 타인의 침해와 공격으로부터 그의 재산(財産, property), 곧 생명(life) · 자유(liberty) · 자산(資産, estate)을 보존할 권력뿐만 아니라, 다른 사람들이 그 법을 위반한 것을 심판하고, 그 위반행위가 의당 치러야 한다고 그가 확신하는 바에 따라 다른 사람을 처벌할 수 있는 권력도 가지고 있다"[37]는 것이다. 그런데 그에게 있어서 개인의 재산은 물질적인 자산만이 아니라 "생명 · 자유 · 자산"을 통칭하는 것이어서,[38] 재산권이란 생명보전의 권리, 자유수호의 권리, 그리고 자산 소유의 권리를 함께 일컫는 적극적이고도 폭넓은 개념이다.[39] 그러므로 개인의 자유는 생명권 및 소유권과 연결되어 적극적으로 수호되고 보호받아야 할 가장 기본적인 인간의 권리에 속한다는 것이 로크의 관점인 것이다.

이렇게 로크는 그의 선배 자유주의자였던 홉스[40]의 사상에 결여되었던 주제, "곧 사유재산권과 개인의 자유권을 연결해주는 주제를 전면에

---

37 『통치론』, 7장, 87, p. 83.

38 앞의 『통치론』 7장 87절(p. 83)의 진술 이외에도, 로크는 9장 123절(p. 119)에서 "내가 재산이라는 일반적 명칭으로 부르는 것은 개인의 생명 · 자유 · 자산"이라고 표현하여, 그가 말하는 광의의 "재산"의 개념은 "생명 · 자유 · 자산"을 통칭하는 것임을 분명히 하고 있다.

39 이어지는 논의에서 보듯이(이 장의 주 45 참조), 이러한 논리는 국가형성의 제일 목적은 "개인 재산권의 보호"에 있다는 주장으로 이어진다.

40 Gray, 1995/2007, pp. 30~32. 그레이는 홉스의 "비타협주의적인 개인주의" 이외에도, "자연상태에 있는 모든 인간들의 동등한 자유를 평등주의의 관점에서 확고하게 언급했다는 점" 그리고 "완전히 세습적으로 권리가 부여되는 정치적 권위를 확고히 거부했다는 점"(p. 31)에서 홉스를 자유주의의 주요 선구자라고 보아야 한다는 견해를 피력하고 있다. 또한 Strauss(1965, p. 13)는 "만약 우리가 자유주의를 다음과 같은 정치적 교설로, 즉 의무와 구별되는 인간의 권리를 기본적인 정치적 사실로 간주하고, 국가의 기능을 그런 권리의 보호나 보존으로 간주하는 정치적 교설로 생각해도 좋다면, 우리는 자유주의의 창시자가 홉스였다고 말해야 한다"(Gray, 1995/2007, p. 32에서 재인용)고 진술하고 있다.

부각시켰다. 로크가 볼 때, 이전의 자유주의적 저술가들은 개인의 독립이 법의 지배에 의해서 확실히 보호되는 사적 소유물을 전제로 한다는 점을 명백하게 인식하지 못했다. 로크 이후에는 시민사회가 개인 재산의 광범위한 분산을 요구한다는 주장이 자유주의적 저술의 주요 주제가 됐으며, 바로 이런 통찰이 자유주의에 대한 로크의 가장 위대한 기여를 구체적으로 보여준다. [……] 사적 소유라는 주요 권리가 없다면 자유가 실패로 끝나고 만다는 로크의 주장은 정치사상에 지속적인 영향을 주었으며, 영국의 자유주의를 규정하는 특징들 중 하나가 되었다."[41]

자유주의는 "개인의 자유를 최고의 정치적 가치로 내세우며, 어떤 제도나 정치적 실천의 평가기준이 개인의 자유를 촉진 · 조장하는 데 있다고 믿는 신념체계"[42]이다. 이때 자유는 인간의 본성으로 간주된다. 로크는 인간의 자유를 이성과 함께 인간의 본성으로 보고, 그에 부수되는 여러 문제(자유의 한계 및 자유와 법의 관계, 자유와 재산권의 관계 등)를 체계적으로 분석하고 있다. 이런 점에서 "로크는 자유주의를 가장 먼저, 그리고 역사적으로 가장 강력하게 체계화한 사상가로 널리 인정된다."[43] 즉 "자유주의적 관점의 핵심적 요소가 처음으로 지적인 일관성을 띠게 된 것은 [……] [그 배경에 여러 가지 요인이 놓여 있겠지만] 가장 중요하게는 로크의 『통치론』을 통해서"[44]였던 것이다.

### 3) 경제적 개인주의자로서의 로크: 노동가치설의 제창과 소유불평등성의 옹호

41 Gray, 1995/2007, pp. 38~39.

42 Ryan, 1999, p. 292. (문지영, 2007, p. 267에서 재인용)

43 문지영, 2007, p. 269.

44 Gray, 1995/2007, p. 37.

앞에서도 보았듯이, 로크에게 있어서 재산의 보호는 가장 중요한 관심사이고, 개인의 자유는 이러한 재산권을 지키고 보호하는 권리를 핵심으로 하는 것이다. 이러한 사실은 "인간이 공동체를 결성하고 스스로를 정부의 지배 하에 두고자 하는 가장 크고 주된 목적은 그들의 재산을 보존하기 위함이다"[45]라는 진술에서 분명히 나타나고 있듯이, 로크가 국가 존립의 제일 근거를 개인의 재산권의 보호에서 찾고 있다는 논거에서 잘 드러난다. 로크에게 있어서 재산권은 인간의 양보할 수 없는 최고 권리이자 자유의 핵심 내용인 것이다. 그는 자유를 "자신의 소유물과 인신을 [아무의 간섭도 받지 않고 마음대로] 처분할 수 있는 권리"[46]라고 표현함으로써 경제적 개인주의자로서의 입장을 드러내고 있다.

이와 같이 "로크에게서 자유는 자기 자신과 자신의 것인 소유물에 대한 지배권으로 표현"되며, "일단 한 개인의 자유가 그 자신의 소유물로써 표명되고 나면, 그 다음에 그의 자유의 크기는 그가 가진 재산의 크기에 의해 평가되지 않을 수 없다."[47] 물론 로크가 말하는 재산(property)은 "생명 · 자유 · 자산"을 포괄하는 폭넓은 개념이다. 그러나 생명과 자유와 자산 중에서 크기가 문제되는 것은 자산(estate)뿐이다. 실제로 로크 자신도 『통치론』 5장 "소유권에 대하여"[48]에서 "재산" 개념을 협의의

45 『통치론』, 9장, 124, p. 120. 로크는 『통치론』의 여러 곳에서(예: 1장, 3, p. 9; 7장, 82, p. 82; 7장, 87, p. 83; 7장, 88, p. 84; 7장, 94, p. 91; 8장, 95, p. 93; 8장, 120, p. 115; 9장, 127, p. 121; 9장, 131, p. 123; 11장, 139, p. 134; 15장, 171, p. 162; 15장, 174, p. 165; 19장, 222, p. 208 등) 거듭거듭 사회와 국가형성의 목적이 "구성원의 재산 보존"에 있음을 밝히고 있다.

46 『통치론』, 2장, 4, p. 11.

47 문지영, 2007, p. 294.

48 로크가 쓰는 property라는 개념은 광의로 "생명 · 자유 · 자산"을 총칭하기도 하고, 협의로 "경제적 재화" 곧 "자산"만을 가리키기도 하는데, 『통치론』 5장에서는 이 후자의 의미로 사용하고 있다. 따라서 강정인 · 문지영(1996)은 5장의 제목을 "재산권에 대하여"라고

재산, 곧 그 크기를 계산할 수 있는 "자산"의 의미로 특정하게 사용하고 있다. 이러한 배경에서 "정부의 목적이 재산의 보호에 있다고 할 때 로크가 말한 그 재산은 넓은 의미의 재산(생명 · 자유 · 자산)이 아니었다"고 볼 수 있다. "그렇다면 국가의 존재이유가 생명과 자유와 함께 물질적 재산도 보호하는 데 있다기보다는 물질적 재산만의 보호에 있다는 말"[49] 이 되는 셈이다.

**재산소유권의 근거: 노동가치설의 제창** 로크는 『통치론』 5장의 서두에서 "자연의 이성은 인간이 일단 태어나면 자신의 보존에 대한 권리, 따라서 고기와 음료, 기타 자연이 그들의 생존을 위해서 제공하는 것에 대한 권리를 가진다"[50]고 진술하여, 자연물은 인간에게 주어진 공유물이며, 인간은 태어나면서부터 이러한 자연물을 향유할 권리를 보유하고 있음을 천명한다. 이러한 사실은 다음 진술에서 더욱 분명하게 제시되고 있다.

> 사람들에게 세계를 공유물(共有物)로 주신 하느님은 또한 그들에게 삶에 최대한 이득이 되고 편의에 봉사하도록 세계를 이용할 수 있는 이성을 주셨다. 대지와 그것에 속하는 모든 것은 인간의 부양과 안락을 위해서 모든 인간에게 주어진 것이다. 그리고 대지에서 산출되는 모든 과실과 거기서 자라는 짐승들은 자연발생적인 작용에 의해서 생산되기 때문에 인류에게 공동으로 속한다. 따라서 그러한 것들에 대해서는 그것들이 자연적인 상태에 남아 있는 한,

---

번역하지 않고, 경제적 재화의 소유를 표현하는 용법인 "소유권에 대하여"(pp. 33~54)라고 번역하고 있다. 이에 대하여는 강정인 · 문지영(1996)의 번역본 pp. 9와 33의 역자 주 참조.

**49** 노명식, 1991, p. 141.

**50** 『통치론』, 5장, 25, p. 33.

어느 누구도 처음부터 다른 사람을 배제하는 사적인 지배권을 가지지 않았다.[51]

그렇다면, 이렇게 공유물로 주어진 자연물을 개인들은 어떻게 해서 사적인 소유물로 변모시키는가? 즉 "사람들에게 이용하도록 주어진 이상, 그것들[자연의 공유물들]을 특정한 사람이 일정한 용도에 맞게 사용하거나 그것들로부터 이득을 얻기 위해서는 이러저러한 방법으로 그것들을 수취할 수 있는 수단이 있어야 마땅"[52] 할 텐데, 도대체 그 수단이란 무엇인가? 로크는 이렇게 공유물을 사적인 소유물로 만드는 수단을 개인의 노동(勞動, labour)에서 찾고 있다.

비록 대지와 모든 열등한 피조물은 만인의 공유물이지만, 그러나 모든 사람은 자신의 인신(人身, person)에 대해서는 소유권을 가지고 있다. 이것에 관해서는 그 사람 자신을 제외한 어느 누구도 권리를 가지고 있지 않다. 그의 신체의 노동과 손의 작업은 당연히 그의 것이라고 말할 수 있다. 그렇다면 그가 자연이 제공하고 그 안에 놓아둔 것을 그 상태에서 꺼내어 거기에 자신의 노동을 섞고 무언가 그 자신의 것을 보태면, 그럼으로써 그것은 그의 소유가 된다. 그것은 그에 의해서 자연이 놓아둔 공유의 상태에서 벗어나, 그의 노동이 부가한 무언가를 가지게 되며, 그 부가된 것으로 인해 그것에 대한 타인의 공통된 권리가 배제된다. 왜냐하면 그 노동은 노동을 한 자의 소유물임이 분명하므로, 타인이 아닌 오직 그만이, 적어도 그것 이외에도 다른 사람들의 공유물들이 충분히 남아 있는 한, 노동이 첨가된 것에 대한 권리를 가질 수 있기 때문이다.[53]

---

**51** 『통치론』, 5장, 26, p. 34.

**52** 『통치론』, 5장, 26, p. 34.

**53** 『통치론』, 5장, 27, pp. 34~35.

노동이야말로 그것들[노동의 결과 수취한 자연물들]과 공유물 간의 구별을 가져온다. 노동이 만물의 공통된 어머니인 자연보다 더 많은 무엇을 그것들에 첨가한 것이다. 그리하여 그것들은 그의 사적인 권리가 된다. [……] 나 자신의 것인 노동이 그것들을 원래의 공유상태에서 제거함으로써 나의 소유권을 그것들에 설정한다.[54]

이 인용문들에서 보듯이 개인의 신체와 마찬가지로 자기 신체를 움직여 작업한 노동은 어느 누구의 침해도 받지 않는 오직 그 사람만의 소유물이므로, 자연물에 노동을 첨가하면 그 공유물은 원래의 공유상태에서 배제되어 자동적으로 그 노동한 사람의 배타적인 사적 소유물로 변모된다는 것이 로크의 논리이다. 이렇게 노동에 의해 개인의 사적 소유물이 되는 것은 대지의 소산물뿐만이 아니라, 대지 자체도 마찬가지라는 것이 로크의 주장이다.

한 인간이 개간하고, 파종하고, 개량하고, 재배하고, 그 산물을 사용할 수 있는 만큼의 토지가 그의 소유이다. 그는 자신의 노동을 통해서, 말하자면 그것을 공유지로부터 떼어내어 울타리를 친 셈이다. [……] 하느님과 인간의 이성은 인간에게 대지를 정복할 것, 곧 삶에 이익이 되도록 그것을 개량하고 그것에 그 자신의 것인 그의 노동을 첨가할 것을 명하였다. 하느님의 이러한 명령에 복종하여 토지의 일부를 경작하고 씨를 뿌린 사람은 그것을 통해서 그의 소유인 무엇인가를 그 토지에 첨가한 셈이다. 따라서 다른 사람은 그것에 대한 아무런 권리를 주장할 수 없으며, 그에게서 그것을 빼앗고자 한다면 그의 권리를 침해한 것이 된다.[55]

54 『통치론』, 5장, 28, pp. 35~36.
55 『통치론』, 5장, 32, pp. 38~39.

그렇다면, 노동이 공유물을 배타적인 사적 소유물로 변모시키는 까닭은 무엇인가? 이에 대해 위의 인용문들에서는 "노동이 자연보다 더 많은 무엇인가를 대상물에 첨가한다"는 힌트를 주고 있다. 그렇다면, 노동이 대지와 그 소산물에 첨가하는 "그 무엇", 그리하여 공유물을 사유물로 변모시키는 "그 무엇"이란 과연 무엇인가? 로크는 노동을 통해 인간은 자연물에 생활의 유용성에 기여하는 "가치"를 창조하고, 바로 이 창조되는 가치가 공유물을 사유물로 변모시키는 "그 무엇"이라는 이론을 제시한다.

> 빵 · 포도주 · 직물은 우리가 일상적으로 사용하는 물자이며, 풍부하게 존재한다. 그럼에도 불구하고 노동이 우리에게 그같이 유용한 필수품들을 제공해주지 않았더라면, 도토리 · 물 그리고 잎사귀나 가죽이 우리의 빵 · 음료 및 옷으로 남아 있을 것임에 틀림없다. 빵이 도토리보다, 포도주가 물보다, 직물이나 비단이 잎사귀 · 가죽 또는 이끼보다 얼마나 가치가 더 나가든, 그것은 전적으로 노동과 근면에 기인하는 것이다. 이들 중 한편은 가공되지 않은 자연이 우리에게 제공한 식품과 옷이며, 다른 한편은 우리의 근면과 노고가 우리에게 마련해준 것이다. 그런데 후자가 전자를 그 가치 면에서 얼마나 많이 초과하는가를 계산해보면, 노동이 우리가 이 세상에서 향유하는 사물의 가치의 얼마나 커다란 부분을 창출하는가 그리고 그러한 자원을 생산하는 땅은 얼마나 적은 가치만을 인정받을 뿐인가를 알게 될 것이다.[56]

이렇게 노동은 사물의 가치를 창출하는 근원이라는 것이 바로 로크의

56 『통치론』, 5장, 41, p. 47.

주장이다. 그는 "실로 모든 사물에 상이한 가치를 부여하는 것은 바로 노동"[57]이므로 대지도 노동에 의해 비로소 가치를 가지게 되며, 노동이 가해지지 않은 땅은 다만 "버려진 땅"(荒蕪地, waste)[58]에 불과하다고 본다.

> 토지에 최대한의 가치를 부여하는 것은 노동이며, 그것이 없다면 토지는 아무런 가치도 없다. 우리에게 유용한 대부분의 가치는 노동에서 나오는 것이다. [……] 즉 자연과 대지는 그 자체로서는 단지 거의 무가치한 재료를 제공할 뿐인 것이다.[59]

이 인용문들에서 보듯이, 로크는 개인의 노동만이 자연물에 유용한 가치를 부여하는 원천, 곧 노동이 가치 창출의 유일한 원천이라는 "노동가치설"(勞動價値說, labour theory of value)을 제시하고 있다. 이렇게 "노동가치설의 원조"는 바로 로크로서, 그는 이러한 노동가치설에 근거하여 "인간은 자신의 노동이 투입되는 한, 자연의 산물을 자신의 소유로 만들 도덕적 권한과 자유를 지닌다"[60]고 주장한다. 즉 로크는 개인이 스스로의 노동을 투입하여 대지와 대지의 소산물에 생활의 편익을 가져오는 유용한 가치를 부여하게 된다는 사실에서 공유물이 사적인 소유물로 변모되는 근거를 찾고 있는 것이다.

**소유권의 한계와 화폐경제: 소유불평등성의 용인** 노동에 의한 가

57 『통치론』, 5장, 40, p. 46.
58 『통치론』, 5장, 41, p. 47.
59 『통치론』, 5장, 43, pp. 48~49.
60 서병훈, 2003, p. 214.

치 창출에서 소유권의 근거를 찾기는 하지만, 로크는 한 개인에 의한 무제한적인 소유를 주장하지는 않는다. 그는 "우리에게 노동이라는 수단을 통하여 소유권을 부여하는 동일한 자연법이 또한 그 소유권을 제한한다"[61] 고 진술하여, 자연상태에서의 소유권에 자연법이 부여하는 일정한 한계가 있음을 제시하고 있다.

> 자연은 소유권의 한도를 인간의 노동의 정도와 삶의 편의에 따라 적절하게 규정한다. 어떤 사람의 노동도 모든 것을 정복하거나 수취할 수 없다.[a] 또한 그가 향유하여 소비할 수 있는 것도 매우 적은 양에 불과하다.[b] 그러므로 어떤 사람이 다른 사람의 권리를 침해하거나 그의 이웃에 피해가 될 정도로 소유권을 취득하는 것은 불가능하였다. 그의 이웃은 (타인이 그 자신의 몫을 취한 후에도) 여전히 수취되기 전과 마찬가지로 충분하고도 커다란 소유물을 차지할 수 있는 여지를 가지고 있었기 때문이다.[c] 이러한 한도는 모든 사람의 소유를 매우 적절한 정도로, 곧 태초에는 어떤 사람에게도 피해를 입힘이 없이 그 자신이 수취할 수 있는 정도로 제한하였다.[62]

이 인용문에서 제시되고 있듯이 자연상태에서 개인의 소유권에는 세 가지 한계가 부과된다. 그것은 첫째, 위의 [a]에서 제시되는 노동에 의한 제한(노동한계), 둘째, [b]에서 제시되는 손상을 이유로 한 제한(손상한계), 그리고 셋째, [c]에서 제시되는 타인이 사용할 수 있도록 충분한 양을 남겨놓아야 한다는 제한(충분한계)이다.[63]

61 『통치론』, 5장, 31, p. 37.

62 『통치론』, 5장, 36, p. 41.

63 Macpherson, 1962, pp. 201~202. (강정인, 2004, pp. 181~182에서 재인용). 후기필자(강정인, 2004, pp. 177~222)는 로크의 재산권 이론에 대해서 "노동계급에 대한 부르주아 계급의 재산권을 옹호하고자 하는 측면을 강조"하는 맥퍼슨의 해석, "국왕의 자의적인 침해로부터

우선 노동한계는 "어떤 사람의 노동도 모든 것을 정복하거나 수취할 수 없으므로"[a] 오로지 자신의 소유로 확정할 수 있는 만큼의 노동의 크기에 국한되는 것을 말한다. 곧 "하느님은 개인이 자신의 노동에 의해 자신의 소유로 확정할 수 있는 만큼 주셨으므로, 그것보다 많은 것은 그의 몫을 넘어서며, 다른 사람의 몫에 속한다"[64]는 것이다.

다음으로 손상한계는 "개인이 향유하여 소비할 수 있는 것은 매우 적은 양에 불과"[b]하므로, "하느님은 우리에게 즐길 수 있는 만큼, 어느 누구든지 그것이 썩기 전에 삶에 이득이 되도록 사용할 수 있는 만큼" 주어서, "그 어떤 것도 인간이 썩히거나 파괴해버리도록 만들지는 아니하였으므로,"[65] 생존에 필요한 한계를 넘어서 낭비해서는 안 된다는 한계이다. 즉 개인은 자기가 노동으로 취득한 것들이 "상하기 전에 그것들을 사용하도록 주의할 필요가 있는데, 그렇지 않으면 그는 자신의 몫 이상을 취한 것이며 다른 사람에게서 빼앗은 셈이 된다"[66]는 것이다. 이러한 손상한계에 대해 로크는 또 다른 곳에서 다음과 같이 진술하고 있다.

> 개인이 소유하게 된 것들이 적절히 사용되지 않고 상하게 되면, 곧 그가 소비하기 전에 과일이 썩거나 사슴고기가 상하게 되면 그는 공통의 자연법을 위반한 것으로, 처벌을 받게 된다. 그는 이웃의 몫을 침해한 것이다. 왜냐하면 그는 그가 사용할 수 있는 것 그리고 그에게 삶의 편익을 제공해줄 수 있는 것보다 많은 것을 가질 권리를 결코 가지고 있지 않기 때문이다.[67]

---

신민의 재산권을 방어하고자 하는 측면을 강조"하는 수정주의적 해석, 그리고 "아메리카 인디언들로부터 영국 이주민들의 재산권을 정당화하고자 하는 측면을 강조"하는 서구중심주의적 해석의 세 가지가 있음을 지적하고, 이 세 해석을 비교 · 고찰하고 있다.

**64** 『통치론』, 5장, 31, p. 38.

**65** 『통치론』, 5장, 31, pp. 37~38.

**66** 『통치론』, 5장, 46, p. 51.

마지막으로 충분한계는 "자기의 몫을 수취한 후에도 여전히 수취하기 전과 마찬가지로 충분하고도 커다란 소유물을 차지할 수 있는 여지"[c]를 이웃에게 남겨두어야 한다는 것으로, 자기 노동이 첨가된 것에 대한 권리는 "다른 사람들의 공유물이 충분히 남아 있는 한"[68]에서만 보장된다는 한계이다.

여기까지에 이르면, 로크는 그 자신이 지적하고 있듯이, "자연상태는 [완전한 자유의 상태일 뿐만 아니라] 평등의 상태이기도 한데, 거기서 모든 권력과 권한(jurisdiction)은 호혜적이며, 무릇 어느 누구도 다른 사람보다 더 많이 가지지 않는다"[69]는 평등주의의 옹호자 같이 보인다. 그러나 "자연상태에서 부과된 개인의 사유재산에 대한 한도는 화폐의 도입과 더불어 폐지된다"[70]는 것이 로크의 의견이다.

> 화폐를 발명하고 묵시적 합의를 통해서 그것에 가치를 부여하고자 하는 인간들이 (동의를 통해서) 대규모의 재산과 그것에 대한 권리를 도입하지 않았더라면, 재산에 관한 동일한 규칙, 곧 모든 사람은 자신이 사용할 수 있는 만큼 소유해야 한다는 규칙은 [……] 여전히 유효하게 남아 있을 수 있었을 것이다.[71]

이렇게 화폐의 사용으로 인해 재산 소유의 불평등이 야기되었다고 하는 것이 로크의 주장이다. 그런데 화폐가 사람들의 동의와 합의에

---

**67** 『통치론』, 5장, 37, p. 44.

**68** 『통치론』, 5장, 27, p. 35.

**69** 『통치론』, 2장, 4, p. 11.

**70** 강정인, 2004, p. 182.

**71** 『통치론』, 5장, 36, p. 42.

의한 필연적인 발명품이었다고 하는 로크의 주장 속에는 이의 사용으로 인해 유발되는 소유의 불평등은 필연적인 인간 조건이라고 하는 관점이 내재되어 있다.

> 사람들은 묵시적이고 자발적인 동의에 의해서 한 인간이 그 자신이 그 생산물을 사용할 수 있는 것보다 많은 땅을 소유할 수 있는 방법을, 잉여생산물을 주고 금과 은을 받음으로써 발견하였고, 그 결과 토지를 불균등하게 소유하는 데 합의했다는 점이 확실하다. 이 금속들은 소유자의 수중에서 상하거나 부패하지 않기 때문에 다른 사람들에게 피해를 주지 않고 저장될 수 있었기 때문이다. 불평등한 사유재산제와 같은 사물의 분배가 이루어지게 된 것은 인간이 사회의 경계 밖에서 아무런 협정도 없이 단지 금과 은에 가치를 부여하고 화폐의 사용에 암묵적으로 동의했기 때문이었다.[72]

> 근면함의 상이한 정도에 따라 사람들이 상이한 비율의 재산을 가지는 것처럼, 이 같은 화폐의 발명은 사람들에게 재산을 지속적으로 확장할 수 있는 기회를 제공하였다. [……] 영구성이 있으며 희소한, 그리고 저장해둘 만큼 가치가 있는 무언가가 없다면 인간은 토지가 아무리 비옥하고 그 토지를 취득하는 것이 아무리 자유롭다고 할지라도 그 토지의 소유를 늘리려고 하지 않았을 것이다.[73]

이와 같이 로크는 화폐를 통해 그 자신이 설정했던 재산소유권의 한계를 간단히 뛰어넘는다.[74] "개인이 정당한 소유의 한계를 초과하여

---

**72** 『통치론』, 5장, 50, p. 53.

**73** 『통치론』, 5장, 48, p. 52.

**74** 로크의 사유재산권 이론이 갖는 한계에 대해서는 Macpherson(1962)의 견해를 후기필자(강정인, 2004, pp. 180~186)가 정리한 내용과 Laslett(1965)의 견해를 노명식(1991, pp. 138~142)이

가지고 있는가의 여부는 그가 가진 소유물의 크기가 아니라, 그가 가지고 있는 것 중에서 어떤 것이 상해서 무익한 것이 되었는가에 달려"[75] 있는 바, "화폐는 인간이 상하지 않고 보관할 수 있는 것으로서, 인간은 상호간 합의를 통해서 참으로 유용하지만 썩기 쉬운 생활용품과 교환하여 화폐를 받게 되었다"[76]는 로크 자신의 진술에 의해 사적 소유권의 손상한계는 간단히 무시된다. 노동한계는 화폐의 도입과 더불어 타인의 노동을 고용함으로써 자신의 노동한계를 넘어 무한정의 소유를 할 수 있다는 가능성에 의해 무시된다.[77] 그리고 충분한계는 화폐의 도입과 더불어 생산성의 증가가 이루어짐으로써 많은 사람에게 충분한 보상이 제공될 수 있다는 가능성에 의해 그 폐지가 정당화된다.[78]

---

정리한 내용을 참조할 것.

**75** 『통치론』, 5장, 46, pp. 51～52.

**76** 『통치론』, 5장, 47, p. 52.

**77** "나의 말이 뜯어먹는 풀, 내 하인이 떼어온 뗏장, 내가 다른 사람과 공유권을 가지고 있는 지역에서 내가 채취한 광물은 다른 사람의 양도나 동의 없이도 나의 소유물이 된다. 나 자신의 것인 노동이 그것들을 원래의 공유상태에서 제거함으로써 나의 소유권을 그것들에 설정한다"(『통치론』, 5장, 28, p. 36). 여기서 "하인이 자기 노동의 산물을 소유하지 못하고 주인이 그것을 소유하는 이유"는 하인이 자기의 소유물인 노동을 돈을 받고 주인에게 판 것이라고 볼 수밖에 없다(노명식, 1991, pp. 140～141). 그러므로 이 인용문에는 주인은 하인의 소유물인 그의 노동을 자기의 소유물인 화폐를 주고 산 것이라는 전제가 깔려 있고, 따라서 화폐를 통한 노동의 고용 가능성은 로크 자신의 노동한계를 부정하는 셈이 된다.

**78** "자신의 노동에 의해 땅을 수취하는 사람은 인류의 공동자산의 가치를 줄이는 것이 아니라 오히려 증대시키는 것이다. 인간의 삶을 부양하기 위해 (공유지에서 떼어내어) 울타리를 쳐 경작한 1에이커의 땅에서 생산되는 식량은 똑같은 비옥도를 가졌지만 개간되지 않은 채 공유지로 방치된 1에이커의 땅에서 생산되는 양의 10배 이상이나 되기 때문이다. 그렇기 때문에 땅을 울타리로 막아서 10에이커의 땅으로부터 대단히 많은 삶의 편익을 얻는 사람은 자연에 방치된 100에이커의 땅으로부터 동일한 편익을 얻는 자보다 실로 90에이커의 땅을 인류에게 되돌려주고 있는 셈이라고 말할 수 있다"(『통치론』, 5장, 37, p. 43). 로크는 "아메리카에서는 광대하고 비옥한 [그러나 방치되어 있는] 영토의 왕이 영국의 일용노동자

이러한 근거에서 "맥퍼슨(Macpherson)은 로크의 재산권 이론에서 인간의 노동이 그 자신의 것이라는 처음의 논변—그의 재산권 이론의 가장 참신한 측면—이 역설적으로 부르주아 계급의 전유(專有)에 도덕적 정당화를 제공한 셈이 되었다고 주장한다. 화폐의 사용과 더불어 사유재산에 대한 모든 한계가 일거에 폐지됨으로써 로크의 재산권 이론은 불평등한 재산뿐만 아니라, 무제한적인 개인의 전유를 자연권으로 정당화하게 되었기 때문"[79]이라는 것이다.

**빈곤의 원인으로서의 게으름: 재산소유자의 이익 옹호** 이러한 논거 이외에도 로크는 빈곤의 원인을 전적으로 가난한 사람의 게으름에 귀결시킴으로써 재산소유자 계층을 옹호하는 논리를 전개하고 있다는 비판을 받는다.[80] 그는 본래 자연은 사람들이 사용하기에 풍족할 정도로 대지와 그 소산물 같은 자원을 제공하였다고 본다. 이 점이 로크가 재산소유권의 충분한계를 주장하는 논거인데, 그는 자연적 자원의 풍부성에 대해서 『통치론』 5장의 이곳저곳에서 거듭 밝히고 있다.

> 오랫동안 세계에는 자연이 제공하는 것이 풍성하게 존재했고, 그 사용자는 적었다. 그리하여 한 인간이 자신의 근면으로 그 풍성함의 일부분을 차지하더라도 다른 사람에게 손해가 될 정도로 그것을 독점하는 경우란 거의 없었다.[81]

---

보다 의식주 면에서는 훨씬 못살고 있다"(『통치론』, 5장, 41, p. 46)면서, "따라서 어떤 사람이 다른 사람을 위해서 '충분하고 좋은' 땅을 남겨놓지 않고 전유(專有)한다고 할지라도, 그러한 토지 점유는 그로 인해 토지를 소유하지 못한 사람에게 훨씬 더 증대된 생산을 통해 보상하는 한, 정당한 것으로 인정된다"(강정인, 2004, p. 183)는 논리에서 그 자신이 설정한 충분한계를 피해나간다.

79 강정인, 2004, p. 184.

80 문지영, 2007, pp. 294~295.

이렇게 풍부하게 존재하는 공유물, 즉 대지와 그 소산물에 대해 인간은 스스로의 근면한 노동을 통해 생활에 필요한 만큼 소유할 수 있다고 주장하는 것이 로크 재산권 이론의 핵심이다. 그런데 이렇게 근면한 노동이 사적 소유권을 확보하는 유일한 원천이라는 논거를 확장하면, 빈곤은 풍부하게 존재하는 자원에 근면하게 노동을 투입하지 않았기 때문에 초래되는 결과라는 논리가 나오게 된다.

> 아메리카인들의 몇몇 나라들은 땅은 풍부하게 가지고 있지만 삶의 편익에 있어서는 빈곤하다. 이들 나라에 자연은 다른 어느 민족들에게보다 풍성한 자원[……]을 마련해주었지만, 그들은 노동을 통해서 그 땅을 개간하지 않았기 때문에 우리가 향유하는 편익의 100분의 1도 누리지 못하고 있다. 그리하여 거기서는 광대하고 비옥한 영토의 왕이 영국의 일용노동자보다 의식주에서는 훨씬 못살고 있다.[82]

---

**81** 『통치론』, 5장, 31, p. 38. 이외에도 다음과 같은 곳에서 로크는 자연적 자원의 풍부성에 관해 언급하고 있다: "[노동을 투입하여] 토지를 개량함으로써 그 일부를 수취하는 것은 그 밖의 다른 사람에게 아무런 피해가 되지 않는다. 왜냐하면 여전히 많은 토지가 남아 있고, 아직 토지를 가지지 못한 자가 사용할 수 있는 것보다 더 많은 토지가 남아 있기 때문이다"(『통치론』, 5장, 33, p. 39); "그의 이웃은 (타인이 그 자신의 몫을 수취한 후에도) 여전히 수취되기 전과 마찬가지로 충분하고도 커다란 소유물을 차지할 수 있는 여지를 가지고 있었기 때문이다"(『통치론』, 5장, 36, p. 41); "빵 · 포도주 · 직물은 우리가 일상적으로 사용하는 물자이며 풍부하게 존재한다"(『통치론』, 5장, 42, p. 47); "그 땅은 그 위에 살고 있는 사람들이 실제 사용하거나 사용할 수 있는 것보다 많이 있으며, 따라서 여전히 공유물로 남아 있다"(『통치론』, 5장, 45, p. 50); "태초에는 누구든 공유물이던 것에 기꺼이 노동을 지출하면 어디에서나 노동이 그것에 소유권을 부여하였다. 당시에는 오랫동안 공유물이 대부분을 차지하고 있었으며, 인류가 이용할 수 있는 것보다 훨씬 많았던 것이다"(『통치론』, 5장, 49, p. 49).

**82** 『통치론』, 5장, 41, p. 46. 근면한 노동의 결여가 빈곤의 원인이라는 논점은 이외에도 『통치론』 5장의 이곳저곳에서 거듭 제시되고 있다: "가족들이 증가하고 근면을 통해서 그들의 자산이

로크는 "근면함의 상이한 정도에 따라 사람들은 상이한 비율의 재산을 가지게 된다"[83]는 직접적인 표현으로, 빈곤의 원인이 개인의 근면성의 부족, 곧 개인의 게으름에 있다는 사실을 적시함으로써 경제적 개인주의 자로서의 풍모를 여실히 드러내고 있다. 이러한 그의 주장은 "개인들 간의 소유의 차이는 부지런함과 검약 등 개인적 덕성의 차이에서부터 비롯되는 것으로 이해하여 [……] 장차 자본주의적 질서와 재산소유자의 이익을 옹호하는 방향으로 기능할 보수적 요소를 내포하고 있었다."[84]

> 신은 세계를 근면하고 합리적인 자들이 사용하도록 주었지, 싸우기 좋아하고 언쟁을 좋아하는 자들의 변덕과 탐욕을 위해서 준 것이 아니었다. 다른 사람이 이미 취득한 것 이상으로 개간하기에 충분한 양의 토지가 자신에게 남겨진 사람은 불평을 할 이유가 없으며, 이미 다른 사람의 노동으로 개간된 것에 참여해서도 안 된다. 만약 불평을 한다면, 그는 자신이 아무런 권리를 가지지 않는, 타인이 수고한 대가를 원한다는 점이 명백하다. 아울러 그러한 태도는 신이 다른 사람들과 공동으로 노동하도록 그에게 준 토지, 타인이 이미 소유한 것 이상으로 많이 남아 있으며 그가 어떻게 처분할지를 아는 것 또는 그 자신의 근면으로 도달할 수 있는 것 이상으로 남아 있는 토지를 바라지 않는다

확대됨에 따라 그들의 소유물은 그들의 필요와 더불어 확대되었다"(『통치론』, 5장, 38, p. 44); "처음에 인간은 대부분 있는 그대로의 자연이 그들의 필요에 제공하는 것에 만족했었다. 하지만 나중에는 [……] 노동과 근면을 통해 비롯된 소유권을 협정과 합의로 매듭짓게 되었다"(『통치론』, 5장, 45, pp. 49~50); "개인이 근면을 통해 자연이 놓아둔 상태로부터 변형하여 확대할 수 있는 것은 모두 그의 것이다. [……] 그가 정당한 소유의 한계를 초과하여 가지고 있는가의 여부는 그가 가진 소유물의 크기가 아니다"(『통치론』, 5장, 46, p. 51).

**83** 『통치론』, 5장, 48, p. 52.

**84** 문지영, 2007, pp. 294~295.

는 점을 명백히 보여준다.[85]

이 인용문에서 보듯이, 로크는 부자들은 "근면하고 합리적인 자들"이지만, 가난한 사람들은 게으를 뿐만 아니라 "싸우기 좋아하고 언쟁을 좋아하는 자들"이어서 변덕과 탐욕, 그리고 비합리적인 불평을 하는 사람들이라고 보아, 도덕적 결함을 가진 사람이라고 폄하하기를 서슴지 않는다. 이러한 맥락에서 그가 "거지에 대해 가혹한 대처를 촉구"[86]하였을 뿐만 아니라, "1697년 상무부(商務部)에 보낸 한 보고서에서 3세 이상의 어린이들에게 방적과 편물의 기술 교육을 시켜서 돈벌이를 하게 해야 한다고 보고"[87]하였다는 사실을 이해할 수 있다. 그는 "이자율 및 영국 주화의 새로운 주조에 관한 문제를 다루었던 금융정책에 관한 글(『금리인하와 화폐가치인상에 관한 고찰』, 1692)에서도 국가의 통제 영역에서 경제 영역들을 분리하는 경향을 추구했다. 그 당시에 이자율은 국가가 지정한 4%에 고정되어야 하는 것으로 되어 있었다. 이에 대해 로크는 화폐시장의 자율규제를 옹호하고 나섬"[88]으로써, 자본가 계급의 이익을 옹호하는 정책을 제안하였던 것이다.

로크는 모든 인간은 이중의 권리를 가지고 태어난다고 보는데, 그 중 하나는 "자기 인신(人身)을 아무의 간섭도 받지 않고 자유롭게 처분할 수 있는 권리"이고, 나머지 하나는 "다른 사람보다 먼저, 그의 형제들과 함께 그 아버지의 재물을 상속받을 권리, 곧 재산상속권"이다.[89] 이처럼

---

**85** 『통치론』, 5장, 34, pp. 39~40.

**86** 서병훈, 2003, p. 216.

**87** 노명식, 1991, p. 150.

**88** Brandt, 1994/ 2001, p. 239.

**89** 『통치론』, 16장, 190, p. 180.

로크는 재산상속권을 인신처분권과 함께 인간의 본유적인 두 가지 권리 중의 하나로 강조하고 있다. 오늘날에도 마찬가지이지만, 상속권이란 풍족한 재산을 소유하고 있는 사람들의 계층에서 주로 문제가 된다는 관점에서 보면, 로크는 이러한 주장을 통하여, 그리고 전반적으로 재산권의 옹호에 관한 논리를 통하여 자기 출신 계급[90]의 이익 보호에 주안점을 두고 있었던 것으로 생각된다.[91] 실제로 로크는 "정치적 권력은 인간이 스스로 처분할 수 있는 재산이 있는 경우에 발생한다"[92]고 진술하여 이러한 관점을 분명히 하고 있다. 이렇게 로크의 재산권 이론은 평등주의적인 것처럼 보이는 첫인상과는 달리, "보기에 따라서는 일부 사소한 것을 양보하는 척하면서 실제로는 대자본가의 무한 탐욕을 정당화"[93]함으로써, 자기 출신 계층인 재산소유자 집단의 이익을 옹호하는 보수성을 강하게 띠고 있었던 것이다.

---

**90** 로크는 지주(地主) 계급인 젠트리 계층 출신이었다. 그는 "1661년에 아버지의 유산을 물려받아 충분한 토지를 소유한 사람이었지만, '참을성이 없고 눈꼬리가 치켜 올라간 지주'(impatient, sharp-eyed landlord)라는 평가"(서병훈, 2003, pp. 202~203)를 받아 "인색한 지주의 풍모"(서병훈, 2003, p. 216)를 보이는 등 가난한 사람들에 대한 편견을 강하게 가지고 있는 사람이었다 한다.

**91** 강정인(2004)에 따르면, 로크에 대한 이러한 혹평은 맥퍼슨 유(類)의 이론에 근거한 것이다. 그러나 1960년대 등장한 "수정주의자"들은 "첫째 로크의 재산권은 자선에 대한 의무 등 사회적 의무를 수반하기 때문에(중세적 재산권 관념), 둘째 화폐의 발명과 사용 이후에 발생한 불평등한 재산권은 자연권이 아니라 관행적인 권리에 불과하기 때문에, 셋째 정치사회에서 재산권의 내용은 실정법에 의해 규제되고 결정되기 때문에(중상주의적 재산권 관념) 로크의 재산권 이론은 사회적 의무를 수반하지 않으며 실정법의 규제를 받지 않는 무제한적인 재산 축적을 정당화하지 않는다"(강정인, 2004, p. 191)고 주장하여, 로크에 대해 어느 정도 호의적인 평가를 내놓는다. 이에 대해서는 후기필자(강정인, 2004, pp. 177~222) 및 문지영(2007, pp. 292~296) 참조.

**92** 『통치론』, 15장, 174, p. 165.

**93** 서병훈, 2003, p. 216.

#### 4) 의회주의자로서의 로크: 의회중심주의 이론의 제공

로크가 웨스트민스터 학생일 때 목격한 청교도혁명(1642~1649)은 당시 국왕인 찰스 1세가 의회의 동의를 받지 않고 세금을 징수하는 문제를 계기로 폭발한 청교도를 중심으로 하는 젠트리, 즉 의회파와 국왕파와의 대립으로 인한 내란이었다. 내란이 발발하기 직전인 1640년경 "젠트리의 의석 점유율은 50%에서 75%로 증가하였고, 지방행정의 핵심이 되는 치안판사는 그 절대다수가 젠트리였다."[94] 국왕 찰스 1세를 처형함으로써(1649) 의회파의 승리로 막을 내린 내란 이후, 영국은 크롬웰(Oliver Cromwell, 1599~1658)을 중심으로 하는 청교도들에 의한 공화국(Commonwealth)이 되었으나, 너무 철저한 개혁에 염증을 느낀 국민들은 크롬웰의 사후 찰스 2세를 국왕으로 옹립하여(1660) 왕정복고(王政復古)가 이루어졌고, 이로 인해 결국 혁명은 실패로 끝나고 말았다.

당연한 수순으로 왕정복고 이후 의회파는 실각하고 국왕파가 득세하게 되었으나, 다시 의회를 무시하는 정책을 계속 편 여파로, 국왕파(토리당)와 의회파(휘그당)의 대립이 격화되었다. 찰스 2세를 이어 왕위를 계승한(1685) 제임스 2세가 영국국교회를 배제하고 "가톨릭의 완전한 부활과 의회 없는 전제정치를 표방"[95]하자, 토리와 휘그의 의회 지도자들은 네덜란드에 있던 윌리엄과 그 아내 메리를 공동 왕으로 추대하여 피 한 방울 흘리지 않고 명예혁명을 이루었다(1688). "명예혁명으로 영국은 유럽에서 가장 빨리 절대왕정을 타파하고, 의회 중심의 입헌정치로의 길을 열었다. [……] 이리하여 17세기에 영국에서는 근대국가라는 리바이어던을 길들이는 데 성공하였으며, 그 괴수의 거대한 힘을 파괴하지는

---

**94** 민석홍, 1984, p. 436.

**95** 민석홍, 1984, p. 447.

않았으나, 그것을 국민의 의사와 법에 종속시키는 데 성공하였다."[96]

왕정복고 시절 로크는 "휘그파[의회파]의 이익을 대변하는 이데올로그"[97]의 역할을 맡아 하였다. 그는 철저한 의회주의자로서, 의회가 갖는 입법권을 국왕이 갖는 집행권(행정권)의 우위에 두었다. 『통치론』에서 로크는 이러한 의회중심주의의 입장을 다음과 같이 피력하고 있다.

> 정부가 존속하는 경우에는 언제나 입법부가 최고의 권력이다. 왜냐하면 다른 사람을 상대로 법률을 만드는 자가 그 다른 사람보다 우월한 것이 당연하기 때문이다. 입법부가 입법부인 까닭은 다름 아니라 그것이 사회의 모든 부분들 및 구성원들을 위해서 법률을 제정하고, 그들의 행동을 규제하는 규칙을 제정하며, 그것이 위반되는 경우 집행권을 부여하는 권리를 가지고 있기 때문이다. 따라서 입법권은 필히 최고의 권력이 되어야 하며, 사회의 구성원이나 부분들이 가진 여타의 모든 권력은 입법권에서 비롯되며 또한 그것에 종속된다.[98]

로크가 휘그파의 이데올로그로서 강력한 의회중심주의 이론의 제공자가 된 데에는 몇 가지 배경이 작용하고 있다. 우선 그의 가정 배경을 들 수 있다. 그는 젠트리 가계에 속하는 중산층 가정에서 태어났다. 당시 "젠트리 층은 비단 지주로서만이 아니라, 그 차남이나 3남은 대학에, 그리고 법률업에 쏟아져 들어갔으며, 상업의 훈련을 받기도 하였다."[99] 실제로 그의 조부는 상공업에 종사하였으며, 부친은 변호사가 되어 그

---

**96** 민석홍, 1984. p. 449.

**97** 노명식, 1991, p. 140.

**98** 『통치론』, 13장, 150, p. 144.

**99** 민석홍, 1984, p. 436.

지방 치안판사의 서기로서 활약하였다. 게다가 그의 부모는 철저한 청교도 신자였으므로, 로크는 청교도의 청결하고도 엄숙한 분위기 속에서 유년시절을 보냈다. 더욱이 그의 부친은 청교도혁명 당시 의회파의 군대에 자원하여 복무하기도 하였다. 이러한 가정 배경과 휘그파의 대부분이 젠트리 계층의 청교도들이었다는 점에서 보면, 그는 천성적으로 휘그파에 가담할 수밖에 없었던 것이다.

로크의 학업 배경도 그가 의회파로 경도되는 데 어느 정도 영향을 미쳤다. 의회군이 왕당파군을 격파하여 결정적인 승리를 목전에 둔 1646년(14세)에 그는 의회파의 지도 아래 있던 웨스트민스터 학교에 들어가 6년 동안 공부하였다. 한창 감수성이 예민하던 소년 시절을 웨스트민스터에서 보내면서 그가 의회파에 대해 호감을 가지게 되었을 것이라는 사실은 분명해 보인다. 20세이던 1652년에 옥스퍼드의 크라이스트 처치 칼리지로 진학하였는데, 당시 그 대학은 의회파 수뇌부와 가까운 오웬이 학장으로 있으면서, 관용주의로 대학을 운영하였다는 사실은 앞에서 언급한 바 있다. 대학 시절 경험한 이러한 관용의 정신은 그의 종교(청교도) 배경과 이어져 국왕절대주의에 대한 혐오를 갖도록 자극했을 것이고, 따라서 의회파에 대해 호감을 갖도록 유도했을 것이라고 짐작할 수 있다.

그로 하여금 의회파로 기울어지게 하고, 또 의회파의 이데올로그로 활약하게 만든 결정적인 배경은 그의 나이 34세이던 1666년에 휘그파의 창립자 중 한 사람인 애슐리 경(후일의 샤프츠베리 백작)을 만나고, 그의 주치의 겸 개인비서가 된 사건이다. 애슐리 경의 후원 아래 그는 정계의 핵심 인물들과 접촉을 가지게 되고, 자연스럽게 그들이 주장하고 있던 의회중심주의 이론의 체계화에 몰입하게 되었을 것이다. 게다가 샤프츠베리 백작의 반왕정 음모 사건에 연루되어 네덜란드로 망명하였다가 명예혁명의 성공과 함께 귀국한 후, 친구들인 휘그파가 국정을 장악함으로써 그도 일정 부분 국정에 참여하게 된 다음에는 그의 의회중심주의의 신조가 더욱 굳어지게 되었을 것이다.

이러한 여러 배경을 함께 놓고 보면, 로크는 필연적으로 의회파에 가담할 수밖에 없었을 것이라고 추론할 수 있다. 게다가 그는 "현실에 근거해서 생각하는 사고 구조를 가진 사람"[100]이었으므로, 왕권신수설과 국왕절대주의가 점차 빛이 바래가는 현실을 몸소 체험한 그가 이에 호감을 가질 수는 없었을 것이다. 이러한 맥락에서 그의 철저한 의회중심주의의 입장을 이해할 수 있는 것이다.

로크는 『통치론』을 휘그파의 주장을 옹호하고, 명예혁명을 정당화하기 위한 정치적 목적에서 집필하고 있다. 로크 자신이 『통치2론』 전체에 붙인 "서문"에서 그 책이 "위대한 복원자인 현재의 윌리엄 왕의 왕위를 확립하고, 그의 권좌를 인민들의 동의를 통해 유효하게 하며, [……] 정당한 자연권에 대한 사랑 및 이를 보존하고자 하는 결의에 의해 국가가 예종과 파탄의 위기에 처했을 때 국가를 구한 영국 인민들을 세상에 정당화시키는 데 충분하기를 희망한다"[101]고 서술하고 있다는 점에서 이러한 사실이 잘 드러난다. 이렇게 "정치적 의도로 쓰다 보니 이 책은 논리적으로 그다지 일관된 체계를 갖지 못했다. 의회주의를 강조한 휘그파의 생각을 대변한 일종의 정치 팸플릿에 가까운 것이었다."[102]

그럼에도 불구하고 이 『통치론』의 정치사상사적 의미가 과소평가될 수는 없다. 로크의 의회중심주의 사상은 주권재민사상과 이어져, 영국

**100** Russell, 1959/2003, p. 316.

**101** 강정인 · 문지영, 1996, p. 241에서 재인용.

**102** 서병훈, 2003, p. 206.

입헌주의의 기본 강령이 되었을 뿐만 아니라, 프랑스에서 절대군주제와 사회 부정의(不正義)를 공격하는 교리로 받아들여졌다. 무엇보다도 로크의 정치사상은 아메리카에서 가장 환영받았다. 로크의 의회중심주의 및 주권재민사상은 미국 독립혁명(1776~1783)의 기폭제가 되어, "독립선언서"의 주요 지침으로 작용하였던 것이다.[103]

## 2. 로크의 사회계약론

국가권력의 근거와 정당성을 신의 의지와 명령에서 구하려는 왕권신수론자들과는 달리, 홉스와 로크 및 루소 같은 17~18세기 사회계약론자들은 이를 사회구성원들의 의지와 합의에서 찾으려고 한다. 그러므로 이들 사회계약론자들의 이론은 국가권력 형성 이전의 상태, 곧 아무런 인위적인 강제력이 존재하지 않는 자연상태에 대한 가정으로부터 출발한다. 이러한 자연상태는 아무런 제약이 가해지기 전의 인간의 본성과 그가 갖는 자연적인 권리(자연권)에 관한 논리적 전제로부터 연역되는 상태이다. 이러한 전제에 입각해서 국가권력과 같은 외적인 제약이 없는 자연상태에서 자연인의 삶의 모습은 어떠하며, 그리고 그러한 자연상태는 도대체 어떠한 상태이기에 자연인들이 이로부터 벗어나 사회와 국가를 형성하려고 하는가 하는 점을 논리적으로 추적해보려는 것이 자연상태론이다.

자연상태는 자연권 행사의 목적을 전적으로 달성하기 불가능한 상태이거나(홉스의 경우) 아니면 그에 대한 불편이나 자연적 장애가 따르는

---

**103** 강정인 · 문지영, 1996, pp. 249~250.

상태라는 것이(로크와 루소의 경우) 자연상태론의 논리적 귀결이다. 그러므로 자연인들은 자기들의 본성, 곧 삶의 목적을 제한된 범위에서나마 실현하기 위한 현실적인 방안을 강구하는 과정에서, 자연상태에서 벗어나 사회와 국가를 형성함으로써 공통의 권력을 설립하기로 합의하게 되고, 그 결과 상호 간에 사회계약을 체결하게 된다는 것이 사회계약론의 골자이다. 이 계약의 주된 내용은 자연상태에서 보유하던 자연권을 일정 부분 공통의 권력에게 양도하는 것이 된다. 사회계약론은 이어서 이러한 계약을 통하여 형성되는 국가권력이 어떠한 모습일 때, 그리고 어떻게 행사될 때 계약 체결 당시의 목적을 가장 잘 달성할 수 있겠는지에 대한 고찰, 곧 권력구조에 대한 탐구로 이어진다.

### 1) 자연인의 본성: 자유와 이성의 주체

앞에서도 보았듯이 인간은 자유와 권리의 주체로서 태어나며, 또한 이성의 주체로서 태어난다는 것이 로크의 관점이다. 자유와 권리의 주체로서 인간은 재산권의 보존을 그 핵심 내용으로 하는 자연권의 보유자이고, 이성의 주체로서 인간은 재산권을 합리적으로 보호하는 수단인 자연법의 집행자라는 것이 로크가 자연인을 보는 관점이다.

**자유와 권리의 주체: 자연권의 보유자** 인간은 "자신의 인신과 소유물을 처분할 수 있는 통제받지 않는 자유"[104]를 가지고 태어난다는 것이 로크의 주장이다. "절대적이고 자의적인 권력으로부터의 이러한 자유는 인간의 생존에 필수적이고 또한 밀접하게 결부되어 있기 때문에, 인간은 그 자신의 보존과 생명을 몰수당하게 만드는 행위에 의하지 않고서는

---

**104** 『통치론』, 2장, 6, p. 13.

그것을 양도할 수 없다."[105] 이렇게 로크에게 자유는 자기 인신과 소유물을 아무의 간섭도 받지 않고 처분할 수 있는 권리로서, 결코 양도할 수 없는 것이다. 이러한 권리의 본유성에 대해서는 다음 진술문에서 구체적으로 드러나고 있다.

> 모든 인간은 이중의 권리를 가지고 태어난다. 첫째, 그의 인신에 대한 자유로서 그 외의 다른 어떤 사람도 그것에 대해서는 권력을 가지지 못하며, 그것의 자유로운 처분은 오직 그 자신에게만 있다. 둘째, 다른 사람보다 먼저, 그의 형제들과 함께 그의 아버지의 재물을 상속받을 권리이다.[106]

이 인용문에서는 인신처분권과 재산상속권이 인간의 본유적인 권리라는 사실이 제시되고 있다. 로크는 개인의 인신이 그 자신의 소유인 것처럼 그가 자신의 인신을 움직여 행한 노동도 오직 그 자신의 것이므로, 그의 노동을 통해 그가 자연의 공유물로부터 수취한 모든 것은 자연스럽게 그의 소유가 된다고 본다. 따라서 자연인은 부모의 재물을 물려받을 권리뿐만 아니라 그의 노동에 의해 수취한 모든 자산에 대한 소유권도 갖는 셈이다. 로크는 생명(인신)과 소유물(자산)과 자유를 재산이라고 통칭하고 있다.[107] 이러한 맥락에서, 로크가 말하는 인신처분권과 상속권 및 자산소유권 같은 자유의 권리는 한마디로 재산권으로 집약된다고 볼 수 있다. 이러한 재산권이 자연인이 갖는 제일의 자연권인 셈이다.

이러한 재산권(생명 · 자유 · 자산에 대한 권리)이 자연인이 갖는 가장 기본적인 권리이기 때문에, 자연인은 다른 사람이 아무런 합당한 근거

105 『통치론』, 4장, 23, pp. 29~30.

106 『통치론』, 2장, 16, p. 180.

107 『통치론』, 7장, 87, p. 83; 9장, 123, p. 119.

없이 자기의 생명을 위협하거나 자유를 제한하거나 자산을 빼앗는 등 자기 재산권을 침해하여 손해를 끼치면, "그러한 경우에 손해를 입은 사람은 자신과 다른 사람이 공통으로 가지는 처벌권 이외에도 손해를 가한 사람으로부터 손해배상을 청구할 수 있는 특별한 권리를 가지게 된다."[108] 즉 자연인은 재산권과 함께, 이를 침해하는 자에 대한 처벌권과 손해배상청구권이라는 자연권을 가진다는 것이다. 이때 처벌권은 누구에게나 공통으로 주어져 있지만, 손해배상청구권은 피해당사자에게만 주어져 있다는 것이 로크의 생각이다.

> 이처럼 상이한 두 개의 권리 중에서 하나는 범죄를 억제하고 유사한 범죄를 예방하기 위해서 처벌하는 것인데, 그 처벌권은 모든 사람에게 있다. 다른 하나는 손해배상을 받을 수 있는 권리인데, 이는 오직 피해를 입은 당사자에게만 속한다.[109]

이렇게 자연인은 자유의 주체로서 자기의 인신을 포함하여 모든 소유물에 대한 재산권은 물론 이를 지키기 위한 부속 권리, 곧 재산권에 손해를 끼친 사람에 대한 처벌권과 손해배상청구권이라는 자연권을 보유하고 있는 존재라는 것이 로크의 주장이다. 이러한 자연권의 요체는 한마디로 자기보존의 권리라고 요약할 수 있다. 즉 자연권의 핵심은 누구의 침해도 받지 않고, 그리고 만일 남이 침해하면 보복을 하면서까지, 자기의 인신과 소유물을 지킬 수 있는 자기보존의 권리인 것이다.

---

108 『통치론』, 2장, 10, p. 16.

109 『통치론』, 2장, 11, p. 17.

**이성주체: 자연법의 집행자** 인간은 자유의 주체로서만이 아니라 이성의 주체로 태어났다는 것이 로크의 생각이다.[110] 이러한 이성은 인간이 보유하는 자유의 근거이다. 곧 인간은 이성에 의해 자유롭게 된다는 것이다.

> 인간이 자유 그리고 자신의 의지에 따라 행동할 수 있는 자유는, 그 인간에게 자신을 통치하기 위해서 준거해야 하는 법률을 가르쳐줄 수 있고, 자신의 의지의 자유에 얼마나 많은 것이 남아 있는지를 알게 해주는 이성을 가지는 데에 근거한다.[111]

이성이 자유의 근거가 되는 것은, 이성이란 "하느님이 인류에게 준 공통의 규칙과 척도"[112] 즉 "하느님이 인간들 상호 간의 규칙으로서 수여"[113]한 것이어서, "공통된 형평의 규칙"이자 "평화와 안전 보장의 체계"인 자연법[114]이 "선언되고 공포"[115]되는 기반이기 때문이다. 자연법이 평화와 안전 보장의 체계가 되는 까닭은 "자연의 이성이 우리들 자신 및 우리 자신과 마찬가지인 사람들 간의 평등한 관계로부터 삶을

---

110 "우리는 이성적 존재로 태어난 것과 마찬가지로 또한 자유롭게 태어났다"(『통치론』, 6장, 61, p. 62).

111 『통치론』, 6장, 63, p. 63. 이외에도 "나이가 들어 이성을 가지게 되면 자유도 더불어 따라온다"(『통치론』, 6장, 61, p. 62)거나 "이성은 나의 보존의 울타리인 그 자유를 박탈하고자 하는 자를 나의 보존에 대한 적으로 볼 것을 명한다. 그러므로 나를 노예로 만들고자 하는 자는 그렇게 함으로써 나와 전쟁상태에 들어가게 된다"(『통치론』, 3장, 17, p. 24)는 진술에서 이성이 자유와 그 보존의 근거임을 명백히 하고 있다.

112 『통치론』, 2장, 11, p. 17.

113 『통치론』, 15장, 172, p. 163.

114 『통치론』, 2장, 8, p. 15.

115 『통치론』, 6장, 57, p. 58.

지도하기 위한 몇 가지 규칙과 규범을 이끌어내기 때문"[116]이다. 자연인이 보유하는 "자연적 자유란 지상의 우월한 권력으로부터 자유로운 것으로서 타인의 의지나 입법권에 구속되지 않고 오로지 자연법만을 자신의 준칙으로 삼는 것"[117]이어서, 자연법이 자연적 자유를 보존하고 확장하는 데 기여[118]하므로, 그 기반이 되는 이성은 곧 자유의 근거가 된다는 논리인 것이다.

"자연법은 [……] 만인에게 영구적인 규칙"으로서 "신의 의지의 선언"과 같으며, 그 "근본적인 요소는 인류의 보존이므로 어떠한 인간적 규칙도 그것에 반해서는 정당하거나 유효할 수 없다."[119] 이러한 자연법은 인간의 이성에 의해서만 선언되고 공포되므로, 인간은 이성에 의해 이러한 자연법을 이해하고, 그 법칙에 따라서 자신의 행동을 규제할 수 있다.[120] 그러므로 "자연법의 집행은 모든 사람의 수중에 맡겨져 있고,"[121] 따라서 이성을 가진 "모든 사람은 위반자를 처벌할 수 있는 권리를 가지며 자연법의 집행자가 된다"[122]는 것이 로크의 주장이다.

자연법의 집행자로서 자연인은 스스로가 가지고 있는 자연권(자기 인신과 소유물을 안전하게 보존하는 권리)의 침해자를 처벌하고 그에게

---

116 『통치론』, 2장, 5, pp. 12~13.

117 『통치론』, 4장, 22, p. 29.

118 『통치론』, 6장, 57, pp. 58~59.

119 『통치론』, 11장, 135, p. 130.

120 로크는 『통치론』 6장 60절(p. 61)에서 이성이란 "그것을 통해서 능히 법[자연법이건 시민법이건 인간을 지배하는 모든 법]을 이해할 수 있고 따라서 그 법칙에 따라서 생활할 수 있는" 능력이라고 규정하고 있으며, 같은 6장 59절(p. 60)에서도 "[이성을 가진 사람은] 능히 그 법[자연법과 시민법]을 알 수 있다고 상정되며, 따라서 자신의 행동을 그 한도 내에서 규제할 수 있다"고 진술하여 똑같은 사실을 적시하고 있다.

121 『통치론』, 2장, 7, p. 14.

122 『통치론』, 2장, 8, p. 15.

손해배상을 청구할 수 있는 권한을 갖는다. 즉 자연법의 핵심 내용은 자연권 침해자에 대한 처벌권과 손해배상청구권이다.[123] 그러나 자연법의 집행자가 피해자 본인이라는 사실은 그 자체 여러 가지 폐단을 가져올 수도 있다. "자신이 관련된 사건에 대해 스스로가 재판관이 됨"으로써 자기애(自己愛) 때문에 "편파적이 되거나" 복수심에 의해 타인을 "과도하게 처벌할" 수도 있는 것이다.[124] 이러한 폐단은 자연법이 지배하는 자연상태를 떠나 시민정부를 구성하려는 시도의 원천으로 작용하게 된다.[125]

로크에게 있어서 이성은 이러한 자연법 집행자로서의 기능 이외에

---

123 『통치론』, 2장, 10, p. 16; 11장, pp. 17~18; 12, p. 18.

124 『통치론』, 2장, 13, p. 19.

125 로크는 "나 역시 시민정부가 자연상태가 지닌 [이러한] 폐단에 대한 적절한 치료책이라는 점을 기꺼이 인정한다. 인간이 스스로의 사건에서 재판관이 될 수 있는 곳에서 그러한 폐단은 지대할 것임이 분명하다"고 진술하여, 이러한 논리를 제시하고 있다. 하지만 그는 이어지는 글에서 "그러나 나는 이러한 반론을 제기하는 사람들에게 절대군주 역시 일개 인간에 불과하다는 사실을 상기시키고 싶다"고 진술하여, 자연상태에서 벗어나 구성되는 정부는 절대군주제여서는 안 된다는 논리를 제시한다. 절대군주도 일개 사인(私人)이므로 똑같은 폐단에 빠질 뿐만 아니라, 권력이 한 개인에게 집중되므로 자연상태보다 더 심한 권리침해의 위험이 초래된다는 것이다(『통치론』, 2장, 13, p. 19). 이 인용문에서 "이러한 반론을 제기하는 사람들"은 아마도 군주제의 옹호자인 홉스를 지칭한 것으로 보이는데, 자연상태에서 자연법의 집행자가 자연인 자신이라는 사실(이는 로크 자신의 관점이지, 홉스는 이러한 주장을 한 적이 없으며, 자연법은 자연상태의 혼란에서 벗어나기 위한 강제적인 규율의 체계라고 볼 뿐이다)에서 나오는 폐단으로부터 시민사회 구성의 필요성을 논하는 자리에서 느닷없이 절대군주제에 대한 공격이 나오는 것은 논리적 비약이 아닐 수 없으며, 곧 이어지는 글에서 "자연상태에서는 재판을 하는 자기 자신이나 타인이 관련된 사건에서 잘못 판단하면, 그는 그것에 대해서 다른 모든 사람에게 책임을 져야 한다"면서, "[절대군주제 하에 들어가는 것보다는] 차라리 사람들이 타인의 부당한 의지에 복종하지 않아도 무방한 자연상태에 있는 편이 훨씬 나을 것이다"(pp. 19~20)라고 진술하여, 자기가 앞서 전개한 논리를 같은 장 안에서 뒤집는 혼란을 보이기도 한다. 노명식(1991, p. 139)은 "로크는 자기의 원리적 주장들을 같은 책 같은 장 안에서 태연히 부정하는 논리를 펴는 데 주저하지 않았다"고 지적하고 있는데, 이러한 사례를 『통치론』 2장 13절(pp. 18~20)에서도 볼 수 있는 것이다.

자연의 공유물에 스스로의 노동을 투입하여 새로운 가치를 창출함으로써 공유물에 대한 사적인 소유권을 얻게 하는 기능을 갖는다. 그는 "자연의 이성은 인간이 일단 태어나면 자신의 보존에 대한 권리, 따라서 고기와 음료, 기타 자연이 그들의 생존을 위해서 제공하는 것에 대한 권리를 가진다고 가르친다"[126]거나, "사람들에게 세계를 공유물로 주신 하느님은 또한 그들에게 삶에 최대한 이득이 되고 편익에 봉사하도록 세계를 이용할 수 있는 이성을 주셨다",[127] 또는 "하느님과 인간의 이성은 인간에게 대지를 정복할 것, 곧 삶에 이익이 되도록 그것을 개량하고 그것에 그 자신의 것인 그의 노동을 첨가할 것을 명하였다. 하느님의 이러한 명령에 복종하여 토지의 일부를 경작하고 씨를 뿌린 사람은 그것을 통해서 그의 소유인 무엇인가를 그 토지에 첨가한 셈이다"[128]라고 진술하여, 이러한 사실을 분명히 하고 있다. 즉 "이성의 법에 의해서 [……] 전에는 모든 사람의 공통된 권리였지만, 이제 그것에 그의 노동을 첨가한 사람의 재물이 되는 것이 허용된다"[129]는 것이다. 이렇게 이성은 사적 소유권의 근거이고, 따라서 인간 삶의 바탕인 재산권은 이성의 산물이라는 것이 로크의 주장이다.

### 2) 자연상태: 목가적 이상상태(?)

이상에서 보듯이, 자연인은 태어나면서부터 자유의 주체이면서 동시에 이성의 주체라는 것이 로크의 생각이다. 물론 자연인이 갖는 자연적 자유에도 자연법의 구속이라는 한계가 있고, 자연법 집행자로서의 이성

---

**126** 『통치론』, 5장, 25, p. 33.

**127** 『통치론』, 5장, 26, p. 34.

**128** 『통치론』, 5장, 32, pp. 38~39.

**129** 『통치론』, 5장, 30, p. 36.

에도 그에 따르는 폐단이 있는 것이 분명하지만, 자유의 주체이면서 동시에 이성의 주체인 자연인들이 살고 있는 로크의 자연상태는 자유와 이성이 지배하는 목가적(牧歌的)인 이상(理想)상태라고 볼 수 있다. 이렇게 로크가 그리는 자연상태는 "만인에 대한 만인의 전쟁상태"가 연출되는 홉스의 자연상태와는 근본적으로 다르다. 이러한 맥락에서 로크는 『통치론』의 2장(pp. 11～21)에서 자연상태를 제시하고 이어서 3장(pp. 23～28)에서 전쟁상태에 관해 논의함으로써, 자연상태를 전쟁상태와 대비하여 이해하도록 유도하고 있다.

**자연상태: 자유와 평등의 상태** 로크는 자연상태에 관한 장(2장)의 서두를 "정치권력을 올바로 이해하고 그것을 그 기원으로부터 도출하기 위해서 우리는 모든 인간이 자연적으로 어떤 상태에 처해 있는가를 고찰해야 한다"는 전제로부터 시작한다. 이러한 전제에 이어서 그는 자연상태를 자유와 평등의 상태로 규정한다.

> 자연상태란 사람들이 타인의 허락을 구하거나 그의 의지(will)에 구애받지 않고, 자연법의 테두리 안에서 스스로 적당하다고 생각하는 바에 따라서 자신의 행동을 규율하고 자신의 소유물과 인신(人身, person)을 처분할 수 있는 완전한 자유의 상태이다. 그것은 또한 평등의 상태이기도 한데, 거기서 모든 권력과 권한(jurisdiction)은 호혜적이며 무릇 어느 누구도 다른 사람보다 더 많이 가지지 않는다. 이 점은 동일한 종류의 피조물은 차별 없이 자연의 동일한 혜택을 받고 태어나 동일한 재능을 사용하기 때문에, 그 피조물의 주인이자 지배자가 그의 의지를 명시적으로 선언함으로써 어느 하나를 다른 하나보다 위에 놓고 뚜렷하고 명백한 지명을 통해서 의심할 여지없는 지배권과 주권을 그에게 수여하지 않는 한, 어떠한 복종이나 종속 없이 상호간에 평등해야 한다는 데서 명백히 드러나 있다.[130]

이렇게 자연상태에서 인간은 스스로 자기 자신과 그 소유물을 자율적으로 처분하고 결정할 수 있는 완전한 자율과 자결의 자유를 가진다는 것이 로크의 주장이다. 이러한 자연상태는 자연법이 지배하는 상태로서, 자연상태에서 인간이 누리는 완전한 자유에 대한 유일한 제한은 자연법이다. 즉 자연상태에서 인간은 "자연법의 테두리 안에서", 곧 "오로지 자연법만을 자신의 준칙으로 삼는 자연적 자유"[131]를 향유한다는 것이다.

또한 자연상태에서 인간이 누리는 이러한 자율과 자결의 권한은 누구나 똑같이 가지고 있는 것으로, 완전한 평등성을 기반으로 한다고 로크는 본다. 이러한 자연적 평등성은 "인간이 서로 사랑해야 하는 의무의 토대"로서, "평등한 사람은 모두 동일한 척도를 필요로 하기 때문에 [……] 삶을 지도하기 위한 몇 가지 규칙과 규범", 곧 자연법의 바탕이 된다.[132] 평등한 자유의 보유자로서 자연인은 스스로가 가지고 있는 이성의 규칙인 평등한 자연법의 실행자이자 집행자로서 자연법을 수호하게 되고, 그럼으로써 자연상태가 유지된다.

자연상태와 대비되는 "전쟁상태는 적의와 파괴의 상태이다."[133] "어떤 사람들은 그 차이[자연상태와 전쟁상태 간의 차이]를 혼동하기도 하였지만, 두 상태는 평화 · 선의 · 상호부조 및 보존의 상태와 적의 · 악의 · 폭력 및 상호파괴의 상태가 다르듯이 현저히 다른 것이다."[134] 자연상태에서

---

130 『통치론』, 2장, 4, p. 11.

131 『통치론』, 4장, 22, p. 29.

132 『통치론』, 2장, 5, pp. 11~13.

133 『통치론』, 3장, 16, p. 23.

134 『통치론』, 3장, 19, p. 25. 강정인 · 문지영(1996, p. 25)은 이 구절의 역자 주에서 이 인용문에서의 "어떤 사람들"에 대해 "아마도 로크는 여기서 자연상태를 전쟁상태와 동일시하는 홉스를 지칭하는 것으로 보인다"고 지적하고 있다.

자연법을 위반하여 악의로 상대방을 침해하게 되면, 두 사람 사이에 자연상태가 깨지고 전쟁상태가 초래된다는 것이 로크의 주장이다.[135] 로크는 "사람들이 그들 간의 분쟁에 대해서 재판할 공통된 우월자를 지상에 가지지 못한 채 이성에 따라 사는 것"[136]이 자연상태인데, 이러한 자연상태에서는 "지상에서 이를 호소할 데가 없고, 그러한 경우에 그들은 하늘에 호소하는 길밖에 없다"[137]고 본다. "이러한 전쟁상태(하늘에 호소하는 길밖에 없는 상태, 그리고 다툼이 있는 자들 간에 결정할 권한이 있는 자가 없는 곳에서는 아무리 사소한 분쟁이라고 할지라도 결국 도달하기 마련인 상태)를 피하려는 것이 사람들이 사회를 결성하고 자연상태를 떠나는 커다란 이유의 하나"[138]라는 것이 로크의 주장이다.

이와 같이 자연상태는 누구나가 평등하게 완전한 자율과 자결의 권리, 곧 자유를 누리는 "평화 · 선의 · 상호부조 및 보존"의 목가적인 이상상태라는 것이 로크의 자연상태론의 핵심이다. "모든 인간은 원래 [이러한 이상적인] 자연상태에 있으며, 그들 자신의 동의에 의해서 일정한 정치사회의 구성원이 될 때까지는 그러한 상태에 남아 있다"[139]는 것이다.

**자연상태의 역사적 실재성** 이러한 자연상태가 역사적이거나 현실적으로 인류사회에 존재한 적이 있었는가? 홉스는 이러한 문제에 봉착하여 그 역사성을 부인하고 단지 현실적 상황에서 그 근거를 찾으려고 하였다.[140] 하지만 로크는 이러한 자연상태의 역사적 실재성을 인정하는

135 이는 전쟁상태에 관해 논의하고 있는 『통치론』 3장(pp. 23~28)의 일관되는 견해이다.
136 『통치론』, 3장, 19, p. 25.
137 『통치론』, 3장, 20, p. 27.
138 『통치론』, 3장, 21, p. 27.
139 『통치론』, 2장, 15, p. 21.

주장을 편다. 다만 그러한 기록을 역사에서 찾아보기 힘들 뿐이라는 것이다. 그 까닭을 로크는 다음과 같이 진술하고 있다.

> 역사가 자연상태에서 함께 산 인간들에 대해서 매우 적은 설명만을 제시한다는 사실은 전혀 놀라운 일이 아니다. 그 상태가 가지는 폐단, 그리고 사회에 대한 갈구와 필요로 인해, 사람들은 서로 만나게 되자마자 계속 함께 살기를 의도한 것처럼, 즉각적으로 결합하여 단체를 결성했기 때문이다. [……] 정부는 모든 곳에서 문서상의 기록보다 먼저 발생했으며, 문자라는 것은 시민사회가 오래 지속되어 다른 필수적인 기예를 통해서 그 구성원들의 안전 · 편안 · 풍족함이 보장된 연후에야 일반 사람들에게 보급되기에 이르렀다. 그리고 나서야 그들은 국가의 건국자들의 역사를 더듬어보고 그 기원을 연구하기 시작하였는데, 그때는 그것에 대한 기억이 이미 사라진 연후였다. 특정한 개인에 대해서와 마찬가지로 국가에 대해서도 사람들은 보통 국가 자체의 출생과 유아기에 관해서 무지하기 마련이다. 설사 그들이 국가의 기원에 대해서 무언가 안다고 해도 그것은 다른 사람들이 보관한 우연한 기록에 힘입은 바가 크다.[141]

이 인용문에서 지적하고 있듯이 자연상태는 인간 삶의 최초의 상태로서, 다만 이에 대한 역사상의 기록, 곧 증거가 부족할 뿐이라는 것이 로크의 생각이다. 그는 "나는 모든 인간이 원래 자연상태에 있으며, 그들 자신의 동의에 의해서 일정한 정치사회의 구성원이 될 때까지는 그러한 상태에 남아 있다고 주장하겠다"[142]고 진술하여, 자연상태의 역사적 실재성을 적극 옹호하고 있다. 로크는 이러한 자연상태의 역사적

---

**140** 『리바이어던 I』, 제1부, 13장, pp. 172~174.

**141** 『통치론』, 8장, 101, pp. 96~97.

**142** 『통치론』, 2장, 15, p. 21.

실재성을 아메리카의 사례를 통해 제시하고 있다.[143]

> 아메리카는 아직 아시아와 유럽의 초기 유형에 해당하는데, 그 이유는 나라에 비해서 주민들의 수가 너무 적고, 인구와 화폐의 부족으로 인해서 사람들이 그들이 소유한 땅을 확대하고자 하는 유혹이나 좀 더 많은 땅을 확대하려고 서로 싸우는 따위의 유혹을 느끼지 못하기 때문이다.[144]

이처럼 자기가 살고 있던 당시의 아메리카의 상태는 자유와 평등의 자연상태라고 볼 수 있다는 것이 로크의 의견이었다. 그는 "무인도에서 두 사람이 교역에 관한 약정이나 협의를 하든, 또는 아메리카의 삼림 속에서 스위스인과 인디언이 그와 비슷한 약정을 하든, 그런 협약들이 그들을 구속하기는 하지만, 여전히 그들은 각각 상대방에 대해서 전적으로 자연상태에 놓여 있다. 왜냐하면 진실함과 약속을 지키는 것은 사회의 성원으로서가 아니라 인간으로서의, 인간에게 속하는 의무이기 때문이다"[145]라거나, "태초에 모든 세계는 아메리카와 같았다. [아니] 지금의 아메리카보다 더욱더 아메리카적이었다"[146]라고 진술하여, 자기가 살고 있던 당시의 아메리카의 상황에서 자연상태의 실재성의 근거를 찾으려고 하고 있다.

이 이외에 로크는 독립된 정부 사이의 국제정치라는 현실적 상황에서 자연상태가 실제로 존재하고 있는 상태라는 근거를 찾으려고 하기도

---

**143** 로크가 당시의 아메리카를 자연상태로 보고 있다는 사실에 대해서는 후기(後記)필자(강정인, 2004, pp. 197~202) 참조.

**144** 『통치론』, 8장, 108, p. 104.

**145** 『통치론』, 2장, 14, p. 20.

**146** 『통치론』, 5장, 49, p. 53.

한다.

> 전 세계에 걸쳐 독립된 정부의 모든 군주와 통치자들은 서로 자연상태에 놓여 있기 때문에 많은 사람들이 그러한 상태에 놓여 있지 않은 세상이란 과거에도 없었고 앞으로도 없을 것임이 명백하다. [……] 왜냐하면 모든 종류의 협약이 아니라 하나의 공동체에 함께 가입하여 하나의 정치체(政治體, Body Politick)를 만들기로 서로 합의하는 종류의 협약만이 인간들 사이의 자연상태를 종료시키기 때문이다.[147]

독립된 정부 사이의 관계는 하나의 정치체를 만들기로 합의하지 않았기 때문에 자연상태에 있는 것으로 보아야 하며, 따라서 자연상태는 국가 간에 현존하는 현실의 상태라는 것이다. 그러나 이런 논리는 억지이고 선후관계를 파악하지 못한 논리적 모순이다. 하나의 정치체를 결성하기로 합의하지 않은 사람들 또는 국가들 사이의 관계가 자연상태라면, 그들 사이의 관계가 과연 평등하고 그들이 완전한 자유를 누리는 평화의 상태에 놓여 있는가? 국가 사이의 관계가 자연상태라는 사실을 증명하려면, 그들이 자유와 평등의 상태에 놓여 있으며, 평화와 안전의 규범체계인 자연법을 준수하고 있다는 사실을 제시하여야 할 텐데, 단지 그들이 하나의 정치체를 결성하기로 협약을 맺지 않았다는 사실만을 근거로 그들이 자연상태 하에 있다고 주장한다는 것은 선후관계를 파악하지 못한 논리적 모순인 것이다.

**자연상태의 취약성: 재산권 보호 장치의 결여** 자연상태가 선의와

---

**147** 『통치론』, 2장, 14, p. 20.

상호부조가 지배하는 평화의 상태라면, 그리고 자연법의 집행권이 본인 자신의 수중에 놓여 있어서 타인이나 외적인 강제력의 구속에서 해방된 완전한 자유의 상태라면, 사람들이 이러한 평화의 상태를 버리고 외적인 강제력의 구속 하에 들어가기로 합의하게 되는 까닭은 무엇인가?

> 이러한 질문에 대해서는 자연상태에서 개인은 그러한 권리[완전한 자유와 자연법의 집행권]를 가지고 있기는 하지만, 그 향유가 매우 불확실하고 끊임없이 다른 사람이 침해할 위험에 놓여 있기 때문이라고 분명히 답할 수 있다. 왜냐하면 모든 사람이 그와 마찬가지로 왕이고 모든 사람이 그와 평등하며, 그들의 대부분이 형평과 정의의 엄격한 준수자들이 아니므로, 그가 이 상태에서 가지고 있는 재산의 향유가 매우 불확실하기 때문이다. 이로 인해 그는 비록 자유롭지만 두려움과 지속적인 위험으로 가득 찬 이 상황을 기꺼이 떠나고자 한다.[148]

이렇게 자연상태에서 떠나 "공동체를 결성하고 스스로를 정부의 지배 하에 두고자 하는 가장 크고 주된 목적은 그들의 재산을 보존하기 위함"[149]이라는 것이 로크의 생각이다. 자연상태는 두려움과 지속적인 위험으로

148 『통치론』, 9장, 123, p. 119. 로크는 여기서 다시 자신의 논리(자연상태는 평화와 안전보장의 상태라는 논리)를 간단히 뒤집고 있다. 이 절에서 로크는 "자연상태는 자연권의 향유가 매우 불확실하고 끊임없이 다른 사람이 침해할 위험에 놓여 있는 상태", 곧 평화의 상태가 아니라 끊임없는 위험의 상태로 규정함으로써, 지금까지의 논의를 부정하고 있다. 뿐만 아니라 인간은 이성의 주체이자 평등한 존재로서 다른 사람에 대한 사랑의 의무를 가지고 있어서 자연법을 준수한다는 지금까지의 관점(낙관적 인간이해의 관점)과는 달리, 여기서는 "그들 대부분이 형평과 정의의 엄격한 준수자들이 아니다"라고 하여 비관적인 인간이해의 태도를 보이고 있다. 과연 자유와 평화의 자연상태가 이처럼 지속성을 가지지 못하는 상태라면, 그런 상태를 가정할 논리적 이유는 무엇인가?

149 『통치론』, 9장, 124, p. 120.

가득 차 있기 때문에, "다른 사람들과 더불어 그들의 '생명 · 자유 · 자산'—내가 '재산'이라는 일반적 명칭으로 부르는 것—의 상호보존을 위해서 사회를 결성할 것을 추구하거나 기꺼이 사회에 가입하려고 하는 것은 오히려 당연한 일"[150]이라는 것이다. 자연상태는 재산의 보존을 위해 필요한 다음과 같은 장치들이 결여되어 있다는 취약성을 갖는다는 것이 로크의 주장이다.

첫째, 자연상태에는 옳고 그름을 판별하는 기준이자 사람들 사이에서 모든 분쟁을 해결하는 공통된 척도로서 공통의 동의를 통해서 수용되고 인정된 법률 그리고 확립되고 안정된, 잘 알려진 법률이 없다. 비록 자연법이 모든 이성적인 피조물들에게는 명백하고 이해 가능한 것이기는 하지만, 사람들은 연구를 하지 않아서 그 법에 대해 무지할 뿐만 아니라 자신들의 이해관계로 인해서 편파적이기 때문에, 자연법을 자신들이 관련된 특정한 사건에 적용할 때 자신들을 구속하는 법으로 인정하지 않으려는 경향이 있다.[151]

둘째, 자연상태에서는 확립된 법에 따라 모든 다툼을 해결할 수 있는 권위를 가진, 널리 알려진 공평무사한 재판관이 없다. 그 상태에서는 모든 사람이 자연법의 재판관이자 집행자인데, 인간은 자신에게 편파적이므로 다른 사람의 사건인 경우에는 게으름이나 무관심으로 인해 태만하기 십상인 반면, 자신들이 관련된 사건에 있어서는 격정이나 복수심으로 인해 극단으로 치닫거나 흥분하기 십상이다.[152]

셋째, 자연상태에는 비록 올바른 판결이 내려지더라도 이를 뒷받침해서 지원

---

**150** 『통치론』, 9장, 123, p. 119.
**151** 『통치론』, 9장, 124, p. 120.
**152** 『통치론』, 9장, 125, p. 120.

해주고 그 적절한 집행을 확보해주는 권력이 종종 결여되어 있다. 부정을 저지른 자들은 할 수만 있으면 무력으로라도 그들의 부정을 관철하는 데 좀처럼 실패하지 않는다. 그러한 저항 때문에 많은 경우에 처벌은 위험을 자초하는 일이 되며, 그것을 시도하는 자들이 빈번히 파멸에 빠지기도 한다.[153]

이렇게 자연상태에는 공통의 동의를 통해 확립된 법률, 공평무사한 재판관, 판결의 집행권력이 결여되어 있다는 취약성을 내포하고 있고,[154] 결과적으로 "거기에 남아 있는 동안 단지 열악한 상황에 시달리게"[155] 될 뿐이라는 것이다. 즉 자연상태가 가지는 이러한 취약성은 개인의 재산 보존의 무기력을 유발하고, 결과적으로 사람들은 자기의 재산을 보전하기 위해서 자연상태에서 벗어나려고 노력하게 된다는 것이 로크의 관점이다.

---

153 『통치론』, 9장, 126, pp. 120~121.

154 여기서 이러한 논리는 로크가 제시하는 자연상태의 개념과 근본적으로 상치되는 것이라는 사실을 생각해보는 것이 좋겠다. 자연상태가 누구나 평등한 "완전한 자유의 상태"로서 타인이나 외적 강제력이 전혀 없는 완전한 자유과 자결의 상태(『통치론』, 2장, 4, p. 11)라면, 실정법 · 재판관 · 집행권력이 없는 것이 당연한데도, 이것이 없다는 사실에서 자연상태 탈출의 논리를 구하려는 관점은 자연상태 자체를 부정하는 논리라고밖에 볼 수 없는 것이 아니겠는지 하는 의문을 가지게 된다. 더욱이 바로 이러한 자연상태의 취약성 때문에 "사회에 들어가려고 서두른다"(『통치론』, 9장, 127, p. 121)거나, "자연상태가 가지는 폐단 그리고 사회에 대한 갈구와 필요로 인해, 사람들은 서로 만나게 되자마자 계속 함께 살기를 의도한 것처럼, 즉각적으로 결합하여 단체를 결성한다"(『통치론』, 8장, 101, pp. 96~97)거나, "우리는 일정한 수의 사람들이 잠시라도 함께 이러한 자연상태에 사는 것을 발견하기가 어렵게 된다"(『통치론』, 9장, 127, p. 121)거나, "신은 인간이 혼자 사는 것이 좋지 않다고 판단하였다. 따라서 필요 · 편리 및 성향이 강력히 요구하는 것을 통해서 인간으로 하여금 사회생활을 하도록 만들었다"(『통치론』, 7장, 77, p. 77)는 진술에 이르게 되면, 도대체 로크가 자연상태를 인정하고 여기에서 자기 사회계약론의 바탕을 찾으려고 했는지 의심하게 된다.

155 『통치론』, 9장, 127, p. 121.

### 3) 사회계약: 재산권 보호와 국가의 형성

이상에서 보듯이 자연상태는 자유와 평등이 지배하는 목가적인 이상상태이기는 하지만, 끊임없는 타인의 침해 위험에 노출되어 있어서 전쟁상태로 돌입하기 쉬운 매우 불안정한 상태이기도 하다. 게다가 자연상태에는 공통의 동의를 얻은 법률, 공평무사한 재판관, 그리고 법률 집행의 권력이 결여되어 있어서 그 취약성이 더욱 가중되기 마련이다. 따라서 자연상태에서는 개인의 인신과 소유물을 보전하기 어렵게 된다. 그리하여 자연상태에서 사람들은 이러한 위험으로부터 벗어나 자신의 인신과 소유물을 안전하게 보전해줄 수 있는 방안을 강구하게 되고, 그 결과로 나타나는 것이 사회계약을 통한 국가권력의 설립이라는 것이 로크의 사회계약론의 요체이다.

> 인류는 자연상태에 따르는 온갖 특권에도 불구하고 그들이 거기에 남아 있는 동안 단지 열악한 상황에 시달리게 되므로 급기야는 사회에 들어가려고 서두른다. 그렇기 때문에 우리는 일정한 수의 사람들이 잠시라도 함께 이러한 상태에서 사는 것을 발견하기가 어렵게 된다. 그들이 거기서 당면하게 되는 폐단, 곧 모든 사람이 가진, 타인의 위반행위를 처벌할 권한이 불규칙적이고 불확실하게 행사됨으로써 생기는 폐단으로 인해서 그들은 정부의 확립된 법이라는 성역으로 도망가며, 거기서 그들 재산의 보존을 꾀한다. 바로 이를 위해서 사람들은 각자 기꺼이 자신의 처벌권을 포기하여, 그것이 그들 중에서 임명된 사람들에 의해서만 행사되도록 그리고 공동사회나 그러한 목적을 위하여 그들로부터 권위를 위임받은 자들이 합의하는 규칙에 따라서만 행사되도록 하는 것이다. 그리고 바로 여기에서 우리는 정부와 사회 그 자체는 물론, 입법권과 행정권 양자의 본래의 권리와 기원을 볼 수 있게 된다.[156]

이 인용문과 "하나의 공동체에 함께 가입하여 하나의 정치체를 만들기로 서로 합의하는 협약만이 인간들 사이의 자연상태를 종료시킨다"[157]는 진술을 결합해보면, 국가권력 설립의 원인은 자연상태의 폐단에 있고, 그 전제는 성원들의 합의이며, 그 내용은 자연권의 포기와 양도이고, 권력의 수탁자는 입법권과 행정권을 갖는 공동체(정부 또는 국가)이며, 그 목적은 성원들의 재산의 보전에 있다는 것이 로크의 사회계약론의 요체임이 분명해진다.

**사회계약의 전제조건: 자발적 합의** 앞에서 보듯이, 국가 사회를 설립하기로 하는 사회계약은 하나의 공동체를 구성하기로 하는 성원들의 합의를 전제로 하는 것이다.

> 어떤 사람이 자신의 자연적 자유를 포기하고 시민사회의 구속을 받아들이는 유일한 방도는 재산을 안전하게 향유하고 공동체에 속하지 않는 자들로부터 좀 더 많은 안전을 확보하면서, 그들 상호간에 안전하고 평화스러운 삶을 영위하기 위해서 다른 사람들과 함께 공동체를 결성하기로 합의하는 것이다.[158]

> 이 같은 권력의 양도는 하나의 정치사회를 결성하고자 단순히 합의하는 것으로써 이루어지는데, 이러한 합의야말로 공동체에 가입하거나 그것을 결성하는 개인들 간에 실제 체결되고, 또 반드시 체결될 필요가 있는 협정의 전부이다. 그러므로 어떠한 정치사회든지, 그것을 시작하고 실제로 구성하는 것은 다수

156 『통치론』, 9장, 127, p. 121.
157 『통치론』, 2장, 14, p. 20.
158 『통치론』, 8장, 95, p. 93.

결을 산출할 수 있는 일정수의 자유인들이 단체를 구성하여 사회를 결성하기로 동의하는 것에 다름 아니다. 그리고 이것이, 오직 이것만이 지상에서 모든 합법적인 정부를 출범시켰고, 또 출범시킬 수 있었다.[159]

이렇게 구성원의 동의에 의한 합의만이 자연상태에서 탈출하여 시민사회를 구성하는 사회계약의 기본 전제이다. 로크는 또 다른 곳에서 "정부의 모든 평화적인 시작은 인민의 동의에 기초를 두고 있다"[160]고 진술함으로써, 이러한 사실을 재삼 확인하고 있다. 이러한 합의는 자유인들의 동의를 기초로 하는 것인 만큼 그 구성원들의 자발성을 바탕으로 하는 것이다.

본래 인간은 모두 자유롭고 평등하고 독립된 존재이므로, 어떤 인간도 자신의 동의 없이 자연상태를 떠나서 다른 사람의 정치권력에 복종할 수 없다.[161]

이렇게 정치사회를 구성하기로 하는 성원들 사이의 합의는 평등하고 독립적인 자유인들 사이에서 이루어지는 것이기 때문에, 그리고 그 결과가 그 후 개인들을 전적으로 구속하는 것이기 때문에 성원 모두의 자발적인 동의를 필요로 하는 것이다. 로크는 "정치적 사회는 모두 자발적 결합 그리고 통치자와 정부형태를 선택함에 있어서 자유롭게 행동하는 사람들 상호간의 합의로부터 시작하였던 것이다"[162]라고 진술하여, 성원들 사이의 자발적 합의가 정치사회 구성의 전제조건임을 명시하고 있으며, 부부사회도 "남자와 여자 사이의 자발적인 계약에 의해서 형성된

159 『통치론』, 8장, 99, p. 96.
160 『통치론』, 8장, 112, p. 109.
161 『통치론』, 8장, 95, p. 93.
162 『통치론』, 8장, 102, p. 99.

다"[163]고 보아 모든 계약은 자발성을 조건으로 하는 것이라는 사실을 암시하고 있다.

**사회계약의 내용: 자연법 집행권의 포기와 양도** 그렇다면, 사회의 성원들이 자발적으로 합의하는 사회계약의 내용은 무엇인가? 즉 그들은 사회를 구성하기 위해 무엇에 합의하는가? 앞에서 자연상태에서 평등하고 독립적인 자연인들은 자신의 생명 · 자유 · 자산, 곧 재산에 대한 권리(재산권)와 이를 지키기 위해 침해자에 대한 처벌권과 손해배상청구권을 가지고 있음을 보았다. 곧 자연상태에서 개인은 모든 자연법의 집행권을 스스로 가지고 있다는 것이다. 로크는 성원들 간에 자발적으로 합의하여 이루어지는 계약은 이러한 자연법의 집행권을 포기하고 이를 공동체의 수중에 양도하는 것을 내용으로 한다고 본다.

> 일정한 수의 사람들이 결합하여 하나의 사회를 형성하고, 각자 모두 자연법의 집행권을 포기하여 그것을 공공체(the pubiick)에게 양도하는 곳에서만 비로소 정치사회(political society) 또는 시민사회(civil society)가 존재하게 된다. 그리고 이러한 일은 자연상태에 있는 일정한 수의 사람들이 최고의 통치권력 하에서 하나의 인민, 하나의 정치체를 결성하고자 사회에 가입하는 곳이면 어디서나 일어나고, 그밖에 어떤 사람이 이미 결성된 정부에 가담하여 그것과 일체(一體)가 된 경우에도 일어난다.[164]

이렇게 개인이 가진 자연법의 집행권을 포기하고 정치사회를 구성하기로 합의하는 것은 정치사회 자체가 그러한 권력을 가지지 않고는 성원들의

163 『통치론』, 7장, 78, p. 77.
164 『통치론』, 7장, 89, p. 85.

재산 보전과 안전의 확보라는 본래의 목적을 달성할 수 없기 때문이다.

> 어떠한 정치적 사회도 그 자체 내에 재산을 보전할 권력 그리고 이를 위해서 그 사회의 모든 범죄를 처벌할 수 있는 권력을 가지지 않고서는 존재하거나 존속할 수 없다. 따라서 각각의 구성원이 이 자연적 권력을 포기하고, 공동체가 제정한 법에 따라 모든 사건에 관해서 그 보호를 호소할 수 있는 공동체의 수중에 그 권력을 양도한 곳, 오직 그곳에서만 비로소 정치사회가 존재하게 된다.[165]

이렇게 개인은 자연상태에서 "자연법이 허용하는 한도 내에서 자신과 타인의 보존에 적합하다고 생각되는 바가 무엇이든지 그것을 행하는 권력"과 "자연법을 위반하여 저질러진 범죄를 처벌하는 권력"을 가지고 있는데, "이러한 두 개의 권력을 [……] 특정한 정치적 사회에 가입하거나 여타 인류로부터 분리된 별도의 국가를 형성할 때 포기하는 것이다."[166] 이러한 자연법 집행권을 포기하고 사회에 들어갈 때 사람들은 "그들이 자연상태에서 가졌던 평등 · 자유 및 집행권을 사회의 선이 요구하는 바에 따라 [……] 사회의 수중에 양도한다. 그러나 그것은 오직 모든 사람이 그 자신, 그의 자유 및 그의 재산을 더욱 잘 보존하려는 의도에서 행하는 것이다."[167] 이와 같이 자발적 합의에 의해서 개인은 자연상태에서 각자가 가지고 있던 자연법 집행권을 포기하고, 이를 사회(공동체)의 수중에 양도하는 계약을 체결한다는 것이 로크의 사회계약론의 골자이다.

---

**165** 『통치론』, 7장, 87, p. 83.

**166** 『통치론』, 9장, 128, pp. 121~122.

**167** 『통치론』, 9장, 131, pp. 122~123.

**권력의 수탁자: 공동체의 다수** 개인들이 자연상태에서 가지고 있던 자연법의 집행권을 포기하고 이를 양도하기로 합의할 때, 이를 양도받는 권력의 수탁자는 공동체가 되어야 한다는 것, 곧 개인이 아니라 여러 사람의 집단이 되어야 한다는 것이 로크의 주장이다. 이 점에서 이미 의회중심주의자로서의 로크의 면모가 잘 드러나고 있다.

> 일정한 수의 사람들이 하나의 공동체나 정부를 구성하기로 동의할 때, 그들은 즉시 하나의 단체로 결합되어 하나의 정치체를 결성하게 되며, 거기서는 다수(majority)가 여타 사람들을 움직이고 결정할 권리를 가진다.[168]

이렇게 다수의 사람들로 이루어진 공동체에 권력을 위임하기로 하는 것은 "그 숫자와 관계없이 일정한 수의 사람들이 각자 개별적인 동의에 의해서 공동체를 결성했을 때, 그들은 그 행위를 통해서 그 공동체를 한 단체(一體, one body)로 만들었기 때문이다. 그 결과 공동체는 일체로서 행동할 수 있는 권력을 가지게 되며, 그 권력은 오직 다수의 의지와 결정에 따르게 된다. 왜냐하면, 어떤 공동체든 그것을 움직이게 하는 것은 오직 그 구성원들의 동의뿐인데, 한 단체는 한 방향으로 나갈 수밖에 없으므로 가장 커다란 힘, 곧 다수의 동의가 그것을 이끄는 방향으로 움직이지 않을 수 없기 때문이다. [……] 그러므로 동의에 의해서 모든 개인은 다수가 결정하는 바에 구속된다."[169] 즉 다수의 결정은 곧 그 자신이 한 결정과 동일한 구속력을 갖는 것이다.[170]

---

**168** 『통치론』, 8장, 95, p. 93.

**169** 『통치론』, 8장, 96, pp. 93~94.

**170** 로크는 "모든 개인은 다른 사람들과 하나의 정치체를 결성하여 하나의 정부 하에 있는 데에 동의함으로써, 다수의 결정에 승복하고 구속될 의무를 그 사회의 모든 구성원에

이렇게 각 개인의 자연법 집행권을 위임받은 공동체, 곧 국가(common-wealth)는 "그 사회의 구성원들 사이에서 저질러진, 의당 처벌되어야 한다고 생각되는 이러저러한 범죄에 어떤 처벌을 가할 것인가를 결정하는 권력(곧 법을 제정하는 권력)"과 더불어, "외부인이 그 구성원에게 가한 침해를 처벌할 수 있는 권력(곧 전쟁과 평화에 관한 권력)", 그리고 성원들 사이의 제반 분쟁에 대한 재판권 및 재판 결과의 집행권과 "필요할 때에는 구성원들이 가진 모든 힘을 사용할 수 있는 권력" 등 "전 구성원의 재산을 보존하기 위한" 모든 권력을 가진다.[171]

**동의의 종류: 묵시적 동의와 명시적 동의** 이상에서 분명하여진 바와 같이 로크는 "모든 사람은 본래 자유로우며, 그 자신의 동의를 제외한 그 어떤 것도 그를 지상의 권력에 복종시킬 수 없다"[172]고 진술하여, 개인의 자발적 동의만이 "정치사회의 기원"임을 분명하게 선언한다. 그렇다면, 계약을 직접 맺지 않은 먼 후손들이 정부의 법률에 복종해야 하는 근거는 어디에서 찾을 수 있는가? 로크는 이 문제를 "명시적 동의"와 "묵시적 동의"를 구분함으로써 비켜가려고 한다.

명시적 동의란 정치권력을 결성하기로 동의하여 직접 계약을 체결하는 것으로, "어느 누구도 사회에 들어가겠다는 어떤 사람의 명시적 동의가 그를 그 사회의 완전한 구성원이자 그 정부의 신민으로 만든다는 점을 의심하지 않는다."[173] 이러한 명시적 동의를 정당화하는 근거는 그 계약적

---

대하여 부담하게 된다"(『통치론』, 8장, 97, p. 94)거나 "공동체의 재판은 그 자신이나 대표자가 하는 것이기 때문에 사실상 그 자신의 재판이다"(7장, 88, p. 85)라는 진술에서 이러한 견해를 드러내고 있다.

**171** 『통치론』, 7장, 88, pp. 84~85.

**172** 『통치론』, 8장, 119, p. 114.

특성 자체에서 연유하며,[174] 이는 시민사회의 구성원이 되려는 사람들만 이 할 수 있기 때문에,[175] 명시적 동의는 영원한 의무를 야기한다.[176]

이에 반해 이러한 명시적 동의를 통해 원초적 계약에 참여하지 않고 해당 정부의 지배 하에서 삶을 향유하고 있는 사람은 묵시적 동의를 한 것으로 보아야 한다는 것이 로크의 관점이다.

> 나는 어떤 정부의 영토의 일부분을 소유하거나 향유하는 사람은 누구나 그럼으로써 묵시적 동의를 한 셈이며, 적어도 그러한 향유를 지속하는 동안, 그 정부 하에 있는 사람들과 같은 정도로 그 정부의 법률에 복종할 의무를 진다고 말하겠다. 그러한 향유가 그와 그의 상속인을 위한 영구적인 토지 소유이든, 단지 일주일 동안 머무르는 것이든, 단순히 대로상을 자유롭게 여행하는 것이건 별로 문제가 되지 않는다. 사실상 그 정부의 영토 내에 어떤 사람이 존재한다는 사실 그 자체만으로도 그에게 복종 의무가 미친다고 할 것이다.[177]

이러한 묵시적 동의는 여러 가지 점에서 명시적 동의와 다르다. 우선

173 『통치론』, 8장, 119, p. 114.

174 "어떠한 사람도 그가 적극적인 협정이나 명시적인 약속 및 협약을 통해서 실제로 어떤 나라에 가입하지 않는 한, 그 나라의 신민이나 구성원이 될 수 없다"(『통치론』, 8장, 122, p. 117). 이렇게 명시적 동의자는 "의무의 수행을 요구하는 약속 또는 계약을 했기 때문에 의무를 갖게 된다"(정연교, 1993, p. 67).

175 "외국인들이 다른 정부 하에서 평생을 살면서 그 정부의 특권과 보호를 향유하게 되면, 심지어 양심상으로도 특별귀화인이 하는 만큼 그 나라의 행정에 복종해야 하지만, 그렇다고 해서 그 나라의 신민이나 구성원이 되는 것은 아니다"(『통치론』, 8장, 122, p. 117). 그들은 원래 자신의 "시민권을 포기하지 않는 한 명시적 동의를 할 자격이 없다"(정연교, 1993, p. 67).

176 "구체적인 합의에 의해서, 그리고 명시적인 표명에 의해서 어떤 공동체의 성원이 되기로 동의한 사람은 불가불 영구적으로 그 나라의 신민으로 남아 있어야 하며, 이를 변경시킬 수도 없고, 또 자연상태에서의 자유를 다시는 누릴 수 없다"(『통치론』, 8장, 121, p. 116).

177 『통치론』, 8장, 119, pp. 114~115.

묵시적 동의에 의해 초래된 의무를 정당화하는 근거는 계약이 아니며,[178] 해당 정부의 영토 내에 거주하는 모든 사람은 현실적으로 묵시적 동의를 할 수밖에 없기 때문에,[179] 묵시적 동의는 단지 조건적 의무(conditional obligation)를 가져올 뿐[180]이라는 점에서 명시적 동의와 근본적으로 다르다.

이처럼 로크는 명시적 동의와 묵시적 동의의 개념을 통해 원초적 계약에 참여하지 않은 사람에 대한 정치권력의 정당성의 문제라는 사회계약론이 가지고 있는 난점을 해결하려고 하였다. 그러나 앞에서 보았듯이 "이러한 시도가 완벽하게 성공적이라고 보기는 어렵다. 한 국가에 속해 있다는 사실만으로 묵시적 동의를 표한 것으로 간주하고, 그 국가의 통치권에 복종하는 것이 개인의 본성적인 자유와 상충하지 않는다고

---

**178** 묵시적 동의자는 자발적인 계약을 맺은 것이 아니므로 해당 정부에 대해 무조건적이고 영원한 의무를 지는 것이 아니라, 위의 인용문에 적시되어 있듯이 "[어떤 정부의 토지를 소유하고 향유하여] 그러한 향유가 지속되는 동안"에만 그 정부의 법률에 복종할 의무를 지기 때문이다(정연교, 1993, p. 66).

**179** 방문 중인 외국인은 그가 타국의 영토 내에 머무는 동안, 그 법률에 순종하고 거기에 존재하는 정부에 복종할 의무가 있지만, "이 사실이 그 사람을 그 사회의 구성원, 곧 그 공동체의 영구적인 신민으로 만들지는 않는다"(『통치론』, 8장, 122, p. 116). 그는 단지 "그 나라 정부에 대하여 묵시적 동의를 한 것으로 간주"(정연교, 1993, p. 66)될 뿐이다.

**180** "정부는 오직 토지에 대해서만 직접적인 지배권을 가지고 있고 그 소유자에게는 (그가 실제로 자신을 그 사회에 가입시키기 전에는) 오직 그가 거기에 살거나 그것을 향유할 때만 지배권이 미치므로, 그러한 향유로 인해 그가 정부에 복종해야 하는 의무는 그 향유와 더불어 시작하고 종료된다. 그러므로 정부에 대해서 단지 묵시적 동의만 한 소유자가 기부 · 판매 또는 다른 방법으로 앞에서 말한 소유물을 양도하게 되면, 그는 자유롭게 떠나서 다른 공동체에 가입하거나 또는 다른 사람들과 합의하여 세계의 어느 곳이든 아무도 소유하지 않은 자유로운 빈 땅에 새로운 사회를 세울 수 있다"(『통치론』, 8장, 121, pp. 115~116). 이렇게 "묵시적 동의자는 오직 정부가 제공하는 편의를 향유하는 한에 있어서만 그 정부에 대해 의무를 갖는다"(정연교, 1993, p. 66).

주장하기 위해서는 실제로 그 개인에게 언제든 자기가 속한 국가를 떠날 자유가 보장되어 있어야 한다. 하지만 로크는 이런 현실적인 고려를 하지 않고 있다."[181]

뿐만 아니라 묵시적 동의와 명시적 동의는 앞에 제시한 바와 같은 근본적인 차이를 가지고 있으므로,[182] 명시적 동의에 의해 원초적 계약에 참여하지 않은 사람들(원초적 계약자들의 후손인 대부분의 사람들)이 그 나라의 명실상부한 신민이나 구성원이 되기 위해서는 필연적으로 명시적 동의를 해야 할 텐데, 과연 그러한가? 그리고 이러한 절차가 실제로 시행되고 있는가? 이러한 문제에 대해서도 로크는 역시 침묵할 뿐이다.[183]

**계약 준수의 조건: 재산의 보존을 위한 공공선과 안전의 보장** 지금까지 분명해졌듯이, 자연상태가 가지는 세 가지 결함(공통의 동의를 통해 확립된 법률, 공평무사한 재판관, 판결의 집행권력의 결여)[184]으로 인해 자연상태에서 인간은 각자의 생명 · 자유 · 자산, 곧 재산을 보존하기 힘들기 때문에, 사회계약을 통해 정치사회를 구성하게 된다는 것이 로크의 이론이다. 그러므로 국가권력 결성의 제일의 목표는 개인 재산의 보전에 있다.[185] 이렇게 사람들은 재산의 보전을 위해서만, 곧 "오직 공공선과

181 문지영, 2007, pp. 285~286.

182 정연교, 1993, pp. 65~71.

183 어떤 학자들(예: Pitkin, 1965)은 이러한 난제를 해결하기 위해서 로크의 계약을 "가상적 계약"이라고 보기도 한다.

184 『통치론』, 9장, 124~126, pp. 120~121.

185 개인의 재산 보전이 국가 또는 정부의 설립 목적이라는 사실은 『통치론』의 이곳저곳에서 거듭 제시되고 있는 로크 사상의 핵심이다. 예를 들면, 1장, 3, p. 9~10("정치권력은 재산을 규제하고 보존할 목적으로 [……] 행사하는 힘"); 7장, 85, p. 82("시민사회의 주된 목적은 재산의 보존"); 7장, 87, p. 83("어떠한 정치적 사회도 그 자체 내에 재산을 보존할 권력[……]을 가지지 않고서는 존속할 수 없음"); 7장, 88, p. 84("이 모든 국가권력은

안전을 목적으로서만 통치권을 위탁하였던 것이다."[186]

> [계약을 통해 사회의 수중에 양도하여 설립되는] 그 권력은 자연상태를 그토록 불안하고 불편하게 만드는 상술한 세 가지 결함을 제거함으로써 모든 사람에게 재산을 보장해줄 의무를 부담한다. 그러므로 누구든 국가의 입법권이나 최고의 권력을 가진 자는 즉흥적인 법령이 아니라 국민에게 공포되어 널리 알려진, 확립된 일정한 법률로 다스려야 한다. 그는 또한 공평무사한 재판관을 임명하여 그로 하여금 그러한 법률에 따라 분쟁을 해결하도록 해야 한다. 그리고 공동체의 물리력을 국내에서는 오직 그러한 법의 집행을 위해서, 그리고 대외적으로는 외국의 침해를 방지하거나 시정하고 공동체의 안보를 침입이나 침략으로부터 보장하기 위해서 사용해야 한다. 이 모든 것은 인민의 평화·안전 및 공공선이 아닌 다른 목적을 위해서 행사되어서는 안 된다.[187]

그러므로 사회의 성원들은 사회의 평화·안전 및 공공선이 실현되어 모든 사람의 재산의 보존이 보장될 수 있을 때만 사회계약을 준수할 의무를 진다. 어떤 이유에서든 성원들의 재산이 보존되지 못하고 적법하지 않은 이유로 침해된다면, 사회계약은 파기될 수밖에 없으며, 그러한 국가권력에 대하여 인민들은 저항할 권리를 가지고 있다는 것이 로크의

---

가능한 한 사회의 전 구성원의 재산을 보존하기 위한 것"); 7장, 94, p. 91("정부는 오직 재산의 보존만을 목적으로 함"); 9장, 123, p. 119("다른 사람들과 더불어 그들의 생명·자유·자산, 곧 재산의 상호보존을 위해서 사회를 결성"); 9장, 124, p. 120("인간이 공동체를 결성하는 가장 크고 주된 목적은 그들의 재산을 보존하기 위함"); 9장, 127, p. 121("정부의 확립된 법이라는 성역으로 도망가며 거기서 그들 재산의 보존을 꾀함"); 9장, 131, p. 123("사회 계약은 오직 모든 사람이 그 자신, 그의 자유 및 그의 재산을 더욱 잘 보존하려는 의도에서 행하는 것") 등에서 이러한 관점이 직접 제시되고 있다.

**186** 『통치론』, 8장, 110, p. 107.

**187** 『통치론』, 9장, 130, p. 123.

주장이다.[188] 생명권이 침해되는 경우를 제외하고는 국민의 저항권을 인정하지 않는 홉스와는 달리, 로크는 인민의 저항권을 적극적으로 허용함으로써 인민주권론의 관점을 표명하고 있는 것이다.

#### 4) 국가권력의 분립성: 의회중심주의와 인민주권론

자연상태에서는 자연법의 집행권이 개인들에게 주어져 있어서 불안정할 뿐만 아니라 타인에 의한 권리침해의 위험에 끊임없이 노출되어 있어서 개인의 재산(생명과 자유와 자산)을 보전하기 힘들게 되므로, 자연인들은 자발적인 동의를 통해 각자가 가지고 있는 자연법 집행권을 포기하고, 이를 공통의 권력, 곧 공동체의 수중에 양도하는 계약을 맺음으로써 국가권력을 탄생시킨다는 것이 로크 사회계약론의 골자이다. 그렇다면, 이렇게 설립되는 국가가 가지는 강제력, 곧 권력의 내용은 무엇이며, 그 구조는 어떠해야 하는가? 그리고 이렇게 설립되는 국가권력과 이를 설립하는 계약의 주체, 곧 인민은 어떠한 관계에 놓여 있는가? 인민은 다만 국가권력에 복종해야 하는 의무만 가질 뿐인가? 로크는 『통치론』의 총 19장 가운데 10개의 장(10~19장)을 이러한 국가권력의 내용과 구조 및 국가권력과 인민 사이의 관계 문제에 관한 논의에 할애하고 있다.[189]

---

**188** 인민의 저항권을 허용하는 입장을 로크는 『통치론』의 13장(pp. 143~152), 14장(pp. 153~160), 18장(pp. 189~199) 및 19장(pp. 201~229)의 여러 곳에서 진술하고 있는데, 이에 대해서는 다음에 제시되는 "인민의 저항권: 혁명의 논리와 인민주권론" 항목에서 논의될 것이다.

**189** 로크는 "국가"를 지칭하는 말로 commonwealth라는 단어를 사용하여 "독립적인 공동체"의 의미로 쓰고 있다(『통치론』, 10장, 133, p. 126). 강정인 · 문지영(1996)은 영어의 commonwealth는 "어원에 충실할 경우 '공화국'(共和國)이라고 번역하는 것이 타당하지만, 우리말에서는 공화국을 주로 '군주국'에 대응하는 개념으로 이해하기 때문에 공화국으로 옮기는 것이 타당치 않다"(p. 9, 역자 주)고 보고, 이를 통상적인 용어인 "국가"라는 말로 옮기고 있다. 이 글에서도 이들의 견해를 따라 일관되게 "국가"라는 용어를 사용하였다. 또한

**국가권력의 분립: 입법권 · 집행권 · 연합권** 로크는 『통치론』의 서두에서 "정치권력은 사형 및 그 이하의 모든 처벌을 가할 수 있는 법률을 제정하는 권리이며, 또한 재산(property)을 규제하고 보전할 목적으로 그러한 법률을 집행하기 위해서, 그리고 국가(commonwealth)를 외적의 침입으로부터 방어하기 위해서 공동체의 무력을 사용할 수 있는 권리이며, 이 모든 것을 오직 공공선(公共善)을 위해서만 행사하는 권리"[190]라고 지적하여, 정치권력의 내용과 그 목적을 분명히 제시한다. 우선 정치권력의 목적은 인민의 재산의 보전이라는 공공선의 실현에 두어야 하며, 그 내용은 법률제정권 · 법률집행권 및 국가방위권을 핵심으로 한다는 것이다. 로크는 『통치론』 12장("국가의 입법권 · 집행권 및 연합권에 대하여")에서 국가권력의 내용을 입법권 · 집행권 · 연합권으로 정리하여 제시하고 있다.

"입법권이란 공동체와 그 구성원들을 보존하기 위해서 국가의 힘을 어떻게 사용할 것인가를 지도할 수 있는 권리를 가진 권력이다. [……] 전체의 선이 적절히 고려되는 잘 정비된 국가에서 입법권은 적절하게 소집된 다양한 사람의 수중에 맡겨지며, 그들은 그들만의 권한으로 또는 다른 사람들과 더불어 법률을 제정할 권력을 가진다. [……] 그들은 법률을 공공선을 위해서 만들게 된다."[191] 이렇게 입법권은 "국가가 그 사회의 구성원들 사이에서 저질러진, 의당 처벌되어야 한다고 생각되는 이러저

---

국가권력의 담당 기구를 가리키는 government는 통상 "정부"라고 번역하나, 강정인 · 문지영(1996)은 좀 더 추상화된 행위를 지칭하는 의미로 "통치"라는 용어로 옮긴 경우도 있었는데(p. 8, 역자 주), 여기에서는 그들의 용법을 그대로 따랐다.

**190** 『통치론』, 1장, 3, pp. 9~10.

**191** 『통치론』, 12장, 143, pp. 139~140.

러한 범죄에 어떤 처벌을 가할 것인가를 결정하는 권력(곧 법을 제정하는 권력)"[192]을 말하는 것이다. 이러한 법률들은 "지속적으로 집행되어야" 하지만, "단기간에 만들어질 수 있다. 따라서 입법부는 항상 업무가 있는 것이 아니기 때문에 상시적으로 개회 중일 필요가 없다. [……] [그러므로] 그들은 그 일[법을 제정하는 일]을 완수하면, 다시 흩어져서 그들 자신이 제정한 법률에 복종하는 신민으로 되돌아간다."[193] 또한 로크는 입법부가 상시 개회하게 되면 "법률을 집행하는 권력까지 그들의 수중에 가지고자 하는 유혹이 너무나 커서 뿌리치기 어렵게" 될 뿐만 아니라 "자신들의 사적인 이득에 적합하게 법률을 뜯어고치게 될" 가능성도 있으므로,[194] 입법부는 상시 개회해서는 안 된다고 주장한다.[195]

로크는 입법부에 법률의 제정권만이 아니라 그에 대한 해석권도 부여하고 있다. 즉 입법부에 재판권도 부여하고 있는 것이다.[196] 자연상태에서는 사람들 사이의 분쟁을 해결할 공통된 우월자를 지상에 가지지 못한 채 하늘에 호소할 수밖에 없는데,[197] 사회계약에 의해 "모든 분쟁을 재결

192 『통치론』, 7장, 88, p. 84.

193 『통치론』, 12장, 143, p. 139.

194 『통치론』, 12장, 143, p. 139.

195 입법부의 개회 시기에 대해 로크는 "그들은 그들이 만든 최초의 기본법(original constitution) 또는 그들 자신이 휴회 결정 시 정한 시기에 회의를 열어 입법권을 행사하게 된다. 만약 이들 중의 어느 것도 집회 시기를 규정하지 않거나 집회를 소집하기 위한 다른 규정이 없는 경우에는 그들 자신이 원하는 시기에 집회를 개최한다. 왜냐하면 최고의 권력을 인민이 입법부에 부여하였으므로 그 권력은 항상 입법부에 있고, 따라서 그들은 자신들이 원하는 시기에 입법권을 행사할 수 있기 때문이다"(『통치론』, 13장, 153, p. 147)라는 의견을 제시하고 있다.

196 "[사회계약에 의해 자연법의 집행권을 포기할 때] 그 사람은 또한 위정자에게 호소할 수 있는 모든 사건에 관해 범죄에 대한 재판권을 입법부에 양도한 것과 더불어, 공동체가 스스로의 재판을 집행하기 위해서 그에게 요청할 때는 언제나 그의 힘을 사용할 수 있는 권리를 공동체에 내준 것이다"(『통치론』, 7장, 88, pp. 84~85).

(裁決)하고 공동체의 구성원들에게 발생하는 침해를 보상해줄 권위를 가진 재판관을 지상에 설정함으로써 인간은 자연상태에서 벗어나 국가의 상태로 들어가게 된다. 그 재판관은 입법부이거나 그것이 임명한 위정자"[198]라는 것이다. 그러나 입법부가 이렇게 재판권도 가진다면, 상시 개회하지도 않고 또 그래서도 안 되는 입법부가 끊임없이 이어지는 재판 사건을 어떻게 처리할 것인가? 로크는 이러한 문제에 대해서는 아무런 언급도 하지 않는다.

"법률은 즉각적으로, 그리고 단기간에 만들어지지만 항구적이고 지속적인 효력을 가지면서, 부단(不斷)한 집행 혹은 그것에 대한 배려를 필요로 한다. 그렇기 때문에 제정된 유효한 법의 집행을 담당하는 권력이 상시적으로 필요하다. 그리하여 입법권과 집행권은 종종 분리된다."[199] 이러한 집행권을 담당하는 기구가 "집행부" 또는 "행정부"이다.[200] 상시 존재하는 행정부는 집행권(행정권) 이외에도 기존 입법부의 임기가 끝났을 때 새로이 구성되는 입법부를 소집할 수 있는 권력과 긴급사태가 발생할 때 기존의 입법부를 해산하고 선거를 통하여 새로운 입법부를 구성하는 권력을 가진다.[201] 그러나 "입법부를 소집하고 해산시킬 권력이 행정부에

---

197 자연상태가 전쟁상태로 변하게 되는 까닭은 공통의 우월한 권력을 가진 재판관이 없고, 오직 하늘에 호소할 수밖에 없다는 데 있다는 것이 로크의 관점이다. 이러한 사실은 『통치론』 3장("전쟁상태에 관하여")의 19~21절(pp. 25~28)에서 집중적으로 논의하고 있다.

198 『통치론』, 7장, 89, pp. 85~86.

199 『통치론』, 12장, 144, p. 140.

200 집행권을 담당하는 기구는 『통치론』 7장 89절(p. 85)에서는 "집행부", 13장 151절(p. 144), 154절(p. 147), 156절(pp. 148~150) 등에서는 "행정부"라고 명명되고 있으며, 그 권력도 "집행권"이 아닌 "행정권"(예: 7장, 152, p. 145; 153, p. 146; 154, p. 147; 156, pp. 149~150 등)이라고 명명하고 있다.

201 『통치론』, 13장, 154, pp. 147~148.

있다고 해서 행정부가 입법부에 대해서 우위에 있는 것은 아니다. 그러한 권력은 확고하게 고정되어 있는 규칙이 인간사의 불확실성과 변화무쌍함에 대처하지 못하는 경우 인민의 안전을 위해서 행정부에 맡겨진 권력"[202] 일 뿐이다.

입법권과 집행권(행정권) 이외에 "모든 국가에는 또 하나의 권력이 있다. 이것은 자연적인 권력이라고 부를 수 있는데, 그 이유는 그 권력이 모든 사람이 사회에 들어가기 전에 자연적으로 가지고 있던 권력에 상응하는 것이기 때문이다."[203] 이는 "전쟁 및 강화(講和)의 권력과 연맹 및 동맹의 권력 그리고 국가 밖에 있는 모든 사람 및 공동체와 모든 교섭을 할 수 있는 권력을 포함"하는 연합권(federative power)이다.[204]

집행권은 "사회 내에서 사회의 구성원 모두를 대상으로 하여 사회의 국내법의 집행을 담당하는 권력"이고, 연합권은 "대외적으로 사회가 이득이나 손해를 볼 수 있는 모든 자들을 대상으로 하여 공공의 안전과 이익을 다루는 권력"이어서 그 자체로서는 매우 상이한 권력이지만, "양자는 거의 항상 결합되어 있다."[205] 그리하여 이 두 권력은 항상 행정부에 맡겨져 있다. "왜냐하면 둘 다 그 행사를 위해서 사회의 힘을 요구하는데, 국가의 무력을 분리하여 별개의, 서로 독립된 기관에 맡기는 것, 또는 행정권과 연합권을 서로 독자적으로 행동하는 사람들에게 맡기는 것은 거의 실천 불가능하기 때문이다."[206]

이상에서 보듯이 로크는 국가권력을 입법권과 행정권 및 연합권의

202 『통치론』, 13장, 156, p. 148.

203 『통치론』, 12장, 145, p. 140.

204 『통치론』, 12장, 146, pp. 140~141.

205 『통치론』, 12장, 147, p. 141.

206 『통치론』, 12장, 148, pp. 141~142.

셋으로 나누고, 그 관장기구를 입법부(입법권)와 행정부(행정권과 연합권)로 나누는 권력분립론을 제시하고 있다. 이렇게 "로크는 몽테스키외보다 반세기 앞서 권력분립론을 제창했으나" 사법권이 독립된 지위를 갖지 못했다는 점, 그리고 최고 권력이 입법권에 집중되어 있어서 행정권이나 연합권은 그에 종속적인 권력으로 머무르고 있다는 점 등에서 "여러모로 불완전한 것이었다."[207]

입법권의 우월성: 의회중심주의 로크는 국가가 보유하는 세 권력 중에 입법권이 가장 우위에 있는 권력이라고 보아 의회중심주의를 천명하였다. 그는 "정부가 존속하는 경우에는 언제나 입법부가 최고의 권력"인데, 그 까닭은 "다른 사람을 상대로 법률을 만드는 자가 그 다른 사람보다 우월한 것이 당연하기 때문"이라고 주장하였다. 입법부에서는 "사회의 모든 부분들 및 그 구성원들을 위해서 법률을 제정하고, 그들의 행동을 규제하는 규칙을 작성"할 뿐만 아니라, "그것의 집행권을 부여하는 권리"를 가지고 있으므로, "입법권은 필히 최고의 권력이 되어야 하며, 사회의 구성원이나 부분들이 가진 여타의 모든 권력은 입법권에서 비롯되며 또한 그것에 종속된다"[208]는 것이다.

입법부는 자신들이 제정한 법률의 집행권을 행정부에 부여하는 권력뿐만 아니라, "정당한 이유가 있을 때 그리고 법에 관한 잘못된 행정을 처벌하기 위해서 집행권을 그들로부터 회수할 수도 있다." 이는 연합권에 대해서도 마찬가지이다. 이렇게 "연합권과 행정권은 양자 공히 입법권에 대해서 보조적이고 종속적"[209]인 권력인 것이다.[210]

---

**207** 서병훈, 2003, p. 209.

**208** 『통치론』, 13장, 150, p. 144.

입법권은 이렇게 법률의 제정권뿐만 아니라 그 집행권자의 임명권도 가지고 있는 최고의 권력이기 때문에 입법권이 누구에게 있느냐에 따라 국가의 형태, 곧 정부형태가 달라진다. "왜냐하면 정부형태는 최고의 권력, 곧 입법권을 어떻게 배치하는가에 따라 좌우되며, 하위 권력이 최고의 권력에게 명령을 내린다거나 최고의 권력 이외의 권력이 법을 만든다는 일은 상상할 수 없기 때문이다." 그리하여 입법권이 "인간이 처음으로 결합하여 사회를 형성하자마자 자연히(naturally) 공동체의 모든 권력을 장악한 다수"에게 있으면 "민주정"이 되고, "선택된 소수 또는 그들의 상속인이나 후계자들의 수중에 위임"되면 "과두정"이 되며, 한 사람의 수중에 맡겨지면 "군주정"이 된다.[211]

---

**209** 『통치론』, 13장, 153, p. 146.

**210** 로크는 행정권자에게는 "법률의 지시가 없이도 그리고 때로는 심지어 법률을 위반하면서까지 공공선을 위해서 재량에 따라 행동할 수 있는 권력" 곧 "대권"(大權, prerogative)(『통치론』, 14장, 160, p. 154)이 주어져 있다고 보아(『통치론』, 14장, 159, p. 153; 160, p. 154; 167, p. 159), 입법권과 독립적인 행정권의 독자적인 권위를 어느 정도 인정하고 있다. "(모든 온건한 군주국과 잘 조직된 정부 하에서 그런 것처럼) 입법권과 행정권이 상이한 사람들의 수중에 장악되어 있는 경우, 사회의 복지를 위해서는 몇 가지 사항들이 행정권을 가진 자의 재량에 맡겨질 것이 요구된다"면서, 그 까닭은 "입법자들이 공동체에 유용한 모든 것을 예견하고 법률로 규정할 수 없으므로 법률의 집행권자는 국내법이 아무런 지침을 규정하지 않은 많은 경우에, 입법부가 그 지침을 마련하기 위해서 편의에 따라 소집될 수 있을 때까지 사회의 복지를 위해서 공통의 자연법에 따라 그 법을 활용할 권리가 있기 때문"(『통치론』, 14장, 159, p. 153)이라는 것이다. 그는 이러한 대권에 대하여 『통치론』의 14장("대권에 대하여", pp. 153~160)에서 자세히 논의하고 있다.

**211** 『통치론』, 10장, 132, pp. 125~126. "국가의 형태에 관하여" 진술하는 『통치론』의 10장(pp. 125~126)에서 로크는 이 세 가지 국가형태에 관한 자신의 선호를 명백히 밝히고 있지는 않다. 『통치론』 전반에 나타난 로크의 의회중심적 입장을 감안해보면, 군주정에 대한 배척의 입장을 표명하는 것이 순리일 것처럼 보이는데도 이런 관점을 전혀 진술하고 있지 않은 것이다. 이러한 측면에서 보면, 로크는 군주제의 적극적인 반대자라기보다는 의회의 견제를 받는 군주제, 곧 입헌군주제—의회 안의 왕(King in Parliament)—를 받아들이는 입장에 서 있다고 보아야 할 것이다.

이렇게 입법권이 "여타의 모든 권력이 거기에 종속"되어야 하는 "단일의 최고 권력"이기는 하지만, 이에도 제한이 있다는 것이 로크의 생각이다. 로크는 "입법권은 일정한 목적을 위해서만 활동할 수 있는 단지 신탁(信託)된 권력이므로 입법부가 그들의 신탁에 반해서 행동하는 것이 발견될 때 입법부를 폐지하거나 변경할 수 있는 최고의 권력은 여전히 인민에게 있다. 왜냐하면 모든 권력은 그러한 목적에 의해서 제한되는 일정한 목적을 달성하기 위해 신탁으로 부여되는 것이므로, 권력이 그 목적을 소홀히 하거나 위반하면 신탁은 필연적으로 철회되며, 그 권력은 그것을 내준 자들의 손에 되돌아가기 때문이다. 그리고 권력을 회수한 자들은 자신들의 안전과 안보를 위해서 최선이라고 생각하는 곳에 그 권력을 새롭게 맡길 수 있다"[212]라고 진술하여, 입법권은 국가 설립의 목적(국민의 재산과 안전의 보호)이라는 한도 내에서만 그 권력을 보장받는다는 관점을 제시하고 있다. 여기에서 인민의 저항권을 인정하는 로크 사상의 급진성이 드러난다.[213]

이러한 제한 때문에 최고의 권력인 입법권은 다음과 같은 한계를 갖는다. 우선 "입법권은 사회의 공공선에 의해서 제한된다"는 "공공선의 한계"이다. 입법부에 의해 제정되는 "법률들은 궁극적으로 다른 목적이 아니라 인민의 복지를 위해서 창안되어야 한다"; 이어서 "입법권 또는 최고의 권위는 즉흥적이고 자의적인 명령을 통해서 통치권을 행사할 수 없다"는 "법치의 한계"이다. "입법부는 공포되고 확립된 법률에 의해서 다스려야 하며", 누구에게나 "단일한 규칙으로 적용"되어야 한다; 다음으

212 『통치론』, 13장, 149, p. 143.

213 문지영(2007, pp. 290~296)은 로크의 사상은 인민의 저항권의 인정이라는 급진성과 개인의 소유권과 재산 축적의 정당화라는 보수성을 동시에 갖고 있다고 본다.

로 "최고의 권력은 어떤 사람으로부터이든 그의 재산의 일부를 그의 동의 없이 취할 수 없다"는 "동의에 의한 과세의 한계"이다. "입법부는 인민들 스스로가 표명하든, 아니면 그들의 대표자들이 표명하든, 인민의 동의 없이 그들의 재산에 세금을 부과해서는 안 된다"; 마지막으로 "입법권은 단지 인민들로부터 위임받은 권력에 불과하므로, 그것을 가진 자들이 타인에게 양도할 수 없다"는 "양도불가의 한계"이다. "입법부는 법률을 제정할 권력을 그 이외의 다른 사람(또는 기관)에게 이전해서는 안 되며, 또 이전할 수도 없다."214

이와 같이 입법부는 인민의 생명과 재산을 안전하게 보호하는 공공선의 한계, 누구에게나 일률적으로 적용되는 법치의 한계, 사적 소유권을 보장하고 지켜주는 동의에 의한 과세의 한계라는 범위 내에서 입법권을 행사해야 하고, 절대로 인민의 인가와 허가를 받지 않고 그 권력을 타인이나 기관에 이전해서는 안 된다는 사실을 명심해야 한다.

**인민의 저항권: 혁명의 논리와 인민주권론** 이상에서 살펴본 바와 같은 "정치권력은 모든 사람이 자연상태에서 가지고 있다가 사회의 수중에 넘긴 것이며, 사회가 명시적 또는 묵시적 신탁—그 권력이 구성원들의 복지와 재산의 보존을 위해 사용되어야 한다는—과 함께 스스로 정한 통치자에게 넘긴 권력이다. [……] 이 권력의 목적과 척도는 그것이 자연상태에서 모든 사람의 수중에 있을 때 인류사회의 모든 성원, 곧 인류일반을 보존하는 것이므로 그것이 위정자의 손에 있을 때에도 그 사회

214 로크는 『통치론』 11장 "입법권의 범위에 관하여"(pp. 127~137)에서 이러한 입법권의 한계에 대해 논의하고 있다. 본문의 인용문은 순서대로 『통치론』, 11장, 135, p. 129; 142, p. 137; 136, p. 130; 142, p. 137; 138, p. 133; 142, p. 137; 141, p. 136; 142, p. 137에 나온다.

구성원들의 생명 · 자유 · 소유물을 보존하는 것 이외에 다른 목적이나 척도를 가질 수 없다."[215] 그러므로 "입법부가 야심 · 공포 · 어리석음 또는 부패로 인해 인민의 생명 · 자유 및 자산에 대한 절대적인 권력을 자신들의 수중에 장악하거나 아니면 그 밖의 다른 자들의 수중에 넘겨줌으로써 사회의 기본적인 규칙을 침해하게 되면, 언제나 그들은 인민이 그것과는 상반된 목적으로 그들의 수중에 맡긴 권력을 신탁 위반으로 상실하게 된다. 그 권력은 인민에게 돌아가며 인민은 그들의 원래의 자유를 회복할 권리와 (그들이 적합하다고 생각하는 바에 따라) 새로운 입법부를 설립함으로써 바로 그들이 사회에 가입한 목적에 다름 아닌 그들 자신의 안전과 안보를 강구할 수 있는 권리를 가지게 된다. 여기서 입법부에 관해 말한 것은 일반적으로 최고행정권자에 관해서도 적용된다."[216] 이렇게 정치권력이 본래의 목적을 수행하지 못하여 그 위임의 신탁을 위반하게 되면, 인민은 그들 자신의 재산과 안전을 확보하기 위해 정치권력에 저항하여 그 신탁을 철회할 수 있다는 것이 "인민저항권"의 논리이다.

여기서 문제가 되는 것은 정치권력이 그 신탁의 목적에 반해서 행동하는지의 여부에 대한 판단을 누가 하는가에 관한 것이다. 이 문제에 관해 로크는 권력의 신탁자인 인민 자신만이 그러한 판단을 할 수 있다고 본다.

> 이 질문에 대해서 나는 인민이 재판관이라고 답변하겠다. 수탁자 또는 대리인이 그에게 맡겨진 신탁에 따라 잘 처신하고 있는지는 대리를 위임한 사람,

---

**215** 『통치론』, 15장, 171, p. 162.
**216** 『통치론』, 19장, 222, pp. 208~209.

곧 위임하였기 때문에 그가 신탁에 반해 행동하면 그를 해임할 권력을 여전히 가지고 있는 사람이 아니라면 누가 판단하겠는가?[217]

군주와 일부 인민 사이에 분쟁이 일어난다면, 나는 그러한 사례의 경우 적절한 심판관은 전체로서의 인민이라고 생각한다. 왜냐하면 군주가 그에게 맡겨진 신탁을 수행하고 있고, 법률의 통상적이고 일반적인 규칙의 적용을 면제받고 있는 상황에서 어느 누구든 자신들의 권리가 침해당하고 있음을 발견한다면 그리고 군주가 신탁에 반해서 또는 신탁을 넘어서 행동하고 있다고 생각한다면, 원래 의도한 신탁의 범위가 어디까지인가를 판단할 사람으로 전체 인민(최초에 그에게 그러한 신탁을 부여한) 이외에 달리 누가 있겠는가?[218]

이렇게 "인민이 재판관이라는 로크의 답변은 사실 구체적이거나 현실적이지 못하다. 전체 인민이 실제로 신탁 위반 여부를 가리기 위해서는 여러 가지 이론적 논의와 제도적 장치들이 따라야 할 텐데, 로크는 그에 대한 후속 논변을 전혀 전개하지 않았기 때문이다."[219] 그러나 로크가 제안하는 인민저항권은 매우 적극적인 것이었다는 점에서 단지 상징적인 주장에만 머무르는 것은 아니었다.

로크가 옹호하는 저항권은 "폭정으로부터 벗어날 권리뿐만 아니라 그것을 예방할 권리"[220]까지 포함하는 것이라는 점에서 매우 적극적인 것이다. 그는 "불법적인 행위의 범위가 다수의 인민에게 확산되는 경우" 뿐만 아니라, "폐해나 억압이 단지 소수의 사람에게만 영향을 미치지만 선례나 결과를 고려할 때 모든 사람을 위협하는 것으로 보이는 경우"에도

217 『통치론』, 19장, 240, p. 227.

218 『통치론』, 19장, 242, p. 228.

219 문지영, 2007, p. 291.

220 『통치론』, 19장, 220, p. 207.

저항권을 가지며, "인민이 그들의 재산 · 자유 및 생명과 더불어 그들의 법률과 어쩌면 그들의 종교 역시 위험에 처해 있다고 마음속으로 믿게 되는 경우"[221] 같이 단지 위험에 대해 마음속으로 예상되는 경우에도 저항할 수 있다는 적극성을 보이고 있다.

로크는 또한 인민의 저항은 단지 비폭력인 시민 불복종의 형태에 한정되는 것이 아니라 무력을 통한 폭력적 저항까지도 용인함으로써 인민저항권에 적극성을 부여한다.

> 입법부가 사회에 그토록 필요한, 그리고 인민의 안전과 보존이 걸려 있는 업무를 수행하는 것을 [행정부의] 무력에 의해 방해받을 경우, 인민은 무력에 의해서 제거할 권리가 있다. 상황과 조건을 불문하고 권한 없는 힘의 사용에 대한 진정한 치유책은 힘으로 대항하는 것이다. 권한 없이 힘을 사용하는 자는 항상 침략자로서 전쟁상태를 자초하는 것이며, 따라서 그와 같이 취급되어 마땅하다.[222]

인민의 저항권에 대한 로크의 정당화는 국가권력의 행사가 인민에 의한 것일 뿐만 아니라 인민을 위한 것이기도 해야 한다는 원칙을 재삼 확인하는 것이다. "로크의 이러한 생각은 18세기에 영국과 미국 · 프랑스

---

**221** 『통치론』, 18장, 209, p. 198.

**222** 『통치론』, 13장, 155, p. 148. 이외에 로크는 군주제 옹호론자인 바클레이(Barclay, W., 1546?~1608)가 "국민의 저항은 존경심을 품은 채 복수나 처벌 없이 행해져야 한다"(『통치론』, 19장, 235, p. 220)는 한계를 설정한 데 대한 반론에서, "상대방으로부터의 공격에 대항하기 위해서 그 가격을 막는 방패만을 사용하는 자나 공격자의 오만함과 위력을 약화시키기 위해서 손에 칼을 들지 않은 채 공손한 자세로 대처하는 자는 즉각적으로 저항의 밑천이 떨어짐은 물론 그러한 방어가 그 자신에게 오히려 악화된 사태만을 초래할 것이라는 점을 깨닫게 될 것이다"(『통치론』, 19장, 235, pp. 220~221)라고 진술하여 무력에 의한 저항을 옹호하고 있다.

등에서 절대주의 국가에 대항하는 혁명들의 사상적 기초로 작용했는데, 이로써 그의 사상의 급진성이 유감없이 발휘된 셈이었다. 나아가 인민의 저항권에 대한 그의 주장은 19~20세기에 벌어진 전체주의 및 독재 국가에 대한 아래로부터의 저항과 시민봉기의 정당화에도 적용"[223]되었던 것이다. 철학적 · 정치적 사유에 있어서의 논리적 비약이나 치밀성의 부족에도 불구하고 로크의 사상이 성공을 거둘 수 있었던 까닭은 그가 인민저항권의 옹호론에서 전개한 인민주권사상이 그 후 벌어진 많은 시민혁명의 이론적 밑받침으로 작용한 데서 찾아야 할 것이다.

## 3. 로크 사상의 영향과 그에 대한 비판

로크는 청교도혁명과 그에 이은 왕정복고와 명예혁명이라는 17세기 영국 사회를 뒤흔든 대변혁의 와중에서 이를 직접 겪으면서 오욕과 영광의 파란만장한 삶을 살았던 철학자이자 의사이며 정치사상가였다. 그의 일생의 전기가 된 사건은 그의 나이 34세이던 1666년에 있었던 애슐리 경(후일의 샤프츠베리 백작)과의 만남이었다. 애슐리 경과의 만남이 없었다면, 로크는 경험주의 철학자이자 의사로서 평범한 삶을 영위했을 것이다. 그러나 애슐리 경과의 만남으로 인해 로크는 정치철학자로서의 명성을 얻게 되었으며, 『인간오성론』(1689)의 저자로서 끝나고 말았을 그에 대한 기억은 그보다는 같은 해에 출간한 『통치론』의 저자로서 더 유명하게 되었다.

---

**223** 문지영, 2007, p. 292.

로크의 사회계약론은 40년 이상 연상이지만 같은 시기를 살았던 홉스의 그것과 그 세부적인 내용에서는 차이가 많지만, 전반적인 구성에 있어서는 비슷한 양상을 보이고 있다. 이 책에서도 제시되고 있듯이, 로크의 사회계약론은 홉스의 그것과 마찬가지로 자연인의 본성, 자연상태의 특성과 결함, 사회계약을 통한 국가형성, 국가권력의 구조의 항목으로 세분하여 정리할 수 있는데, 이러한 사실은 이 두 학자의 논리 전개의 양상이 비슷함을, 아니 사회계약론이 이러한 체계로 정리되는 특징을 가지고 있는 이론체계임을 짐작하게 한다. 그렇다면, 1689년에 출간된 저술인 『통치론』이 같은 나라에서, 그것도 모국어로, 불과 38년 전인 1651년에 출간된 저술인 『리바이어던』의 영향을 받았으리라고 추론하는 것은 당연한 일일 것이다.

그러나 "로크는 공개적으로 홉스의 『리바이어던』을 결코 읽지 않았다고 주장하고 있으며, 자신의 『통치론』이 홉스의 작품 여러 곳을 표절했다는 당시의 평가에 대해서도 강하게 부인하고 있다. 그러나 로크가 옥스퍼드의 학생이었을 때 출간되었으며, 또 당시 가장 논쟁거리가 된 책 『리바이어던』을 읽지 않았다는 주장은 의심스럽다. 또 로크의 친구들인 샤프츠베리 · 커드워스 · 보일 등이 홉스가 제기한 문제들에 대해 깊은 관심을 가지고 논쟁을 했음에도 불구하고, 로크만이 의도적으로 홉스의 철학에 무관심을 보였다는 점은 자연스럽지 못하다. 로크는 자신의 작품 속에서 의도적으로 홉스의 이름을 언급하지 않음으로써 홉스로부터 받은 영향을 부인하려고 한 것 같다."[224] 그러나 그는 『통치론』의 여러 곳에서 "어떤 사람들"이나 "이러한 반론을 제기하는 사람들" 또는 "군주론자나 그와 동일한 의견을 가지고 있는 자들"이라는 표현을 쓰고 있는데, 이들 중

**224** 김용환, 2005, pp. 178~179.

대부분은 아마도 홉스를 지칭하는 것이라고 추정된다.[225]

또한 로크는 "다수의 동의가 전체의 결정으로서 합당하게 받아들여지지 않고, 오직 개개인 모두의 동의만이 어떤 결정을 전체의 결의로 만드는 것이라 주장한다면 [……] 거기에다 모든 인간집단에서 불가불 일어나게 마련인 의견의 다양성과 이해관계의 대립을 감안한다면, [……] 이와 같은 구조는 강력한 '리바이어던'이라 할지라도 가장 연약한 피조물보다 단명하게 만들 것이다"[226]라고 진술하고 있는데, 여기서 언급하고 있는 "리바이어던"은 국가를 의미하는 것이고, 이는 홉스가 사회계약에 의해 인공적으로 창조되는 피조물인 국가를 지칭하는 용어였다는 점에서, 로크가 홉스의 저술을 참고하였다는 중요한 증거가 된다고 볼 수 있다. 그리고 로크는 무력에 의한 저항권이 허용된다는 논리를 제기하면서 "신민이나 외국인들이 무력으로 인민의 재산을 침해하려고 기도하는 경우 무력으로 저항할 수 있다는 것은 온갖 부류의 사람들이 동의하고 있다. 그러나 동일한 일을 저지르는 위정자에게 저항해도 좋다는 주장은 최근 부인된 바 있다"[227]고 진술하고 있는데, 여기서 "최근에 이 논리를 부인한 사람"은 아마도 홉스를 지칭하는 것으로 보인다. 생명권에 대한

**225** "나는 이러한 반론을 제기하는 사람들에게 절대군주 역시 일개 인간이라는 사실을 상기시키고 싶다"(『통치론』, 2장, 13, p. 19); "어떤 사람들은 자연상태와 전쟁상태의 차이를 혼동하기도 하였지만, 두 상태는 평화 · 선의 · 상호 부조 및 보존의 상태와 적의 · 악의 · 폭력 및 상호 파괴의 상태가 서로 다르듯이 현저히 다른 것이다"(3장, 19, p. 25); "개개의 특정한 인간들에게는 우리의 논적(論敵)들에 의해서도 (오직 부캐넌을 제외한다면), [절대군주 권력의 침해에 대해] 참는 것 이외에 별다른 구제책이 나오지 않는다"(19장, 233, pp. 219~220); "바클레이[절대군주론자]나 그와 동일한 의견을 가지고 있는 자들이 이 질문[군주가 권위를 가지지 못할 경우에도 저항해서는 안 되는가 하는 질문]에 관해 답변을 해주면 좋겠다"(19장, 239, p. 225).

**226** 『통치론』, 8장, 98, p. 95.

**227** 『통치론』, 19장, 231, p. 217.

위협이 있지 않는 한 저항권을 인정하려고 하지 않는 홉스의 저술은 로크의 그것보다 40년도 안 되는 짧은 과거에 출간되었으므로, "최근에 저항권의 논리를 부인한 것"으로 볼 수 있기 때문이다.

이러한 여러 정황에도 불구하고 로크가 홉스의 영향을 부인한 것은, 홉스가 생시에나 죽은 후에도 무신론자라는 혐의와 절대군주론자라는 비난을 받았을 뿐만 아니라, 홉스가 죽은 지 3년 후인 1682년에 이미 두 사람의 모교인 옥스퍼드 대학에서 『리바이어던』을 금서로 지정하였으므로,[228] 안전을 위하여 어떤 식으로든지 홉스와 엮어지는 것을 피하고자 하는 의도 때문이었을 것이다. 게다가 두 사람은 출신 배경 등의 차이로 인해 인간과 세상을 바라보는 관점에 근본적인 차이가 있었다. 즉 홉스는 비관적이었는 데 반해, 로크는 비교적 낙관적인 견해를 가지고 있었다. "이렇게 출발점, 즉 인간을 바라보는 눈길이 다르다 보니 그 귀결점, 즉 정치적 입장도 뚜렷하게 다른 것"[229]이 될 수밖에 없었을 것이다.[230]

앞에서 지적되었지만, 로크는 경험론적 인식론의 선도자일 뿐만 아니라, 자유주의의 체계화를 이룬 사람이고, 노동가치설의 제창자이며, 의회중심주의 이론의 제공자이기도 하다. 또한 그는 인민저항권의 옹호자로서 인민주권론을 강력히 주장함으로써, 18세기에 전개된 미국과 프랑스의 시민혁명의 이론적 토대를 제공한 사람이기도 하다. 그리고 "로크는 주권의 본질이나 소재에 관해 결코 명백한 견해를 가지고 있지는 않았지만, [……] 영구적이고 지속적으로 활동하는 공동체의 주권성에 대한

228 최공웅 · 최진원, 2009, p. 678.

229 서병훈, 2003, p. 205.

230 홉스와 로크의 자세한 비교는 바커(Barker, 1962)의 논문을 번역하여 출간한 강정인 · 문지영(1995, pp. 11～58) 및 서병훈(2003, pp. 203～205, 208～214)의 로크 관련 논문을 참조할 것.

견해"를 통해 루소의 사회계약론의 형성에 결정적인 영향을 끼치기도 하였다.[231] 그리하여 "1651년 홉스의 『리바이어던』 출간부터 1762년 루소의 『사회계약론』의 출간에 이르는 한 세기 동안 도래한 [……] 사회계약론의 위대한 시기"[232]에 그 중간 징검다리 역할을 충실히 하였던 것이다.

그러나 로크는 화폐경제의 도입에 관한 이론을 통해 개인의 사적 재산소유권의 무제한적인 확장을 용인하였을 뿐만 아니라, 빈곤의 원인을 개인의 게으름이라는 내적 성향에서 찾아 불평등한 소유와 분배의 길을 터놓음으로써 자본가 계급의 이익을 옹호하였다는 비판을 받는다. 그의 의회중심주의에 관한 신념도 젠트리와 청교도라는 자기 출신 계급의 이익을 대변하는 이데올로그의 주장일 뿐이었다는 비난을 받기도 한다. 또한 인민의 저항권 옹호라는 측면에서 나타나는 그의 사상의 급진성은 출신 계급의 이익 보호라는 보수성에 가려질 수밖에 없다는 입장이 제시되기도 한다.

뿐만 아니라 로크는 논리적 사고의 치밀성이 부족하여, "사상가들 중 가장 심오하지도 가장 독창적이지도 않은 사람"[233]이라는 비판을 받기도 한다. "그의 이론체계에는 혼란과 모순이 가득하고", 어떤 "원리적 주장들을 같은 책 같은 장 안에서 태연히 부정하는 논리를 펴는 데 주저하지 않았으므로", 그의 철학은 "종래의 정설과는 달리 독창적이지도 않고 리버럴하지도 않다"[234]는 것이다. 그러나 "그의 저작이 실제로는 철학과 정치학 양쪽에 걸쳐 강력하고 지속적인 영향을 끼쳤음"을 부인하기는 힘들다. "로크의 정치이론은 거의 새로운 내용이 없는데도 왕권신수

231 Barker, 1962/1995, pp. 34~36.

232 Barker, 1962/1995, p. 16.

233 Russell, 1959/1963, p. 318.

234 노명식, 1991, pp. 137, 139, 142.

설을 깨끗이 논박해버렸고, 스콜라 철학의 자연법 사상을 근대의 상황에 맞게 변경시켜 기초로 삼고, 국가에 대한 새로운 기본 신조를 확립하려고 노력"[235] 하였던 것이다.

**235** Russell, 1959/1963, pp. 318~319.

제4장

# 장-자크 루소의 사회계약론

장-자크 루소[1]는 1712년 제네바 공화국에서 시계공의 둘째 아들로 태어났다. 루소의 어머니는 그가 태어난 지 9일 만에 출산후유증으로 세상을 떠나, 그는 아버지와 고모에 의해 양육되었다. 루소의 나이 열 살이던 1722년에 그의 아버지는 사소한 싸움 끝에 제네바를 떠나게 되었고, 그는 랑베르시에(Lambercier) 목사에게 위탁되었다. 랑베르시에 목사에게 위탁된 지 3년 만인 1725년(13세)에 어느 조각공의 도제로 들어갔

1 루소의 생애와 사상에 대해서는 강정인 · 문지영(1995)이 로크 · 흄 · 루소의 사회계약론을 비교한 Barker(1962)의 논문 등을 편역한 『로크의 이해』(서울: 문학과지성사, pp. 11~62), 김영인(2006)의 『맹자와 루소의 인성론 비교연구』(경기: 한국학술정보), 김용민(2004)의 『루소의 정치철학』(경기: 인간사랑), 이용철(2006)의 『루소: 분열된 영혼』(경기: 태학사), 이환(1999)이 『사회계약론』(서울: 서울대학교 출판부) 번역판에 붙인 "해설"(pp. 181~219), 이태일 · 최현(2002)이 『사회계약론 외』(서울: 범우사) 번역판에 붙인 "해설"(pp. 342~354), 김용민(2007), 민문홍(2003)의 루소 관련 논문을 광범위하게 참고하였다. 이 글에서는 루소의 생애와 사상에 관해 널리 알려진 사실이나 구태여 출처를 밝히지 않아도 될 일반적인 사항에 대해서는 출처를 명기하지 않고, 저자의 독창적인 해석을 제시하거나 원문을 그대로 인용하는 등 특별히 출처를 밝힐 필요가 있는 부분에 대해서만 이를 명기하기로 하겠다.

다가, 16세이던 1728년에 제네바에서 도망쳐 프랑스 곳곳을 전전하면서 보냈다.

이 시절 안느 시에서 바랑 부인(Mme de Warens)을 만났는데, 이는 그의 일생에 결정적인 영향을 미친 사건이었다. 바랑 부인을 만난 후에도 그의 방랑생활은 계속되어, 몇몇 귀족 집에서 종복 노릇도 하고, 토리노 시 수도원 보호시설에 들어가기도 하고, 교회 성가대에서 음악수업을 받기도 하였다. 그는 21세이던 1733년 가을에 바랑 부인과 깊은 관계를 맺고, 그녀의 보호 밑에서 수년 동안 독서와 공부에 전념하면서 그의 일생 중 가장 평화롭고 행복한 나날을 보냈다. 1738년(26세)에 바랑 부인과 결별하고, 가정교사와 음악악보 기술 작업 등으로 생활을 꾸려나갔다.

1742년(30세)부터 파리에서 디드로(Denis Diderot, 1713~1784), 달랑베르(d'Alembert, 1717~1783), 볼테르(Voltaire, 1694~1778) 등 백과전서파와 교유하기 시작하였으나, 이들과의 교제는 그리 오래 지속되지 못하였다. 이들 백과전서파는 계몽주의자들로 이성과 학문 및 교육에 의한 인간 사회의 진보에 대해 굳은 믿음을 가지고 있었으나, 루소는 이성보다는 자유로운 감정과 욕망의 표출을 중시하는 낭만주의자였을 뿐만 아니라, 학문과 교양이 인간을 타락시킨다는 믿음을 가지고 있었으므로, 양자 사이에는 결코 융합되기 어려운 신념의 차이가 가로막고 있었기 때문이었다.

그는 33세이던 1745년에 하숙집 세탁부(洗濯婦)이던 르봐쉐르(Thérèse Levasseur, 당시 23세)와 만나 곧 동거하기 시작하였다. 르봐쉐르는 글을 모르는 것은 물론, 숫자도 모르고 심지어는 시계 보는 법도 익히지 못할 정도로 무식한 여자였다. 루소는 그녀와 결혼은 하지 않고 동거만 하였는데, 그들의 동거는 죽을 때까지 지속되었다. 그녀와 루소 사이에는 다섯 명의 아이가 출생하였는데, 루소는 자기 아이들을 키우지 않고 낳자마자 고아원으로 보내버렸다. 18세기 최고의 교육서이자 그의 주저 중의 하나이기도 한 『에밀』의 저자인 루소가 정작 자기 자식들을 직접 키우지 않고 고아원에 내버렸다는 사실은 그에게 있어서 평생 따라다니는 짐이었으며, 그에 대한 비판의 중요한 요인이 되었다.

루소의 일생에 있어서 1749년(37세)은 획기적인 한 해였다. 그해 10월에 그는 벵센느 성에 수감되어 있던 디드로를 면회하러 가는 길에, 어느 잡지에 실린 디종 아카데미의 현상논문 제목("학문과 예술의 진보는 도덕을 타락시키는 데 기여하였는가? 아니면 순화시키는 데 기여하였는가?")을 보게 되었다. 이 제목을 읽는 순간 루소는 감전된 듯한 심한 흥분을 느껴 반시간 동안이나 정신을 잃고 쓰러질 정도였다고 한다. 이때 그의 뇌리 속에는 "본래 선하게 태어난 인간은 사회와 문명에 의해 타락하였다"는 그의 평생의 명제가 섬광같이 스쳐 지나갔다. 그리하여 "루소는 당시 백과전서파로 대표되는 계몽주의자들의 상식적인 주장과는 달리, 학문과 예술의 발달이 인간의 도덕성을 타락시켜왔음을 주장하는 논지로 현상논문을 써서 응모"[2]하였으며, 이 논문은 최고상을 받았다. 루소의 주저 중의 하나인 이 논문은 흔히 『학문예술론』(*Discours sur les Sciences et les Arts*, 1750) 또는 『제1논문』으로 불리는데, 이로 인해 루소는 프랑스는 물론 온 유럽에서 촉망받는 지성인으로 떠오르게 되었다.

이 논문으로 유명해진 루소는 1753년에 다시 디종 아카데미의 현상논문("인간들 사이의 불평등의 기원은 무엇인가? 그리고 그것은 자연법에 의해 허용되는가?")에 응모하였다. 이는 당선을 목적으로 쓴 것은 아니고, 앞의 논문에서 개진한 자기의 주장을 사회적인 문제 전반으로 확대 적용하기 위해 집필한 것이었다. 이 논문은 1755년(43세)에 『인간불평등기

---

**2** 김용민, 2007, p. 377.

원론』(*Discours sur l'Origine et le Fondaments de l'Inégalité parmi les Hommes*)이라는 제목으로 출간되었는데, 『제2논문』이라고 불리기도 하는 이 논문도 그의 주저 중의 하나이다. 그는 이 논문에서 본래 자유롭고 평등하며 선량하게 태어난 인간이 생산관계의 진화에 의하여 소유와 부의 측면뿐만 아니라 정치적 측면에서도 불평등한 존재로 전락하고 말았다는 사실을 설파하고 있다.

루소는 1756년(44세)부터 1762년(50세)까지 이곳저곳에서 칩거하면서 왕성한 집필활동을 하여, 1761년(49세)에 서간체의 연애소설인 『신엘로이즈』(*Julie, ou la Novelle Héloïse*)를 출간하여 큰 성공을 거두었다. 이어서 1762년에는 정치이론서인 『사회계약론』(*Du Contrat social, ou Principes du droit politique*)과 교육이론서인 『에밀』(*Émile*)을 잇달아 출간하였다. 이 두 책도 그의 주저로 꼽히는데, 『에밀』의 이신론(理神論)적인 종교적 내용 때문에 파리 고등법원에서 유죄판결을 받아 1762년 여름부터 그는 여러 곳을 전전하면서 은둔생활을 하게 되었다. 1766년에는 흄(David Hume, 1711~1776)의 초청으로 영국에 건너가기도 하였으나, 소심함과 강박적인 편집증으로 인해 누구하고도 잘 사귀지 못하는 성품의 소유자였던 그는 1년 만에 흄과도 결별하고, 프랑스로 돌아와 몇 해를 전전하며 가명으로 지냈다. 그의 은둔생활은 파리로 돌아와 안착하는 1770년(58세)에야 종지부를 찍었다.

파리에 안착한 후 루소는 『고백록』(*Les Confessions*), 『장-자크의 심판자로서의 루소: 대화』(*Rousseau juge de Jean-Jacques, Dialogues*), 『고독한 산책자의 몽상』(*Rêveries du promeneur solitaire*) 같은 자기 고백적인 작품들을 집필하였다. 이들 중 『고백록』은 "가는 곳마다 비난과 배척을 받고 고독과 실의 속에 전전하던 루소가 적어도 후세에 대해서나마 자신을 보호"[3]하기 위하여, 자신의 일생을 돌아보면서 일상생활에서 나타나고 있는 자신의 감정과 욕망, 특히 성적 욕망을 있는 그대로 보여주려고 한 자기변론의 글이다.[4] 이 자기변호의 책에서 루소는 "고독과 자연의 사랑이 자신의 본성임을 말하면서, 자기는 오로지 자연 그대로 살기를 원했음을 강조한다."[5] 『장-자크의 심판자로서의 루소: 대화』에서는 "지루할 정도로 구체적이고 반복적으로 자신의 선하고 순수한 영혼과 자신의 철학체계를 정당화"[6]하고 있으며, 마지막 작품인 『고독한 산책자의 몽상』에서는 단순히 과거를 회상하면서 행복했던 시절을 돌이켜보고 있다. 이들 작품들은 그의 생전에 출간되지 못하고, 그의 사후인 1780년부터 1789년까지 출간되었다.

루소는 그의 나이 66세인 1778년에 사망하여 파리 근교에 안장되었는데, "급진에서 보수에 이르기까지 프랑스대혁명에 참가한 모든 사람의 정신적 지주로 추앙받던 그는, 혁명이 마무리되어가던 1794년에 그 유해가 위대한 국가적 영웅만이 영면을 취할 수 있는 파리의 팡테옹으로

---

3 이환, 1999, p. 193.

4 이용철(2006)은 『고백록』을 따라가면서 루소의 일생을 정리하고 있는데, 고백록이 자기변론을 위한 글이니만큼 솔직한 고백보다는 자기변명에 그친 점이 많다는 점을 이곳저곳에서 밝히고 있다. 한 예(pp. 156~166)로, 루소는 『고백록』에서 자기의 다섯 자녀를 고아원에 버린 사건에 대해 "나는 내가 아이들을 버리지 않으면 안 될 판국에 그렇게 함으로써 아이들을 그 아비의 운명과 그들에게 닥쳐올 운명으로부터 지키게 되었음을 종종 하늘에 감사했다"(p. 158)라고 하여, 아이들을 버린 것이 스스로 그들을 키울 경제적인 능력이 없어서였던 것처럼 기술하고 있으나, "문단에서의 성공으로 인하여 경제적인 어려움이 어느 정도 해소되었던 상황"(p. 164)에서도 계속 자식들을 버렸다는 점에서, 경제적 궁핍함 때문에 자식들을 버린 것이 아님이 분명한데도 자기변명으로 일관하고 있다는 사실을 지적한다. 루소는 "나는 심사숙고한 끝에 내 아이들을 위해 최선의 것 혹은 내가 최선의 것이라고 생각한 것을 선택했다"(p. 160)라고 진술하여, 자기의 부도덕성 때문에 저지른 일을 마치 아이들을 위한 최선의 선택이었던 양 위장하고 있다는 것이다.

5 이환, 1999, pp. 193~194.

6 김용민, 2007, p. 379.

이장되었다."[7] 이러한 사실에서 프랑스인들의 루소에 대한 존경심을 읽을 수 있는데, 그의 사람됨과 사상에 대한 많은 비판에도 불구하고 『사회계약론』을 비롯한 그의 저술이 근대의 정치 및 사회질서를 구축하는 중요한 축의 하나가 되어왔음을 부인하기는 어렵다.

## 1. 루소의 사상적 배경

『장-자크의 심판자로서의 루소: 대화』는 루소가 "자신의 분신이라고 할 수 있는 '장-자크'라는 인물을 설정하고, 그에 대한 세속적 평가에 물들지 않은 공정한 안목을 가진 '루소'라는 인물과 '장-자크'를 제대로 읽지도 않고 그에 대해 악평을 서슴지 않는 세속적인 독자를 대변하는 '프랑스인'과의 대화"를 통해 자신의 성격과 그가 추구하는 철학의 원리를 정당화하려는 목적으로 저술한 자기소개서와 같은 작품이다. 이 책에서 "'장-자크'의 책을 읽기 전에 그에 대한 악평을 마다하지 않던 '프랑스인'은 책을 읽은 후 '장-자크'의 작품체계와 철학의 원칙을 다음과 같이 말한다."[8]

> '장-자크'의 작품들을 처음 읽었을 때 나는 이 작품들이 어떤 질서에 따라 차례로 써졌음을 느꼈는데, 이 질서를 찾는 것은 각 작품에 나타난 내용의 고리를 따라가기 위해서 필요했다. 나는 이 질서가 각 작품이 출판된 순서의 역순이라는 것을 발견했고, '장-자크'가 한 작품에서 다른 원칙으로 거슬러

7 김용민, 2007, p. 378.

8 김용민, 2007, pp. 379~380.

올라가면서 후기 작품들에서 제1원칙[자연은 인간을 행복하고 선하게 만들었으나, 사회가 인간을 타락시키고 그를 불행하게 만들고 있다]에 도달하고 있다는 것을 발견했다고 믿었다. '장-자크'의 작품들을 종합적으로 읽기 위해서는 내가 그랬듯이 후기 작품들부터 읽는 것이 필요한데, 무엇보다 그의 마지막 작품인 『에밀』에 집중하는 것이 필요하다.[9]

이 인용문에서 루소는 스스로의 작품세계에 일관적인 제1원칙이 있음을 천명하고, 이에 도달하기 위해 자기 작품들을 체계적으로 읽을 것을 주문하고 있다. 루소는 어느 친구에게 쓴 편지에서 "『학문예술론』 · 『인간 불평등기원론』 · 『에밀』 세 작품은 서로 분리될 수 없고 함께 모여 '하나의 전체'를 이룬다"[10]고 누누이 강조하고 있다. 루소가 여기서 『사회계약론』을 "하나의 전체"를 구성하는 작품으로 언급하지 않은 데에는 두 가지 원인이 있는 것으로 생각된다.

우선 루소는 "정치제도론"이라는 상당히 긴 작품을 구상하고 이를 통해 자신의 정치적 이상을 정립하려고 시도하였으나, 너무나도 방대하고 힘에 겨운 작업에 용기를 잃고 1758년(46세)에 이를 위한 대부분의 노트를 없애버렸는데, 이때 "대중에게 제공되기에 고려해볼 만하고 또 그나마 부끄럽지 않은 부분"[11]으로 남겨진 것이 『사회계약론』이었다.

9 Rousseau, *Rousseau Judge of Jean-Jacques*. Translated into English by R. D. Masters & C. Kelly. London: University Press of New England, 1990. p. 211. (김용민, 2007, p. 380에서 재인용)

10 김용민, 2004, p. 266, 주 6; 2007, p. 377.

11 『사회계약론』, Notice, p. 40. 제1장의 주 14에서 지적한 것처럼 이는 Rousseau(1762)의 *Du Contrat social*을 Gourevitch, V.(1997)가 영어로 번역한 *The Social Contract and Other Later Political Writings*(Cambridge: Cambridge University Press)의 p. 40에 나오는 Notice(독자에게) 항목을 가리킨다. 루소의 『사회계약론』의 우리말 번역본은 이환(1999), 이태일 · 최현(2002)의 것 등 여러 권이 있으나, 어느 것도 만족할 만한 수준의 번역이 아니었다. 특히

그러므로 그가 보기에 『사회계약론』은 완성된 이론체계가 아닌 것으로 생각되었는지도 모른다. 다음으로 『사회계약론』의 발췌본이 『에밀』의 말미에 정치교육을 위한 교재로 수록되어 있다는 점을 들 수 있다. 그는 이미 언급한 바 있는 『에밀』에 그 일부가 실려 있는 『사회계약론』을 자신의 철학 전체를 구성하는 하나의 부분으로 언급하는 것이 중복 진술이라고 생각했을 수도 있을 것이다.[12]

그러나 『사회계약론』은 누구나가 인정하듯이 "루소가 자신의 이론적 논의의 역량을 최대한 발휘"[13]하여 집필한 그의 대표작이다. 그러므로 그의 정치 및 사회사상을 제대로 파악하기 위해서는 『학문예술론』·『인간불평등기원론』·『에밀』과 함께 『사회계약론』을 고찰하지 않을 수 없다. 이러한 맥락에서 이 책에서는 전자의 세 작품과 『신엘로이즈』 및 『고백록』 등을 중심으로 하여 루소의 사상적 배경을 살펴보고, 이를 바탕으로 다음 절에서 『사회계약론』에 나타난 그의 사회계약사상을 고찰해보기로 하겠다.

### 1) 낭만주의자로서의 루소: 인간 본성의 선함과 문명에 의한 타락

흔히 『제1논문』이라고도 불리는 『학문예술론』에서 루소는 "인간은

---

이환(1999)의 번역본에서는 루소 사회계약론의 가장 핵심적인 개념인 "일반의지"(volonté générale, general will)를 "전체의사", "전체의지"(volonté de tous, will of all)를 "모든 사람의 의사", "특수의지"(volonté particulère, particular will)를 "한 개별적 의사"라고 번역하여, 정치철학 분야의 일반적인 용법과는 동떨어진 번역을 하고 있다. 이에 이 책에서는 기존의 여러 번역본을 참고로 하되, Gourevitch(1997)의 영역본을 원전으로 필자가 필요한 부분을 번역하여, 루소의 『사회계약론』을 정리하였다.

12 이러한 사실들은 김용민(2007, pp. 377~378, 382~385)과 이환(1999, pp. 188~189, 204~208) 참조.

13 Russell, 1959/2003, p. 346.

본성적으로 선하며, 단지 제도에 의해서 사악하게 된다"[14]는, 이성과 학문에 의한 인간사회의 진보를 역설하는 계몽주의가 맹위를 떨치던 당시로서는 파격적인 주장을 펼치고 있다. 그는 『학문예술론』의 서두에서 "육체적인 욕망은 사회의 기반을 구축하며, 정신적인 욕망은 사회의 즐거움을 창조한다"면서 정신적 욕망의 결과물인 "학문과 문예 그리고 예술(그것들은 덜 독재적이지만 더 강력하다)은 사람들을 결박하고 있는 쇠사슬을 꽃다발로 치장함으로써 사람들에게서 타고난 자유(사람들은 자유를 타고났다)의 감정을 질식시킨다. 그리하여 자신들의 예속을 사랑하게 만듦으로써 그들을 언필칭 '개화한 국민'으로 만들어낸다. 욕망은 왕권을 수립했으며, 학문과 예술은 그 왕권을 공고히 해주었다"[15]고 질타한다. 학문과 예술은 사회제도에의 예속을 미화함으로써 인간의 자유를 말살하고, "비열하고 기만적인 획일성"으로 몰고 감으로써[16]

14 루소는 친구인 말제르브(Chrétien Maleshеrbes)에게 보낸 편지에서 벵센느에 연금되어 있던 디드로를 만나러 가는 도중에 느꼈던 "영적 계시"에 대해 언급하면서, "만약 내가 그때 느꼈던 것의 4분의 1만이라도 글로 옮길 수 있었더라면 나는 아주 명확하게 사회체계의 모순을 밝혀내고, 아무 기탄없이 우리 제도의 남용을 드러내며, 매우 단순하게 '인간은 본성적으로 선하며 단지 제도에 의해 사악하게 된다'는 것을 증명할 수 있었을 것입니다"(김용민, 2007, pp. 400~401에서 재인용)라고 진술하여, 『학문예술론』의 주제가 이것임을 천명하고 있다. 루소가 벵센느에서 체험한 영적 계시와 그 이후의 전개에 대해서는 이용철(2006, pp. 149~155)을 참조할 것.

15 『학문예술론』, 제1부, p. 36. 이는 김중현(2007)이 루소의 *Discours sur les Sciences et les Arts*(역자는 어느 판을 원전으로 하였는지 밝히지 않고 있다)를 번역하여 『학문과 예술에 대하여 외』라는 제목으로 출간한 책(경기: 한길사)의 제1부 p. 36을 가리킨다. 앞으로 『학문예술론』의 인용은 이 예를 따른다.

16 "[학문과 예술로 인해] 기교가 짐짓 우리의 태도를 꾸미기 이전에, 또한 정열에 멋을 부려 부자연스럽게 말하는 법을 가르쳐주기 이전에, 우리의 풍속은 촌스럽지만 자연스러웠다. [……] 더 교활한 가식과 더 섬세한 세련미로 타인의 환심을 사는 기교를 신조처럼 떠받들게 만들어놓은 오늘날, 우리의 풍속에는 어떤 비열하고 기만적인 획일성이 지배하고 있다. 그리하여 모든 정신이 똑같은 하나의 주형(鑄型)에 부어진 것 같다. [……] 사람들은

인간을 타락시키는 주범이 되고 있다는 것이다.

**학문 · 예술의 발달과 인간의 타락** 『학문예술론』은 전후 2부로 구성되어 있다. 제1부에서 루소는 "인간생활의 타락이 항상 문명의 발전에 수반되었음을 입증하기 위해 일련의 역사적 고찰을 펼쳐나간다."[17] 이러한 사실을 그는 다음과 같이 진술하고 있다.

> 학문과 예술이 발전을 거듭함에 따라 우리의 영혼은 타락했다. 우리는 그것이 우리 시대만의 불행이라고 말할 것인가? 아니다. 우리의 쓸모없는 호기심 때문에 야기된 불행은 이 세상만큼이나 오래되었다. [……] 우리는 우리의 지평선에 학문과 예술의 빛이 떠오름에 따라 미덕이 사라지는 것을 목격했는데, 시대와 장소를 불문하고 똑같은 현상이 관찰되었다.[18]

이어서 그는 이집트 · 그리스(특히 아테네) · 로마 · 동로마제국 · 중국 · 페르시아 그리고 근대국가 등에서 그 예를 찾으면서, 원시생활의 행복과 문명의 해독을 대비시킨다. 이들 국가들에서 학문과 문예가 발달하기 전에는 미덕이 지배하고 있었으나, 문명의 발달과 더불어 인간의 타락이 시작되었다는 것이다.[19]

---

항상 관습을 따를 뿐 자신의 타고난 자질은 등한시한다. 그들은 더 이상 본래의 자기 자신을 보이려고 하지 않는다. 그리하여 동일한 정황 속에서 사회라고 일컬어지는 집단을 형성하고 있는 항구적인 속박 상태의 사람들은 더 강력한 동기에 따라 그 굴레에서 벗어나지 않는 한 모두 똑같은 짓만 되풀이할 뿐이다"(『학문예술론』, 제1부, pp. 37~38).

17 이환, 1999, pp. 184~185.

18 『학문예술론』, 제1부, p. 40.

19 루소는 자기의 『학문예술론』에 대한 어느 신부의 비판에 대한 반박문에서 "세계 어느 나라에서나 풍속이 타락하는 시점은 학문의 연마가 시작되는 바로 그 순간"(『학문예술론』, 레날 신부에게 보낸 편지, p. 72)이라고 명시하고 있다.

발생 초기의 문예는 아직 그 나라[그리스] 사람들의 마음속에 타락을 가져오지 않았다. 그러나 예술의 발전과 함께 풍기문란, 마케도니아의 지배가 계속 이어졌다.[20]

학자들이 우리들 중에 나타나기 시작한 뒤로 정직한 사람들이 자취를 감추었다. 그때까지 로마인은 덕행을 몸소 실천하는 것으로 만족했다. 그런데 그들이 그 덕행을 연구하기 시작하면서부터 모든 것이 끝나버렸다.[21]

이처럼 루소에게 학문과 예술은 인간을 타락하게 함으로써 본래 인간이 향유하고 있던 행복을 빼앗는 원천이 된다. 그는 초기의 페르시아인 · 스키타이족 · 로마인 · 스위스인 들은 "가난하고 무지했던 시기", 곧 학문과 예술이 발달하기 이전에는 "순결과 덕행에서 마음의 편안"을 느끼면서 살았으나, 문명이 발달한 이후에는 그러한 행복을 빼앗겨버렸다는 사실을 지적하고 있다.[22] 심지어 그는 이를 "신의 징벌"이라고까지 표현하고 있는 것이다.

사치와 풍기문란과 예속은 시대를 불문하고 우리가 '불멸의 예지'[창조주신 또는 자연을 가리킴]로부터 부여받은 행복한 무지에서 벗어나기 위해 기울였던 모든 노력에 대한 벌이었다. '불멸의 예지'가 자신의 섭리를 가렸던 두꺼운 베일은 그가 우리를 전혀 쓸모없는 탐구에 예정하지 않았다는 사실을 충분히 우리에게 알려주는 것처럼 보인다. [……] 민중이여, 어머니가 아이의 손에서

---

**20** 『학문예술론』, 제1부, p. 40.
**21** 『학문예술론』, 제1부, p. 46.
**22** 『학문예술론』, 제1부, p. 42.

위험한 무기를 빼앗듯이 자연은 모름지기 당신들을 학문으로부터 보호해주고 싶어 했다는 사실을 기억하시오.[23]

**학문 · 예술의 기원과 그 폐해** 제2부에서 루소는 학문의 기원과 목적 및 그 영향에 관한 이론적인 설명을 시도함으로써, 자신의 주장에 대해 변호하고 있다. 우선 모든 학문은 지식 연마에 대한 본질적인 흥미보다는 세속적인 욕망이나 허구에 그 기원과 목적을 두고 있어서 신빙성이 없다고 그는 주장한다.

> 실제로 세계사를 공부하든지 아니면 불명확한 연대기의 부록을 철학적 연구물로 보충해보라. 인간이 지식 연마에 흥미를 느끼고 있다는 생각을 뒷받침해줄 증거를 발견하지 못할 것이다. 천문학은 미신에서 생겨났으며, 웅변술은 야망과 증오와 아첨과 거짓에서 생겨났다. 기하학은 탐욕에서 생겨났으며, 물리학은 공연한 호기심에서 생겨났다. 그처럼, 윤리학까지를 포함하여 모든 학문은 인간의 오만에서 생겨났다. 그러므로 학문과 예술은 우리의 악덕에 근원을 두고 있음이 틀림없다.[24]

학문은 그 기원과 목적이 공허한 것에 못지않게 그 방법과 결과에 있어 불확실할 뿐만 아니라 오류 또한 많다는 것이 루소의 생각이다. 그는 이러한 사실을 "학문 연구에는 얼마나 많은 위험이 도사리고 있는가? 또한 잘못된 길은 얼마나 많은가? 진리에 도달하기 위해서는 얼마나 많은 오류를 거쳐야 하는가? 불리한 처지라는 것은 불을 보듯 뻔하다. 왜냐하면 오류는 무한한 존재양식을 가질 수 있지만, 진리는 오로지

---

**23** 『학문예술론』, 제1부, pp. 47~48.

**24** 『학문예술론』, 제2부, p. 49.

한 가지 존재양식밖에 갖지 않기 때문이다"라고 지적하면서, 진리를 진지하게 탐구할 사람이 없을 뿐만 아니라 탐구한 내용이 진리라는 것을 확신할 만한 표지도 없고, "더 어려운 일은 다행히 우리가 드디어 그 진리를 찾아낸다 한들 누가 그것을 유익하게 사용할 줄 알 것인가 하는 점"[25]이라고 주장한다.

그 기원과 목적에 있어서 공허하고 신빙성을 결여하고 있을 뿐만 아니라, 그 방법과 결과에도 오류투성이인 이러한 "학문은 그것이 계획하는 목적을 볼 때 무용한 것이지만, 그보다는 그것이 불러일으키는 결과로 말미암아 훨씬 더 위험하다"[26]는 것이 루소의 생각이다. 그에 따르면, 학문 연구의 폐해는 인간의 삶과 행복에 아무런 "유익함을 주지 못하는 일"에 "시간을 남용"하게 한다는 점,[27] 특히 문학과 예술은 "사치"를 조장하여 "순박한 풍속과 덕행을 문란"하게 한다는 점,[28] 타인의 칭찬에 집착하여 "굳센 남성미"나 "불굴의 영혼"을 상실하거나 생활의 안락을 추구함으로써 "진정한 용기가 약해지고 군대의 미덕"이 사라지는 등 "좋은 취향의 타락"을 유발한다는 점,[29] "재능에 대해서는 특별히 대우해 주면서 덕행에 대해서는 중요시하지 않는 작태"를 야기함으로써 덕행교육보다는 재능교육에 우위를 두는 "분별없는 교육"을 유도한다는 점[30]

25 『학문예술론』, 제2부, pp. 50~51.

26 『학문예술론』, 제2부, p. 51.

27 『학문예술론』, 제2부, pp. 51~52.

28 『학문예술론』, 제2부, pp. 52~54.

29 『학문예술론』, 제2부, pp. 54~58.

30 『학문예술론』, 제2부, pp. 58~61. 다음과 같은 루소의 지적은 우리의 교육현실에 심각한 경종을 울려주고 있다: "분별없는 교육이 우리 정신을 치장하여 판단을 그르치는 것은 아주 오래전부터의 일이다. 나는 많은 돈을 들여 젊은이들에게 온갖 것을 가르치지만, 그들의 의무는 가르치지 않는 엄청나게 큰 교육기관을 도처에서 본다. 당신의 아이들은 자기 나라 말도 제대로 모를 것이다. 그들은 아무데서도 사용되지 않는 이상한 말을

같은 폐해를 유발함으로써 인간을 타락시킨다는 것이다.

학문과 예술이 가져오는 이러한 폐해로 인해, 자기 시대보다 학문과 예술의 발전이 더욱 진행되었을 미래인들이 슬픈 마음으로 하늘을 향해 다음과 같이 기도할 것이라는 루소의 진술은 그가 『학문예술론』을 통해 전달하려는 메시지를 웅변해주고 있다.

> 영혼의 지배자이신 전지전능의 신이시여! 선조의 유해한 예술과 지식에서 저희를 해방시켜주소서. 저희에게 무지와 순진 그리고 가난을 돌려주소서. 이것만이 저희를 행복하게 해줄 수 있으며, 또 이것만이 당신의 고귀한 은혜입니다.[31]

"루소가 이처럼 문명을 비판하고는 있지만 그렇다고 해서 인간들이 무지와 어리석음의 상태로 돌아가기를 원하는 것은 아니다."[32] 그는 학문과 예술은 남에게 의존하지 않고 "혼자 힘으로 그 발자취를 따라가면서 스스로 발전시킬 능력"이 있는 소수의 재능 있는 사람들이 해야 한다며,[33] 사회와 위정자들에게 이를 적극 후원할 것을 주문하고 있기도

---

하고, 자기들도 제대로 이해하지 못하는 시를 쓸 것이다. 그들은 진리와 오류를 분별할 줄 모른 채 그럴듯한 주장을 폄으로써, 남들이 진리와 오류를 분간하기 힘들게 만드는 기교를 습득하게 될 것이다. 아량과 공정 · 절도 · 인간성 · 용기 같은 말들이 뜻하는 바를 그들은 전혀 모른다. 기분 좋은 단어인 조국이라는 말은 그들 귀에 전혀 들리지 않을 것이다. [……] 나는 어린아이들이 뭔가에 몰두해야 할 필요가 있으며, 하는 일 없이 빈둥빈둥 노는 것은 그들이 경계해야 할 가장 위험한 일임을 안다. 도대체 그들은 무엇을 배워야 하는가? [……] 그들이 어른이 되었을 때 마땅히 해야만 하는 일을 가르쳐야지 잊어버릴 게 뻔한 지식을 가르칠 일이 아니다"(『학문예술론』, 제2부, pp. 58~59).

**31** 『학문예술론』, 제2부, p. 64.

**32** 김용민, 2007, p. 403.

**33** 『학문예술론』, 제2부, p. 65.

하다.[34] 그는 학문과 예술의 폐해에서 벗어나는 방법은 인간을 미덕과 행복으로 인도하는 "양심의 소리"에 귀를 기울임으로써 진정한 도덕철학을 회복하는 길뿐이라고 주장하고 있는 것이다.

> 오, 미덕이여! 순박한 영혼들의 숭고한 지식이여! 도대체 너를 알기 위해 그토록 많은 준비와 노력이 필요한 것인가? 너의 원칙은 만인의 마음속 깊이 새겨져 있지 않은가? 너의 계율을 배우기 위해서는 자신을 반성하고 정념을 침잠하게 한 뒤 양심의 소리를 듣는 것으로 충분하지 않은가? 그것이 바로 진정한 철학인 것이다. 그 철학에 만족할 줄 알자.[35]

**루소와 낭만주의: 감성의 중시와 자연 예찬** 이렇게 학문과 예술은 인간이 본래 갖추고 있는 용기와 아량 및 "건장한 육체의 힘과 활력"[36] 같은 순박한 미덕과 자유의 감정을 말살함으로써, 인간을 타락과 예속의 나락으로 전락시킨다는 것이 『학문예술론』에서 루소가 제시하고 있는 요지이다. 여기서 학문과 예술, 특히 학문은 인간 이성의 산물임을 돌이켜 볼 필요가 있다. 이렇게 보면, 학문의 폐해를 다룬 『학문예술론』을 통해서 "루소는 이성의 불완전성을 지적하였으며, 이성에 못지않게 느낌과 감수성을 중시"[37]하였던 것이다.

이와 같이 루소는 학문 연구의 기반인 이성보다 미덕과 자유의 기반인 감성이 인간에게 있어서 더욱 중요한 본성임을 강조하고 있다. 그는 크게 성공을 거둔 『신엘로이즈』에서 사랑의 정열을 찬양하고 있다. 또한

34 『학문예술론』, 제2부, pp. 65~66.

35 『학문예술론』, 제2부, p. 66.

36 『학문예술론』, 제1부, p. 37.

37 이종훈, 1994, p. 470.

『고백록』은 그의 열정, 특히 성적 열망과 연애 감정을 숨김없이 적나라하고도 솔직하게 토로한 작품이라는 사실도 그가 이성보다 감성을 중시하였음을 단적으로 보여주고 있다. 이러한 맥락에서 루소는 계몽주의 시대에 때 이르게 나타난 낭만주의(浪漫主義, romanticism)의 원조라고 볼 수 있다. "유럽 전체를 울음바다로 만든 『신엘로이즈』는 종종 낭만주의의 서막으로 간주"[38] 되는 작품인 것이다.

루소에게 커다란 성공을 가져다준 『신엘로이즈』는 "그의 가장 내밀한 세계, 그의 생각과 감정과 꿈의 총체"[39] 라는 평가를 받고 있는 연애소설이다. 루소에게 영국의 망명처를 제공해주었던 흄은 이 책을 "비교할 수 없이 훌륭한 작품"[40] 이라고 평하기도 하였는데, 이 소설의 주제는 두 가지라고 볼 수 있다. 그 하나는 "정열과 덕의 찬양"이다. 루소는 "정열의 불가항력적인 힘, 그 열광과 기쁨과 두려움과 고통을 서정적인 필치로, 그리고 놀라움과 찬양 섞인 감정으로 묘사"하는 한편, "격렬한 정열과 덕의 요청을 조화시키려는 노력"을 게을리 하지 않는다. 또 하나는 "자연의 찬양"이다. "사랑과 덕의 열광적인 모험"은 "자연의 아름다움 · 순수 · 단순함"과 조화되어야 "오염에서 벗어나 본래의 순수를 되찾게" 되는 것으로 그려진다.[41]

낭만주의는 감성과 직관을 강조하는 반이성주의, 자연 예찬과 자연적 신비관, 개성주의와 유기체적 사회관, 전통 숭상과 역사적 사고를 특징으로 하는 사상운동이다. 이는 루소가 살았던 18세기 프랑스를 중심으로 펼쳐진 이성과 합리성을 강조하는 계몽주의에 대립하여 대두된 사상체계

**38** 이종훈, 1994, p. 470.

**39** 이환, 1999, p. 188.

**40** 김용민, 2007, p. 385.

**41** 이환, 1999, p. 188.

였다.[42] 계몽주의는 "이성을 통하여 세계를 과학적으로 인식하고, 이러한 인식을 기초로 세계에 합리적인 질서를 세워나가려는 사상운동이라고 할 수 있다. 그러나 루소는 이성만으로는 새로운 질서가 이루어지리라고 믿지 않았다. 이성은 올바른 감성의 토대에 기초를 두어야만 진정한 의미의 합리성을 획득할 수 있다고 생각했기 때문이다."[43]

한마디로 루소는 계몽주의와 대비되는 낭만주의의 여러 요소를 고루 갖추고 있는 사상가였다. 그는 문명비판서인 『학문예술론』을 통해 학문과 예술을 포함한 문명의 발전이 인류의 진보를 가져온다는 계몽주의자들의 믿음을 공격하였고, 인간 진화에 대한 고찰서인 『인간불평등기원론』에서 인류 사회의 진화에 따른 불평등의 심화를 우려하였으며, 정치이론서인 『사회계약론』을 통해 개인이 가지는 일반의지에 따라 자유와 평등을 모토로 하는 공화정을 내세웠고, 교육이론서인 『에밀』에서 타락한 사회질서가 아닌 자연에 따라 사는 새로운 인간을 형성할 것을 제안하였으며, 감미로운 연애소설인 『신엘로이즈』에서 계몽주의의 합리주의에 맞서 낭만적 감수성과 자연의 예찬을 노래한 "낭만주의의 기수"였던 것이다.

### 2) 자연주의자로서의 루소: 인류사회의 진화와 자연복귀론의 제창

첫 논문인 『학문예술론』에서 자연적으로 선한 감성과 자유를 가지고 태어난 인간이 사회의 산물인 학문과 예술에 의해 타락하고 예속된다는 주장을 폄으로써 사회문제에 대한 관심을 드러낸 루소는 『제2논문』이라고 불리는 『인간불평등기원론』에서 "자연이 인간에게 베풀어준 평등과 인간이 스스로 만든 불평등"[44]의 문제를 고찰함으로써 사회문제에 대한

42 계몽주의와 대립되는 낭만주의의 제반 측면에 대해서는 이종훈(1994, pp. 468~504) 참조.
43 이용철, 2006, p. 7.

관심을 좀 더 심화시키고 있다. 이 두 책뿐만 아니라 루소의 저술 전체의 기본적인 패러다임은 이렇게 자연과 인간사회를 대비시켜, 전자는 "선함과 자유 · 평등 그리고 행복의 상태"로, 후자는 "타락과 예속 · 불평등 그리고 불행의 상태"로 그리고 있다는 것이다. 여기에서 "자연으로 돌아가자"[45]는 루소의 자연복귀론이 도출되며, 이런 점에서 루소는 "자연주의자"라고 볼 수 있다.

루소는 "인간은 본래 서로 평등하다"는 전제에서 출발한다. "그것은 마치 어떤 종류의 동물도 여러 가지 물리적 원인에 따라 오늘날 우리가 인정하는 것 같은 변종(變種)을 발생시키기 전에는 모두 평등했던 것과 마찬가지"[46]라는 것이다. 그러나 자연적인 물리적 요인에 의해 변종이

---

44 『인간불평등기원론』, 제네바 공화국에 바치는 글, p. 185. 이는 이태일 · 최현(2002)이 루소의 *Du Contrat social*과 *Discours sur l'Origine et le Fondaments de l'Inégalité parmi les Hommes*(역자들은 어느 판을 원전으로 하였는지 밝히지 않고 있다)를 번역하여 『사회계약론 외』라는 제목으로 출간한 책(서울: 범우사) 중 "인간불평등기원론" 부분의 "제네바 공화국에 바치는 글" p. 185를 가리킨다. 앞으로 『인간불평등기원론』의 인용은 이 예를 따른다.

45 "자기의 불행한 자손에게 더욱 큰 불만을 예고하고 있는 여러 가지 이유 때문에 현재의 상태에 불만을 품고 있는 그대[인간일반을 가리킴]는, 아마 다시 한 번 '옛날로 돌아갔으면' 하고 생각할 것이다"(『인간불평등기원론』, 총론, pp. 211~212); "아직도 그리 늦지는 않았으니 '저 태고의 원시적인 순수성을 찾도록 하자.' 여러분과 같은 시대에 살고 있는 자들의 범죄를 보거나 기억하지 않기 위해 '숲속으로 가도록 하자'"(『인간불평등기원론』, 제1부, 원주 7, p. 314): "자연으로 돌아가자"는 루소의 주장은 현재의 현실 사회를 탈피하여 원시의 자연상태로 돌아가자는 의미가 아니다. "이 외침은 불평등이 제도화된 사회상태를 타파하고 원시시대로 돌아가거나 자연적인 환경으로 돌아가자는 말이 아니라, 자연인이 지녔던 자연적인 선함과 행복을 올바른 이성—그것은 결국 양심의 지배를 받는 이성인데—의 도움을 빌려 현 사회에서 복구하자는 말이다"(김용민, 2007, pp. 399~400). 루소는 『인간불평등기원론』에서 "인간의 자연"(Human Nature) 곧 "인간의 본성"이 무엇이며 이는 어떠한 과정을 통해 변화하고 진화하여 왔는지를 고찰한 후, "자연과 역사"가 결합된 바탕 위에서 사회에 살고 있는 사람들의 행복도 가능하다는 사실을 통찰해내고 있는 것이다.

생기고 또 사회적인 요인이 이에 가세함에 따라 사람들 사이에는 두 가지 불평등이 생기게 되었다고 루소는 본다.

> 나는 인류에게 두 가지 불평등이 있다고 생각한다. 그 하나는 자연적인 또는 신체적인 불평등이다. 이것은 자연에 따라 정해진 것으로, 연령이나 체력, 그리고 정신 또는 영혼의 자질 등에 차이가 있기 때문이다. 다른 하나는 일종의 약속에 좌우되고, 사람들의 동의를 얻어 정해지며, 적어도 그렇게 정당화되고 있으므로, 사회적 또는 정치적 불평등이라고 할 수 있다. 후자는 일부 사람들이 다른 사람들에게 손해를 줌으로써 누리고 있는 여러 가지 특징으로, 예컨대 다른 사람보다 풍요하다거나 존경을 받고 있다거나 권력을 갖고 있다거나 사람들을 자기에게 복종시키는 특권으로 구성된다.[47]

루소는 이 가운데 "자연적 불평등이 어디서 오는지에 대해서는 문제 삼을 수 없다"고 보고 있다. "왜냐하면 이 말의 정의 자체 속에 어떤 본질적인 대답이 나타나 있기 때문"이라는 것이다.[48] 뿐만 아니라 그는 자연적 불평등과 사회적 불평등 사이에는 아무런 본질적인 관계를 찾을 수 없으며,[49] "불평등이 설사 자연적인 것이라고 하더라도"[50] 이것이 현실세계에서 발견되는 불평등의 원천으로 작용하기 위해서는 오랜 세월의 변화 과정을 거친 사회화의 산물이라고 보기 때문이다.

실제로 사람들을 구별하는 차이 가운데서 몇몇은 자연적인 것으로 생각되고

46 『인간불평등기원론』, 머리말, p. 201.

47 『인간불평등기원론』, 총론, p. 208.

48 『인간불평등기원론』, 총론, p. 208.

49 『인간불평등기원론』, 총론, pp. 208~209.

50 『인간불평등기원론』, 제1부, p. 248.

있지만, 그것은 단지 관습 속에서 사람들이 채택하는 여러 가지 생활양식의 산물이라는 것을 쉽사리 알 수 있다. 그러므로 강한 체질이냐 약한 체질이냐, 이로 말미암아 힘이 강하냐 약하냐 하는 것은 최초의 체질에서 비롯된다기보다 오히려 그 육성 방법이 엄격한가 아니면 유약한가에서 비롯되는 경우가 많다. 정신력도 마찬가지이다.[51]

따라서 "오늘날 사회의 여러 계급을 지배하고 있는 교육과 생활양식의 놀라운 다양성(多樣性)을 같은 음식을 먹고 같은 생활을 하며 같은 일을 하고 있는 동물이나 미개인의 생활에서 볼 수 있는 단순성과 획일성(劃一性)과 비교해보면, 인간과 인간의 차이가 자연상태에서는 사회상태에서보다 훨씬 적으며, 아울러 자연의 불평등이 인류에게 있어서는 제도의 불평등에 따라 한층 증대되어 있다는 사실을 이해할 수 있을 것"[52]이라고 루소는 주장한다. 즉 그는 "불평등은 자연상태에서는 거의 느낄 수 없으며 그 영향도 거의 무(無)에 가깝다"면서, "그 불평등의 기원과 발전은 인간 정신의 연속적인 진보 속에서 찾아야 한다"[53]고 역설하는 것이다.

**루소의 연구방법론: 가설적 역사에 대한 철학적 추론** 루소는 "인간의 모든 지식 가운데서 가장 유용하지만 동시에 가장 뒤떨어져 있는 것은 바로 인간에 대한 지식"이라고 강조한다. 그는 인간 자체에 관한 지식을 근거로 하지 않고는 "사람들 사이에 존재하는 불평등의 기원을 알 수 없기 때문"[54]에 『인간불평등기원론』은 원시상태에서의 인간의

51 『인간불평등기원론』, 제1부, p. 248.
52 『인간불평등기원론』, 제1부, pp. 248~249.
53 『인간불평등기원론』, 제1부, p. 250.
54 『인간불평등기원론』, 머리말, p. 200.

본성에 관한 논의로부터 출발하지 않을 수 없다고 본다. 루소에 따르면 자연인의 본성을 제대로 이해하지 못했기 때문에 고대와 근대의 많은 법학자들은 자연법(自然法)에 대해 잘못 파악하고 있었으며,[55] 사회철학자들과 기독교철학자들은 자연권과 자연상태에 대해 잘못된 견해를 가지고 있었다. 그들은 "자기들이 사회에서 얻은 관념을 자연상태 속에 옮겨놓은 데 불과하였으며, 그들이 미개인에 대해 운운한 것은 결국 사회인에 대한 묘사가 되고 말았다"[56]는 것이다.

하지만 "인간이 현재 지니고 있는 성질 속에서 애초부터 있었던 것과 나중에 인위(人爲)에 따라 덧붙여진 것을 구별하는 것, 더욱이 이미 존재하지 않거나 과거에도 도대체 존재한 적이 없으며 앞으로도 결코 존재할 것 같지 않은 하나의 상태, 그리고 현재 우리가 처해 있는 상태를 올바르게 판단하기 위해 정확히 알 필요가 있는 그런 상태[자연상태를 가리킴]를 제대로 안다는 것은 결코 쉬운 일이 아님"[57]을 루소도 인정한다. 그러므로 그는 "역사적인 진리가 아니라 다만 가설적(假說的)이고 조건적인 추리(推理)"에 따라 자연인의 본성과 자연상태의 특징을 고찰하고, 이로부터 인간불평등의 기원을 탐색하고 있다. "그러한 추리는 사물의 진정한 기원을 표시하기보다 사물의 본질을 명시하는 데 적합하며, 또 우리의 자연과학자들이 세계의 생성에 대해 매일같이 행하고 있는 추리와 유사"[58]하기 때문이다. 그는 "솔직히 말해서 내가 기술하려고 하는 사건들은 형태를 달리하여 발생할 수 있는 것이므로, 추측 말고는 달리 선택할 여지가 없었다"면서, "그러나 이와 같은 추측은, 그것이 사물의 본성에서

55 『인간불평등기원론』, 머리말, pp. 203~206.

56 『인간불평등기원론』, 총론, pp. 209~210.

57 『인간불평등기원론』, 머리말, p. 202.

58 『인간불평등기원론』, 총론, p. 210.

사용할 수 있는 가장 개연성(蓋然性)이 있는 것이며 진리의 발견을 위해 사용할 수 있는 유일한 수단일 때, 논거로서 존립하게 된다"[59] 고 스스로의 철학적 추론에 대해 변호한다.[60] 루소는 이러한 철학적 추론에 근거하여 얻은 자기의 결론은 "모든 점에서 인간에게 도움이 되는 가설적인 역사"[61] 로서 자연 속에서 얻은 진리라고 자신 있게 주장하고 있다.

> 오, 인간이여! 그대가 어느 나라 사람이고 어떤 견해를 가지고 있든지 간에 내 말을 잘 들어다오. 내가 서술하는 것은 [……] 절대로 거짓말을 하지 않는 자연 속에서 내가 읽은 그대의 역사이다. 자연에서 비롯되는 것은 모두가 진실한 것이다. [……] 나는 앞으로, 그대가 자연에서 받아들였으며 그대의 교육과 습관이 손상을 입힐 수 있었으되 파괴할 수는 없었던 바로 그 특질에 기초하여, 그대들 종(種)의 생애를 표현해보고자 한다.[62]

이러한 철학적 추론을 기본 방법으로 한 『인간불평등기원론』의 본론은 전후 2부로 구성되어 있다. 제1부는 원시상태, 곧 인간 정신의 진화가 이루어지기 전의 미개상태에서의 평등성에 대해 논의하고 있으며, 제2부에서는 인간 정신의 진화에 따라 사회가 형성되면서부터 불평등이 야기되

59 『인간불평등기원론』, 제1부, p. 251.

60 김용민(2004, pp. 60~68)은 『인간불평등기원론』에 제시된 루소의 방법론을 "철학적 인류학"이라고 규정하고, "두 개의 동떨어진 사실이 존재하고, 그 둘을 매개할 수 있는 사실들이 결여되었을 때 역사학의 임무는 그것을 연결할 수 있는 사실을 발견하는 것이며, 그러한 역사학이 부재한 경우 철학의 임무는 그것을 연결할 수 있는 유사한 사실들을 주장하는 것"[『인간불평등기원론』, 제1부, p. 251. 이 인용문의 번역은 김용민(2004, p. 60)의 것이 더 자연스러워 그에게서 따왔다]이라는 루소 자신의 말을 인용하여, 그가 철학과 역사의 결합을 시도하고 있다고 주장한다.

61 『인간불평등기원론』, 머리말, p. 207.

62 『인간불평등기원론』, 총론, p. 211.

고 심화되어왔음을 밝히고 있다.

### 원시상태의 행복과 평등성: 인간의 자연적 본성과 자연과의 동화

『인간불평등기원론』의 제1부에서 루소는 우선 신체적인 측면에서의 인간의 원초적인 상태에 대한 고찰부터 시작한다. "인간을 자연의 손에서 갓 나온 그대로의 상태에서 생각해보면, 거기서 어떤 동물보다도 약하고 그다지 민첩하지는 않지만, 결국 어느 동물보다도 유리한 구조를 가진 한 동물을 떠올리게 된다. 대지는 기름진 자연 그대로 방치되고 [……] 모든 동물들에게 먹이창고와 은신처가 되어 있다. 인간은 이런 동물들 사이에 흩어져 살면서 그들이 살아가는 방법을 관찰하고 모방하여 동물의 본능까지 획득한다. [……] [그들은] 다른 동물이 각각 나눠 갖고 있는 여러 가지 먹이의 대부분을 마찬가지로 자기 먹이로 하여, 그 결과 어느 동물보다도 쉽사리 자기 생활에 필요한 자원을 찾아내는 장점을 가지고 있었다."[63]

이러한 원시상태의 인간에게 "가장 중요하고 유일한 관심거리는 자기 자신의 보호"였으므로 "그는 먹을거리를 얻기 위해서나 다른 동물의 먹이가 되지 않도록 자기 몸을 수호하기 위한 공격과 방어에 밀접히 연관된 기능들을 단련시켜야 하였다."[64] 그리하여 그들은 "건장한 체질"과 "건장한 체력" 및 "훌륭한 체격"을 가지게 되어[65] 다른 동물들을 두려워하지 않게 되었다.[66] "더욱 무서운 적으로서 인간이 자기를 방어하는 데 적절한 수단을 갖지 못하는 대상들은 [자기들보다 힘이 세거나 민첩한

63 『인간불평등기원론』, 제1부, p. 214.
64 『인간불평등기원론』, 제1부, p. 222.
65 『인간불평등기원론』, 제1부, pp. 214~215.
66 『인간불평등기원론』, 제1부, pp. 216~217.

동물들이 아니라] 어릴 때의 연약함과 유소(幼少) 및 노쇠(老衰)와 온갖 종류의 병"이었는데, 이들은 모든 동물에게 공통되는 것이거나[67] 인간이라고 해서 특별히 "다른 어떤 동물보다 못하다고는 할 수 없었다."[68] 그들은 동물들과 구별됨이 없이 아무런 생각도 하지 않고[69] 다만 동물적인 생존방식대로 살아갈 뿐이었지만, 결코 불행한 것은 아니었다.

> 벌거벗은 채 집도 없이 산다거나 그밖에 지금의 인간들이 그처럼 필요하다고 믿고 있는 갖가지 무용지물(無用之物)들을 소유하지 않았다고 해서 이들 최초의 인류가 불행하다고는 말할 수 없으며, 그들 자신을 보존하는 데 큰 장해가 된다고는 더욱 말할 수 없다.[70]

이러한 원시상태의 사람들은 "서로 아무런 교섭도 없이" 고립생활을 하였다. "따라서 허영심도, 존경심도, 높은 평가도, 경멸도 모르고 지냈다. 그리고 그들은 남의 것과 자기 것이라는 관념이 전혀 없었고, 정의에 대한 참된 관념도 갖고 있지 않았다."[71] 고립되어 생활하는 그의 욕망은 "육체적인 욕구를 초월하지 않았다. 그가 세상에서 알고 있는 행복은 음식물과 이성(異性)과 휴식뿐이었다."[72] 이러한 "원시상태에서는 집도 재산도 없고, 우연한 기회에 하룻밤을 지내기 위해 거처를 정하고는

---

**67** 『인간불평등기원론』, 제1부, pp. 217~218.

**68** 『인간불평등기원론』, 제1부, p. 220.

**69** 루소는 "사색은 자연에 위배되는 상태이며 명상하는 동물은 타락한 인간"(『인간불평등기원론』, 제1부, p. 219)이라고 보면서, 사색의 결과로 "사회화하고 노예화한 인간은 연약해지고 겁이 많아지고 비굴해져서"(『인간불평등기원론』, 제1부, pp. 220~221) 결국은 불행해지게 된다고 보아, 원시상태의 행복을 예찬한다.

**70** 『인간불평등기원론』, 제1부, p. 221.

**71** 『인간불평등기원론』, 제1부, p. 244.

**72** 『인간불평등기원론』, 제1부, p. 226.

했다. 그리하여 남성과 여성은 기회가 있을 때마다 욕망에 따라 우연히 결합하였으며, [……] 헤어지는 것도 마찬가지로 쉬운 일이었다."[73] 그들에게는 "이성끼리 결합시키는 일반적인 욕망인 육체적인 감정"만이 있을 뿐, 이성에 대한 욕망을 "유일한 대상에 고정시키거나 또는 적어도 그 선택된 대상을 위해 더욱 고도의 정력을 쏟는 정신적인 연애감정"은 없었다. "정신적인 연애감정이란 사회적 관례에서 생기는 인위적(人爲的)인 감정"일 뿐이기 때문에[74] 고립생활을 하는 그들에게는 있을 수가 없었던 것이다.

이렇게 고립생활을 하고 있는 원시상태의 자연인들이라고 해서 전적으로 신체적인 욕망만을 가지고 있었던 것은 아니었다. 그들은 동물들과 공통적이기도 하고 또 경우에 따라서는 인간에게 특유하기도 한 정신적인 본성들을 갖추고 있었다. 이러한 본성들 가운데는 고립생활을 하던 원시상태 초기부터 작용하는 것들도 있었고, 후에 사회생활을 하면서 작용하기 시작하거나 또는 그러한 본성이 발달하면서 사회생활의 원천이 되기도 한 것들도 있었다.

> 인간 영혼의 최초이자 가장 단순한 작용에 대해 곰곰이 생각해보면, 나는 거기에는 이성(理性)에 앞선 두 개의 원리가 있음을 알 수 있다고 생각한다. 하나는 우리의 안녕과 자기보존에 대해 큰 관심을 갖게 하는 것이며, 또 하나는 모든 감성적 존재, 주로 우리 동포가 죽거나 고통을 당하는 것을 보고 자연스러운 혐오감(嫌惡感)을 일으키게 하는 것이다. 사교성의 원리를 따로 끌어들일 필요도 없이, 자연법의 모든 규칙은 인간의 오성(悟性)이 이 두 가지 원리 사이에 조성하는 일치(一致)와 조화(調和)로부터 나온다는 생각이

---

**73** 『인간불평등기원론』, 제1부, p. 230.

**74** 『인간불평등기원론』, 제1부, p. 245.

든다. 나중에 이성이 계속 발달되어 드디어 자연을 질식시켜버렸을 때, 이성은 이들 규칙을 또 다른 기초 위에 세워야 한다.[75]

이 인용문에서 지적하고 있듯이, 루소는 인간에게는 본래 자기보존의 욕구와 다른 개체에 대한 연민(憐憫)을 축으로 하는 정념(情念) 또는 감성(感性)을 갖추고 있으며, 이는 이성에 우선하는 인간의 본성이라고 주장한다.

여기서 자기보존의 욕망은 모든 동물에게 보편적인 것으로 원시상태에서부터 인간을 포함한 동물들의 행위의 가장 중요한 동인(動因)으로 작용하는 것이다. 다른 개체에 대한 연민도 "동물과 인간에게 공통된 것"[76]인데, 이는 "모든 반성에 앞서는 순수한 충동이며, 또 아무리 타락한 풍속이라 하더라도 파괴하기 어려운 자연적 연민의 힘"[77]이다. 루소는 "만일 자연이 인간에게 이성을 뒷받침하는 동정심을 주지 않았던들, 인간은 그 모든 도덕을 갖추고 있다고 해도 한갓 괴물에 지나지 않았을 것"이라고 주장하면서, 인간에게 있어서 "모든 사회적인 미덕은 이로부터 비롯되는 것"이어서, "관대함" · "자비" · "인간애" · "친절" · "우정" 같은 미덕은 모두 여기에서 나오는 것이라고 본다.[78]

75 『인간불평등기원론』, 머리말, pp. 205~206.

76 『인간불평등기원론』, 머리말, p. 206. 다른 곳에서 루소는 "그것은 모든 반성에 앞서는 것이기 때문에 더욱 보편적이고 그만큼 인간에게 유익한 덕이며, 또 대단히 자연스러운 것이기 때문에 동물들도 뚜렷한 징후를 보이는 경우가 있다. 어미가 새끼에 대해 애정을 갖고 그 새끼를 지키려고 위험을 무릅쓰는 것은 물론, 말이 등에서 떨어진 사람을 발로 밟지 않는 것 등은 흔히 볼 수 있는 일이다"(『인간불평등기원론』, 제1부, p. 240)라고 하여, 동물들에게도 갖추어져 있는 본성이라고 주장하고 있다.

77 『인간불평등기원론』, 제1부, p. 241. 루소는 이를 "동정심"(同情心, pity)이라고 표현하기도 하여, 비교적 길게(『인간불평등기원론』, 제1부, pp. 240~244) 논의하고 있다.

78 『인간불평등기원론』, 제1부, pp. 241~242.

이러한 동정은 "괴로워하는 사람의 처지에서 느끼는 감정"이기 때문에 "고통을 목격하고 있는 동물이 괴로움을 느끼고 있는 동물과 내면적으로 깊이 동화(同和)할수록 점점 강해질 것"이 분명하므로, "이 일체화는 추리의 상태[사회상태]에서보다 자연상태에서 내면적으로 훨씬 깊었을 것"이라고 루소는 주장한다. 따라서 "이 감정은 미개인들 사이에서는 비록 뚜렷하지는 않지만 생생하게 드러나 있고, 문명인들 사이에서는 비록 발달되어 있기는 하지만 약한 감정에 지나지 않는다"[79]는 것이다.

이와 같이 루소는 "동정이 하나의 자연스러운 감정이라는 것은 분명한 사실이며, 그것은 각 개인이 자기애(自己愛)의 활동을 조절하고 종(種) 전체의 상호 보호에 협력함이 분명하다"고 진술하면서, "우리가 괴로워하는 사람을 보고 곰곰이 생각하지 않고도 그를 도우려고 나서는 것은 바로 동정 때문"으로, "자연상태에서는 법률과 풍속과 미덕을 대신하는 것이 바로 동정이며, 그 아름다운 목소리에는 누구나 거역하지 않는 장점이 있다"[80]고 주장한다.

이렇게 원시상태에서의 인간의 삶은 자기보존의 욕구와 다른 개체에 대한 동정심 같은 정념의 지배를 받는다. 이는 동물들도 마찬가지이다. 이러한 상태에서 자연인들은 이성이 아직 발달하지 않아 언어도 발명되지 않았으며,[81] "토지가 그들 사이에 분배되지 않아" 농경의 필요를 느끼지도 않았고,[82] "아무런 사적 소유"도 시작되지 않아 계급의 차이나 주종관계도

79 『인간불평등기원론』, 제1부, p. 242.

80 『인간불평등기원론』, 제1부, p. 243.

81 루소는 『인간불평등기원론』의 제1부에서 언어의 기원에 대해 비교적 장황하게 설명하고 있으나(pp. 229~236), "인간의 정신 속에서 언어의 작용을 계속해서 발전시켜나가기 위해서는 수천 세기가 필요했다"(p. 229)면서 "언어가 순전히 인간적인 필요에 따라 탄생되고 확립되었다고는 말할 수 없다"(p. 236)고 진술하여, 신이 부여한 것으로 간주하지 않으면 언어의 기원 문제를 해결하기 어렵다는 점을 시사하고 있다.

없는[83] 하나의 생물체로서 완전한 평등성이 보장된 생활을 영위하였다. 그러나 이러한 원시상태에서도 동물과는 달리 인간에게만 존재하는 정신적 본성도 가지고 있었으며, 이것이 지속적으로 인간과 동물의 차이를 야기하게 된다.

인간과 동물의 차이를 유발하는 인간만의 정신적 특성으로 가장 먼저 생각할 수 있는 것은 "자유의지에 대한 의식"이다. "인간을 동물과 구별짓는 것은 오성이 아니라 오히려 인간의 자유로운 행위자로서의 특징"[84]이라는 것이 루소의 주장이다. 인간과 동물이 정념에 따라 반응한다는 점은 같지만, "동물의 활동에서는 자연이 모든 것을 행하는 데 반해, 인간은 스스로가 자유로이 자연의 활동에 협력한다는 점이 다를 뿐"이어서, 인간은 "한편으로는 본능에 따라, 다른 한편으로는 자유로운 행위에 따라 취사선택을 하게 된다"[85]는 것이다. 그러나 동물과 다른 인간의 특징은 인간만이 자유의지를 가지고 있다는 사실에서가 아니라, 인간만이 스스로가 자유를 갖추고 있다는 자유에 대한 의식을 할 수 있다는 사실에서 찾을 수 있다는 것이 루소의 생각이다.

> 자연은 모든 동물에게 명령하고 동물은 이에 따른다. 인간도 이와 비슷한 경험을 한다. 그러나 인간은 그것에 복종할 것인지 저항할 것인지는 전적으로 자기의 자유의지에 맡겨져 있음을 잘 알고 있다. 그리고 특히 이 자유의 의식(意識)을 통해 그의 영혼 속에 있는 영성(靈性)이 나타나는 것이다. 왜냐하면 물리학이 [동물의 행동에 기저하고 있는] 감각의 기제(機制)와 관념의 형성을

82 『인간불평등기원론』, 제1부, pp. 227~228.

83 『인간불평등기원론』, 제1부, pp. 249~250.

84 『인간불평등기원론』, 제1부, p. 223.

85 『인간불평등기원론』, 제1부, p. 223.

어느 정도 설명해주고 있지만, 의지의 힘, 보다 정확히 말하면 선택하는 힘과 이 힘의 자각 속에서는 역학(力學)의 법칙만으로는 도무지 설명할 수 없는 순수하게 영적인 행위만을 발견할 수 있기 때문이다.[86]

인간과 동물의 차이를 가져오는 또 하나의 정신적 특성으로 루소는 인간이 가지고 있는 "자기를 완성해가는 능력" 즉 "완성능력"(또는 "완성가능성", perfectibility)을 들고 있다. 이는 "환경의 도움을 얻어 다른 모든 능력을 점차로 발전시켜가는 각 개인에게 뿐만 아니라 인류 전체에도 해당하는 능력"[87]이다. 동물은 이 능력이 없으므로 "생후 몇 달이 지나면 한평생 변치 않는 모습을 갖추게 되며 그 종(種) 전체를 보아도 천 년이 지나도 최초의 모습과 별 차이가 없지만", 인간은 이 완성가능성을 갖추고 있으므로 한 개인에게 있어서도 연령에 따라 달라지며, 오랜 시간이 지나면 과거의 인간과는 판이하게 다른 인간으로 변모되는 것이다.[88]

> [인간과 동물의] 양자를 구별하는 거의 무제한적인 이 능력이 인간의 모든 불행의 원천이며, 평온하고 무사한 나날이 계속되는 저 원초적(原初的)인 상태로부터 시간의 흐름과 더불어 인간을 이끌어낸다. 그리고 인간의 지식과 오류, 악덕과 미덕을 몇 세기의 흐름 속에서 부화(孵化)시켜 드디어 인간을 그 자신과 자연에 대한 폭군으로 만드는 것도 바로 이 능력이다. 이 능력을 인정해야 하는 것은 우리에게 매우 유감스러운 일이 아닐 수 없다.[89]

86 『인간불평등기원론』, 제1부, p. 224.
87 『인간불평등기원론』, 제1부, p. 224.
88 『인간불평등기원론』, 제1부, p. 224.
89 『인간불평등기원론』, 제1부, pp. 224~225.

이와 같이 인간의 이성을 발달시키고 사회화함으로써 자연상태의 행복과 평등함으로부터 스스로를 몰아내어 불행과 불평등의 사회상태로 이끌어가는 원천이 바로 인간의 완성가능성에 놓여 있다고 루소는 주장한다. 그러나 이렇게 완성가능성이 인간의 이성을 완성하여 사회를 이루도록 하기 전에는, 즉 원시상태에서 "미개인은 숲속을 헤매며 기술도 없고 언어도 집도 없으며, 전쟁도 하지 않고 동맹도 맺지 않을뿐더러, 동포의 도움은 조금도 필요로 하지 않고, 그들을 조금도 해치려고 하지 않았다. 개개인을 판별(判別)조차 하지 않는 미개인들은 자족적(自足的)이며 극히 사소한 정념에 따를 뿐, 자기가 처한 경우에 알맞은 것 이외에는 어떠한 감정이나 지식도 갖고 있지 않았다. 그는 자기의 참된 욕망만을 느끼고, 눈으로 보아 유익하다고 생각되는 것 이외에는 모두 무시해버렸다. 그에게는 허영심이란 없었으며, 지성 또한 발달하지 못하였다"[90]는 것이 루소의 생각이다. 완성가능성이 제 기능을 발휘하기 이전의 원시상태에서 미개인은 스스로에게 주어진 자유를 만끽하면서 완전한 평등을 누리며 동물적인 정일(靜逸)한 행복을 누리고 있었던 것이다.

**자연상태에서의 인간의 진화: 자연과의 괴리와 불평등의 야기** 그러나 인간의 완성가능성이 기능을 발휘함에 따라 "인간이 종(種)을 손상시킴으로써 이성을 완성하고, 인간을 사회적으로 만듦으로써 사악하게 하며, 마침내는 인간과 세계를 까마득한 출발점으로부터 현재 우리가 보고 있는 지점으로 끌고 오는 데에는 '여러 가지 우연'이 작용"[91]하였을 것이라고 루소는 주장한다. 그는 『인간불평등기원론』의 제2부에서 자연

90 『인간불평등기원론』, 제1부, pp. 247~248.
91 『인간불평등기원론』, 제1부, pp. 250~251.

적으로 작동된, 또는 인위적으로 만들어진 이러한 여러 가지 우연에 따라 인간의 정신이 어떻게 진화하여 오늘날의 모습을 갖추게 되었는지에 대해 탐색하고 있다.

루소는 인간의 완성가능성에 따라 인간 정신이 진화하면서 자연상태는 다섯 단계를 거쳐 사회상태로 이행하게 되었다고 주장한다.[92] 제일 첫 단계는 앞에서 제시한 바와 같이 "동물적 생존 감정"과 "자기보존의 배려"에 지배받아 생활하며, 이성(理性) 간의 관계도 "마음에서 우러나는 감정이 전혀 없이 [……] 순수한 동물적인 행위"에 국한되어 욕구를 채우자마자 곧 헤어지며, "자식들까지도 어머니 없이 살 수 있게 되면, 곧 [어머니를 떠나] 어머니에게 아무것도 아닌 존재가 되어버리는"[93] 원시상태의 단계이다. 이 단계에서는 인간 정신의 진화가 전혀 이루어지지 않아 지상에

92 루소의 자연상태의 진화론을 스타로빈스키(J. Starobinski, 1988)는 "유사인간의 단계(원시상태) — 노동의 유용성과 필요성의 발견 단계 — 집과 가족이 생기고 미약한 소유의 관념이 싹트는 황금기 — 농업과 야금술이 발달하여 노동이 분화되고 잉여가치가 생산된 시기 — 토지 소유가 시작되어 전쟁상태로 돌입한 시기"의 5단계 진화론으로 정리하고(*Jean-Jacques Rousseau: Transparency and Obstruction*. Chicago, IL: The University of Chicago Press. pp. 297~299: 김용민, 2004, pp. 69~70에서 재인용), 김용민(Yong Min Kim, 1993)은 동정심의 발달을 근거로 한 "동정심이 거의 존재하지 않는 유사인간의 단계(원시상태) — 상상력이 어느 정도 생겨서 자연적 감성으로서의 동정심이 작용하는 단계 — 독립된 가족생활을 통해 동정심이 보다 완전해지는 단계 — 가족 간의 결합이 이루어지는 최초의 사회단계 — 사적 소유가 보편화되어 소유불평등이 생김으로써 동정심이 억압되고 전쟁상태에 빠지는 단계"의 5단계론으로(*The Utility of Conscience in the Philosophical Education of Emil*. Ph. D. Dissertation, The University of Chicago. Chapter III: 김용민, 2004, pp. 70~73에서 재인용), 그리고 김용민(2004)은 계몽의 관념을 중심으로 하는 "유사인간의 단계(자연과의 완전한 동화) — 관계 개념의 확립 단계(자연을 대상으로 파악) — 추상적 개념의 형성 단계(집의 발명과 사랑의 감정) —기술의 발명 단계(야금술과 농업) — 계몽의 완성 단계(인간성의 완성과 타락의 시작)"의 5단계론(『루소의 정치철학』, 경기: 인간사랑, pp. 74~85)으로 정리하고 있다.

93 『인간불평등기원론』, 제2부, p. 254.

산재(散在)하여 고립생활을 하며, 동물적인 생활을 영위할 뿐이다.[94] 그에게는 자의식이나 남들과의 비교 같은 것은 없으므로, 그는 우연히 마주치는 다른 사람과의 완전한 평등 속에서 정일한 평온과 평화를 누릴 뿐이었다. 이러한 원시상태에서는 "모든 것이 풍족하였고, 단순히 자연이 제공하는 규칙성 안에서 자연과 완전히 동화되어 살아가면 되었기에, 사람들은 아직도 자연을 자신과 분리된 대상으로 인식할 수 없었다."[95]

이런 원시상태가 오래 지속된 후, "인구의 증가"와 함께 다른 동물들과 생존경쟁이 벌어져 자연은 본래의 풍요를 잃는 등 "여러 가지 어려움이 나타나 그것을 극복하는 법을 배워야만 했고", 그 결과 인간 정신의 진화가 이루어지면서 다음 단계로의 이행이 진행되었다. 자연이 주는 풍요에만 의지할 수 없게 되자, "토지나 기후 또는 계절의 차이에 따라 어쩔 수 없이 생활양식에 차이"를 보이게 되어, 사는 지역에 따라 물고기를 잡거나 사냥을 하는 등 이전과는 달리 일정한 일이 필요하게 되었으며, 불의 사용법을 터득하게 되었다.[96] 이 단계에서는 "이와 같이 여러 가지 사물을 스스로에게 또 인간 상호간에 되풀이 하여 적용한 결과, 인간의 정신 속에 자연히 어떤 관계에 대한 지각이 생기게 되고" 사물들을 대소 · 강약 등에 따라 대조해보게 됨으로써, "비교하는 개념에 따라 표현하는 관계는 마침내 인간의 마음속에 어떤 반성, 아니 더 정확하게 말하면 무의식적인 신중함을 낳게 했는데, 그것이 그의 안전(安全)에

94 "[이러한 원시의 인간 상태에서 인간의 삶은] 순수한 감각에 국한되며, 자연이 준 선물을 거의 이용하지 않고 자연에서 아무것도 빼앗으려고 하지 않는 동물의 생활"(『인간불평등기원론』, 제2부, p. 254) 바로 그것이었다. 이러한 관점에서 김용민(2004, pp. 63~65)은 이 원시상태의 인간을 "유사인간"(proto-human being)이라고 부르고 있다.

95 김용민, 2004, p. 76.

96 『인간불평등기원론』, 제2부, pp. 254~255.

가장 필요한 경각심을 그에게 가르쳐 주었다."[97]

이렇게 자연을 인간과는 다른 외적 대상으로 파악하게 되자 이 단계의 사람들은 "다른 동물에 대한 인간의 우월성을 자각"하게 되었고, 사람들 사이에는 차이보다 일치점이 많다는 평등성을 인식하게 되었다. 동물들과의 관계를 통해 "안전의 추구가 인간 행위의 유일한 원동력임을 경험에 따라 배우게 된 인간은 공통된 이해관계에서 동포의 도움에 의지해야 하는 경우와 그보다는 드물지만 경쟁을 위해 그들을 경계해야 하는 경우를 구분하게 되었다." 이렇게 하여 "사람들은 어느새 피차 약속을 지키는 것이 서로에게 이득이 된다는 것을 어느 정도 느끼게 되었다. 그러나 그것은 다만 현재 눈앞에 보이는 이득이 그것을 필요로 하는 경우에만 국한되었다. 왜냐하면 그들에게 앞을 내다본다는 것은 아무런 의미가 없었기 때문이다. 그리고 그들은 아직까지 먼 장래의 일에 마음을 쓰기는 커녕 내일의 일도 생각지 않았다." 이 단계에서는 "아직 세련된 언어가 필요하지 않았으며" 서서히 언어의 발달이 이루어져가고 있었다.[98]

요컨대 이 두 번째 단계는 "반복된 상호작용에서 관계의 인식이 생기고, 관계의 인식에서 비교능력이 생기고, 비교능력에서 계몽이 생기고, 계몽에서 노동의 필요성이 증대"한 시기이다. 그리하여 이 단계에서는 자연과의 완전한 동화에서 탈피하여 자연을 대상으로 파악하게 되었으며, 인간 상호간의 협력의 필요성을 인식하고 필요할 때는 서로 결합하기도 하였으나, 공동생활을 한 것은 아니어서 "아직도 이 단계의 자연인은 고립적인 생활을 영위하고 있었다."[99]

---

**97** 『인간불평등기원론』, 제2부, p. 255.

**98** 『인간불평등기원론』, 제2부, pp. 255~257.

**99** 김용민, 2004, p. 78.

이러한 "초기의 진보로 말미암아 인간은 더욱 신속히 발전하게 되었으며, 정신이 계몽됨에 따라 기능이 점점 향상"되어 세 번째 단계로 돌입하였다. 이 단계는 집을 발명하여 인류 최초로 주거생활을 하게 된 단계로서, "가족이 형성되고 그 구별이 생겼으며, 일종의 사유재산을 도입한 최초의 혁명 시대이다."[100] 집이 발명되어 주거생활을 하게 되자 그때까지 우연적으로 결합하던 이성(異性)들이 한 사람과의 결합을 선호하는 정신적인 연애감정을 발전시키게 되었으며, "이윽고 남편과 아내, 아버지와 자식이 공통된 거처에서 함께 사는 새로운 환경이 조성되자 처음으로 인간의 마음이 넓어지게 되었다. 함께 생활하는 습성이 가장 친밀한 감정이라고 할 수 있는 부부애(夫婦愛)와 부성애(父性愛)를 낳게 하였으며, 어떤 가족이든 상호간의 애착과 자유가 그 유일한 유대가 되어 있으므로, 더욱 긴밀히 결합된 하나의 작은 사회가 되었다. 그리고 지금까지 동일했던 남녀의 생활양식 속에 처음으로 차이가 생기게 되어" 성역할의 분화가 시작되었다.[101]

가족생활이 시작되자 독립적인 가족생활에 필요한 욕구를 충족하기 위해 여러 가지 "도구를 발명"하게 되었으며, 이를 이용하여 생활의 필요를 충족하게 되면서 여가가 생겨 "그들의 선조들이 알지 못했던 즐거움을 얻기 위해 이 여가를 활용"하였다. 이 과정에서 "말이 사용되어 일정한 언어로 완성"되어갔으며, "점차 서로 근접하여 무리를 이루고 [……] 같은 생활양식이나 음식에 따라 또는 기후의 공통된 영향에 따라 결합되어 [……] 드디어 각각 다른 가족 간의 결합이 촉진"되었다.[102]

---

**100** 『인간불평등기원론』, 제2부, p. 257.

**101** 『인간불평등기원론』, 제2부, p. 258.

**102** 『인간불평등기원론』, 제2부, pp. 258~259.

가족 간의 결합의 결과 "여러 가지 관념이나 감정이 계속해서 일어나고 정신과 마음이 훈련됨에 따라서, 인류는 점차로 유순해지며 결합이 확대되고 유대가 강화되었다. [……] 그리고 연애와 여가의 소산이라고 할 수 있는 노래와 춤이 틈을 내어 모여든 남녀의 즐거움이라기보다는 일거리가 되었다. 그리하여 저마다 남을 주목하고 자기도 주목받고 싶다는 생각이 들기 시작하여, 이윽고 남들에게서 존경을 받는 것이 하나의 가치를 갖게 되었다. [……] 이것이 불평등을 향한, 그리고 악덕으로 가는 첫걸음이기도 했다."[103]

그러나 이 시기는 아직까지 "다른 사람의 협력이 필요하지 않으며 혼자서도 할 수 있는 일이나 기술에만 전념"함으로써, "인간은 그 본성에 따라 자유롭고 건장하고 선량하고 행복하게 살면서 서로 독립된 상태에서 교제를 나누는 즐거움을 계속해서 누릴 수 있었다."[104] 이런 점에서 루소는 이 시기를 "최초의 야만과 타락한 문명의 중간지점에 놓인 황금시기"[105]로 보고 있다.

> [이 시기에] 이전보다는 인간들의 인내심도 약해지고 자연적인 연민도 이미 다소간의 변질을 보이고 있었지만, 이 인간 능력의 발달 시기는 원시상태의 게으름과 현대의 이기주의가 낳은 맹렬한 활동 사이에서 올바른 중용을 유지하였으므로 '가장 행복하고 건실한 시기'였을 것임에 틀림없다. 이에 대해 깊이 생각해볼수록 이 상태가 가장 혁명이 일어나기 어려운, 인간에게 '최고로 바람직한 상태'였다는 사실, 그리고 인간의 공동이익을 위해서는 일어나지 않았어야 했던 혐오스러운 우연[다음 시기를 유발한 농업과 야금술의 발달을

103 『인간불평등기원론』, 제2부, p. 260.
104 『인간불평등기원론』, 제2부, p. 262.
105 김용민, 2004, p. 70.

가리킴]에 의하지 않았던들 인간은 이 상태에서 이탈할 수 없었다는 사실을 깨닫게 된다. [현재에도] 미개인 대부분이 이 상태에 머물러 있다는 사실은 인류가 영원히 이 상태에 머물러 있도록 만들어져 있다는 점과 이 상태는 참으로 '세계의 청년기'라는 점, 그리고 이후의 모든 진보는 표면상으로는 그만큼 개체의 완성으로 향하면서도 사실상 종(種)의 노쇠로 향하고 있다는 점을 입증하는 것처럼 생각된다.[106]

인간진화의 네 번째 단계는 "농업과 야금술(冶金術)"이라는 기술의 발달로 인해 야기된 "거대한 혁명"이었다. 농업기술과 야금술은 아마도 우연히 발견된 기술인 듯한데,[107] 이 두 가지 기술의 발달로 말미암아 "인간이 타인의 도움을 필요로 하게 되자마자, 그리고 한 사람이 두 사람분의 저축을 하는 것이 유리하다고 느끼자마자 평등은 소멸되고 사유(私有)가 도입되었으며, 노동이 필요하게 되었다. 게다가 광대한 산림은 [농업생산을 위한] 평야로 변했으며 그 평야를 사람들의 손으로 기름지게 만들어야 했고, 머지않아 그곳에서 수확과 함께 노예제도와 빈곤이 싹트고 자라는 것을 볼 수 있게 되었다."[108] 이렇게 기술의 발달에 따른 사유(私有)의 도입으로 빈부의 격차가 생기게 되고, 재산 증식을 위해 많은 노동이 필요해지면서 노동의 분화가 이루어짐으로써, 전 단계까지 그런대로 유지되던 인간들 사이의 평등성은 완전히 사라지게 되었던 것이다. "철을 녹이기 위해 많은 사람의 손이 필요하게 되자, 곧 그들을 먹여 살리기 위한 또 다른 사람이 필요"했으며, "노동자의 수가 증가할수록 생활물자를 제공하기 위한 일손은 점점 적어지는 반면에 그것을 소비하는

106 『인간불평등기원론』, 제2부, pp. 261~262.

107 『인간불평등기원론』, 제2부, pp. 263~264.

108 『인간불평등기원론』, 제2부, p. 262.

입은 늘어만 갔다."[109] 이렇게 노동의 분화가 심화됨에 따라 사람들 사이에 자신의 필요에 의해서보다는 남의 필요에 맞추어 생산을 하는 노동으로부터의 소외 현상이 빚어졌으며, 노동의 종류에 따른 계층의 분화와 빈부의 차이가 심각한 문제로 대두되었다. "토지의 경작은 필연적으로 토지의 분배라는 문제"를 가져와 토지의 사유화(私有化)와 또한 빈부 격차의 문제를 야기시켰다.[110]

이러한 상태에서 "만일 사람들의 재능이 균등하여 예컨대 철의 사용과 식량의 소비가 언제나 정확한 균형을 이루고 있었다면, 모든 사물은 이 상태에서 언제까지나 평등을 유지할 수 있었을 것이다. 그러나 이 평등을 유지할 만한 근거는 어디에도 존재하지 않았으므로 그것은 곧 붕괴되었다."[111] 힘이 세거나 손재주가 있거나 재능이 있는 사람은 그렇지 않은 사람보다 유리하였다. "이와 같이 하여 자연의 불평등은 새로운 원인의 결합에 따른 불평등과 더불어 부지불식간에 발전되었으며, 상황의 차이에 따라 발전한 사람들 사이의 차이가 더욱 현저해지고 더욱 오랫동안 지속되어 사람들의 운명에 영향을 주기 시작하였다."[112] 이와 같이 농업기술과 야금술의 발달에 따른 거대한 혁명으로 인해 인간의 평등성은 자취도 없이 사라지고, 불평등과 그로 인한 제반 폐단이 지배하는 상황이 연출되었던 것이다.

자연상태의 마지막 단계에서는 인간의 능력이 최고도로 발전되면서, 인간성이 타락되고 불평등이 만연하여 사람들 사이에 투쟁과 살육이 자행되는 무서운 "전쟁상태"에 이르게 된다. 이 단계에서 "우리 인간의

109 『인간불평등기원론』, 제2부, p. 264.
110 『인간불평등기원론』, 제2부, pp. 264~265.
111 『인간불평등기원론』, 제2부, p. 265.
112 『인간불평등기원론』, 제2부, p. 266.

모든 능력은 발전하였고 기억력과 상상력은 마음껏 나래를 폈으며, 이기심은 이해(利害)에 눈뜨고, 이성(理性)은 활발하게 되었으며, 정신은 도달할 수 있는 한 거의 완성의 정점에 도달해 있다."[113] 이 상태에서 각자의 지위와 운명은 재산의 다과(多寡)와 이를 지킬 수 있는 권력뿐만 아니라, 아름다움 · 체력 · 능력 · 장점 · 재능 등 개인적인 특성에 따라 달라진다. 그러므로 사람들은 이러한 것들을 추구하여 "이들을 실제로 갖추거나 적어도 갖고 있는 체할 필요가 있었다. 다시 말해 자기의 이익을 위해서는 자신의 실제 상태와는 다른 모습을 보여줄 필요가 있었으며, 그리하여 실체(實體)와 외관(外觀)이 전혀 다르게 되었다. 그리고 이 구별을 통하여 그럴듯한 위엄과 기만적인 책략과 이에 따르는 모든 악덕이 얼굴을 드러내게 되었다."[114] 말하자면 전 단계에서 노동의 소외에 그쳤던 상황이 더욱 악화되어 인간의 소외 현상까지 몰고 왔던 것이다.

이 단계에서 상황을 더욱 악화시킨 것은 화폐의 발명이었다. 전에는 "부(富)가 주로 토지와 가축만으로 이루어져" 있어서 어느 정도 한계가 따랐지만, 화폐를 사용하게 되자 부의 축적과 상속에 한계가 사라지게 되었다. "이렇게 되자 사람들 각자의 다양한 성격에 따라 지배와 굴종 또는 폭력과 약탈이 일어나기 시작했다. [……] 이렇게 해서 부자의 횡령과 가난한 자의 약탈과 만인의 방종한 정념이 자연스러운 연민의 정과 아직은 약한 정의의 목소리를 질식시켜, 사람들을 욕심쟁이와 야심가와 악한으로 만들었다. 가장 강한 자의 권리와 최초 점유자(占有者)의 권리 사이에 끊임없는 분쟁이 일어났으며, 그것은 투쟁과 살해에 따라 종식될 수밖에 없었다."[115]

---

113 『인간불평등기원론』, 제2부, p. 266.

114 『인간불평등기원론』, 제2부, pp. 266~267.

이렇게 자연상태의 마지막 단계에 "갓 태어난 사회상태는 더할 나위 없이 '무서운 전쟁상태'로 변해버렸다. 타락하고 비탄에 빠진 인류는 이미 과거로 되돌아 갈 수 없었고, 불행하게도 스스로 얻은 것을 버릴 수도 없게 되었으며, 자기에게 명예를 가져다주는 모든 능력을 남용함으로써 치욕만을 더하게 되어, 드디어는 스스로 멸망 직전에 이르렀다."[116]

**사회상태: 권력의 수립과 불평등 구조의 심화** 이상에서 보듯이, 루소는 인간 정신의 진화를 통해 자연상태는 "자연과 완전히 동화된 원시상태 — 관계 개념의 확립을 통해 자연을 대상화하는 단계 — 집의 발명과 가족의 형성으로 특징지어지는 가족연합의 단계 — 농업기술과 야금술의 발달로 인한 사유재산과 노동의 분화에 따라 불평등이 야기되는 단계 — 화폐경제의 도입으로 인해 불평등과 무질서가 심화되는 단계"의 다섯 단계를 거쳐 변화했다고 주장한다. 이 중 앞의 세 단계는 사람들 사이에 완전한 평등 또는 그런대로 평등이 보장되고 있는 평화의 시대이지만, 뒤의 두 단계는 불평등이 점차 심화되고 폭발 직전에 있는 불화의 시대이다. 이렇게 보면 루소가 자연상태를 온통 평등성이 지배하고 있는 상태로 규정하고 있는 것은 아니라고 할 수 있다. 즉 인류의 역사는 인간 정신의 진화에 따라 사회화가 진행되면서 점차로 불평등이 심화되는 방향으로 전개되어왔다는 관점이 루소의 의견인 것이다.

여기서 자연상태의 5단계 중 "제4와 제5의 단계를 과연 자연상태로 보아야 하는가? 이는 이미 사회상태로 보아야 하지 않는가?" 하는 문제가 도출될 수 있다. 루소가 『인간불평등기원론』에서 분명히 명시하고 있지

---

**115** 『인간불평등기원론』, 제2부, pp. 267~268.

**116** 『인간불평등기원론』, 제2부, p. 268.

는 않지만, 그는 국가권력의 성립 이후의 단계를 사회상태로 간주하는 것 같다.[117] 그는 "인간이 이와 같은 비참한 상태에 대해, 그리고 자기들이 당하고 있는 여러 가지 재해에 대해 반성하지 않은 것은 아니었다"[118] 고 진술하면서, 이러한 움직임은 주로 부자들과 강자(정복자와 권세가)들이 자기들의 이익을 보호하기에 유리하도록 법률을 제정하여 국가권력을 설립하려는 노력으로 나타났다[119] 고 주장한다. 그는 "개인과 개인 사이에서 여전히 자연상태에 머물러 있는 다양한 정치체들은 각 개인이 그 자연상태에서 벗어나게 하지 않을 수 없는 불편을 느끼기 시작했다"[120] 고 진술하여, 법률과 국가권력의 설립이 사회상태로 이행하는 첫걸음임을 암시하고 있다. 루소는 국가권력의 설립으로 인한 사회상태는 결국 불평등의 구조적 심화 과정이라고 볼 수 있는데, 이는 세 단계를 거쳐 왔다고 주장한다.

이 모든 [국가권력의] 변혁 속에서 어떻게 불평등이 발달해왔는가를 더듬어보

117 『인간불평등기원론』의 제2부의 반 이상(pp. 269~293)을 루소는 국가권력에 관한 제반 문제를 고찰하는 데 할애함으로써 이러한 관점을 시사하고 있다.

118 『인간불평등기원론』, 제2부, p. 269.

119 『인간불평등기원론』, 제2부, pp. 262~272. 빈자와 약자들보다 부자와 강자들이 국가권력의 수립에 먼저 관심을 기울이는 까닭은, 인간 사이의 불평등을 가져오는 요인으로는 "부(富) · 신분 · 지위와 권력, 개인적인 장점" 등이 있는데, 이 중에서 "부가 다른 모든 불평등이 귀착되는 근원적인 불평등"이기 때문이라고 루소는 본다. "왜냐하면 그것은 가장 직접적인 안락을 위해 유용하며 가장 쉽사리 전할 수 있으므로, 인간은 그 밖의 모든 것을 사들이기 위해 이 부를 자유롭게 처리할 수 있기 때문"(『인간불평등기원론』, 제2부, p. 286)이라는 것이다. 어떤 것이든지 "사물의 발생은 그것으로 말미암아 손해를 보는 사람들보다는 덕을 보는 사람들에 의해 이루어졌다고 해야 옳을 것"(p. 273)이므로, 국가권력으로부터 가장 큰 이익을 볼 수 있는 부자와 강자(권세가)가 국가권력의 수립에 우선적인 관심을 기울였을 것이라는 논리이다.

120 『인간불평등기원론』, 제2부, p. 272.

면, '법률과 소유권의 설정'이 그 제1기이고, '관직의 설정'이 제2기이며, 끝으로 제3기는 '합법적인 권력에서 전제적인 권력으로 변화하는 시기'라는 점을 알 수 있을 것이다. 따라서 '부자와 가난뱅이의 상태'가 제1기에서 용인되고, '강자와 약자의 상태'는 제2기에서, 그리고 제3기에서 '주인과 노예의 상태'가 용인되었는데, 이 제3의 시기가 바로 불평등의 최후 단계이며 결국은 다른 모든 시기가 귀착되는 한계이기도 하다. 여기에서 새로운 변혁들이 일어나 정부를 완전히 해체시키거나 이것을 합법적인 제도로 접근시키기에 이른 것이다.[121]

이 인용문에서 보듯이, 루소는 국가권력의 설립으로 인한 사회상태는 부자의 집권기, 강자(정복자)의 집권기, 전제군주의 집권기의 세 단계를 거치는데, 각 단계를 거칠 때마다 빈자에의 착취, 약자(피정복자)에의 착취, 그리고 노예상태로 전락한 인민 전체에의 착취가 심화되고 더욱이 구조화되어, 불평등이 만연하고 무질서한 사회가 되고 만다고 주장한다. 이러한 불평등은 모든 사람의 공공선에 대한 일반의지에 따르는 계약과 자기입법을 통해 해결할 수밖에 없다는 것이 루소의 생각이고,[122] 이것이 그의 『사회계약론』의 주제인 것이다.

---

121 『인간불평등기원론』, 제2부, p. 284.

122 『인간불평등기원론』에서 루소는 사회계약론에 대해 구체적으로 언급하지 않고, 다만 "모든 정부의 기본적인 계약이 갖는 성질에 대해서는 깊이 들어가지 않고, 여기서는 다만 세상의 통념을 채택하는 데 그치고자 한다. 그것은 정치적 집단의 설립을 인민과 그들이 택한 통치자 사이의 현실적인 계약이라고 보는 견해이다. 이 계약의 양 당사자는 그 속에 명시된 법규들을 준수해야 하며, 그럼으로써 쌍방의 결합은 확고하게 된다. 인민은 사회적인 관계라는 측면에서는 그들 모두의 의지를 오직 하나의 의지로 결합시켰으므로, 이 의지가 표명되고 있는 모든 조항은 각각 기본적인 법률이 되어 국가의 전체 성원들에게 예외 없이 의무를 부과하고 있다"(『인간불평등기원론』, 제2부, p. 280)라고 진술하여, 자기의 사회계약론의 주제를 암시하고 있다. 이 인용문에서 "사회의 통념"은 자기보다 먼저 사회계약론을 주장한 사람들의 견해를 지적하는 말일 것이다.

『인간불평등기원론』의 말미에 루소는 "불평등은 자연상태에서는 거의 찾아볼 수 없으므로 인간능력의 발달과 정신의 진보에 따라 성장 · 강화되며, 소유권과 법률 제정에 따라 안정되고 합법화된다"[123]는 명제를 결론으로 제시하고 있다. 그는 이러한 결론을 뒷받침하는 논리를 다음과 같이 제시하고 있다.

> 미개인과 문명인은 심정과 기질이 크게 다르기 때문에,[124] 한쪽에게 최고의 행복을 주는 것이 다른 쪽은 절망에 빠뜨릴 정도이다. 전자는 다만 안식과 자유만을 호흡하고 무위도식(無爲徒食)만을 바란다. 그런가 하면 스토아학파의 완전한 평정(아타락시아)까지도 미개인의 다른 모든 것에 대한 깊은 무관심에는 미치지 못한다. 이와 반대로 문명인은 언제나 활동적이고 땀을 흘리면서 돌아다니며, 더욱 힘든 일을 찾기 위해 노심초사(勞心焦思)한다. 그는 죽을 때까지 일한다. [……] 그는 자기가 미워하는 권력자나 경멸하는 부자들에게 아첨하여 그들에게 봉사하는 명예를 얻기 위해서 어떤 일도 마다하지 않는다. 그는 자기의 비열함과 그들의 보호를 의기양양하게 자랑한다. 그리고 자기의 노예상태를 과시하고 그런 영광을 누리지 못한 자들을 경멸한다.[125]

### 3) 자유주의자로서의 루소: 교육을 통한 자유의 체득 및 증진

루소의 사상 전체를 꿰뚫고 있는 핵심적인 화두는 "자연"과 "자유"인데, 이 두 가지는 스스로가 자기의 가장 위대한 작품이라고 평가하는 교육이론서 『에밀』[126]에서 결합되고 있다. 『에밀』은 "에밀"[127]이라는 "가상의

---

123 『인간불평등기원론』, 제2부, p. 292.

124 루소는 "우리의 자연적인 경향을 모두 변형 · 변질시키는 것은 사회의 정신과 사회가 낳은 불평등"(『인간불평등기원론』, 제2부, p. 292)이라고 진술하여, 이 두 인간(미개인과 문명인)의 차이의 원인을 사회적 불평등에서 찾고 있다.

125 『인간불평등기원론』, 제2부, pp. 290~291.

한 학생을 설정하여, 그를 교육하기에 알맞은 건강과 지식, 그리고 모든 재능을 내가 갖추고 있다고 가정하고, 그가 태어난 때부터 어른이 되어 자기 이외의 아무런 안내자도 필요하지 않을 때까지"[128] 가정교육을 실시하는 것을 내용으로 한 일종의 교육소설이다. 이 책에서 "에밀"은 부유한 귀족가문에서 태어난 건강한 고아로서[129] 그 부모의 친구인 루소에게 위탁된 것으로 설정되어 있다.[130] 『에밀』은 루소가 제자인 "에밀"에게 태어나면서부터 다섯 살까지의 유년기, 다섯 살부터 열두 살까지의 아동기, 열두 살부터 열다섯 살까지의 소년기, 열다섯 살에서 스무 살까지의 청년기, 스무 살에서 결혼하는 스물다섯 살까지의 성인기에 베푸는 가정교육의 내용을 한 부씩으로 하여, 모두 5부로 구성되어 있다.[131] 이러한 과정을 통하여 "에밀"은 자연으로부터 갖추고 태어난 자유를 최대한 만끽하는 하나의 인간이자 정치적으로도 자유로운 민주시민으로 성장하는 것으로 그려진다.

"루소에게서는 교육이 정치의 보조적 수단으로 존재하는 것이 아니라 교육의 일부가 정치인 것으로 나타나고 있다. [……] 그에게서 '인간적

126 이 장의 주 9(p. 251)에 인용된 본문 참조.

127 에밀은 책이름이기도 하고, 그 책의 주인공의 이름이기도 하다. 이 글에서는 책이름은 『에밀』로, 그 주인공인 가상 인물은 "에밀"로 기술하기로 한다.

128 『에밀』, 제1부, p. 86. 이는 김중현(2008)이 루소의 *Émile*(역자는 어느 판을 원전으로 하였는지 밝히지 않고 있다)을 번역하여 『에밀』이라는 제목으로 번역한 책(경기: 한길사)의 제1부 p. 86을 가리킨다. 앞으로 『에밀』의 인용은 이 예를 따른다.

129 『에밀』, 제1부, p. 90.

130 『에밀』, 제1부, p. 101.

131 제1부는 pp. 59~129, 제2부는 pp. 131~292, 제3부는 pp. 293~373, 제4부는 pp. 375~642, 제5부는 pp. 643~869에 기술되어 있으며, 각 부에는 "신체의 자유를 구속하지 않는 교육", "신체와 감관의 훈련", "지능과 기술교육", "도덕과 종교교육", 그리고 "에밀과 소피의 결혼"이라는 부제가 붙어 있어서, 각 시기 교육의 특징을 한마디로 나타내고 있다.

지평'(human horizon)과 '정치적 지평'(political horizon)은 서로 배타적인 것이 아니라 서로 간에 많은 것을 공유하기도 하는데, 완전한 시민에 있어 이 두 지평은 거의 일치하게 된다."[132] 이러한 관점에서 루소는 고대 그리스적 전통에 따라 정치와 교육이 밀접히 연관되어 있음을 강조한다. 그는 플라톤의 『국가론』도 전혀 정치적인 작품이 아니라 교육적인 작품이라고 진술하면서, 플라톤의 공교육(公敎育)에 대해 자기는 "개인적인 가정교육"을 중시하는 사교육(私敎育)적인 대안을 제시했을 뿐이라고 주장한다.

> 당신은 공공교육에 대한 지식을 얻고 싶은가? 플라톤의 『국가론』을 읽어보라. 그 저서는 제목만 가지고 책을 판단하는 그런 사람들의 생각과는 달리 정치에 관한 책이 아니다. 그것은 지금까지 집필된 것 중 가장 훌륭한 교육론이다. [……] 플라톤은 단지 인간의 마음을 순화시켰을 뿐이다.[133]

---

132 김용민, 2004, pp. 30~31; 2007, p. 382~383.

133 『에밀』, 제1부, pp. 67~68. 루소는 이외에도 『에밀』에서 플라톤의 『국가론』을 두 번 더 언급하고 있는데, 모두 플라톤의 교육 내용에 대해서이다: "플라톤은 그토록 위엄 있는 작품으로 간주되는 그의 『국가론』에서 아이들을 축제와 유희와 노래와 오락으로만 교육시킨다. 마치 그는 아이들에게 즐기는 것을 잘 가르치기 위해 최선을 다했던 것 같다"(『에밀』, 제2부, p. 189); "플라톤은 그의 『국가론』에서 여자에게 남자와 똑같은 훈련을 하도록 한다. 나는 그것이 적절하다고 생각한다"(『에밀』, 제5부, p. 654). 이 두 번째 인용문만을 놓고 보면, 루소가 남녀평등론자로서 두 성에게 동일한 교육을 시켜야 한다고 생각하고 있는 것처럼 보이기도 한다. 그러나 그는 여성 교육에 관한 논의(『에밀』, 제5부, pp. 654~741)에서, 남녀의 생득적인 차이와 두 성에 대한 가정과 사회에서의 역할과 기대의 차이를 염두에 두고, 서로 다르게 교육해야 할 것을 주문하고 있다. 루소는 "여자와 남자는 기질적으로도 체질적으로도 똑같게 만들어져 있지 않으며, 그렇게 만들어져서도 안 된다"면서, 따라서 "그들은 똑같은 교육을 받아서는 안 된다는 결론이 나온다"(p. 655)고 본다. 그러므로 이러한 두 성의 차이를 잘 인식하고, "언제나 자연의 가르침을 따라"(p. 655) 각 성에 맞는 교육을 시켜야 한다는 것이 루소의 입장이다. 이렇게 보면, 앞의 두 번째 인용문의 말은 여성에게도 남성에게와 마찬가지로 자연에 따르는 교육을

아마도 루소는 "『에밀』을 정치적인 작품으로 평가받고 싶다는 욕망"[134]을 가지고 있었던 것 같다. 이러한 사실은 루소가 인간을 형성하는 기예(技藝)인 교육의 가장 마지막 단계는 정치교육을 통해 민주시민으로서의 의무를 이행하도록 하는 일로 보고, 『에밀』의 말미에서 제자인 "에밀"에게 정치교육을 베풀고 있다는 점에서 잘 드러난다.

> 다른 존재들과의 육체적인 관계와 다른 사람들과의 도덕적인 관계 속에서 자신을 관찰해본 "에밀"에게는 이제 그의 동료 시민들과의 사회적인 관계 속에서 자신을 고찰하는 일이 남았다. 그 고찰을 위해서 그는 정부라는 것의 일반적인 성격, 이어서 정부의 다양한 형태, 그리고 끝으로 그가 태어난 나라의 특수한 정부를 연구함으로써 그 정부 하에서 자신이 살기 적합한가를 연구하는 것부터 시작해야 한다. 왜냐하면 어른이 되어 각자 자신의 주인이 되면, 누구에 의해서도 폐기될 수 없는 권리에 의해, 자기가 정착하고 있는 나라를 떠날 때 그가 그 공동체와 맺고 있는 계약을 마음대로 포기할 수 없기 때문이다.[135]

이러한 정치교육을 위한 지침으로 루소는 『에밀』의 끝부분에 상당한 양을 할애하여 『사회계약론』의 요약본을 제시하고 있으며,[136] 그러한 정치교육을 통한 "에밀"의 변화(자유로운 개인에서 민주시민으로의 변화)를 진술하고 있다.[137] 『에밀』이 자유의 이러한 문제를 정치를 포함하는

---

시켜야 한다는 말이지, 절대로 두 성에게 똑같은 교육을 시켜야 한다는 말은 아니라고 해석해야 할 것이다.

**134** 김용민, 2004, p. 31; 2007, p. 383.

**135** 『에밀』, 제5부, p. 825.

**136** 『에밀』, 제5부, pp. 829~853.

**137** 『에밀』, 제5부, pp. 853~858.

전 방위의 "인간적 지평"에서 추구하고 있는 작품이었다면, 『사회계약론』은 인간이 본성적으로 갖추고 있는 자유의지의 문제를 "정치적인 지평"에서 추구하고 있는 작품이다. 이렇게 루소에게 있어 정치와 교육은 절대로 별개의 문제가 아니었으며, 양자는 모두 인간을 자유롭게 만드는 기예라는 것이 그의 본뜻이었다고 볼 수 있다. 이상에서 보듯이 루소는 자유를 인간의 가장 근본적인 본성으로 인식한 "자유주의자"였던 것이다.

**교육의 방법: 자연적 교육과 소극적 교육 및 체험교육** 루소는 『에밀』의 서두를 "모든 것은 창조자의 수중에서 나올 때는 선한데 인간의 수중에서 타락한다"[138]는 자기 사상의 핵심 명제를 다시 한 번 진술하는 것으로부터 시작한다. 그는 이렇게 자연적으로 선한 인간을 타락시키는 가장 대표적인 인간의 활동이 교육이라고 본다. "인간은 교육을 통해서 만들어지는"[139] 존재인데, 그 교육, 특히 공교육이 지식교육에 치중함으로써 "인성을 교화하기보다 그것을 훨씬 더 파괴하는 방향으로 나아가고"[140] 있어서 "이중인격의 인간을 만드는 데 적합한 교육"[141]으로 전락했기 때문이다. 이러한 관점에서 루소는 공교육에 대한 대안으로서 "개인적인 가정교육" 곧 사교육을 중시한다. 이러한 교육의 방법으로 루소는 "자연적 교육"과 "소극적 교육", 그리고 "체험에 의한 교육"을 제시한다.

루소에 따르면, 교육은 자연에 반하여 실행되어서는 안 되고, 반드시 자연의 뜻과 자연의 과정에 따라 실행되어야 한다. 루소는 이러한 관점에서 자기의 교육 방법의 핵심을 "자연적 교육"이라고 불렀다.[142] 그는

---

**138** 『에밀』, 제1부, p. 61.
**139** 『에밀』, 제1부, p. 62.
**140** 『에밀』, 서문, p. 54.
**141** 『에밀』, 제1부, p. 68.

교육의 원천은 자연과 사물 그리고 인간이라고 보고, 이 중 자연의 교육이 가장 기본적이라고 주장한다.

> 교육은 자연이나 사물 또는 인간의 소산이다. 우리의 능력과 기관들의 내적인 성장은 '자연의 교육'이다. 반면, 그 성장을 이용하도록 우리에게 가르치는 것은 '인간의 교육'이다. 그리고 우리와 접촉하는 대상들에 대한 경험 획득은 '사물의 교육'이다. 그러므로 우리 모두는 세 종류의 선생을 통해 교육받는다. 그 세 선생의 가르침이 서로 대립되는 교육을 받은 학생은 제대로 된 교육을 받지 못하여, 결코 조화로운 사람이 되지 못할 것이다. 그 세 선생의 가르침이 일치하고 같은 목표로 향할 때만 학생은 자기 목적지를 향해 나아가며 시종 일관되게 산다. 그 사람만이 올바른 교육을 받은 사람이다.[143]

그런데 이렇게 상이한 세 교육 중 "자연의 교육은 우리가 어떻게 할 수 있는 문제가 전혀 아니다. 사물의 교육은 몇 가지 점에서만 우리가 어떻게 할 수 있다. 인간의 교육만이 진정으로 우리가 마음대로 할 수 있지만, 그것은 가정(假定) 상으로만 그럴 뿐이다."[144] 자연이 정해놓은 목표나 인간 발달의 과정을 사물이나 인간이 도대체 어떻게 바꾸거나 뛰어넘을 수는 없는 것이기 때문이다. 그러므로 이 세 교육 가운데 "다른 두 교육을 통솔해야 하는 것은 우리가 어찌할 도리가 없는 자연의 교육 쪽이다."[145] 그래야 세 교육이 일치되어 인간 교육의 완성을 기할 수 있다.

---

**142** 김용민, 2004, p. 195.

**143** 『에밀』, 제1부, p. 63.

**144** 『에밀』, 제1부, p. 63.

**145** 『에밀』, 제1부, p. 64.

그러므로 “자연적 교육”에서 가장 중요한 일은 자연이 정해놓은 인간의 발달과정을 정확히 이해하고, 그 발달의 과정에 필요한 일만을 교육시킬 뿐, 이에 어긋나는 일은 “그에게 어떤 일도 행해지지 않도록 막아주는 일이 필요하다.”146 『에밀』에서 인간의 발달 과정을 유년기 · 아동기 · 소년기 · 청년기 · 성인기로 나누고, 자연이 정해놓은 각 시기의 발달의 주제에 따라 유년기에는 “신체의 자유를 구속하지 않는 양육”, 아동기에는 “신체와 감관의 훈련”, 소년기에는 “지능과 기술교육”, 청년기에는 “도덕과 종교교육”, 성인기에는 “성과 사랑, 그리고 정치교육”을 시킬 뿐, “에밀”에게 학문이나 지식의 교육을 전혀 시키지 않은 것은 바로 이러한 견지에서였다. 다음과 같은 권유는 루소의 이러한 “자연적 교육”의 핵심을 잘 드러내주고 있다.

> 사람들은 어린이에 대해 거의 문외한이다. 그러므로 그들이 가진 그릇된 생각에 기초하여 고찰할수록 그들은 더 과오만 저지른다. 아주 현명한 사람들조차도 어른이 긴히 배워야 할 것이 무엇인가 하는 점에 대해서만 전념할 뿐, 어린이가 무엇을 배워야 하는가 하는 점에 대해서는 고려하지도 않는다. 그들은 어떤 어린이가 어른이 되기 전의 문제에 대해서는 생가해보지 않은 채, 그 어린이가 어른이 된 후의 문제만을 항상 생각하려 한다. [……] 그러니 당신의 학생들을 더 잘 연구하는 것으로부터 시작하라. 확신하건대 당신은 그들을 전혀 모르기 때문이다.147

이렇게 인간의 자연적 발달과정을 잘 이해하고, 각 단계에서 꼭 갖추어져야 할 것에만 초점을 맞출 뿐, 인위적으로 이러한 발달과정을 뛰어넘으

---

146 『에밀』, 제1부, p. 69.

147 『에밀』, 서문, p. 55.

려고 하거나 각 단계에서 무리한 일을 억지로 요구해서는 안 된다는 것이 루소의 "자연적 교육"의 요체이다.[148] 이러한 관점에서 루소는 "자연의 법칙으로 돌아가자"[149]거나, "아이로 하여금 [……] 자연의 자유를 향유하도록 내버려두자"[150]거나, "당신의 학생을 그의 연령에 따라 다루어라. 먼저 그를 그의 위치에 있도록 하라. 그곳에 그를 잘 붙들어두어, 더 이상 그곳에서 빠져나오려는 시도를 하지 못하게 하라"[151]고 권유하는 것이다.

이렇게 자연의 발달과정에 순리적으로 따르는 "자연적 교육"에 대한 관점은 필연적으로 교육의 장면에서 그 어떤 인위적 개입도 해서는 안 된다는 "소극적 교육"에 대한 주장으로 루소를 인도한다. 루소가 앞에서 제시한 교육의 세 원천 중 하나인 "인간의 교육"의 핵심이 바로 "소극적 교육"이다. 그는 "아이가 젖먹이 시절에서 이성의 시기로 단번에 뛰어넘을 수 있다면, 사람들이 현재 일반적으로 행하고 있는 교육이 아이에게 적합할 수도 있을 것이다. 하지만 자연의 진행을 따를 경우, 그에게는 그와는 정반대의 교육이 필요하다. 아이는 정신이 모든 능력을

---

148 현대심리학에서는 20세기 초반까지만 해도 "어린이는 미숙한 어른"이라는 관점에서, 어린이는 매우 미숙하기는 하지만 어른과 똑같은 사고과정에 따라 세상을 인지하고 이에 반응하는 존재라고 인식하여 연령변인을 오염변인이라고 취급하는 경향이 강하였으나, 1920년대에 이르러 피아제(Jean Piaget)에 의해 어린이는 어른의 축소판이 결코 아니며, 어른과는 다르게 세상을 인식하고 이에 반응한다는 사실이 밝혀지면서, 심리학자들이 연령층에 따른 발달의 문제에 관심을 갖게 되었다. 어떤 발달심리학자는 피아제에 의한 아동의 연구는 "심리학에서 코페르니쿠스의 혁명에 해당되는 사건"(Damon, 1995, pp. 147, 632)이라고 지적하고 있다. 이러한 점에서 피아제보다 160여 년 전에 각 시기의 특유한 발달의 문제를 상정하고 그에 따른 교육의 필요성을 강조한 루소는 그 내용의 옳고 그름과는 상관없이 시대를 앞서갔던 선구자라고 할 수 있을 것이다.

149 『에밀』, 제2부, p. 154.

150 『에밀』, 제2부, p. 155.

151 『에밀』, 제2부, p. 158.

가지게 될 때까지 정신을 사용해서 아무것도 하지 말아야 한다"[152]고 강조한다. 이러한 입장에서 루소는 "교육 전체의 가장 주되고 중요하며 유익한 규칙은 곧 시간을 아끼라는 것이 아니라 시간을 낭비하라는 것"[153]이라는 역설을 펴면서 "소극적인 교육"을 주장하고 있다.

> 초기의 교육은 전적으로 소극적이어야 한다. 그것은 미덕이나 진리를 가르치는 데 있지 않고 마음을 악습으로부터, 정신을 오류로부터 지켜주는 데 있다. 만일 당신이 아무것도 시키지 않거나 방임하지 않고, 설령 당신의 학생이 왼손, 오른손도 구별할 줄 모르는 상태이지만 그를 건강하고 튼튼하게 열두 살까지 길러낼 수 있다면, 당신의 최초의 가르침이 시작되자마자 그의 오성의 눈은 이성을 향해 열릴 것이다. 편견도 관습도 없는 그는 당신 교육의 효과를 방해할 아무것도 가지고 있지 않을 것이다. 머지않아 그는 당신의 도움으로 가장 현명한 인간이 될 것이며, 아무것도 하지 않는 것에서 시작함으로써 당신은 그에게 놀라운 교육을 시켜놓을 것이다.[154]

루소는 어느 친구에게 보낸 편지에서 이러한 "소극적 교육이란 우리의 지식 획득의 도구인 기관들을 연마하는 것을 목표로 삼는 교육"을 말한다면서, "그 교육은 감관의 훈련을 통해 이성에 대비시킨다"[155]고 보고 있다. 즉 직접 지식이나 학문을 주입시키는 것이 아니라, 이를 받아들일 수 있는 신체기관과 정신능력의 성숙을 인내를 가지고 기다리는 것이 바로 "소극적 교육"이라는 것이다. 그러므로 아무런 인위적인 개입도

152 『에밀』, 제2부, p. 163.
153 『에밀』, 제2부, p. 163.
154 『에밀』, 제2부, pp. 163~164.
155 『에밀』, 제2부, p. 163의 역자 주.

하지 말고 아이들을 자유롭게 내버려두어야 한다고 루소는 주장한다.

> 아이를 자유롭게 혼자 내버려두라. 아무 말도 하지 말고 그가 행동하는 것을 보라. 그가 무엇을 할 것인지 어떻게 행동할 것인지 주시하라. 자신이 자유롭다는 것을 자신에게 증명할 필요가 없는 그는 결코 경솔하게 행동하지 않을 것이다. 오로지 자기 자신의 능력에 적합한 행위만 할 뿐이리라. 그는 언제나 자기가 자기의 주인이라는 것을 알지 않는가?[156]

앞에서 루소가 교육의 세 원천으로 보고 있는 "사물의 교육"은 우리가 접촉하는 사물 또는 사건을 통한 "경험의 획득"을 말하는 것이다. 이렇게 사물에 대한 직접적인 경험, 곧 "체험교육"이 "사물의 교육"에서 도출되는 교육방법의 핵심이다. 루소는 "경험은 학습에 앞서 온다"[157]면서 "우리의 진정한 선생은 경험과 감각"[158]이라고 주장하여, "체험교육"을 강조하면서 다음과 같이 권장하고 있다.

> 어떤 교훈이든 당신의 학생에게 말로만 교육하지 말라. 경험을 통해서만 그 교훈을 획득하도록 해야 한다.[159]

> 아이가 그 모든 경험을 직접 하도록 하라. 그가 할 수 있는 경험을 하게 하고, 다른 경험들은 귀납적으로 발견하도록 하라. 당신이 그것들을 그에게 이야기해주어야 할 필요가 있다면[필요를 느낄 수도 있지만], [만일 그렇게 한다면] 그가 그것들을 모르는 편이 훨씬 더 나을 것이다.[160]

---

**156** 『에밀』, 제2부, p. 288.
**157** 『에밀』, 제1부, p. 107.
**158** 『에밀』, 제3부, p. 319.
**159** 『에밀』, 제2부, p. 260.

이렇게 경험을 통해 스스로 습득하게 되면, 아이는 "인간에게서가 아닌 자연에서 교훈을 얻게 되므로"[161] 직접적인 학습이 이루어진다. 따라서 이러한 "체험학습"을 하면 "외워서 아는 것은 전혀 없지만 경험을 통해 아는 것이 많아"[162] 응용력이 뛰어나게 된다는 것이 루소의 생각이다. 이러한 맥락에서 루소는 "순전히 이론적인 지식은 아이뿐 아니라 청년기에 가까운 아이에게도 적합하지 않다"면서, 아이들에게 어떤 이론을 가르치려고 하지 말고 "그의 모든 경험이 어떤 연역을 통해 서로 연결되도록 하고 그 연쇄의 도움을 받아 그것들을 그의 정신 속에 순서대로 배열시켜서, 필요할 경우 다시 기억해낼 수 있도록 하라"[163]는 조언을 하고 있다. 이와 같이 모든 것을 "경험에 비추어 보도록 하라"[164]는 것이 루소가 "사물의 교육"과 관련하여 권장하는 "체험교육"의 핵심인 것이다.

교육의 목표: 자유로운 인간 양성　　"루소의 교육이상은 인간의 본래적 자유를 보존하고 나아가서 그의 정신적 자유를 증진시키는 데 있다. [이런 점에서] 『에밀』의 영속적인 주제는 분명히 '자유'의 개념이다."[165] 앞에서 보았듯이 루소는 인위적이고도 적극적인 개입이나 통제를 피하고, 자연이 부여해준 대로의 발달과정에 따라 그야말로 자연적이고도 소극적이며 체험을 통한 교육을 통해서만이 인간의 자율성이 최대로

---

**160** 『에밀』, 제2부, p. 265.
**161** 『에밀』, 제2부, p. 213.
**162** 『에밀』, 제2부, p. 286.
**163** 『에밀』, 제3부, p. 316.
**164** 『에밀』, 제4부, p. 386.
**165** 이환, 1999, p. 191.

실현될 수 있다고 본다.

사회생활을 하지 않을 수 없는 인간은 자연인이자 시민의 신분으로 살아간다. "자연인은 자기 자신이 전부이다. 자연인은 수의 1 같은 존재로, 자기 자신이나 자신과 같은 존재하고만 관련이 있는 절대적인 총체이다. 시민은 분모에 의해 가치가 결정되는 분자처럼 사회라는 전체와 관련되어 그 가치가 결정될 뿐이다. [……] [이 경우] 각 개인은 자기 자신을 더 이상 한 개체가 아니라 한 공동체의 부분으로 생각하여 전체에 더 민감"[166] 하게 된다. 자연인으로서의 개인은 자연이 부여해준 자유의지를 손상당하지 않고 펼치면 되지만, 시민으로서의 인간은 남의 자유를 침해하지 않으면서 시민법의 테두리 속에서 자유를 누려야 한다는 문제를 갖는다. 이렇게 교육은 자연인과 시민의 자유를 모두 보장하고 확충하도록 이루어져야 한다는 어려움을 안고 있다.

자연적이고 소극적이며 체험을 통한 교육의 방법에 의해 자연인으로서의 인간은 "자기가 자기의 주인이라는 인식"[167]에 도달하게 된다는 것이 루소의 생각이다. 그는 "아이들이 들어도 좋은 유일한 버릇은 어떤 버릇도 들이지 않는 것"이라고 보면서, "그의 신체에 자연의 습성이 남아 있도록 함으로써, 그 자신을 항상 지배할 수 있도록 하고, 또 어떤 의지를 가지게 되면 그것이 무슨 일이든 자기 의지대로 할 수 있도록 해줌으로써 일찍부터 자신의 자유를 지배하는 일과 힘을 활용하는 일을 가르치라"[168]고 권장한다. 이렇게 스스로가 스스로를 지배하고 자신의 자유를 지배하는 것, 이것이 곧 자유로운 인간이며, 바로 교육의 목표는 이렇게 자유로운

166 『에밀』, 제1부, pp. 65~66.

167 『에밀』, 제2부, p. 288.

168 『에밀』, 제1부, p. 109.

인간을 기르는 데에 있다는 것이다. 이들은 자유롭기 때문에 남에게 의존하지 않는다.

> 자신의 의지대로 행동하는 사람이 있다면, 그 의지를 행동으로 옮길 때 자신의 힘 이외에 타인의 힘을 필요로 하지 않는 사람이 바로 그 사람이다. 그것에서 모든 행복 중 최고의 행복은 권력이 아니라 자유라는 결론이 나온다. 진짜 자유로운 사람은 그가 할 수 있는 일만 원하며, 자신의 마음에 드는 일만 한다.[169]

"자유와 능력은 타고난 힘의 범위 안에서 신장될 뿐 그 이상은 넘지 못하여, 그 외의 것은 모두 예속이고 환상이며 현혹일 뿐이므로"[170] 이렇게 "절대적인 자유 속에서 키워진 사람이 생각하는 고통들 중 가장 큰 고통은 예속이다."[171] 이러한 예속을 가져오는 의존성에는 사물에 대한 의존과 사람에 대한 의존이 있는데, "어떠한 도덕성도 없는 사물에 대한 의존은 전혀 자유를 침해하지 않으며 악덕도 유발하지 않는 반면, 인간에 대한 의존은 무질서하기 때문에 모든 악덕을 유발"할 뿐만 아니라, 두 사람을 "주인과 노예"로 전락시키게 되어 자유를 말살시킨다.[172] 그러므로 타인에의 의존에서 탈피하여 스스로가 스스로에 대한 지배권을 갖도록 함으로써 자유의 주체로서의 인식을 유지하게 하는 것이 교육의 목표로 부각되는 것이다.

이러한 자유로운 개인은 정치교육을 통해 자유로운 시민으로 양성되어

169 『에밀』, 제2부, p. 146.
170 『에밀』, 제2부, p. 145.
171 『에밀』, 제4부, p. 438.
172 『에밀』, 제2부, p. 148.

야 한다는 것이 루소의 생각이다. 그는 "에밀"에게 육체적인 양육과 감관의 훈련, 기술교육, 도덕과 종교교육을 시켜 그가 모든 예속으로부터 자유로운 인간으로 성장한 것을 확인한 다음 정치교육을 실시함으로써,[173] 자유로운 시민으로의 성장을 도모하고 있다. 자연인은 자연법에만 따르지만, 시민은 실정법에도 따라야 하기 때문에 그 속에서 자유를 찾아야 한다는 데서 문제가 발생한다. 루소는 실정법 하에서 자유를 찾게 되는 것은 양심과 이성의 힘에 의해서 가능해진다고 본다.

> 법이라! 그 법은 어디에 있으며, 어디에서 존중되는가? 도처에서 너["에밀"을 가리킴]는 법이라는 이름으로 사적인 이익과 인간의 정념이 창궐하는 것을 보았다. 하지만 자연과 질서의 영원한 법칙이 존재한다. 그것은 현명한 사람에게는 실정법 역할을 한다. 그것은 양심과 이성을 통해 그의 마음속에 새겨져 있다. 현명한 사람이 자유롭기 위해 자신을 복종시켜야 하는 것은 바로 그 양심과 이성이다. 그러므로 악을 행하는 사람은 노예 같은 상태의 인간일 뿐이다. 왜냐하면 그는 항상 자기 의지에 반해 악을 행하기 때문이다. 자유는 어떠한 형태의 정부 속에도 있지 않다. 그것은 자유로운 인간의 마음속에 있다. [……] 다른 사람에게는 구실로 이용될 뿐인 공익은 그에게는 진정한 동기이다. 그는 공익을 위해 자기 자신과 싸우고, 자기 자신을 억제하고, 자기 자신의 이익을 희생하는 것을 배운다. 그가 법으로부터 전혀 이득을 보는 것이 없다는 말은 사실이 아니다. 법은 악한 자들 사이에 있을 때조차도 정의로울 수 있는 용기를 그에게 주기 때문이다. 법이 그를 자유롭게 해주지 않았다는 것 역시 사실이 아니다. 법은 그에게 자기 자신을 지배하는 법을 가르쳐주기 때문이다.[174]

---

**173** 『에밀』, 제5부, p. 825.

**174** 『에밀』, 제5부, pp. 856~857.

이렇게 이성과 양심이 시민교육의 핵심이 되는 것은 이성은 선과 악을 인식하는 법을 가르쳐주고, 양심은 선한 사람을 좋아하고 악한 사람을 미워하도록 해주기 때문이다. 즉 루소는 이성은 선악을 판단하는 기준을 제공해주고, 양심은 선을 선택하여 이를 실행하도록 해준다고 본다. 비록 양심이 이성과는 관계가 없을지언정 이성 없이는 발달할 수 없으며, 선을 좋아하는 감정(양심)이 없이는 선을 행할 수 없다는 것이다.[175] 그러므로 선악의 판단 기준을 제공하는 자연의 능력인 이성을 잘 발달시키고, 이를 바탕으로 하여 양심을 견고하게 지켜 어떠한 경우라도 선을 행하는 것, 이것이 자유로운 시민이 되는 지름길이라는 것이 루소의 생각인 것이다.

그러나 루소는 이성보다 양심에 더 가치를 둔다. 그는 "양심을 고려함이 없이 이성만으로는 어떤 자연법도 성립할 수 없으며, 인간의 마음속에 있는 자연적인 요구에 바탕을 두지 않는 한 자연의 모든 권리도 환영에 불과하다"[176]고 하여, 양심의 감정이 "정의"와 "선"을 낳는 원동력임을 지적하고 있다. 그는 도덕성의 보루인 양심에 대해 다음과 같이 찬탄하고 있다.

> 양심, 양심이여! 신성한 본능이며, 영원한 하늘의 목소리여. 무지하고 한정되어 있지만 지성을 가지고 있으며, 자유로운 존재의 확실한 안내자여. 인간으로 하여금 신을 닮게 해주며, 선과 악에 대해 전혀 오판이 없는 심판자여. 인간의 본성을 뛰어나게 만들고, 인간의 행동을 도덕적으로 만드는 것은 바로 그대로

175 『에밀』, 제1부, pp. 116~117; 제5부, pp. 689~690.

176 『에밀』, 제4부, p. 419.

다. 그대가 없으면 나는 나 자신에게서, 규칙이 없는 오성과 원칙이 없는 이성에 의해 오류와 오류를 거듭하며 방황하는 슬픈 특권 외에, 짐승보다 나은 것을 아무것도 느끼지 못할 것이다.[177]

## 2. 루소의 사회계약론

루소는 "대부분의 근대 철학자들은 자연상태의 존재에 대해서는 꿈에도 의심하지 않았음"으로 "사회의 기초를 검토한 철학자들은 저마다 자연상태에까지 거슬러 올라갈 필요를 느꼈다"면서, "그러나 그들 가운데 어느 한 사람도 거기까지 도달하지 못했다"[178]고 주장한다. 그 까닭은 그들은 자연이 무엇인지 거의 모르고, 따라서 자연인의 본성에 대해 무지했기 때문이라는 것이다.[179] 예를 들면, 로크가 자연인에게 소유권의 개념이 있다고 추론한 것이나, 홉스가 정부나 권력의 의미를 자연인이 이해하고 있었던 것으로 추론한 것은 모두 "이러한 말들의 의미가 사람들 사이에 알려질 때까지 지나갔던 시간에 대해서는 생각지 않고", 다만 "자기들이 사회에서 얻은 관념을 자연상태 속에 옮겨놓은 데 불과했으며, [따라서] 그들이 미개인에 대해 운운한 것은 결국 사회인에 대한 묘사가 되고 말았다"[180]는 것이다.

이러한 관점에서 루소는 인간의 가설적 역사에 대한 철학적 추론을 통해 자연인의 본성과 자연상태의 특징에 관한 추론으로부터 논의를

177 『에밀』, 제4부, p. 522.

178 『인간불평등기원론』, 총론, pp. 209~210.

179 『인간불평등기원론』, 머리말, pp. 202~204.

180 『인간불평등기원론』, 총론, pp. 209~210.

시작한다. 이러한 추론의 결과를 정리한 것이 『인간불평등기원론』이다. 이 책에서 그는 인간의 자연상태는 다섯 단계를 거쳐 평등한 상태에서 불평등한 상태로 변화하게 되었다고 보고, 이어서 『사회계약론』에서는 자연상태의 최후 단계에서 심화된, 또는 그 후 이행하게 된 사회상태에서 구조화된 불평등을 해소하고 인간의 본래 모습인 평등성을 사회상태에서 다시 실현시킬 수 있는 방안을 모색하고 있다. 루소의 『사회계약론』은 모두 4부로 구성되어 있는데,[181] 그는 제1부의 첫머리를 다음과 같은 진술로 시작하고 있다.

> 나는 인간을 '있는 그대로의 모습'으로 보고 또 법은 '달라질 수 있는 가능성을 지니고 있는 것'으로 파악하면서, 시민적 질서 속에서 정당하고도 확고한 통치의 법칙이 있을 수 있는지 탐구해보고자 한다. 이 연구에서 나는 정의(justice)와 유용성(utility)이 결코 분리되지 않도록 하기 위하여, 항상 권리(right)가 허용하는 바와 이익(interest)이 요구하는 바를 결합시키고자 노력할 것이다.[182]

『사회계약론』 전체의 서두를 장식하는 이 인용문에서 루소는 이 책에서 탐구할 내용과 그 전제에 대해 진술하고 있다. 우선 그는 "시민적 질서의 정당성"을 탐구하려는 것이 이 책의 목적임을 분명히 하고 있다. 앞으로

---

181 루소는 제1부(Book 1)에서 구성원 각자가 "일반의지"에 따르기로 하는 "사회계약"만이 사회와 국가형성의 유일하고도 정당한 근거라는 사실을 설파하고 있고, 제2부(Book 2)에서 "일반의지"에 따라 성립되는 주권의 기본 특징들 및 입법의 원리에 대해 다루고 있으며, 제3부(Book 3)에서는 주권의 집행자로서의 정부의 설립과 정부의 형태에 대하여, 그리고 제4부(Book 4)에서는 투표와 선거 등 정치의 실제 문제를 로마 정치사에 초점을 맞추어 다루고 있다. 즉 제1부와 제2부에서는 국가권력의 형성과 그 정당성에 관한 문제가 다루어지고 있으며, 제3부와 제4부에서는 계약에 의해 국가가 형성된 이후 이의 운영을 위한 입법과 정부의 문제가 다루어지고 있다.

182 『사회계약론』, 제1부, 서문, p. 41.

보게 되겠지만, 시민적 질서란 "일반의지"에 근거한 법의 규정을 준수하는 데서 이루어진다는 것이 루소의 생각이다. 그러므로 법의 정당성 또는 법에 대한 시민적 복종의 정당성의 근거를 밝히려는 것이 『사회계약론』 집필의 목적임을 루소는 이 인용문에서 진술하고 있는 것이다. 이러한 점은 이 인용문에 이어지는 제1부 제1장의 서두에 잘 드러나 있다.

> 인간은 자유롭게 태어나지만, 도처에서 사슬에 매여 있다. [……] 어떻게 이런 변화가 발생했는가? 나는 모른다. 무엇이 이를 정당화하는가? 나는 이 질문에 답할 수 있다고 믿는다.[183]

이 인용문에서 루소는 자연적으로는 자유롭게 태어나지만 예속된 삶을 살아야 하는 것이 인간의 사회적 삶의 조건인데, 이러한 사회적 예속의 기원을 밝히기는 어렵지만, 그러한 예속이 정당한 것이 될 수 있는 근거는 밝힐 수 있으며, 이를 밝히는 것이 『사회계약론』의 저술 목적임을 천명하고 있다. 이어지는 글에서 루소는 "사회질서는 다른 모든 권리의 근거가 되는 신성한 권리"로서, 폭력에 의한 복종을 통해서는 그 정당성을 얻을 수 없고, 오로지 사람들 사이의 인위적인 "협약"(convention)을 통해서만 얻어질 수 있는 것으로, 자기가 탐구해야 할 것은 "이러한 협약이 어떠한 것인가를 알아내는 문제"라고 진술한다.[184]

루소는 이러한 사회질서의 정당성은 개인의 권리와 이익의 조화, 그리고 법이 추구하는 정의와 사회적 유용성의 결합 속에서 찾아야 한다고 본다. 즉 폭력에 의한 완전한 예속과 억압 속에서는 개인의 권리와 이익,

**183** 『사회계약론』, 제1부, 1장, p. 41.
**184** 『사회계약론』, 제1부, 1장, p. 41.

그리고 사회가 추구하는 정의와 유용성이 조화될 수 없고, 따라서 사회계약에 의해서만 국가권력과 법의 정당성이 담보될 수 있다는 것이 루소의 주장인 것이다.

이러한 『사회계약론』의 저술 목적은 "인간을 있는 그대로의 모습"(men as they are)으로 보고, "법은 달라질 수 있는 가능성을 지니고 있는 것"(the laws as they can be)으로 간주하는 두 가지 전제 위에서 진행되어야 한다는 것이 루소의 의견이다. 루소가 여기서 제기하는 "있는 그대로의 인간"이란 어떤 모습일까? 이 구절을 두고 두 가지 해석이 있을 수 있다. "있는 그대로의 인간이란 자연적 선함을 지니고 있는 자유롭고 평등한 자연인이라는 해석과 우리가 현실에서 볼 수 있는 인간, 다시 말해 사회상태 속에서 이미 타락하여 사악하고 자기이익만을 탐하는 사회인이라는 해석이 그것이다."[185] 여기서 루소가 언급하는 "있는 그대로의 인간"은 자연상태 초기의 자유롭고 평등한 인간이 아니라 적어도 불평등과 예속이 심화되어 전쟁상태에 이른 자연상태 말기 또는 사회상태 초기의 인간으로 보아야 한다는 것이 일반적인 견해이다. 자유롭고 평등한 초기 자연상태는 법이 필요하지 않은 상태이며, 따라서 사회계약의 필요성은 이미 예속과 불평등이 심화된 자연상태 말기 또는 사회상태 초기에 가서야 도출되기 때문이다. 루소가 초기의 평화로운 자연상태를 그리고 있는 것은 『인간불평등기원론』에서 뿐이고, 『사회계약론』에서 그러한 초기 자연상태의 모습은 전혀 제시되고 있지 않다는 사실이 이러한 해석을 지지해준다.

이렇게 『사회계약론』의 출발점은 자연상태 초기의 자연인이 아니라, 본래 자유롭게 태어났지만, 이미 "도처에서 사슬에 매여 있는"(everywhere

---

**185** 김용민, 2004, p. 142; 2007, p. 387.

he is in chains) 사악하며 이기적인 인간인 것이다. "이와 같이 루소는 대단히 현실적인 인간관에서부터 출발하여 정치사상을 구성하고 있는데, 우리는 여기서 그의 정치사상을 구축하는 중요한 축의 하나가 '현실주의'(realism)임을 간파할 수 있다."[186]

루소가 『사회계약론』을 전개하는 또 하나의 전제는 "법은 달라질 수 있는 가능성을 지니고 있는 것"으로 간주한다는 것이다. "루소는 [사회상태의 예속에 정당성을 부여하는 근거로서의] 법을 시민들의 동의의 산물, 다시 말해 자기입법의 결과물이라고 생각한다. 이렇게 만들어지는 법은 시민들의 동의 외에는 어떤 초월적인 권위에 의해서도 제한받지 않는다. 시민들의 자유로운 동의에 입각한 법은 그 동의의 내용에 따라 변하게 되며, 기독교의 신적 권위[……]에 의해 고정되거나 제한받지 않는다. 이처럼 법의 변화 가능성을 인정해야만 인간은 보다 자유롭게 자신의 이익을 보장해줄 수 있는 법을 만들 수 있다."[187] 이러한 근거에서 루소는 법이란 국민의 수준과 기질,[188] "영토의 넓이"와 "주민의 수"[189] 그리고 토지의 비옥도와 위치(평야지대인지 해안지대인지 등)[190] 같은 삶의 제반조건에 따라 달라져야 함을 장황하게 논술하고 있다.

이상에서 보듯이, 루소는 자연상태를 벗어난 인간의 이기심과 예속성, 그리고 인간조건이나 자연조건에 따른 법의 변화가능성을 전제한 다음, 개인적인 권리와 이익의 조화, 그리고 사회적인 정의와 유용성의 결합을 통해 시민적 질서가 정당성을 얻는 근거를 『사회계약론』에서 탐색하고

186 김용민, 2004, p. 143; 2007, p. 388.

187 김용민, 2004, p. 144; 2007, p. 388.

188 『사회계약론』, 제2부, 8장 (pp. 72~73), 9장 (pp. 73~75), 10장 (pp.75~78).

189 『사회계약론』, 제2부, 10장, pp. 75~78.

190 『사회계약론』, 제2부, 11장, pp. 78~80.

자 한다. 이러한 루소의 작업은 결국 "일반의지"라는 혁신적인 개념을 창출해내는 것으로 귀결된다. 일반의지는 루소의 정치철학의 핵심 개념인데, "그는 일반의지가 한편으로는 정의와 권리에 근거한 도덕적 요구와 다른 한편으로는 이익과 유용성에 근거한 타산적이고 현실적인 요구, 다시 말해 공리주의적 요구를 동시에 만족시키게 된다고 주장한다."[191] 루소에게 있어서 일반의지는 정치의 도덕성과 현실성을 보장해줌으로써 "정당하고도 확고한 통치의 법칙"이 도출되는 근거가 된다. 이러한 점에서 루소의 『사회계약론』은 "일반의지"에 관한 이론체계라고 볼 수 있다.

### 1) 자연인의 본성: 자기보존욕구 · 사회적 본성 · 자유의지 및 이성의 주체

전술한 바와 같이 루소가 사회계약의 필요성이 도출되는 시기를 자연상태 말기의 전쟁상태로 잡고 있는 것은 사실이지만, 그의 『사회계약론』을 이해하기 위해서는 그가 자연인의 본성, 곧 인간의 본성을 어떻게 개념화하고 있는지에 관한 논의로부터 시작하지 않을 수 없다. 루소는 이 문제를 『인간불평등기원론』에서 자세히 논의하고 있는데, 여기에서 그는 인간의 본성을 자기보존의 이기적 욕구, 타인에 대한 연민과 동정, 자유의 주체로서의 자유의지, 그리고 인간의 완성가능성의 네 측면으로 나누어 고찰하고 있다.[192]

191 김용민, 2004, p. 144; 2007, pp. 388~389.

192 이에 대해서는 앞 절의 "원시상태의 행복과 평등성: 인간의 자연적 본성과 자연과의 동화"(pp. 267~274) 항목 참조.

**자기보존의 이기적 욕구: 사적인 특수의지의 근원** 자기보존을 위한 동물적인 이기적 욕구가 인간 행동의 제1동인이라는 사실은 『인간불평등기원론』에서뿐만 아니라[193] 『사회계약론』에서도 자주 언급되고 있다. 특히 『사회계약론』은 사회계약 직전인 자연상태 말기 또는 부자와 강자에 의한 빈자와 약자의 예속이 구조화한 사회상태로부터 논의를 출발함으로써, 자기보존을 위한 이기적 욕구를 인간행동의 기본 동인으로 보는 경향은 『인간불평등기원론』에서보다 심하다고 볼 수 있다.

> 인간에게 최우선적인 법은 자기 자신의 보존에 유의하는 일이며, 최우선적인 배려는 자기 자신을 돌보는 일이다.[194]

이 인용문 이외에도 『사회계약론』의 여러 곳에서 자기보존을 위해 자기이익을 추구하는 이기적 욕구가 인간행동의 제1동인이라는 사실이 언급되고 있다.[195] 이러한 개인의 자기보존을 위한 이기적 욕구는 사적인

193 『인간불평등기원론』, 머리말, pp. 205~206; 제1부, pp. 213~222, 226.

194 『사회계약론』, 제1부, 2장, p. 42.

195 예를 들면, 『사회계약론』 제1부 4장(p. 47: "전쟁이 한창일 때도 공정한 군주는 적국의 공적 재산은 모조리 노획하면서도, 개인의 생명과 재산은 존중한다. 그는 자신의 권리의 기반이 되고 있는 권리를 존중하는 것이다."), 6장(p. 49: "완전한 공동(共同)의 힘으로(with the full common force) 각 구성원의 신체와 재산을 방어하고 보호해주는 결사(結社, association)의 형태[……]를 발견하는 것이 사회계약의 근본적인 문제."); 제2부 3장(pp. 59~60: "사람은 항상 자기이익을 바라지만, 무엇이 자기이익인가를 늘 잘 알고 있는 것은 아니다. [……] 전체의지는 개인적인 이익을 염두에 두는 사적인 특수의지들의 총화일 뿐이다."), 4장(p. 61: "인간의 가장 중요한 관심사는 자기보존을 위한 배려"), 5장(p. 64: "인간은 누구나 자기의 생명을 보존하기 위해 자신의 생명을 걸고 위험을 감수할 권리를 가지고 있다."); 제3부 9장(p. 105: "정치적 결사의 목적은 [……] 그 구성원의 보존과 번영"); 제4부 1장(p. 122: "각자는 공동이익으로부터 개인적인 이익을 분리해내는데 [……] 이를 통해 야기되는 공공의 손해는 자기가 이를 통해 얻게 될 이익에 비하면

"특수의지"(特殊意志, une volonté particulière, a particular will)의 근원이다. 즉 "사적인 이익"(private interest)을 염두에 두고 이를 추구하는 것이 바로 특수의지인 것이다.[196]

> 각 개인은 하나의 인간으로서 '특수의지'를 가지는데, 이는 시민으로서 가지는 '일반의지'와 상반되거나 그것과는 다를 수도 있다. 그리하여 한 개인의 특수한 이익은 그로 하여금 공동의 이익이 지시하는 행동과는 전혀 다른 행동을 하도록 유도할 수도 있다. 본래 절대적이고 독립적인 그의 존재는 그에게 공동의무에 대한 기여는 무상의 기여행위라고 간주하게 하여, 자기가 공공의 이익을 포기함으로써 타인이 받게 되는 손해는 공동의무의 이행을 위해 자신이 치르는 부담보다 가볍다고 생각하게 만들기도 한다.[197]

이렇게 자기의 개인적인 이익만을 추구하는 특수의지는 그 어떤 다른 의지보다 강하다는 것이 루소의 생각이다. 개인의 특수한 이익만을 고려하는 이러한 사적인 특수의지는 한 단체의 이익을 고려하는 의지나 공동체 전체의 이익을 고려하는 의지보다 항상 가장 강하게 작용한다는 것이다.[198] 바로 여기에 사회적인 혼란의 근원이 놓여 있으며, 사회계약의 목적은 각 개인의 특수의지를 다른 더 큰 의지의 작용력에 합법적으로 복종하게 하는 데서 찾아야 한다는 것이 루소의 사회계약론의 요지이다.

---

아무것도 아니라고 여긴다.") 등 『사회계약론』 전체에 걸쳐 제시되고 있다. 이외에도 제1부 7장(pp. 52~53), 9장(pp. 54~55), 제2부 1장(p. 57), 11장(p. 78), 제3부 2장(p. 87) 등에서 자기보존을 위한 이기적 욕구가 인간행동의 제1동인이라는 사실에 대한 언급을 찾아볼 수 있다.

**196** 『사회계약론』, 제2부, 3장, p. 60.

**197** 『사회계약론』, 제1부, 7장, pp. 52~53.

**198** 『사회계약론』, 제3부, 2장, p. 87.

### 타인에 대한 연민과 동정: 일반의지의 근원으로서의 사회적 본성

『인간불평등기원론』에서 루소는 자기이익에 대한 추구 이외에 인간에게 본유적으로 갖추어져 있는 정념으로 "타인에 대한 연민과 동정"을 들고 있다.[199] 루소에 따르면, 이러한 타인에 대한 연민과 동정심은 "괴로워하는 사람의 처지에서 느끼는 감정으로 [……] 괴로움을 느끼고 있는 타인과 내면적으로 깊이 동화될수록 점점 강해지는"[200] "자연스러운 감정으로 [……] 각 개인이 [자기이익을 추구하는] 자기애(自己愛)의 활동을 조절하고 종 전체의 상호 보호에 협력"[201]하게 함으로써, "인간의 모든 미덕의 근원"[202]으로 작용하는 것이다.

이렇게 타인에 대한 연민과 동정심은 자기이익의 추구라는 정념만을 가지고 있었다면 "고립적인 존재"로 머물고 말았을 인간을 "사회적인 존재"로 만드는 원동력이다. 이러한 "타인에 대한 연민과 동정심"이라는 정념을 인간본성에 부여함으로써 루소는 "인간은 천성적으로 '사회적 존재'라고 단언"[203]하고 있다. 이렇게 사회적 본성의 근원인 자연적 연민과 동정심이 인간에게 본유적인 정념의 하나라는 주장은 사회는 이성에 의한 합리적 선택의 결과가 아니라 인간본성의 산물이라는 루소의 입장을 잘 드러내주고 있는 것이다.[204]

이와 같은 논리에서 고찰해보면, 인간의 사회성의 근원인 타인에 대한

199 『인간불평등기원론』, 머리말, pp. 205~206; 제1부, pp. 240~244.

200 『인간불평등기원론』, 제1부, p. 242.

201 『인간불평등기원론』, 제1부, p. 243.

202 『인간불평등기원론』, 제1부, p. 242.

203 이환, 1999, p. 200.

204 김용민, 2004, pp. 102~103.

연민과 동정심으로부터 자기이익을 넘어서는 공동의 이익에 대한 관심, 곧 "일반의지"(一般意志, la volonté générale, the general will)가 태동된다고 생각할 수 있다. 이러한 일반의지는 개인의 사적 이익을 추구하는 것이 아니라 타인들에 대한 관심에 바탕을 두고 모든 사람의 이익에 관심을 쏟는 것이기 때문에, "언제나 공명정대하고 항상 공공의 유용성(public utility)을 도모한다."[205] 실제로 "어떤 문제에 대해 [한 개인의 이익을 추구하는] 특수의지가 [공동의 이익을 추구하는] 일반의지와 항상 일치하지 않는 것은 아니지만, 이러한 일치가 지속적이거나 항구적일 수는 없다. 왜냐하면 일반의지는 모든 사람의 평등성을 지향하는 반면에, 특수의지는 본질적으로 한 개인의 편파성을 지향하기 때문이다."[206] 그러므로 특수의지들을 모두 모아놓는다고 해서 그대로 일반의지가 되는 것은 아니다.

> '전체의지'(全體意志, la volonté de tous, the will of all)와 '일반의지' 사이에는 흔히 많은 차이가 있다. 후자는 오로지 '공동의 이익'(common interest)에만 유의하는 반면, 전자는 '사적인 이익'(private interest)을 염두에 두는 '특수의지'들의 총화(總和)에 불과할 뿐이다. 그러나 이러한 개개의 특수의지들 중에서 서로 상쇄되는 지나친 것과 모자라는 것을 제거하였을 때 남게 되는 차이들의 총화, 이것이 바로 일반의지이다.[207]

이 인용문에서 보듯이, 각 개인이 가지고 있는 특수의지에는 각자의 사적 이익을 도모하는 의지도 있지만 공동의 이익에 대한 관심도 있는데, 순전히 사적 이익에만 관계되는 넘치고 모자라는 부분들을 가감상쇄하고

205 『사회계약론』, 제2부, 3장, p. 59.
206 『사회계약론』, 제2부, 1장, p. 57.
207 『사회계약론』, 제2부, 3장, p. 60.

남는 것이 바로 자기에게도 결과적으로 이익을 가져오고 사회 전체적으로도 이익을 가져오는 공동이익의 부분이고, 이것을 추구하는 것이 바로 일반의지라는 것이다. 이러한 "일반의지는 [개인 속에] 언제나 존재하고 변하지 않으며 순수한데, 다만 그것은 더 강력한 다른 의지들[특수의지들]에 압도되어 있을 뿐으로서, 사람들 각자는 공동이익으로부터 자기들 각자의 사적인 이익을 분리해내면서도, 이 양자를 완전히 분리할 수는 없다는 사실을 잘 알고 있어서 [……] 자기의 개인적인 이익을 제외하고 나면, 자기 자신을 위해서도 누구 못지않게 공동의 이익을 바라게 된다."[208]

바로 이러한 일반의지가 사람들을 결합하여 정당한 사회를 설립하는 근거로 작용한다는 것이 루소의 생각이다. 즉 "인간의 의지를 일반적인 것으로 만드는 것은 [……] 그들을 결합시키는 공동의 이익"[209]으로서, 공동이익을 추구하는 일반의지를 결합함으로써 개인적인 이익을 추구하는 특수의지의 영향력을 압도하는 정당한 힘을 창출할 수 있고, 그렇게 하는 것이 바로 사회계약이라는 것이 루소가 『사회계약론』에서 주장하는 핵심 논지인 것이다.

**자유의지: 자유의 주체로서의 개인** 『인간불평등기원론』에서 루소가 동물과는 다른 인간의 본성으로 강조하는 것은 인간이 본유적으로 갖추고 있는 자유의지에 대한 인식이다.[210] 루소에게 있어서 자유의 문제는 『인간불평등기원론』보다는 『사회계약론』에서 더욱 중요하게 다루어지고 있는데, 이는 후자의 출발점을 자연상태 말기 또는 사회상태

---

**208** 『사회계약론』, 제4부, 1장, p. 122.

**209** 『사회계약론』, 제2부, 4장, p. 62.

**210** 『인간불평등기원론』, 제1부, pp. 223~224.

초기에 이미 부자와 강자에 대한 빈자와 약자의 예속이 심화 및 구조화되어 인간의 본성적인 자유가 상실된 상황으로 잡고 있기 때문일 것이다. 그는 누구보다도 자유를 강조하여 "자유의 절대화"(absolutization of freedom)를 부르짖은 사람이었다.[211]

> 인간이 자유를 포기하는 것은 인간으로서의 자격을 포기하는 것이며, 인간의 권리, 나아가서는 그 의무마저도 포기하는 것이다. 이렇게 모든 것을 포기하는 자에게는 어떠한 보상도 있을 수 없다. 이러한 포기는 인간의 본성에 어긋나는 것이며, 인간의 의지로부터 자유를 완전히 빼앗는다는 것은 바로 인간의 행위로부터 도덕성을 완전히 빼앗는 것과 마찬가지이다.[212]

이렇게 루소는 자유란 인간의 자격 그 자체로서, 인간으로서의 권리와 의무 및 도덕성의 근원이라고 보아 자유를 절대화하고 있다. 그는 『사회계약론』의 거의 모든 장에서 인간이 본성적으로 자유롭게 태어났다는 사실을 강조하고 있으며,[213] 이렇게 타고난 자유를 합법적으로 보장해주

---

211 자유의 문제가 루소의 철학체계의 핵심 개념이라는 사실에 대해서는 김용민(2004, 제4장 "루소의 자유개념", pp. 115~135) 참조.

212 『사회계약론』, 제1부, 4장, p. 45.

213 예를 들면, 『사회계약론』 제1부 1장(p. 41: "인간은 자유롭게 태어났지만, 도처에서 사슬에 매여 있다."), 2장(p. 42: "누구에게나 공통적인 이 자유는 인간 본성의 한 귀결이다."), 3장(p. 44: "힘에 굴복하는 것은 불가피한 행위이지 자유의지에 따른 것이 아니다."), 4장(p. 45: "혹 자신을 양도할 수 있다고 해도 자기 자식들은 결코 양도할 수 없다. 이들은 인간으로, 그리고 자유인으로 태어났기 때문이다. 그들의 자유는 자기 자신들의 것이며, 그들 이외에 어느 누구도 그것을 임의대로 처분할 권리는 없다."), 5장(p. 48: "[자유를 포기하고] 예속되는 것은 주인과 노예의 관계일 뿐 지도자와 국민의 관계는 아니다."); 제2부 1장(p. 57: "누구든지 자유의지로 미래에 대해 스스로를 구속하는 것은 불합리하고, 또 어떤 의지라도 그 의지를 가진 사람의 이익에 어긋나는 일에는 동의하지 않을 것이다. 만일 어떤 국민이 자유를 포기하고 단지 복종을 약속한다면, 이 행위로 인해 그 국민은

는 것이 바로 사회계약의 목적임을 분명히 하고 있다.[214]

루소는 "사회계약에 의해 각 개인은 자유롭게 되도록 강요받는다"[215]고 진술하여, 사회계약이 자유보장의 체계임을 밝히고 있다.[216] 그는 인간의 자유를 자연상태에서 누리는 "자연적 자유"와 사회계약 이후 시민상태에서 누리는 "시민적 자유" 및 "도덕적 자유"로 구분하고, 사회계약은 개인의 힘에만 의존하는 자연적 자유를 확고한 합법적 자유로 대체하는 장치라고 주장함으로써, 자유의 측면에서 사회계약에 적극적인 의미를 부여하고 있다.

> 인간이 사회계약으로 상실하는 것은 그의 '자연적 자유'(natural freedom)와 그가 마음이 끌리면 언제나 취할 수 있는 모든 것에 대한 '무제한적인 권리'(unlimited right)이고, 반면에 획득하는 것은 '시민적 자유'(civil freedom)와

---

해체되고 또 국민으로서의 자격도 상실한다."), 8장(p. 73: "자유란 획득할 수 있는 것이지, 회복할 수 있는 것은 아니다."); 제3부 4장(p. 92: "나는 노예상태의 평화보다는 위험한 자유를 선택하겠다."); 제4부 2장(p. 123: "모든 사람은 자유롭게 태어나고 또 태어날 때부터 자기 자신의 주인이기 때문에, 그 누구도 어떤 종류의 구실을 붙이든지 간에 그의 동의 없이는 그를 복종시킬 수 없다.") 등에서 인간이 자유의 주체로 태어난다는 사실을 지적하고 있다.

214 『사회계약론』, 제1부, 6장, pp. 49~50.

215 『사회계약론』, 제1부, 7장, p. 53. 여기서 "자유롭게 되도록 강요받는다"의 원문은 "he shall be forced to be free"이다.

216 이외에도 루소는 사회계약에 의해 사람들은 본래 가지고 있던 것을 포기하거나 양도하는 것이 아니라 "일종의 유리한 교환"을 하는 것으로, 이러한 유리한 교환 중에는 "자연적 독립 대신에 시민적 자유를 얻는 것"도 포함된다고 보고 있으며(『사회계약론』, 제2부, 4장, p. 63), 사회계약에 의해 설립되는 "사회체 속에서 오성과 자유의지가 결합"(제2부, 6장, p. 68)되므로, "모든 입법체계의 목적인 '만인의 최대 행복'은 '자유'와 '평등'이라는 두 원리에 의해 보장되는데, 모든 개인적 예속은 그만큼 국가라는 정치체의 힘을 약화시키기 때문에 자유가 필요하고, 평등이 없이는 자유가 존속할 수 없기 때문에 평등이 필요하다"(제2부, 11장, p. 78)고 진술하여, 사회계약이 그 본연의 목적을 달성하기 위해서는 자유가 전제조건으로 요구됨을 역설하고 있다.

> 그가 소유하는 모든 것에 대한 '재산권'(property)이다. 이 득실의 대조에 있어서 오류가 없으려면, '개인의 힘'(individual's forces)의 한계 내에서만 작용하는 자연적 자유와 '일반의지'에 의한 힘의 총화를 기반으로 작용하는 시민적 자유를 구별해야 하고, 또한 개인적 힘이나 선점자(先占者)의 권리로 생긴 것일 뿐인 소유와 명확하고도 적극적인 자격(positive title)에 근거를 두고 성립되는 재산권을 엄격히 구별해야 한다. 이외에도 시민상태에서 획득한 것으로 '도덕적 자유'(moral freedom)를 들 수 있다. 이는 인간이 진실로 자신의 주인이 되게 하는 것인데, 단지 욕망의 충동만을 따르는 것은 노예적 굴종에 불과할 뿐이지만, 자기가 스스로 만든 법에 복종하는 것은 자유이기 때문이다.[217]

이 인용문에서 보듯이, 개체로서의 개인적 힘에 의지하여 사적인 이기적 욕망을 무제한적으로 추구하던 자연인의 "자연적 자유"는 사회계약을 통하여 일반의지의 지도 아래 놓임으로써 합법적으로 정당화된 권리를 추구하는 "시민적 자유"로 확장되고, 급기야는 스스로의 진정한 주인이 되는 "도덕적 자유"의 경지로까지 승화된다는 것이 루소의 주장이다. 이와 같이 루소에게 있어서 사회계약은, 사회적 존재인 인간의 모든 활동을 정당화하는 근거인 일반의지에의 복종을 통해, 역설적으로 인간이 본성적으로 갖추고 있는 절대가치인 자유를 진정으로(사회적으로, 그리고 도덕적으로) 실현하는 해방자로서의 의미를 갖는 것이다.

### 이성주체로서 갖는 인간의 완성가능성: 사회계약을 통한 인간의 고양

『인간불평등기원론』에서 루소는 동물과는 다른 인간만의 본성으로 자유의지 이외에 인간의 완성가능성을 들고 있다. 이러한 완성가능성에 의해

217 『사회계약론』, 제1부, 8장, pp. 53~54.

인간은 불의 사용, 농경의 기술 발견, 언어의 필요성의 인식과 그 사용 등을 할 수 있게 되며, 결과적으로 고립생활을 하는 동물적 상태에서 탈피하여 사회생활을 할 수 있게 된다. 이러한 인간의 완성가능성은 그에게 본유적으로 갖추어져 있는 사물에 대한 이해력과 추리력 및 판단력, 곧 오성(悟性)과 이성(理性)의 능력을 통해서 이루어진다는 것이 루소의 생각이다.[218] 『인간불평등기원론』에서는 이러한 완성가능성이 인간 사회에 "악덕과 미덕을 부화시키고" 불평등을 만연하게 하여, "원시 상태에서의 평온과 무사한 행복"으로부터 인간을 이끌어내는 "모든 불행의 원천"[219]이라고 인식되고 있다. 그러나 『사회계약론』에서 루소는 사회계약에 의해 인간은 이전의 예속과 불평등에서 벗어나 진정한 자유와 평등의 주체로 거듭나게 된다고 보므로, 인간의 완성가능성의 근거인 이성에도 긍정적인 의미를 부여하고 있다.

> 누구에게나 공통적인 이 자유는 인간 본성의 한 귀결이다. [……] 인간은 이성의 나이에 도달하자마자 스스로 자기보존에 적합한 수단에 대한 유일한 판단자가 되므로, 제 자신의 주인이 된다.[220]

이렇게 루소는 이성의 능력이 발달함에 따라 인간이 자유의 주체로 성장하게 된다고 본다. 뿐만 아니라 이성은 정의(正義, justice)의 근원이기도 하다. 루소에 따르면 사회계약에 의해 생성되는 정의는 지고한 신(神)으로부터 나오는 것이 아니라 "이성으로부터 나오는 보편적인 것"이며, 그렇기 때문에 계약자들 사이의 상호적인 규범으로 작용한다는 것이

---

218 『인간불평등기원론』, 제1부, pp. 224~240.

219 『인간불평등기원론』, 제1부, pp. 224~225.

220 『사회계약론』, 제1부, 2장, p. 42.

다.[221] 루소는 "개인은 참된 이익을 보고도 그것을 배척하는 수가 있고, 공중(公衆, the public)은 이익을 바라지만 그것을 알지 못하는 수가 있으므로 [……] 전자에게는 그들의 의지를 이성에 일치시키도록 강제해야 하고, 후자에게는 그들이 원하는 바가 무엇인지를 가르쳐주어야 한다. 그렇게 되면 공중은 계몽되어 사회체(social body) 속에서 오성과 의지가 결합됨으로써, 이러한 결합을 통해 각 부분들 사이의 원활한 협력이 이루어지고 결과적으로 전체는 자신의 역량을 최대한도로 발휘하게 될 것"[222]이라고 진술함으로써, 오성과 이성이 사회계약의 목적 달성에 핵심적인 기능을 하게 된다는 사실을 밝히고 있다. 그는 사회계약을 통해 자연상태에서 시민상태로 이행하게 되면 이기적 욕망의 휘둘림에서 벗어나 이성의 지배를 받게 됨으로써, 인간이 동물적인 존재로부터 해방되어 지성적인 존재로 고양된다고 보아, 이성의 가치를 높이 평가하고 있다.

'자연상태'(the state of nature)로부터 '시민상태'(the civil state)로의 이행은 인간의 행위에서 본능(instinct)에 정의를 대치시키고, 과거에는 없었던 도덕성(morality)을 그의 행위에 부여함으로써 인간에게 매우 주목할 만한 변화를 야기한다. 이때에 이르러서야 비로소 육체의 충동 대신에 의무의 소리가 들리고, 욕망이 권리에 자리를 양보함으로써, 이제까지 자기 자신만을 생각했던 사람들이 이제는 다른 원리에 따라 행동하지 않을 수 없게 되고, 자기의 욕구에 귀를 기울이기 전에 자기의 이성과 상의하지 않으면 안 된다는 사실을 깨닫게 되는 것이다. 비록 이 상태에서 그가 자연으로부터 얻은 여러 가지 이점을 상실한다고 해도, 그 대신 그는 훨씬 커다란 이점을 얻게 된다. 그의 능력은 단련되고 계발되며, 그의 생각은 폭이 넓어지고, 그의 감정은 고상해지며,

**221** 『사회계약론』, 제2부, 6장, p. 66.
**222** 『사회계약론』, 제2부, 6장, p. 68.

그의 전 영혼은 고양되어, 만일 이 새로운 상태를 악용하여 그가 벗어난 이전의 상태로 다시 떨어지는 일만 없다면, 그는 자기를 그것에서 영원히 해방시켜준 이 순간, '어리석고 유한한 일개 동물'(a stupid and bounded animal)을 '지성적인 존재'(an intelligent being) 그리고 '한 인간'(a man)으로 만들어준 이 행복한 순간을 길이 축복해야만 할 것이다.[223]

**2) 자연상태: 평등의 평화상태에서 불평등의 전쟁상태로의 이행**

앞에서 언급되었듯이, 루소는 『인간불평등기원론』에서 인간 정신의 진화가 이루어짐에 따라 자연상태는 "자연과 완전히 동화된 원시상태 — 자연을 대상화하여 파악하고 다른 동물과 인간의 차이를 인식하는 단계 — 집이 발명되어 가족생활이 시작되고 가족 간의 결합이 이루어지는 단계 — 농업과 야금술의 발달로 인해 사유재산이 생기고 불평등이 야기되는 단계 — 화폐의 발명으로 인해 불평등이 심화됨으로써 사람들 사이에 투쟁이 벌어지는 전쟁상태"의 다섯 단계를 거쳐 사회상태로 이행되었다고 주장한다.[224] 이와 같이 인간의 자연상태는 평등하고 평화로운 3단계까지의 초기 상태로부터 불평등과 불화가 만연하는 후기 상태로 변화하였다는 것이 루소의 생각이다.

이렇게 "인간과 세계를 까마득한 출발점으로부터 현재 우리가 보고 있는 지점으로 끌고 오는 데에는" 불의 사용법 및 농업기술과 야금술의 터득과 같은 "여러 가지 우연"[225]이나 인구의 증가와 같은 "여러 가지 어려움"[226] 또는 "인간의 생존에 해로운 장애물"[227]이 나타나 원시상태의

223 『사회계약론』, 제1부, 8장, p. 53.

224 앞 절의 "자연상태에서의 인간의 진화: 자연과의 괴리와 불평등의 야기"(pp. 274~283) 항목과 "사회상태: 권력의 수립과 불평등 구조의 심화"(pp. 283~286) 항목 참조.

225 『인간불평등기원론』, 제1부, p. 251.

평화에 위협을 가했기 때문이었다. 그러나 자연상태 말기의 전쟁상태에 이르러 사람들이 이에 그대로 머물고 있었던 것은 아니다. 이 상태의 폐해와 불편을 우선적으로 느낀 사람들은 부자와 강자들로, 이들은 자기들이 확보한 기존의 이익을 보호하기 위해 빈자와 약자들을 회유하고[228] 법률을 만들어 정치권력을 수립함으로써, 결과적으로 자연상태에서 벗어나 사회상태에 돌입하게 되었다. 그러나 부자와 강자들에 의해 설립된 국가권력은 사회에 만연된 불평등을 구조적으로 심화하였을 뿐으로, 부자의 지배기와 강자의 지배기를 거쳐 전제군주의 지배기에 이르게 됨으로써, "결국은 전제정치라는 괴물이 모든 것을 삼켜버려, 인민은 [……] 오직 전제군주만을 갖게 되었다"[229] 고 루소는 주장한다. 즉, 자연상태에서 벗어나면서부터 모든 인민이 전제군주 한 사람에게 예속되는 제도적 불평등이 야기되었다는 것이다.

> 이것이 불평등의 마지막 도달점이며, 한 바퀴 돌아서 우리가 출발한 기점(起點)에 닿게 되는 종국의 지점이다. 여기서는 [역설적으로] 모든 개인이 다시 평등하게 된다. 왜냐하면 그들은 아무것도 아니며, 신민(臣民)은 벌써 주인의 의지 이외에는 아무런 법률도 갖지 않고, 주인은 자기의 정념 이외에는 아무 규범도 갖지 않으므로, [원시상태에서와 마찬가지로] 선의 관념이나 정의의 원리가 다시 사라져버리기 때문이다. 즉 여기서는 모든 일이 다만 최강자의 법률로, 다시 말하면 하나의 새로운 자연상태로 환원되어 있는데, 이 자연상태가 이전의 자연상태와 다른 점은 후자가 순수한 자연상태인 데 비해, 전자는

**226** 『인간불평등기원론』, 제1부, p. 254.

**227** 『사회계약론』, 제1부, 6장, p. 49.

**228** 이 상황에서 부자와 강자들이 빈자와 약자를 회유하기 위한 설득의 내용이 『인간불평등기원론』, 제2부, p. 270에 제시되어 있다.

**229** 『인간불평등기원론』, 제2부, p. 288.

지나치게 부패한 결과라는 것이다.[230]

이렇게 자연상태 말기의 전쟁상태로부터 탈피하기 위한 노력은, 모든 인민이 중심이 되어 나타난 것이 아니라 부자와 강자 같은 소수의 기득권 집단에 의해 이루어짐으로써, 불평등을 심화하고 구조적으로 제도화하였을 뿐이라는 것이 루소의 생각이다. 이러한 초기의 사회상태는 "오직 힘만이 그를 지탱하고 있으므로 그를 타도하는 것도 힘뿐"이어서, 결과적으로 "혁명이 빈번하게 발생"[231]하는 "혼란과 재해의 시대"[232]가 되었다고 루소는 주장한다.

루소가 『사회계약론』에서 사회계약이 이루어지기 직전에 인간이 처한 상태로 제시하고 있는 것은 이와 같은 자연상태 말기 또는 사회상태 초기의 모습이다.

> 나는 자연상태에서 인간의 생존을 방해하는 많은 장애물의 저항력이 강해져서, 각 개인이 그 상태에서 자신을 유지하기 위해 사용할 수 있는 힘을 능가해버린 그런 시점에 이미 인간이 도달했다고 생각한다. 그렇게 되어 그러한 원시상태는 더 이상 존속할 수 없게 되었으며, 그래서 인류는 그 '존재양식'(its way of being)을 바꾸지 않으면 멸망해버릴 수밖에 없는 지경에 도달하고 말았다.[233]

이 인용문에서 루소가 말하는 "인류의 새로운 존재양식"은 전제군주 시대와 같이 "힘으로 힘을 굴복시키는 것"이 아니다. 그는 "인간은 새로운

230 『인간불평등기원론』, 제2부, p. 289.
231 『인간불평등기원론』, 제2부, p. 289.
232 『인간불평등기원론』, 제2부, p. 288.
233 『사회계약론』, 제1부, 6장, p. 49.

힘을 만들어낼 수는 없고 단지 기존의 힘을 통합하여 방향을 새로 정할 수밖에 없으므로, 인간이 생존하기 위해서는 단결하여 그러한 저항을 이겨낼 힘의 총화를 이루며, 그것을 단 하나의 동기(impetus)로써 가동시키고 합심해서 행동하게 하는 것 이외에는 다른 방법이 없다"[234]고 본다. 이러한 유일한 방법이 바로 모든 사람의 동의에 의한 사회계약이라는 것이 『사회계약론』의 핵심 논지이다.

### 3) 사회계약: 일반의지에 따른 자기입법과 자유와 평등의 보장

이상에서 보듯이, 자연상태 말기 또는 사회상태 초기의 전쟁상태 또는 혼란상태에 만연되고 구조화된 예속과 불평등으로부터 탈피하여 인간이 자연상태에서 지니고 태어난 자유와 평등을 회복할 수 있는 방안으로 루소가 제시하는 것이 바로 사회계약이다. 이는 한마디로 구성원들의 힘과 의지를 하나로 모으는 일이다.

> 완전한 공동의 힘으로 각 구성원의 신체와 재산을 방어하고 보호해주는 한 결사의 형태, 그리고 이것에 의해 각 개인은 전체와 결합되지만 자기 자신에게만 복종하고 이전과 마찬가지로 자유로울 수 있는 그런 결사의 형태를 발견할 것, 이것이 바로 '사회계약'(social contract)이 해답을 주어야 할 근본적인 문제이다.[235]

이러한 사회계약은 "모든 다른 권리의 기초가 되는 신성한 권리인 사회질서(social order)가 성립되는 근거"[236]이다. "모든 사회 형태 중에서

234 『사회계약론』, 제1부, 6장, p. 49.
235 『사회계약론』, 제1부, 6장, pp. 49~50.
236 『사회계약론』, 제1부, 1장, p. 41.

가장 오래되고 유일하게 자연적인 가족사회"마저도 아이들이 부모의 도움을 더 이상 필요로 하지 않게 된 이후에는 부모와 자식 사이의 "협약(convention)에 의해서만 유지"[237]될 정도로, 사회계약은 정당한 사회 구성의 유일한 근거이다. "개인이 가지고 있는 물리적 능력"인 "힘이 권리를 만드는 것이 아니므로, 사람은 오직 정당한 권력(legitimate power)에만 복종할 의무가 있다"[238]는 관점에서 고찰해보면, "어떤 사람도 다른 사람에 대해 자연적 권위(natural authority)를 가지고 있지 않고, 또 힘은 어떤 권리도 만들어내지 못하므로, 사람들 사이에 맺는 협약만이 모든 정당한 권위(legitimate authority)의 기초로 남게 된다"[239]는 사실이 분명해진다. 이와 같이 사회계약은 구성원들의 힘을 하나로 결합하여 전체의 공통된 힘으로 만듦으로써, 이렇게 결합된 사회체에 정당한 권력과 권위를 부여하는 근거가 된다. 곧 정당하고 합법적인 국가권력의 생성 근거가 바로 사회계약이라는 것이 루소가 주장하고자 하는 논지인 것이다.

**사회계약의 기초와 그 내용: 일반의지에의 복종과 자기 자신의 전적인 양도** 그렇다면, 이러한 사회계약은 무엇을 기반으로 하여 이루어지며, 그 기본적인 내용은 무엇인가? 루소에 따르면, 사회계약은 공동의 이익을 추구하고자 하는 일반의지를 기반으로 이루어진다. "일반의지가 진정으로 일반의지가 되기 위해서는 그 본질에 있어서와 마찬가지로 그 대상에 있어서도 일반적이어야 하며, 따라서 일반의지는 전체에서 시작하여 전체에 적용되어야 하고, 그것이 어느 특수한 개인이나 특정한

**237** 『사회계약론』, 제1부, 2장, p. 42.
**238** 『사회계약론』, 제1부, 3장, p. 44.
**239** 『사회계약론』, 제1부, 4장, p. 44.

대상에 편중되어 사용되면 그 본래의 정당성을 상실하고 말기" 때문에, "사람들을 전체로 결합시키는 것은 오직 공동이익에의 추구",[240] 곧 일반의지뿐인 것이다.

> 사회계약의 본질은 우리 각자가 자신의 인신(人身, his person) 및 모든 능력과 힘(his full power)을 공동의 것으로 하여, '일반의지의 최고지도 하에'(under the supreme direction of the general will) 둔다는 데 있다; 이때 그러한 하나의 결합체를 구성하는 성원들인 우리 모두는 각자를 전체에서 떼어낼 수 없는 한 부분으로 받아들인다. 이렇게 사회계약을 하는 순간 각 계약자의 '사적인 인격'(private person)은 사라지고, 그 대신 '하나의 도덕적이고도 집합적인 단체'(a moral and collective body) [……] 곧 '공적 인격'(public person)이 형성된다.[241]

이 인용문에서 사회계약이 이루어지는 기반과 그 내용이 제시되고 있다. 즉 사회계약이 이루어지는 기반은 일반의지이고, 그 내용은 각자가 신체와 능력과 힘 등 자신의 모든 것을 도덕적·집합적 단체에 공동의 것으로 내어놓는 것이다. 곧 각자가 자신의 모든 것을 계약에 의해 구성되는 결합체인 공적 인격에 양도하는 것이 계약의 기본적인 내용이다.

> 사회계약의 내용은 다음과 같은 단 하나의 조항에 귀착된다. 그것은 구성원 각자가 자기의 모든 권리와 함께 자기 자신을 전체 공동체에 전적으로 양도한다는 것이다. 왜냐하면 각자가 자신을 전적으로 양도하게 되면 조건은 누구에게나 평등해지고, 또 조건이 모든 사람들에게 평등하게 되면 누구도 타인의 조건을 자기보다 무겁게 만드는 데 관심을 가지지 않을 것이기 때문이다.[242]

---

**240** 『사회계약론』, 제2부, 4장, p. 62.

**241** 『사회계약론』, 제1부, 6장, p. 50.

이렇게 "사회계약에 따라 공동체가 구성되는 바로 그 순간에 공동체의 모든 성원들은 자기 자신과 자기가 소유하고 있는 재산을 포함한 모든 힘을 전부 공동체에 내어놓는다."[243] "게다가 이 양도는 아무런 유보조건이 없는 전적인 것이어서 그렇게 형성되는 결합은 가능한 최고로 완전한 것이고, 따라서 각 개인은 [자기가 양도한 것에 대해] 더 이상 자기의 것이라고 주장할 수 없게 된다."[244] 이렇게 구성원 각자는 공동체가 필요로 하는 모든 것을 공동체가 원하는 만큼 양도해야 하는 것이다.

> 사회계약에 의해 각 개인이 공동체에 양도하는 것은 자신의 능력 · 재산 · 자유 중에서 공동체가 필요로 하는 만큼의 부분이다. 그런데 공동체가 얼마만큼을 필요로 하는지는 오로지 '주권자'(Souverain, Sovereign)만이 판단할 일이다.[245]

여기서 "주권자"는 사회계약에 의해 형성되는 공적 인격의 적극적이고 능동적인 측면을 가리키는 말이고, 이 공적 인격의 소극적이고 정태적인 측면을 가리킬 때는 "국가"(État, State)라고 한다.[246] 그러므로 이 인용문은 공동체, 곧 국가가 요구하고 필요로 할 때는 언제나 그 구성원들이 자신의 능력과 재산과 자유를 내어놓아야 한다는 사실을 의미하고 있다. 이렇게 사회계약은 공동체의 구성원들이 자신의 모든 것을 공동체에 양도한다는

---

242 『사회계약론』, 제1부, 6장, p. 50.

243 『사회계약론』, 제1부, 9장, p. 54.

244 『사회계약론』, 제1부, 6장, p. 50.

245 『사회계약론』, 제2부, 4장, p. 61.

246 『사회계약론』, 제1부, 6장, p. 51. 루소는 이어서 이러한 단체의 구성원들을 집합적으로는 "인민"(人民, Peuple, People), 개인적으로는 "시민"(Citoyen, Citizen), 국가의 법률에 종속된다는 의미로는 "신민"(臣民, Sujet, Subject)으로 부른다고 진술하고 있다.

것을 내용으로 하는 계약인 것이다.

**사회계약의 주체: 사회구성원 전체** 이와 같이 일반의지에 따라 새로 형성되는 공동체(국가)에 자신의 모든 것을 양도하는 계약은 도대체 누가 누구와 맺는 것인가? 앞에서도 언급하였듯이, 사회계약은 일반의지의 지도에 따라 각 성원이 자기의 모든 것을 공동체에 양도하는 협약이다. 사회계약의 기반인 일반의지는 사적 이익 가운데 포함되어 있는 공동의 이익을 추구하려는 의지이다. 이렇게 "일반의지는 개인이 가진 특수의지의 일부분이기 때문에 일반의지를 따른다는 것은 자기의 자유의지를 따르는 것이 된다. 그런 점에서 일반의지는 '자기입법'(self-legislation)의 원리이다. 이러한 일반의지 속에서 한 개인의 자유와 공동체 전체의 자유가 일치하며, 일반의지에 의해 개인의 자유는 절대화된다."[247]

이와 같이 사회계약은 자유의지에 따른 자발적인 행위이기 때문에, 그리고 이는 기본적으로 그에 따라 형성되는 공동체인 국가에 자신의 모든 것을 양도하는 것을 내용으로 하기 때문에, 이는 모든 성원들이 다른 모든 성원들과 맺는 것이다. 자신을 양도하기 싫은 사람 또는 이를 거부하는 사람은 사회계약의 주체가 될 수 없다. 그러므로 사회계약은 모든 사람의 동의, 곧 만장일치를 전제로 한다.

> 본질적으로 사회계약은 만장일치의 동의(unanimous consent)를 필요로 하는 유일한 법률이다. 왜냐하면 시민의 결합을 목적으로 하는 행위, 곧 사회계약의 행위는 모든 행위 가운데서 가장 자발적인 행위이기 때문이다. 모든 인간은 태어날 때부터 자유롭고 자기 자신의 주인이므로, 그 누구도 어떤 구실을

**247** 김용민, 2004, p. 129.

붙이든지 간에 그의 동의 없이는 그를 복종시킬 수 없다. [……] 따라서 사회계약을 체결할 때 혹시 반대자가 있다고 하더라도 그 때문에 그 계약이 무효가 되는 것은 아니다. 그 반대는 다만 그 반대자가 계약에 포함되지 않도록 스스로가 스스로를 배제할 뿐이다. 그는 시민이 되지 못하고 시민 속에 섞여 있는 외국인이나 마찬가지이다. 일단 국가가 건설된 다음 그 안에 살고 있다는 사실은 이미 그 국가건설에 동의하였다는 사실을 내포한다. 어떤 국가의 영토 내에 거주한다는 것은 그 주권에 복종한다는 것과 같은 의미인 것이다.[248]

루소는 이 인용문에 이어서 "이 원초적인 계약[곧 국가를 형성하기로 하는 사회계약] 이외의 경우에는 다수의 의견이[곧 다수결의 원칙이] 항상 다른 모든 사람을 구속한다. 이는 [국가를 형성하기로 하는] 원초적인 사회계약 자체의 당연한 귀결이다"[249]라고 진술하여, 국가를 형성하기로 하는 사회계약은 만장일치를 전제로 하지만, 그밖에 국가의 운영과 관계되는 제반 법률을 제정할 때에는 다수의 동의만 있으면 된다고 보고 있다. 이러한 입장을 그는 "사실 국가를 형성하기로 하는 선행 계약, 곧 사회계약이 없다면, 선택이 만장일치가 아닌 다음에야 소수가 다수의 결정을 따라야 할 의무는 없다. [……] 다수결의 원칙은 그 자체가 사회계약에 의해 이루어진 것이며, 따라서 최소한 한번은[곧 사회계약이 이루어질 때는] 만장일치의 결의를 전제로 한다"[250]고 진술하고 있다. 공동체 곧 국가를 형성하기로 하는 사회계약이 이렇게 만장일치를 전제로 한다는 사실에 대해 루소는 이밖에도 여러 곳에서 강조하고 있다.[251]

---

**248** 『사회계약론』, 제4부, 2장, pp. 123~124.

**249** 『사회계약론』, 제4부, 2장, p. 124.

**250** 『사회계약론』, 제1부, 5장, p. 49.

**251** 예를 들면, "어떤 자의적인(arbitrary) 정부가 정당성을 갖기 위해서는 그 인민 모두가 세대가 바뀔 때마다 그것을 승인하거나 거부하는 주체가 되어야만 한다"(『사회계약론』,

사회계약이 이렇게 계약자, 곧 그 계약을 통해 구성되는 공동체의 모든 성원들의 만장일치의 동의를 전제로 하는 것은 그 계약이 쌍무적인 것이어서, 결국은 자기 자신과 계약을 맺는 셈이 된다는 데에 근거한다. 자유로운 주체로서 누구나 자기에게 불리한 계약에는 동의하지 않을 것이기 때문이다.

> 사회계약을 통해 공동체를 구성하는 결사행위(結社行爲, the act of association)에는 공중과 사적 개인 사이의 '쌍무적인 약속'(a reciprocal engagement)이 내포되어 있어서, 말하자면 각 개인은 자기 자신과의 계약을 통해 스스로가 이중의 관계로 계약을 맺고 있다는 사실을 알게 된다. 즉 주권자의 한 사람으로는 사적인 개인들과, 그리고 국가의 구성원으로는 주권자와 계약을 맺는 것이다.[252]

> 우리를 사회체(社會體, social body)에 결합시키는 계약은 오직 그것이 쌍무적으로 맺어지는 것이기 때문에 강제성을 띤다. 이 계약의 본질적 특성은 남을 위해 이 계약을 이행하는 것이 반드시 나를 위해 이행하는 것이 된다는 사실에 있다. 일반의지가 항상 옳은 것이 되고 또 사람들 모두가 끊임없이 각자의 행복을 추구한다는 얘기는, 누구나 '각자'라는 말을 자기로 생각하고, 또 모든 사람을 위해 [사회계약을 맺기 위한] 투표를 할 때도 결국은 제 자신을 염두에 두고 함을 의미하는 것이 아니겠는가?[253]

---

제1부, 4장, p. 45)거나, "사회계약은 완전한 공동의 힘으로 각 구성원의 신체와 재산을 보호해주는 결사의 형태를 찾아내는 것"(『사회계약론』, 제1부, 6장, p. 49: 여기서 "완전한 공동의 힘"이란 성원 모두의 만장일치를 전제로 하는 것이다)이라거나, "사회계약에 의해 구성되는 '도덕적이고 집합적인 단체'는 총회의 득표수와 동일한 수의 성원으로 이루어진다"(『사회계약론』, 제1부, 6장, p. 50)는 진술에서, 사회계약이 만장일치를 전제로 하는 것이라는 루소의 주장을 확인할 수 있다.

**252** 『사회계약론』, 제1부, 7장, p. 51.

이와 같이 각 개인은 모든 다른 성원들과 계약을 맺으면서 결국은 자기 자신과 계약을 맺는 셈이 되므로, "결국 각 개인은 자신을 전체에 양도한다고는 하지만 사실은 아무에게도 양도하지 않는 것과 마찬가지가 된다. [쌍무적인 사회계약을 통해] 구성원 각자는 누구나 남에게 양도하는 자신에 대한 권리와 동일한 권리를 남에 대해 획득하는 것이므로, 결국 사람은 자기가 상실한 것과 동일한 대가를 얻게 되고 자기가 소유하는 것을 보존하기에 더욱 큰 힘을 얻는 셈이다."[254] 이렇게 사회계약의 당사자들은 이를 통해 손해 볼 것은 아무것도 없고 오히려 더 큰 힘을 얻을 뿐이므로, 이에 동의하지 않을 리가 없게 된다. 이러한 관점에서 사회계약은 당연히 구성원 모두의 만장일치를 통해 체결되는 것이라는 논리가 나오는 것이다.

**사회계약의 목적과 효과: 주권의 설립 및 자유와 평등의 보장** 이상에서 보듯이, 사회계약은 이를 체결하는 각 성원이 보유하고 있는 인신(人身)을 비롯한 개인적인 힘과 재산 등 모든 것을 결합하여 계약에 의해 구성되는 사회체, 곧 국가에 양도함으로써 최고의 권력에 정당성을 부여하는 절차이다. 이렇게 사회계약에 의해 구성되는 국가가 가지고 있는 최고의 권력이 바로 주권이다.

국가 또는 도시는 그 구성원들의 연합 속에서만 그 생존력을 가질 수 있는 '도덕적 인격'(a moral person)이고, 그 가장 중요한 관심은 자기보존에 대한

253 『사회계약론』, 제2부, 4장, p. 61.
254 『사회계약론』, 제1부, 6장, p. 50.

> 관심이므로, 국가는 전체에 가장 적합한 방식으로 각 부분[각 성원들]을 동원하고 배치하는 '보편적이고도 강제적인 힘'(universal and coercive force)을 가지지 않으면 안 된다. 마치 자연이 인간 각자에게 자기 신체의 각 부분들에 대한 절대적인 권한을 부여한 것처럼, 사회계약도 그에 의해 형성되는 '정치체'(政治體, the body politic)에 그 단체의 전 구성원을 지배할 '절대적 권력'(absolute power)을 부여한다. 일반의지에 따라 지도되는 이 권력이 바로 '주권'(主權, sovereignty)이다.[255]

사회계약에 의해 설립되는 국가권력, 곧 주권은 이와 같이 절대적인 것이기 때문에 국가는 시민에게 그 자체의 존속을 위해 필요한 모든 것을 의무로서 부과할 수 있다. "따라서 사회계약은 유명무실한 규정이 되지 않도록 하기 위하여 일반의지에 복종하기를 거부하는 자는 누구든지 전 단체[국가]에 의해 그것을 따르도록 강요되어야 한다는 약속을 암암리에 내포하고 있다. 우선 이 약속이 전제되어야만 다른 약속들도 효력을 발생할 수 있기 때문이다."[256] 그러므로 "시민이 국가에 대해 할 수 있는 모든 봉사는 주권자가 그것을 요구하는 순간부터 국가에 대한 시민의 의무가 되는 것이다."[257]

이와 같이 시민은 국가가 필요로 하는 것은 무엇이든지 행해야 할 의무를 지지만, "주권자의 편에서는 공동체에 무용(無用)한 어떤 속박도 시민들에게 부과할 수는 없으며, 또 주권자는 그것을 원하는 것조차 안 된다. 왜냐하면 '이성의 법칙'(the law of reason) 하에서도 '자연의 법칙'(the law of nature) 하에서와 마찬가지로 정당한 이유가 없는 일은 결코

---

**255** 『사회계약론』, 제2부, 4장, p. 61.

**256** 『사회계약론』, 제1부, 7장, p. 53.

**257** 『사회계약론』, 제2부, 4장, p. 61.

행해질 수가 없기 때문이다."[258] 앞에서 언급하였듯이 사회계약은 "구성원 모두의 신체와 재산을 보호하고 [……] 그들이 전체와 결합되지만 [……] 그들에게 계약을 맺기 이전과 마찬가지로 자유로울 수 있는 결합의 형태를 발견"[259]하려는 목적에서 체결되는 것이다. 이러한 관점에서 보면, 국민들에게 의무를 부과하는 국가의 강제력은 이러한 근본 목적의 테두리를 벗어날 수 없다.

이러한 맥락에서 고찰하면, 사회계약은 절대적인 권력인 주권의 설립을 통하여 인간에게 본유적인 자유의지와 평등성을 합법적으로 보장하는 장치가 된다고 볼 수 있다. 루소는 "인간은 누구나 평등하고 자유롭게 태어난 만큼, 자기들의 자유를 공동체에 양도할 때에도 이는 오직 자신의 이익을 도모하기 위해서이다"[260]라고 진술하여, 사회계약의 가장 근본적인 목적은 태어날 때부터 인간이 지니고 있는, 그러나 자연상태 말기 또는 사회상태 초기에 상실해버린 자유와 평등을 합법적으로 보장하는 것이 되어야 한다고 역설하고 있다. 따라서 국가가 요구하는 "일반의지에의 복종에 대한 강요"는 결국 "각 구성원으로 하여금 자유롭게 되도록 강요하는 것(he shall be forced to be free) 이외에 아무것도 아닌 셈"[261]이라는 것이 루소의 주장이다.

이와 같이 루소는 "모든 인간은 태어날 때부터 자유롭고 자기 자신의 주인이므로, 그 누구도 어떤 구실을 붙이든지 간에 그의 동의 없이는 그를 복종시킬 수 없다"[262]는 전제에서, 자기이익의 일부분이기도 한

**258** 『사회계약론』, 제2부, 4장, p. 61.
**259** 『사회계약론』, 제1부, 6장, p. 50.
**260** 『사회계약론』, 제1부, 2장, p. 42.
**261** 『사회계약론』, 제1부, 7장, p. 53.
**262** 『사회계약론』, 제4부, 2장, p. 123.

공동의 이익을 추구하는 일반의지만이 개인의 자발성을 이끌어내는 기반이 되고, 또한 "일반의지만이 국가의 모든 성원들의 한결같은 의지가 되기 때문에, 이를 통해서만 사람들은 시민이 되고 또 자유롭게 된다"[263]고 보아, 일반의지에 따르기로 하는 사회계약은 인간에게 본유적인 자유를 보장하고 실현하는 목적을 갖는 협약임을 분명히 하고 있다. 즉 "사회계약에 의해 개인들이 정녕 무엇인가를 포기하는 것이 아니라 [……] 유리한 교환을 하게 되어", 결국 계약의 결과로 인해 사람들은 실제로 안전과 자유와 권리를 보유하게 되므로, 그 이전보다 훨씬 나아진 상태에 이르게 된다는 것이다.[264] 이렇게 자유의 측면에서 사회계약은 "개인적 힘의 한계라는 제한을 갖던 자연상태에서의 자연적 자유"를, 사회 성원들의 개인적 힘을 모두 합하여 무한한 힘을 가지는 "일반의지의 지배를 받는 시민적 자유"로, 그리고 "제 자신의 참다운 주인이 되는 도덕적 자유"로 교환해 주는 자유의 진정한 보장자의 기능을 수행한다는 것이 루소의 주장이다.[265]

사회계약은 이렇게 진정한 자유의 보장 체계일 뿐만 아니라, 자연상태 말기와 사회상태 초기에 만연된 불평등을 해소하고 인간의 본연적인 평등성을 회복하는 장치이기도 하다는 것이 루소의 생각이다. 이러한 사실을 루소는 "기본적 계약[사회계약]은 '자연적 평등'(natural equality)을 파괴하는 것이 아니라, 반대로 사람들 사이에 자연적으로 생겨난 '신체적 불평등'(physical inequality)을 '도덕적이고 정당한 평등'(a moral and legitimate equality)으로 대체함으로써, 육체적인 힘이나 재능에 있어서는 서로 같지

263 『사회계약론』, 제4부, 2장, p. 124.

264 『사회계약론』, 제2부, 4장, p. 63.

265 『사회계약론』, 제1부, 8장, pp. 53~54.

않을지라도 계약과 권리에 의해서 모두 평등하게 만든다"[266]고 기술하면서, "사회계약에 의해 시민들은 모두 평등한 존재가 된다"[267]고 못 박아 표현하고 있다. 사회계약이 이와 같이 평등성의 보장 장치가 되는 까닭은 "사회계약은 모든 성원이 전체 공동체에 자기 자신과 자신의 모든 권리를 전적으로 양도하는 것이므로, 이렇게 모두가 자신을 전적으로 양도하게 되면, 조건은 누구에게나 평등하게 되고 [……] 자기를 모두에게 내어준다는 것은 누구나 결국은 자신을 아무에게도 양도하지 않는 셈이 되기 때문이다."[268] 이러한 점을 루소는 다음과 같이 진술하고 있다.

> 사회계약은 시민들 사이에 평등성을 수립함으로써, 시민들은 모두 동일한 조건에 놓이게 되고 모두 동일한 권리를 향유하게 된다. 이와 같은 사회계약의 본성에 따라 주권의 모든 행위, 말하자면 일반의지의 정당한 모든 행위는 모든 시민에게 평등하게 의무를 부과하거나 혜택을 베푼다. 그 결과 주권자는 오직 한 몸체로서의 국민(nation)을 인정할 뿐, 그것을 구성하는 각 개인을 구분하지 않는다.[269]

이 인용문에서 지적되고 있듯이, 평등은 자유와 함께 사회계약이 체결되기 위한 기본 요건이며, 또한 사회계약이 달성해야 할 목적이기도 하다. 일반의지에 따르기로 하는 사회계약은, 일반의지에의 추구 자체가 자유의지를 전제로 한다는 점에서, 그리고 "일반의지는 항상 공명정대하고 공익을 도모하는 것"[270]으로서 본질적으로 "평등성을 지향"[271]하는

266 『사회계약론』, 제1부, 9장, p. 56.
267 『사회계약론』, 제3부, 16장, p. 116.
268 『사회계약론』, 제1부, 6장, p. 50.
269 『사회계약론』, 제2부, 4장, pp. 62~63.

것이라는 점에서, 자유와 평등을 기초로 하여 성립되는 체계일 뿐만 아니라, 자유와 평등은 같은 논리에서 사회계약이 지향하는 목적을 달성하기 위한 요건이 된다고 볼 수 있는 것이다.

> [사회계약에 따라 주권이 성립된 이후의] 모든 입법체계의 목적이 되어야 할 '전체 인민의 최대 행복'(the greatest good of all)이 정확히 말해서 무엇을 통해 이루어질 수 있는가를 탐구해본다면, 우리는 그것이 '자유'(freedom)와 '평등'(equality)이라는 두 가지 핵심적인 대상으로 귀착된다는 사실을 깨닫게 될 것이다. 모든 개인의 예속은 그만큼 국가라는 정치체의 힘을 약화시키기 때문에 자유가 중요하고, 평등 없이는 자유가 존속할 수 없기 때문에 평등이 중요한 것이다.[272]

**4) 국가권력: 주권자의 입법권과 정부의 집행권**

일정한 영토 내에 거주하고 있는 모든 성원들이 공동의 이익을 추구하는 일반의지에 따르기로 하는 사회계약에 의해 형성되는 정치체, 곧 "공적 인격"이 바로 국가이다. 이렇게 형성되는 국가는 스스로의 존립을 위해 모든 인민을 동원하고 배치할 수 있는 "절대적인 권력"을 가지게 되는데, 이것이 바로 주권이다. 그런데 국가가 형성되는 기반인 사회계약의 주체는 모든 성원들이므로, 인민들 모두가 주권의 담당자, 곧 주권자이다.

사회계약을 체결한 다음에 주권자인 인민들은 "사회계약에 의해 자기들이 탄생시켜 그 존재와 생명을 부여한 정치체, 곧 국가에 그 활동과

---

**270** 『사회계약론』, 제2부, 3장, p. 59.

**271** 『사회계약론』, 제2부, 1장, p. 57.

**272** 『사회계약론』, 제2부, 11장, p. 78.

의지를 부여하는 법을 만들어주어야 한다. 정치체가 형성되고 결합되게 하는 이 원초적인 행위[사회계약의 행위]는 아직까지 그 보존을 위해 무엇을 해야 할 것인지에 대해서는 아무것도 규정하고 있지 않기 때문이다."[273] 이것이 바로 입법(立法, legislation)의 문제인데, 이는 당연히 사회계약의 주체로서 국가를 탄생시킨 장본인인 주권자로서의 인민들이 해야 할 일이다. 즉 "입법권(legislative power)은 오로지 인민에게만 속해 있는 권리"[274]로서 다른 누구도 이를 대신할 수 없는 배타적인 권리이다. "법률이란 엄격히 말하자면 시민적 결사의 조건이라고 말할 수 있다. 따라서 법률에 복종하는 인민이 법률의 제정자가 되어야 한다. 결사를 형성하는 사람들만이 그 사회의 조건을 규율할 수 있는 권리를 가지고 있기 때문이다."[275]

국가를 형성하기로 하는 사회계약은 모든 성원들의 만장일치를 전제로 하지만, 이에 의해 형성된 국가의 활동과 의지를 규정하는 입법 과정에서는 "다수결의 원칙"이 적용된다.[276] 이렇게 제정되는 법에는 "조직체 전체가 그 자신에 대해서 하는 행위, 다시 말해 전체의 전체에 대한 관계 또는 주권자의 국가에 대한 관계를 규정"하는, 곧 "정부(Government)의 형태"를 결정하는 "정치법"(政治法, political laws), "구성원 상호간의 관계 또는 전체로서의 정치체에 대한 구성원의 관계를 규정"하는 "민법"(民法, civil laws), "인간과 법의 관계, 곧 위법행위와 형벌의 관계를 규정"하는 "형법"(刑法, criminal laws) 등이 있다.[277]

---

**273** 『사회계약론』, 제2부, 6장, p. 66.

**274** 『사회계약론』, 제3부, 1장, p. 82.

**275** 『사회계약론』, 제2부, 6장, p. 68.

**276** 『사회계약론』, 제1부, 5장, p. 49; 제4부, 2장, p. 124.

**277** 『사회계약론』, 제2부, 12장, pp. 80~81. 이 장에서 루소는 성문법(成文法)은 아니지만,

주권자들은 이렇게 법을 제정한 다음에 이의 집행을 담당하는 정부를 구성해야 한다. 이는 "신민과 주권자 사이의 상호 연락을 위하여 설치되어, 법의 집행과 시민적 및 정치적 자유를 유지하는 소임을 맡은 일종의 '중간적 단체'(an intermediate body)이다."[278] 루소는 "모든 자유로운 행위에는 서로 협력하는 두 개의 요인이 있는데, 그 하나는 정신적인 것으로서 행위를 하도록 결정하는 의지이고, 다른 하나는 물리적인 것으로서 행위를 실행에 옮기는 힘"이라면서, 이 중에서 "의지에 해당하는 것이 '입법권'이고, 힘에 해당하는 것이 '집행권'으로, 이 둘의 협력이 없이는 정치체가 운영될 수 없으며, 또 그래서도 안 된다"[279]고 보고 있다.

루소에 따르면, 입법권은 주권자의 배타적인 권리이지만, "집행권은 입법자나 주권자로서의 인민 전체에게 속할 수 없다"고 강조하여 말하고 있다. 그 까닭은 "집행권은 개별적 행위로만 구성되어 있는데, 본래 개별적 행위는 법의 관할 안에도, 그리고 결과적으로 그 행위가 모두 법률이 될 수밖에 없는 주권자의 관할 안에도 있지 않기 때문"이라는 것이다. "그리하여 공공의 힘은 일반의지의 지도에 따라 그 힘을 통합하여 작용케 하는 적당한 '대리인'(agent)을 선정하여, 이 대리인으로 하여금 국가와 주권자를 연결함으로써, 마치 개인에게 있어 정신과 육체를 연결하는 것과 같은 '공적 인격'(public person) 안에서 수행하도록 할 필요가 있다"[280]는 것이 루소의 의견이다. 이러한 대리인이 바로 "정부"이고,

"시민들의 마음속에 새겨져 국가의 진정한 구조를 형성"하는 "도덕(morals) · 관습(customs) · 여론(opinion)"이 국가 운영에 핵심적인 중요성을 가지므로, 입법자들은 이에 관심을 가져야 한다고 역설하고 있다.

**278** 『사회계약론』, 제3부, 1장, p. 83.

**279** 『사회계약론』, 제3부, 1장, p. 82.

**280** 『사회계약론』, 제3부, 1장, p. 82.

이 중간적 단체의 구성원을 "행정관"(magistrates)이나 "왕"(Kings) 또는 통칭하여 "행정수반"(Governors)이나 "군주"(Prince)라고 부른다.[281]

**주권의 특성: 양도불가성과 분할불능성** 같은 영토 안에 살고 있는 사람 모두가 일반의지에 따르기로 하는 동의, 곧 사회계약에 따라 공적 인격인 국가가 형성되고, 이렇게 공적 인격이 설립되자마자 이는 그 자체의 존속을 위해 국가의 모든 힘을 동원하거나 지배할 수 있는 절대권력, 즉 주권을 갖게 된다. 주권은 사회계약에 의해 형성되는 국가의 성격을 규정하고, 성원들 사이의 관계나 주권자와 국가 간의 관계를 조율하며, 위법행위를 한 사람을 처벌하는 등 국가 운영을 위한 제반 법률을 제정할 수 있는 입법권을 갖는다.

사회계약의 산물로 발생하는 이러한 주권은 계약 당사자인 인민 모두, 곧 주권자[282]가 가지는 권력이다. 이는 "언제나 존재하고, 변화하지 않으며, 그 자체로 순수한 일반의지"[283]에 따르기로 하는 계약의 결과로 생긴 절대권력이기 때문에, 그 탄생 근거인 일반의지 자체가 무효화되지 않는 한 결코 그 누구에게도 양도될 수 없다. 즉 주권은 결코 남에게 양도될 수 없는 것이다.[284] 이를 어느 개인이나 단체에 양도한다는 것은 이미 그 생성 근거인 일반의지 자체를 부정하는 것이기 때문이다.

---

**281** 『사회계약론』, 제3부, 1장, p. 83.

**282** "주권자는 전적으로 주권을 형성하는 개인 모두로 구성된다"(『사회계약론』, 제1부, 7장, p. 52).

**283** 『사회계약론』, 제4부, 1장, p. 122.

**284** 루소는 『사회계약론』, 제2부의 1장(pp. 57~58)을 "주권의 양도불가성에 대하여"(That Sovereighty Is Inalienable)로 잡아, 주권의 양도불가성에 대해 논의하고 있다.

주권은 오직 일반의지의 행사일 뿐이므로 결코 양도될 수 없고, 또 주권자는 오로지 집합적 존재일 뿐이므로 그 자신에 의해서만 대표될 수 있다. 권력은[권력의 담당자는] 완벽하게 이전될 수 있지만, [그 생성 근거인] 일반의지는 결코 그럴 수 없는 것이다.[285]

이렇게 주권은 모든 사람의 공동이익을 추구하는 일반의지를 따르기로 하는 계약을 기반으로 하여 생성되는 것이므로, 공동의 이익을 추구하고자 하는 일반의지 자체가 사라지지 않는 한 이는 결코 사라지지 않고 또 남에게 양도될 수 없는 것이다. 이것을 양도한다는 것은 자기의 사적 이익 추구의 한 부분인 공동 이익을 추구하기를 스스로 포기하고, 이를 남에게 넘기는 것에 불과하기 때문이다. 이는 한 인간으로서의 생존을 스스로 포기하는 행위인 것이다.

또한 인간이 갖는 자유의지는 "인민 전체의 의지로서 일반의지이거나 아니면 단지 인민 중 일부의 사적인 의지이어서 일반의지가 아니거나 한데, 인민 전체의 일반의지로 공표된 경우 이는 곧 '주권행위'(act of sovereignty)이고 '법'(law)이 되지만, 인민 중 일부의 의지인 경우 이는 하나의 특수의지이어서 '행정기관의 행위'(act of magistracy) 또는 고작해야 일종의 '시행령'(decree)에 불과할 뿐이다."[286] 이와 같이 일반의지는 인민 모두에게 보편적이고 통합적인 의지이기 때문에, 이의 지도에 따라 생성되는 주권은 마찬가지로 보편적이고 통합적인 것이어서 분할될 수 없다는 것이 루소의 주장이다.[287]

---

**285** 『사회계약론』, 제2부, 1장, p. 57.

**286** 『사회계약론』, 제2부, 2장, p. 58.

**287** 루소는 『사회계약론』, 제2부의 2장(pp. 58~59)을 "주권의 분할불능성에 대하여"(That Sovereignty Is Indivisible)로 잡아, 주권의 분할불능성에 대해 논의하고 있다.

루소는 "정치가들은 주권을 원리상 분할할 수 없으므로, 이를 그 대상에 따라 분할"하여, 입법권과 집행권을 나누고, 집행권을 다시 과세권 · 선전권(宣戰權) · 국내행정권 · 대외교섭권으로 나누어 주권의 분할성을 주장한다면서, 로크나 몽테스키외 같이 이런 주장을 하는 학자들은 "주권의 권위에 대해 정확한 개념을 갖지 못하고, 단순한 주권의 파생물을 주권 그 자체의 부분들로 생각하는 잘못을 범하고 있다"[288]고 주장한다. "주권의 일부로 보이는 권리들은 실은 모두 주권에 종속된 것이고, 따라서 이 권리들은 항상 최고의지(supreme wills)[곧 일반의지]의 존재를 전제로 하고 있는 것이어서, 분할가능한 것처럼 보이는 이 권리들은 실제로는 그 집행 수단에 불과할 뿐"[289]이기 때문에, 절대권력으로서의 주권은 결코 분할될 수 있는 성질의 것이 아니라는 관점이 루소의 논지이다. 즉 "주권은 단일한 것으로서, 이를 분할하면 반드시 파괴되어버리고 만다"[290]는 것이다.

**주권의 목표와 한계: 공동선과 보편성의 추구** 이상에서 분명해졌듯이, "국가에는 본질적으로 다른 계약의 존재를 허용하지 않는 결사의 계약[사회계약] 하나밖에 없으며, 이러한 계약 이외에 다른 공적인 계약을 맺는 것은 최초의 계약[사회계약]에 위배된다."[291] 그러므로 최초의 사회계약에 의해 생성되는 "주권, 곧 최고의 권력은 양도될 수도 없고 또 변경될 수도 없으며, 그것에 제한을 가하는 것은 그것을 파괴하는 셈이 된다."[292]

---

**288** 『사회계약론』, 제2부, 2장, p. 58.
**289** 『사회계약론』, 제2부, 2장, p. 59.
**290** 『사회계약론』, 제3부, 13장, p. 111.
**291** 『사회계약론』, 제3부, 16장, p. 117.
**292** 『사회계약론』, 제3부, 16장, p. 116.

이렇게 정치체를 형성하기로 하는 "각 성원 사이의 협약은 사회계약을 기초로 하고 있기 때문에 합법적이고(legitimate), 모든 사람에게 공통된 것이기 때문에 공평하며(equitable), 전체 이익을 도모하는 것 이외에 다른 목적이 없기 때문에 유용하고(useful), 공공의 힘과 최고의 권력에 의해 보증되고 있기 때문에 확고하다(secure). 신민(臣民)들이 이 협약만을 따르는 한, 그들은 어느 누구에게도 복종하는 것이 아니고, 다만 자기 자신의 의지만을 좇을 뿐이다."[293]

이와 같이 사회계약은 그 결과물인 "정치체에게 일반의지에 따라 지도되는 주권이라는 절대권력을 부여하여, 국민 모두를 지배하게 한다."[294] 이렇게 "주권은 절대적이고 신성하며 그 누구도 침해할 수 없는 권력이다. 그러나 주권자가 갖는 권력이 이처럼 비록 절대적이고 신성불가침의 것이라고 해도, 그것은 일반적인 협약의 한계를 넘지도 않고 또 넘어서도 안 된다."[295] 이는 공동선의 실현이라는 국가의 설립 목적과 보편성을 전제로 하는 일반의지에 의해 제한되는 한계를 갖는다.

> 주권자는 실은 그것을 이루는 모든 개인들로 구성되는 것이므로, 그들의 이익에 상반되는 이익은 갖지도 않고 또 가질 수도 없다. 결과적으로 주권이 그 구성원 모두를 해치려든다는 것은 불가능할 뿐만 아니라 [……] 그 중의 어떤 개인을 특정하여 개별적으로 해칠 수도 없기 때문에, 주권은 그 신민들에 대하여 스스로를 보증할 필요가 없다.[296]

---

**293** 『사회계약론』, 제2부, 4장, p. 63.
**294** 『사회계약론』, 제2부, 4장, p. 61.
**295** 『사회계약론』, 제2부, 4장, p. 63.
**296** 『사회계약론』, 제1부, 7장, p. 52.

인민들이 사회계약을 맺어 국가를 설립하는 목적은 자기 자신의 보전과 공동의 이익, 곧 "공동선"(common good)의 실현에 있다. 국가의 설립 목적이 이렇게 공동의 이익과 개인의 보전과 번영에 있다는 사실은 거듭 강조되고 있는 『사회계약론』의 요지이다.[297] 이러한 목적에 의해 통치될 때 국가는 가장 원활하게 기능을 하게 되므로, 국가의 모든 권력은 구성원 모두를 위한 공동선의 실현을 위해 집중되어야 하는 한계를 갖는다는 것이 루소의 주장이다.

다수의 사람들이 결합하여 스스로 일체(一體)를 형성하고 있다고 생각하는 한, 그들은 '공동의 보전'(common preservation)과 '일반적 복지'(general welfare)에의 관심이라는 단 하나의 의지[일반의지]만을 갖는다. 그렇게 될 때 국가의 모든 기능은 활발해지고, 그 통치 원리도 명백하고 빛나게 된다. 이때는 이해관계의 혼란이나 충돌도 일어나지 않으며, '공동선'(common good)은 어디서나 명백하게 드러나서 '건전한 양식'(good sense)만 있으면 누구나 그것을

297 예를 들면, 제1부 6장(pp. 49~50: "완전한 공동의 힘으로 각 구성원의 신체와 재산을 방어하고 보호하는 결사의 형태를 발견하는 것이 [……] 바로 사회계약의 근본 문제"); 제2부 1장(p. 57: "일반의지만이 국가의 힘을 '공동선'[common good]이라는 그 자체의 설립 목적에 따라 지도할 수 있다. [……] 사회는 오직 이 '공동이익'[common interest]을 기반으로 해서만 통치되어야 한다."), 4장(p. 62: "의지를 일반적인 것으로 만드는 것은 [……] 그들을 결합시키는 공동이익이다. [……] 이것은 이익과 정의의 훌륭한 일치로서 공동의 결의 곧 사회계약에 공정성을 부여한다."), 5장(p. 64: "사회협약은 계약자들의 보전을 그 목적으로 한다. 목적을 원하는 사람은 그 수단도 요구하는데, 이 수단은 다소의 위험과 때로는 상당한 희생까지도 요구한다."), 10장(p. 77: "국민에게 법을 제정해주는 데에는 [……] 그 어떤 조건도 대신할 수 없고 또 그것 없이는 다른 모든 조건이 무용하게 되고 마는 유일한 조건이 있다. 그것은 국민이 풍요와 평화를 누려야 한다는 조건이다."), 11장(p. 78: "모든 입법체계의 목적이 되어야 할 것은 모든 구성원의 최대 행복이다."); 제3부 9장(p. 105: "정치적 결사의 목적은 구성원들의 보전과 번영이다.") 같은 데에서, 국가 설립의 목적이 모든 국민들의 보전과 행복 곧 공공선의 실현이라는 점이 구체적으로 진술되고 있다.

쉽게 파악하게 된다.[298]

사회계약은 일반의지를 기반으로 하여 성원들 사이에 체결되는 것이다. 그러므로 이에 의해 생성되는 주권은, 공동선의 실현이라는 한계와 함께, 그 본질과 대상에 있어 일반성을 전제로 하는 일반의지의 지도를 받아야 한다는 한계를 갖는다. "특수의지는 본질적으로 편파성을 지향하는 반면, 일반의지는 평등성을 지향한다."[299] 그러므로 "일반의지는 언제나 공명정대하고, 항상 공익을 도모한다."[300] 이러한 "일반의지가 진실로 일반의지가 되기 위해서는, 공동의 이익을 추구한다는 본질에 있어서와 같이, 그 대상에 있어서도 일반적이어야 한다. 따라서 일반의지는 전체에서 시작하여 전체에 적용되어야 하며, 그것이 어느 개인적이고 한정된 대상에 편중되어 사용되는 경우 그 본래의 정당성을 상실하고 만다."[301]

이렇게 본질상으로나 그 대상에 있어서 일반성을 전제로 하는 일반의지를 따르기로 하는 "사회계약은 시민들 사이에 평등을 수립하고 그럼으로써 그들은 모두 동일한 계약 조건에 놓이게 되고, 동일한 권리를 모두가 향유한다. 이러한 사회계약의 본성에 따라 주권의 모든 행위는 [……] 오직 일체(一體)로서의 국민을 인정할 뿐, 구성원 각자를 구분하지 않는다."[302] 이러한 보편성은 입법의 보편성으로 표출되어야 한다. 이렇게 입법의 보편성을 담보해야 한다는 것이 주권의 또 하나의 한계인 것이다.

---

**298** 『사회계약론』, 제4부, 1장, p. 121.

**299** 『사회계약론』, 제2부, 1장, p. 57.

**300** 『사회계약론』, 제2부, 3장, p. 59.

**301** 『사회계약론』, 제2부, 4장, p. 62.

**302** 『사회계약론』, 제2부, 4장, pp. 62~63.

> 인민 전체가 인민 전체를 대상으로 해서 법을 제정할 때 인민은 오직 전체로서의 자신만을 고려한다. 이 경우 어떤 관계가 생겨난다면 그것은 관점을 달리하는 전체 대상 대 전체 대상의 관계일 뿐, 결코 전체가 분할되는 것은 아니다. 이렇게 해서 법 제정의 안건도 그것을 제정하는 의지와 마찬가지로 일반적인 것이 된다. [……] 법의 대상이 항상 일반적이라는 말은, 법이란 신민 전체를 '한 몸체'(a body)로, 그리고 그 적용행위를 '추상적'(abstract)인 것으로 간주할 뿐, 결코 한 특정한 인간을 개인적으로, 그리고 한 적용행위를 개별적인 특수한 것으로 고려해서는 안 된다는 뜻이다. [……] 법은 의지의 보편성(universality)과 대상의 보편성을 결합시키는 것이어야 하는 것이다.[303]

**주권의 대리자로서의 정부: 민주정 · 귀족정 · 군주정과 공화정** 앞에서도 언급하였듯이, 입법권은 주권자로서의 인민 모두의 배타적인 권리이지만, 법의 집행권은 주권자의 대리인에 불과할 뿐인 정부에 속하는 권한이라는 것이 루소의 생각이다. 그는 주권자의 모든 행위는 본질적으로 법이 되는 것이고, 그 집행행위는 법률의 범위 밖에 있는 것이므로, 논리적으로 주권자가 법률의 집행권을 가질 수 없다고 주장한다. 따라서 주권자는 "법의 집행과 시민적 및 정치적 자유를 유지하는 소임을 맡아 신민과 주권자 사이에서 연락책의 기능을 하는 중간단체로서의 정부"[304]를 구성하게 된다. 즉 정부는 "일반의지의 지도에 따라 공공의 힘을 결합하여 실행하는 주권자[인민들]의 '대리인'(agent)" 또는 "심부름꾼"(minister)일 뿐으로, "주권자와 정부를 혼동해서는 안 된다"[305]는 것이다.

주권자로부터 법의 집행권을 위임받는 정부를 구성하는 "행정

303 『사회계약론』, 제2부, 6장, p. 67.
304 『사회계약론』, 제3부, 1장, p. 83.
305 『사회계약론』, 제3부, 1장, p. 82.

관"(magistrate)의 수에 따라 정부의 형태가 달라진다. "주권자는 인민 전체 또는 인민의 대다수에 위임함으로써, 사적인 개인에 해당하는 시민의 수보다 행정관에 해당하는 시민의 수를 더 많게 할 수 있는데, 이때의 정부 형태를 '민주정'(Democracy)이라고 한다. 다음으로 주권자는 정부를 소수의 인민에게 위임함으로써, 행정관보다 단순한 시민의 수를 더 많게 할 수도 있는데, 이때의 정부를 '귀족정'(Aristocracy)이라고 한다. 마지막으로 주권자는 정부 전체를 단일한 행정관에게 위임함으로써, 다른 모든 관리들은 이 사람으로부터 그들의 권한을 받도록 할 수도 있는데, 이때의 정부를 '군주정'(Monarchy) 또는 '왕정'(Royal Government)이라고 한다."[306]

이러한 세 가지 정부 형태 중에서 "유일하고 절대적인 정부란 존재할 수 없고, 국가의 크기가 달라지면 그만큼 다른 성질의 많은 정부가 존재한다"[307]는 것이 루소의 생각이다. 루소는 "일반적으로 민주정은 작은 국가에 적합하고, 귀족정은 중간 정도의 국가에 적합하며, 군주정은 큰 국가에 적합하다"[308]고 본다. 또한 국민들이 부담해야 하는 국가 운영에 소요되는 비용을 고려해보면, "군주정은 부유한 나라에만 적합하고, 귀족정은 면적이나 부유함의 정도가 중간 수준인 나라에 적합하며, 민주정은 가난하고 작은 나라에 적합하다"[309]는 것이다. 이 이외에도 자연적인 풍토와 지리상의 위치나 기후, 그리고 국민의 식성과 사치의 정도 등에 따라 적합한 정부의 형태가 달라질 수 있다는 것이 루소의 생각이다.[310]

루소는 이러한 세 정부 형태와 "공화정"(共和政, Republican Government)을

306 『사회계약론』, 제3부, 3장, p. 89.
307 『사회계약론』, 제3부, 1장, p. 85.
308 『사회계약론』, 제3부, 3장, p. 90.
309 『사회계약론』, 제3부, 8장, p. 101.
310 『사회계약론』, 제3부, 8장, p. 100~104.

개념적으로 분리하고 있다. 그는 "정부 형태가 어떤 것이든지 간에 법에 의해 통치되는 국가를 '공화국'(Republic)이라고 부른다"고 주장한다. 그 까닭은 "이때에라야 비로소 '공공이익'(public interest)이 국가를 지배하고, '공공의 것'(public things)이 중요성을 지니게 되기 때문인데, 그러므로 모든 합법적인 정부는 모두 공화정"[311]이라는 것이 루소의 관점이다. 그런 까닭에 귀족정이나 민주정뿐만 아니라, 군주정도 법, 곧 일반의지에 따라 통치된다면 공화정이 된다는 것이다.[312] 이렇게 보면 루소는 정부가 어떤 형태를 띠든지 간에 법, 곧 일반의지에 따라 통치된다는 원칙이 지켜지는 정부가 가장 바람직한 정부라고 주장하고 있는 셈이다. 그렇지 못하고 정부가 그에게 위임된 법집행권을 남용하게 되면 "무정부상태"(anarchy)가 도래하는데, 민주정은 "중우정"(衆愚政, Ochlocracy), 귀족정은 "과두정"(寡頭政, Oligarchy), 군주정은 "참주정"(僭主政, Tyranny)이라는 무정부상태를 유발하게 된다고 루소는 주장한다.[313]

이처럼 "국가는 [원초적인 사회계약에 의해] 그 자체로 존재하지만, 정부는 주권자에 의해서만 존재한다. 그러므로 정부의 담당자를 지배하는 의지는 곧 일반의지 또는 법률에 불과한 것이며, 그 이외의 어떤 것이 되어서도 안 된다. 그의 힘은 그 안에 집중되어 있는 공공의 힘일 따름이다."[314] 이렇게 정부의 담당자인 "행정관"이나 "왕" 또는 "군주"의 "법집행 행위는 어디까지나 위임이나 고용에 불과한 것이다. 그들은 주권자의 단순한 '관리'(officer)이며, 그들에게 맡겨진 권한을 주권자의 이름으로 행사하는 것에 지나지 않는다. 그러한 법의 집행권은 사회계약의 본질상

311 『사회계약론』, 제2부, 6장, p. 67.

312 『사회계약론』, 제2부, 6장, p. 67의 루소의 원주(原註).

313 『사회계약론』, 제3부, 10장, p. 108.

314 『사회계약론』, 제3부, 1장, p. 85.

전적으로 양도할 수 있는 것도 아니고 또 그렇게 하는 것은 사회체[국가]를 구성하는 목적에도 위배되는 것이므로, 주권자는 필요할 때는 언제라도 정부에 위임했던 이 권한을 제한하고 수정하며 회수할 수 있다"[315]는 것이 루소의 의견이다.

이렇게 주권과 정부를 구분하는 논의를 통해 루소는 인민주권 또는 인민저항권의 논리를 제시하고 있다고 볼 수 있다. 그러나 이러한 저항권은 "통치자가 법률에 따라 통치하지 않고 주권을 찬탈(簒奪)하는 경우"에 한해서만 인정된다는 것이 루소의 견해이다. "정부가 주권을 찬탈하면 곧바로 사회계약은 파기되고, 개인으로서의 모든 시민은 당연히 계약 이전의 자연적 자유를 회복하며, 따라서 복종을 강요당하더라도 복종할 의무가 없게 되기 때문"이라는 것이다.[316] 이러한 점에서 루소가 인정하는 인민의 저항권은 실제적인 권리가 아니라, 단지 수사적인 것에 불과하다는 느낌을 받을 만하다.

## 3. 루소 사상의 영향과 그에 대한 비판

17세기 중반부터 18세기 중반에 걸쳐 홉스·로크·루소 같은 걸출한 사상가들에 의해 제기된 사회계약의 관념은 그 이전부터 있었던 자연법과 자연권의 이론과 결합되어 일반인들에게 호의적으로 받아들여졌다. "사회계약과 자연법의 관념 간에는 항상 긴밀하고도 친근한 관계가 존재"[317]

315 『사회계약론』, 제3부, 1장, p. 83.

316 『사회계약론』, 제3부, 10장, pp. 107~108.

317 Barker, 1962/1995, p. 15.

하였던 것이다. 홉스나 로크 및 루소가 그들의 이론의 출발점을 자연상태와 이 상태에서의 인간의 권리에 대한 논의로부터 시작하고 있다는 사실은 이러한 양자의 긴밀한 관계를 잘 드러내준다.

세 사람 중에서 특히 루소는 개인의 자유의지와 사회계약에서 도출되는 권리를 개인의 모든 사회행위와 국가권력의 정당성의 기초로 삼는 논리를 강조하고 있다. 그는 공동의 이익을 추구하고자 하는 자발적 의지인 일반의지를 사회계약의 기반으로 삼고 있는데, 이는 "언제나 공명정대하고 항상 공익을 도모하는 의지"[318]로서 "언제나 개인에게 존재하고, 변하지 않으며, 순수한 자발적 의지"[319]라고 개념화한다. 일반의지는 개인적 이익을 도모하는 편파적인 특수의지와는 달리 모든 성원들에게 보편적인 평등성을 지향하기 때문에,[320] 일반의지만이 사회적 결사, 곧 사회계약의 기반이 된다는 것이 루소의 주장이다.[321]

이러한 일반의지는 루소의 정치사상을 대변하는 가장 핵심적인 용어이다. 흔히 일반의지는 루소의 철학적 전유물로 알려져 있어서, 루소 이전에는 일반의지라는 개념도 없었다는 오해가 있다. 그러나 "루소 이전에도 일반의지라는 용어가 있었으며, 루소보다 앞선 시대에 살았던 몽테스키외나 루소와 같은 시대에 살았던 디드로가 이미 이 용어를 사용하고 있다."[322] 이처럼 루소가 일반의지라는 용어를 새롭게 만들어낸 것은 아니다. 쉬클라(J. N. Shklar)에 따르면, 루소가 이룬 업적은 "일반의지의 역사"를 만든 것이다.[323] 즉, 루소는 일반의지의 개념을 자신의 정치

---

**318** 『사회계약론』, 제2부, 3장, p. 59.

**319** 『사회계약론』, 제4부, 1장, p. 122.

**320** 『사회계약론』, 제2부, 1장, p. 57.

**321** 『사회계약론』, 제1부, 6장, p. 50; 제2부, 4장, p. 62.

**322** 김용민, 2004, p. 129; 2007, p. 392.

· 도덕철학의 중심에 놓음으로써 일반의지의 새로운 역사를 만들었다는 것이다. 그러나 루소의 일반의지는 모든 인류에게 보편적으로 적용되는 것은 아니라는 한계를 갖는다. 이는 공동체를 지도하는 최고 원리이기는 하지만, "다른 정치 공동체와 구별되는 경계가 있는 하나의 정치 공동체의 시민에게 일반적으로 적용"될 뿐, 국가 사이의 질서를 규율하는 것을 목적으로 하는 개념은 아니다.[324]

또한 루소는 개인이 가지고 있는 물리적인 힘이나 강자의 무력이 정치적 질서나 정치적 권위의 근거가 아니라, 일반의지의 지도를 받아 모든 성원들이 합의하여 체결하는 사회계약에서 도출되는 시민적 권리[325]가 정치적 질서와 권위 및 국가권력의 정당한 근거가 된다고 본다.[326] 그는 『사회계약론』 집필의 목적은 개인의 권리와 이익의 조화, 그리고 사회적인 정의와 유용성의 결합을 통해 시민적 질서가 정당성을 얻게 되는 과정을 탐구하는 것이라고 밝히고 있는데,[327] 그러한 질서의 정당성은 힘이나 무력에서 나오는 것이 아니라 사회계약을 통한 힘의 결집과 이로부터 도출되는 시민적 권리에서 나오는 것이라는 주장이 루소의 논지이다.

일반적으로 루소는 『학문예술론』을 통해 학문과 예술을 비롯한 문명의

---

**323** Shklar, J. N. (1973). General will. In P. P. Wiener (Ed.), *Dictionary of the History of Ideas*, Vol. 2. New York: Charles Scriber's Son. p. 275. (김용민, 2007, p. 393에서 재인용)

**324** 김용민, 2007, p. 393.

**325** 루소는 『사회계약론』, 제1부, 9장(pp. 54~56)에서 "재산권"에 관해 논의하면서, 사회계약은 자연상태에서 아무런 보호도 받지 못하는 단순한 선취권에 대해 합법적이고 정당한 재산권을 설정하여 보호해준다고 진술하여, 사회계약만이 합법적이고 정당한 권리 도출의 근거임을 주장하고 있다.

**326** 『사회계약론』, 제1부, 1장, p. 41; 4장, pp. 44~48; 6장, pp. 49~51.

**327** 『사회계약론』, 제1부, 서문, p. 41.

발전이 인류의 진보를 가져온다는 계몽주의자들을 공격하고, 『신엘로이즈』에서 계몽사상의 합리주의에 맞서 낭만적 감수성과 자연을 예찬한 "낭만주의자"였고, 『인간불평등기원론』과 『에밀』에서 자연상태의 평등성과 평화를 동경하여 자연복귀론을 제창한 "자연주의자"였으며, 『에밀』과 『사회계약론』에서 인간의 자유의지를 드높여 자유의 가치를 절대화한 "자유주의자"였을 뿐만 아니라, 모든 저술, 특히 『사회계약론』에서 개체로서의 개인을 사회 형성의 주체로 설정함으로써 개인과 사회 또는 국가 중에서 개인을 더 중시한 "개인주의자"이기도 하다는 평가를 받아온 사상가이다. 특별히 『사회계약론』은 프랑스혁명의 이론적 기초를 제공한 저술이라는 평가를 받아, 프랑스혁명이 마무리되어가던 1794년에 다른 곳에 묻혀 있던 그의 시신이 파리의 팡테옹 신전으로 이장되는 영광을 사후의 루소에게 안겨주기도 하였다.

그러나 루소는 "사상의 독자성, 철학적 성찰의 능력 그리고 판단의 성숙성"에 있어서 홉스나 로크에 필적하지 못했고, "기실 고전적 관념(자연법의 관념은 고전적이라고 불릴 수 있다)의 그물에 사로잡힌 낭만주의자로서, 비록 그 의상을 걸치고 나타났지만 그것을 신봉하지는 않았으며", "실제로 루소의 가르침이 프랑스혁명에 미친 영향은 일반적으로 생각되어온 것보다 훨씬 적었다"는 비판을 받기도 한다. 그의 철학은 혁명이 발발한 1789년의 개인주의적인 프랑스보다는 그 20~30년 후에 전체주의적 민족국가의 이상화에 몰두했던 독일에 더 적합하였다는 것이다.[328]

사실 루소의 저술에는 곳곳에서 서로 반대되는 논리가 많이 눈에 띈다. 그는 『인간불평등기원론』에서 인간이 갖추고 있는 완성가능성의 근거인 이성이 인간을 타락시키고 불평등한 상태로 이끄는 모든 불행의

---

**328** Barker, 1962/1995, pp. 38~43.

원천이라고 지적하고 있지만,[329] 『사회계약론』에서는 이성을 사회계약의 근거로서 "어리석고 유한한 일개 동물을 지성적인 존재, 그리고 한 인간으로 만들어주는 원동력"[330]이라고 높이 평가하고 있어서,[331] 논리적인 모순을 보여준다. 루소가 이성보다 감성을 중시한 것은 『학문예술론』과 『신엘로이즈』 및 『인간불평등기원론』 등에서 뿐이고, 『에밀』의 후반부와 특히 『사회계약론』에서는 감성보다 이성을 중시하고 있다. 그러므로 루소를 일반적으로 인정되는 대로 낭만주의의 선구자로 보는 데에는 상당한 문제점이 있다.

뿐만 아니라 루소는 자연을 예찬한 자연주의자라는 찬사와 자유의 절대화를 부르짖은 자유주의자라는 찬사를 받지만, 곳곳에서 반대의 논리를 전개하여 자연상태보다 사회계약 이후의 사회상태를 예찬하는 상반된 모습을 보이기도 한다. 그가 일관적으로 자연을 예찬하는 것은 『인간불평등기원론』에서 뿐이고, 『사회계약론』에서는 이 두 견해가 뒤섞여 나오거나 오히려 사회계약 이후의 사회상태를 예찬하는 주장을 편다. 예를 들면, 『사회계약론』의 서두에서 "인간은 자유롭게 태어나지만, 도처에서 사슬에 매여 있다"[332]고 하여 자연상태를 동경하거나 자연적 자유를 예찬하지만,[333] 사회계약은 "단지 욕망만을 따르고 개인적 힘의 한계 안에서만 작용하는 자연적 자유"를 "일반의지에 의한 힘의 총화를 기반으로 작용하는 시민적 자유"로 격상시키고, 심지어는 "스스로의

329 『인간불평등기원론』, 제1부, pp. 224~240.

330 『사회계약론』, 제1부, 8장, p. 288.

331 『사회계약론』, 제1부, 2장, p. 41; 8장, pp. 53~54; 제2부, 6장, pp. 66~68.

332 『사회계약론』, 제1부, 1장, p. 41.

333 루소의 자연적 자유에 대한 최대의 예찬은 『사회계약론』, 제1부, 4장, p. 45에 나오듯이, "자유의 포기는 인간으로서의 자격과 권리 및 의무 그리고 도덕성을 완전히 빼앗는 것"이어서, "인간의 본성에 어긋난다"는 지적이다.

진정한 주인이 되게 하는 도덕적 자유"로 승화시키기까지 하므로, 인간은 "자연상태로부터 시민상태로 이행한 [……] 이 행복한 순간을 길이 축복해야만 한다"[334]는 진술에 이르면, 사회상태에 대한 극단적인 예찬을 발견하게 된다. 이러한 예들에서 루소가 "국가를 원시적인 상태로부터 인간을 점진적으로 끌어올리는 진보적인 기제로 본다"는 사실, 그리고 그가 "자연에 대한 감상주의자가 아니라 정치적 사회를 신봉하는 엄격한 합리주의자"라는 사실이 드러나고 있다.[335]

또한 루소는 일반적으로 인정되고 있듯이 민주정의 옹호자라고 볼 수만은 없는 한계를 스스로 설정하고 있다. 그가 말하는 민주정은 "국민 모두가 쉽사리 한곳에 집합할 수 있고, 쉽게 서로를 잘 알 수 있는 아주 작은 국가를 전제"로 하고 있으며,[336] "입법권은 오직 국민 전체로서의 주권자에게만 있는 권리"[337]로서 대표자에게 위임될 수 없는 배타적인 권리로 설정되고 있어서,[338] 고대 아테네에서와 같은 직접민주주의를 의미하고 있다. "주권자는 입법권만을 가지고 있기 때문에 오직 법에 따라서만 작동할 수 있으며, 법은 오로지 일반의지의 행사에 불과하기 때문에 주권자는 모든 인민이 집회하였을 때에만 그 권한을 발휘할

---

334 『사회계약론』, 제1부, 8장, pp. 53~54.

335 Barker, 1962/1995, pp. 43~44.

336 『사회계약론』, 제3부, 4장, pp. 90~92.

337 『사회계약론』, 제3부, 1장, p. 82.

338 이러한 논의는 『사회계약론』, 제3부, 15장(pp. 113~116)에서 자세히 다루어지고 있다: "주권은 양도될 수 없는 것과 똑같은 논리에서 대변될 수 없다. 주권은 본질적으로 일반의지에 속하는데, 이는 결코 다른 사람이나 대표자에 의해 대변되어질 수 없는 것이다. 일반의지란 그 자체이든지 아니면 별개의 것이지, 그 중간은 있을 수 없다. 그러므로 대의원은 인민의 대표자가 아니며, 대표자가 될 수도 없다. 그들은 인민의 사용인에 불과하며, 따라서 무슨 일이든지 최종적으로 결정할 수는 없는 일이다. 인민이 개인적으로 직접 승인하지 않은 법률은 무효이며, 결코 법률이라고 할 수 없다"(p. 114).

수 있다"[339]고 진술하여, 루소는 주권 행사의 한계를 직접민주주의에 한정하고 있다. 그러므로 주권의 행사를 위해서는 "누구도 폐지하거나 연기할 수 없는 고정된 정기집회가 있어야 한다. 즉 인민들이 어떤 공식적인 소집 절차가 없이도 정해진 날에 합법적으로 모일 수 있는 정기집회가 있어야 한다"[340]는 것이다. 그러나 이것이 현실적으로 가능한가? 루소는 민주정은 작은 나라에서만 가능한 체제라고 주장하여[341] 이 문제를 회피하고 있다. 이렇게 민주정의 현실성을 외면함으로써 루소는 (장차 서구 정치사에 출현할) '의회민주주의'를 부정하는 셈이 되었다.

게다가 루소는 민주정 · 귀족정 · 군주정 가운데 "군주정이 가장 일반적(common)인 것"[342]으로서, 이는 "인민의 의지, 군주의 의지, 국가의 공권력(public force), 그리고 정부의 특수한 힘(particular force) 등 모든 것이 동일한 원동자(原動者)인 군주에 따라 움직일 뿐만 아니라, 모든 국가기관이 동일인(同一人)의 손에 장악되어 있어서, 전체가 같은 목적을 위해 지향하고, 거기서 서로 마찰을 일으키는 운동의 충돌이란 있을 수 없다"면서, "그러기에 군주정보다 더 적은 노력으로 더 많은 활동력을 발휘할 수 있는 정체(政體)를 생각할 수 없다"고 진술하여,[343] 군주제를 찬양하고 있다. 물론 군주정은 절대군주가 되고자 하는 군주 자신의 욕망, 군주의 측근 관리들이 무능력자와 아첨꾼 등 소인배로 채워질 가능성, 군주의 계승이 중단되기 쉽다는 점, 그리고 군주와 그 통치를 미화하려는 허위 선전 등의 약점을 갖고 있지만,[344] "군주정은 의문의 여지없이 가장 강력한

---

339 『사회계약론』, 제3부, 12장, p. 110.

340 『사회계약론』, 제3부, 13장, p. 111.

341 『사회계약론』, 제3부, 3장, p. 90; 8장, p. 101.

342 『사회계약론』, 제3부, 3장, p. 89.

343 『사회계약론』, 제3부, 6장, pp. 94~95.

정부이고, 일반의지에 적합한 정부의 의지만 있으면 최선의 정부가 될 수 있기 때문에, 다른 어떤 것보다 확실히 가장 바람직한(preferable) 정부형태"[345]라고 치켜세운다. 이러한 맥락에서 보면 루소는 "민주주의(그것도 직접민주주의)를 옹호하는 것처럼 보이지만", 사실은 군주제를 완전히 부정한 것은 아니라는 비판을 받기도 한다.[346] 그러나 루소에게 있어서 군주정은 행정권이 전적으로 1인에게 귀속된 것일 뿐, 입법권은 항상 주권자로서의 인민 일반에게 속한다[347]는 점에서 그를 일방적으로 군주제의 옹호자라고 몰아가는 견해에는 그 자체 많은 논란이 있을 수 있다.

끝으로 지적할 것은 루소의 논리 전개의 양면성과 모호성에 대해서이다. 루소에게서는 "아이들이 들어도 좋은 유일한 버릇은 어떤 버릇도 들이지 않는 것"[348]이라거나, "인간은 자유롭게 태어나지만, 도처에서 사슬에 매여 있다"[349]거나, "사회계약을 통해 각 개인은 전체와 결합되지만, 자기 자신에게만 복종하고 이전과 마찬가지로 자유로울 수 있는 그런 연합의 형태를 발견하게 된다"[350]거나, "각자는 자신을 전체에 양도함으로써 결국은 아무에게도 양도하지 않는다"[351]거나, "일반의지에 대한 복종의 강요는 결국 각 구성원으로 하여금 '자유롭게 되도록 강요'하는 것에 불과하다"[352] 등의 역설이 자주 발견된다. 이러한 역설 가운데 어느

---

**344** 『사회계약론』, 제3부, 6장, pp. 95~98.
**345** 『사회계약론』, 제3부, 6장, p. 98.
**346** Barker, 1962/1995, pp. 44~50.
**347** 『사회계약론』, 제3부, 1장, p. 82.
**348** 『에밀』, 제1부, p. 109.
**349** 『사회계약론』, 제1부, 1장, p. 41.
**350** 『사회계약론』, 제1부, 6장, pp. 49~50.
**351** 『사회계약론』, 제1부, 6장, p. 50.
**352** 『사회계약론』, 제1부, 7장, p. 53.

것은 단순한 수사(修辭)로 생각될 수도 있지만, 그 자체 안에 논리적인 모순을 포함하는 것도 많다. 따라서 이러한 역설들은 경우에 따라서는 이렇게 해석될 수도 있고, 또 저렇게 해석될 수도 있는 "양날의 칼"로 작용할 수도 있다.[353] 그렇게 되면 "좌파든 우파든 루소에게서 각자가 좋아하는 논리를 발견할 수 있다. 발견하기 어려운 유일한 교리는 중도의 교리"[354]일 뿐이다. 아마도 이러한 문제점들은 루소가 엄격한 논리적 사고 훈련을 거친 철학자가 아니라, 체계적인 교육을 전혀 받지 못한 문필가였다는 사실에서 그 원인을 찾을 수 있을 것이다.

---

353 Barker, 1962/1995, pp. 44~47.

354 Barker, 1962/1995, p. 51.

# 제5장

# 홉스·로크·루소의 사회계약론 비교 및 종합[1]

1 이 장의 내용은 선기필자의 최신 책 중 해당 내용(조긍호, 2012, pp. 418~441)을 약간 수정하여 옮겨 실었다.

이상에서 17세기와 18세기에 활동했던 자유주의자들인 홉스 · 로크 · 루소의 사회계약론의 대강을 살펴보았다. 이들은 모두 출신 지역(홉스와 로크는 영국; 루소는 프랑스)과 시대적 배경(홉스는 17세기 초 · 중반의 영국 청교도혁명과 왕정복고 시기; 로크는 17세기 중 · 후반의 영국 청교도혁명과 명예혁명 시기; 루소는 18세기 중반의 프랑스 앙시앙 레짐과 프랑스혁명의 기운이 무르익던 시기), 출신 배경(홉스는 가난하고 무식한 성직자의 아들; 로크는 젠트리 계층의 부유한 법률가의 아들; 루소는 가난하고 격정적인 시계공의 아들), 학문 배경(홉스와 로크는 옥스퍼드 출신의 철학자; 루소는 정상적인 교육을 전혀 받지 못한 문필가) 및 후원자(홉스와 로크는 부유한 정치가인 귀족의 비서; 루소는 몇몇 귀부인의 도움 이외에 아무런 후원자가 없었음) 등에서 커다란 차이가 있었다. 그러나 그럼에도 불구하고 그들은 17~18세기의 시대정신이었던 자유주의와 개인주의를 온몸으로 구현한 사상가들로서, 사회계약론이라는 독창적인 정치 · 사회이론을 제시하고 발전시킨 사람이라는 공통점을 가지고 있다.[2]

일반적으로 사회계약론은 "그 관념이 정치적 삶의 해석에 있어서 유기적이 아니라 기계적이고, 정치적 의무의 정당화에 있어서 윤리적이 아니라 법률적이며, 정치적 사회와 정치적 권위의 설명에 있어서 역사적이 아니라 선험적"이라는 비판을 받는데, "그러한 비판은 나름대로의 정당성을 가지고 있다."[3] 이러한 비판자들의 말처럼 사회계약론이 기계적이고 법률적이며 선험적인 것일 수도 있지만, "그럼에도 불구하고 사회계약론은 인간의 마음이 항상 신봉하고 있는 두 가지의 근본적인 관념이나 가치를 표현하는 방식이었다. 두 가지의 가치란 자유의 가치, 곧 '힘'(force)이 아니라 '의지'(will)가 통치의 기초가 된다는 관념과 정의의 가치, 곧 '무력'(might)이 아니라 '정당함'[또는 '권리'](right)가 모든 정치사회와 정치질서의 기초가 된다는 관념을 말한다."[4] 홉스나 로크 및 루소의 사회계약론은 모두 사회질서와 평화 또는 국가권력의 정당성을 신의 의지 또는 개인이 보유하고 있는 힘이나 무력에서 찾으려고 하지 않고, 개인의 자유의지에 따른 자발적인 합의와 이에서 도출되는 권리에서 찾고자 하는 이론체계인 것이다.

이들은 국가권력의 근거와 정당성을 신의 의지와 명령에서 찾으려는

2 이들의 이론 사이에는 차이도 많이 발견된다. 특히 루소에게서는 공화주의적 면모가 강하게 발견된다는 사실이 홉스 및 로크와 다른 독특성이다. 공화주의는 공동선 추구와 국가를 그 자체로 중시하고 시민의 덕성과 정치참여 및 애국심을 긍정적으로 평가하는 이념이다. 이에 비해 자유주의는 개인의 자기이익 추구의 자유를 강조하고 정치참여에 소극적이라는 점, 아울러 국가를 경계하고 국가로부터의 개인의 자유를 주장한다는 점에서 공화주의와 대비된다. 홉스와 로크가 소극적 자유, 비정치적 자유를 옹호하고 있다면, 루소는 적극적 자유, 공적인 자유를 강조하는 경향을 띤다는 점에서 루소는 공화주의자이다. 그러나 개인을 자유의지의 주체로 여겨 자유를 인간의 가장 중핵적인 가치로 내세운다는 점에서 루소는 홉스 및 로크처럼 자유주의자로서의 면모를 겸비하고 있다.

3 Barker, 1962/1995, p. 11. 예를 들면, 흄(David Hume)은 사회계약론은 역사적 사실에 근거를 두지 않고 선험적인 추론에 근거를 두고 있는 문제점을 지니고 있다고 주장한다(Barker, 1962/1995, pp. 53~57 참조). 이에 대해서는 이 책의 결론인 제6장에서 논할 것이다.

4 Barker, 1962/1995, p. 12.

왕권신수론(王權神授論)이나 사회와 국가는 인간의 사회적 본성에 따라 자연스럽게 형성되는 것이라고 보는 아리스토텔레스 등의 자연국가론(自然國家論)과는 달리, 이기적인 개인들의 자유의지에 따른 합리적 선택과 합의를 통해 사회와 국가가 설립되며, 바로 이러한 인위적인 선택과 계약에서 국가권력의 근거와 정당성을 찾으려는 인위적 국가론(人爲的國家論)을 제시하고 있다.

이들 사회계약론자들은 아무런 인위적 강제력이 존재하기 이전의 자연상태를 가정하여 자신들의 논리 전개의 기초로 삼고 있다. 이러한 자연상태는 본질적으로(홉스의 경우) 또는 여러 가지 한계나(로크의 경우) 자연스러운 진화의 결과로(루소의 경우) 인해 자연인의 삶의 목적을 실현하기 어려운 상태라는 것이 그들의 논리적인 귀결이다. 그리하여 자연상태의 사람들은 자유의지와 합리적 선택에 따라 자기들의 생명과 재산을 보전하고 평화를 이루기 위한 체제를 만들기로 하는 계약을 체결하게 된다고 그들은 추론한다. 이러한 계약은 자연상태에서 자연인들이 누리던 자기 자신의 인신과 소유물에 대한 권리를 새로 형성되는 국가공동체에 일정 부분 또는 전적으로 양도하는 것을 핵심 내용으로 한다. 국가권력은 성원들 모두의 동의에 의한 이러한 사회계약을 통해 탄생되는 것이고, 따라서 자유의지에 따라 합의한 계약자 모두를 지배하는 정당성을 확보하게 된다는 것이 이들 사회계약론자들의 주장의 요체인 것이다.

그러므로 이들이 제시하는 사회계약론은 공통적으로 자연인, 곧 인간은 어떠한 특성을 가지고 있는 존재인가 하는 자연인의 본성에 관한 논의, 아무런 인위적인 강제가 가해지기 이전 상태에서의 인간 삶의 모습에 관한 자연상태의 특징에 관한 논의, 자연상태를 벗어나 시민상태로 이행하는 과정에서 체결하는 사회계약의 과정과 내용에 관한 논의, 그리고 계약에 의해 창출되는 국가권력의 내용과 구조에 관한 논의라는 기본틀을 갖추고 있다.

## 1. 자연인의 본성: 이기적 욕구와 자유의지 및 합리적 이성의 주체

홉스는 인간행위의 모든 원천을 신의 의지와 속성으로부터 추론해내는 기독교와의 단절을 통해 인간중심주의를 부르짖고, 또한 실재론을 전개하는 아리스토텔레스와의 단절을 통해 역동적 물질주의를 부르짖으면서, 인간의 본성을 철저하게 개체로서의 개인의 자발적인 운동에서 찾으려고 하였다. 로크는 경험주의와 자유주의의 관점에서 개인의 재산소유권을 중심으로 하여 인간의 본성을 추론해내었다. 루소는 낭만주의와 자연주의 및 공화주의가 결합된 자유주의의 관점에서 개인의 본성을 감성과 자유 그리고 이성을 축으로 하여 추론해내었다. 이들은 이렇게 그 사상적 배경이 서로 다름에도 불구하고 개인주의자와 자유주의자라는 공통점을 가지고 있다.

### 1) 홉스: 정념 · 이성 · 권력추구욕망

홉스는 대상에 접근하거나 회피하는 자발적 운동의 동인으로서의 "정념"(情念, passion), 적절하고 합리적인 수단의 강구 능력인 "이성", 그리고 자기보존 수단의 확보와 유지를 위한 "권력추구의 욕망"을 인간이 본유적으로 갖추고 있다고 본다. 이 중에서 정념은 자기에게 유리한 결과를 가져오는 대상을 추구하고, 자기에게 불리한 결과를 가져오는 대상을 회피하려는 욕구와 기도(企圖), 그리고 이러한 접근과 회피 행위의 성공과 실패로 인해 유발되는 감정을 포괄하는 개념으로, 인간의 모든 자발적인 운동의 동인으로 작용한다. 그러므로 이는 자기보존을 위한 이기적 욕구와 이를 달성하기 위한 자유의지를 포괄적으로 가리키는 것으로 볼 수 있다.

이성은 정념의 대상에 대한 접근과 회피 운동의 실제적이고도 합리적인 방안을 강구하고 선택적으로 실행하게 하는 도구적 · 전략적 기능을 담당한다. 이는 정념으로부터 비롯되는 대상에 접근하거나 회피하는 다양한 반응 중에서 자기에게 가장 유리한 것을 합리적으로 계산하여 선택하게 하는 계산능력을 핵심으로 한다.

홉스는 권력추구의 욕망 또는 의지가 인간에게 보편적으로 갖추어져 있다고 본다. 그가 말하는 권력이란 자기보전 수단의 범주에 포함되는 능력이나 힘 등 모든 것이 포괄된다. 이는 현재 자기에게 유리한 것을 확보할 수 있는 힘뿐만 아니라, 미래에 자기에게 이익이 될 것으로 보이는 것을 획득하기 위한 수단이기도 하다. 이런 점에서 권력추구의 욕망 또는 의지는 자기이익의 확보를 목적으로 하는 것이며, 자기이익을 지키기 위한 자유의지를 전제로 하는 것이다.

이렇게 홉스는 자연인의 본성을 자기보전을 위한 자기이익추구의 욕구, 자발적으로 자기보전을 도모하는 자유의지, 그리고 가능한 다양한 방법 중에서 자기에게 가장 유리한 방안을 계산해서 선택할 수 있게 하는 합리적 행동의 근거인 이성의 세 가지에서 찾고 있는 것으로 볼 수 있다.

#### 2) 로크: 재산추구의 욕구 · 자유의지 · 이성

로크의 인간 본성론에서 핵심적인 개념은 "자유"와 "이성"이다. 인간은 다른 동물과는 달리 자유의 주체이면서 동시에 이성의 주체라는 것이다.

자유의 주체로서 인간은 재산권의 보존을 핵심으로 하는 자연권의 보유자이고, 이성의 주체로서 인간은 자기의 재산권을 합리적으로 보호하는 수단인 자연법의 집행자라는 것이 로크의 관점이다.

여기서 로크에게 있어서 인간이 본유적으로 갖추고 있는 자유와 이성은 모두 재산의 추구와 보존에 집중되고 있다는 사실에 주목해야 한다. 로크가 말하는 재산은 개인의 생명(인신)과 소유물(자산) 그리고 자유를 통칭하는 개념이다. 즉 그는 그 누구의 것도 될 수 없는 개인의 인신, 인신(노동)을 투입하여 자연으로부터 얻어낸 모든 자산, 그리고 자신의 생명을 보전하고 자산을 늘리고자 하는 자유의지를 포괄하여 재산이라고 부르고 있는 것이다. 말하자면 로크가 말하는 "재산권"은 개인이 자기보전과 자기이익을 추구하는 자발적인 욕구를 기반으로 하는 셈이다.

이렇게 보면 로크도 홉스와 마찬가지로 자기보전과 자기이익추구의 욕구, 자발적으로 자기의 인신과 이익을 추구할 수 있는 자유의지, 그리고 스스로가 확보한 재산을 합리적으로 보호할 수 있는 능력인 이성의 세 가지에서 인간의 본성을 찾고 있는 것이다.

### 3) 루소: 자기보존욕구 · 동정심 · 자유의지 · 이성

루소는 인간이 자기보존의 이기적 욕구, 타인에 대한 연민과 동정심, 자유의 주체로서 갖는 자유의지, 그리고 인간의 완성가능성의 근거인 이성의 네 가지 본성을 가지는 것으로 보고 있다. 이 가운데 전자의 두 가지는 인간 존재의 감성적 측면으로부터 기원하는 것이다. 이 가운데 자기보존을 위한 이기적 욕구는 개인의 사적인 이익을 추구하는 "특수의지"를 낳는 인간행동의 제1동인이다. 자연상태 초기인 원시상태의 인간은 스스로의 생존과 개인적인 이익만을 고려하는 이러한 동물적인 욕구에 의해서만 생활한다는 것이 루소의 견해이다.

인간은 이러한 자기보전의 욕구 이외에 다른 사람의 처지에서 느끼는 연민과 동정심을 갖추고 있어서, 다른 사람과의 일체화를 이룰 수 있다는 것이 루소의 생각이다. 이렇게 타인에 대한 연민과 동정심은 인간을 사회적 존재로 만드는 원동력이다. 그는 만일 인간에게 자기보전의 욕구만이 있었다면 인간은 고립적인 존재가 되고 말았을 터이지만, 타인에의 연민과 동정심으로 인해 사회적인 존재가 될 수 있었다는 것이다. 그러므로 이는 공동의 이익을 추구하는 "일반의지"의 근거이며, 자연상태에서 시민상태로 이행하는 바탕으로 작용한다.

루소는 자유란 인간의 자격 그 자체로서, 인간으로서의 권리와 의무 및 도덕성의 근원으로, 모든 인간에게 본유적으로 갖추어져 있다고 본다. 그는 인간을 진실로 인간답게 하는 특성은 스스로가 갖추고 있는 자유의지에 대한 인식에 있다고 보아 자유를 절대화하고 있다. 이러한 자유는 사적인 이익의 추구, 곧 특수의지를 포기하고, 공동이익의 추구, 곧 일반의지를 따르기로 하는 사회계약의 바탕이 된다.

루소는 이러한 자유의지 이외에 인간은 자연상태에서 벗어나 시민상태로 이행함으로써 동물적인 존재로부터 탈피하여 사회적인 존재로 격상될 수 있는 "완성가능성"을 갖추고 있다고 본다. 이러한 인간의 완성가능성은 이성의 능력을 기반으로 한다는 것이 루소의 생각이다. 이러한 이성의 능력은 특수의지와 일반의지를 구분하고 일반의지가 참된 이익이 된다는 사실을 깨닫게 해주어 합리적으로 이를 따르게 함으로써, 어리석고 유한한 일개 동물에 불과하였던 인간을 지성적인 존재로 변모시킨다는 것이다.

#### 4) 사회계약론자들의 인간 본성론 종합

이상에서 보듯이, 홉스 · 로크 · 루소 같은 사회계약론자들은 공통적으로 인간을 자기보전과 자기이익을 추구하려는 욕구를 행동의 제1동인으로 하는 "욕구의 주체", 욕구의 추구를 자기결정에 따라 자율적으로 규제하는 "자유의 주체", 그리고 욕구의 추구를 합리적인 방법으로 하는 "이성의 주체"로 설정하고 있다. 평등하게 태어난 인간은 자유의지에 따라 자발적으로, 그리고 이성의 능력에 따라 합리적으로 자기보전과 자기이익을 추구하는 존재라는 것이 이들의 인간관의 요지이다. 즉 인간은 자율적이고도(자유의 주체) 합리적인(이성의 주체) 자기이익추구자(욕구의 주체)라는 것이다.

## 2. 자연상태: 목가적 이상상태 또는 전쟁상태

국가권력의 강제력이 작용하기 이전의 상태를 자연상태라고 하는데, 사회계약론자들은 이 상태는 자기보전이라는 목적을 실현하기에 적합한 상태가 아니라고 보고, 이로부터 사회계약의 필요성을 도출하는 근거로 삼고 있다. 이렇게 전반적인 틀은 서로 비슷하지만, 홉스 · 로크 · 루소는 이러한 자연상태에 대해 서로 다른 관점을 제시한다.

### 1) 홉스: 전쟁상태로서의 자연상태

홉스의 자연상태론은 인간의 이기적 정념에 근거한 논리적 가설일 뿐, 역사적 사실에 근거를 두고 있는 것은 아니다. 그러나 홉스는 이러한 자연상태가 역사적인 근거를 가지고 있지는 않다고 하더라도, 국가 간의 대립이나 일상생활에서 문단속을 철저히 하려고 한다는 사실 등에 비추어 보면 현실 세계에서 이러한 자연상태의 모습을 발견할 수 있다는 점에서 경험적 근거를 가지고 있다고 주장한다.

죽음의 공포를 이겨내고 자기를 보존하고자 하는 욕구와 이러한 자기보존을 위한 수단으로서의 권력추구의 욕망이라는 정념이 자연인의 제반 행위의 근본적인 동인으로 작용한다는 것이 홉스의 정념론의 핵심이다. 그러나 인간의 삶의 장인 자연은 항상 한정적이고 제한적이어서, 사람들은 이러한 한정된 자원을 놓고 서로 경쟁하지 않을 수 없다. 게다가 자연상태에서 인간은 평등한 자유의 주체로서 각자가 자기의 이익을 무한정 추구하려는 자연권을 보유하고 있을 뿐만 아니라, 경쟁과 불신과 공명심으로 인해 끝없는 갈등의 상황에 놓이게 된다. 그러므로 자연상태에서는 "만인에 대한 만인의 전쟁"이 벌어져, 결과적으로 자연상태는 각자가 자기보존을 담보할 수 없는 살벌한 전쟁상태가 되고 만다는 것이다. 여기에서 바로 자기보존과 자기이익을 보장해줄 수 있는 방안으로서의 사회계약의 필요성이 도출된다는 것이 홉스의 논리이다.

### 2) 로크: 취약성을 갖는 목가적 이상상태

로크는 자신의 생존 당시의 아메리카가 놓여 있는 상황 및 정부 사이의 관계는 현실적으로 자연상태에 놓여 있는 것으로 보아야 한다는 점에서 자연상태론이 역사적 및 현실적인 근거를 가지고 있다고 본다. 그는 자유의 주체로서 인간은 자연상태에서 스스로 자기 자신과 그 재산을 자율적으로 처분하고 결정할 수 있는 완전한 자율성과 자결성을 누린다고 주장한다. 물론 이러한 자율성과 자결성은 개인의 인신과 재산을 보전하고 추구하는 이기적인 본성에서 비롯되는 것이다. 또한 인간은 평등하게 태어난 존재로서 자연상태에서 누구나 누리는 자율과 자결의 권한은 어느 누구에게나 동등한 완전한 평등성이 전제되고 있다고 로크는 주장한다. 자연상태에서 누리는 이러한 자유와 평등은 자연법의 테두리 안에서라는 한계를 갖는다는 것이 또한 로크의 주장이다. 이성의 주체로서 인간은 이성의 합리적인 규제를 스스로 선택하게 된다는 것이다.

그러나 로크에 따르면, 자연상태가 이렇게 자유와 평등이 보장되는 목가적인 이상상태이기만 한 것은 아니다. 각자가 자연법의 한계를 무시하고 자기에게 주어져 있는 자연권을 무한정으로 추구하여 자연법을 위반하게 되면, 평화가 깨어지고 전쟁상태가 빚어지게 된다는 것이 로크의 주장이다. 자연상태는 이러한 상황에서 개인 간의 이익갈등을 조정하기 위해 공통의 동의를 통해 확립된 법률, 공평무사한 재판관, 그리고 판결의 집행권력이 결여되어 있다는 "취약성"을 갖는다. 그러므로 자연상태는 전쟁상태로 이끌리기 쉬운데, 특히 화폐의 도입 이후 자연상태가 가지는 이러한 취약성에서 궁극적으로 사회계약의 필요성이 도출된다고 해석할 수 있다.

### 3) 루소: 평등의 평화상태에서 불평등의 전쟁상태로의 이행

루소는 "철학적 인류학"이라는 철학적 추론을 통해 자연상태에서의 인간의 진화 과정을 그려낸다. 그는 가설적 역사에 대한 이러한 추론을 통해 읽어낸 자연상태론은 자연 속에서 찾아낸 진리라고 주장한다. 즉 자연상태론은 철학적 추론에 근거하여 얻은 인류의 가설적 역사이지만, 사실적 근거를 가지고 있다는 것이다.

루소는 인류의 자연상태는 인간 정신의 진보에 따라 다섯 단계를 거쳐 진화해왔다고 주장한다. 곧 자연상태는 자연과 완전히 동화되어 고립된 생활을 하며 자기보존의 욕구에 의해 생활하는 원시상태(1단계), 자연을 대상화하여 파악하고 다른 동물과 인간의 차이를 인식하지만 아직 자기보존욕구에 의해 지배되는 고립된 생활을 영위하는 단계(2단계), 집이 발명되어 가족생활이 시작되는 황금시기(3단계), 농업기술과 야금술의 발달로 인해 사유재산이 생겨 불평등이 야기되는 단계(4단계), 그리고 화폐의 발명으로 인해 불평등이 심화됨으로써 사람들 사이에 투쟁이 만연되는 전쟁상태(5단계)의 다섯 단계를 거쳐 진화한다는 것이다. 여기서 제3단계까지는 평화와 평등이 지배하는 상태이지만, 제4단계부터는 불평등과 불화가 심화되는 상태이다.

이렇게 인류의 자연상태는 평화와 평등이 지배하는 이상적인 상태로부터 불화와 불평등이 지배하는 전쟁상태로 변화하였고, 이 최후의 자연상태, 곧 전쟁상태에서 사회계약의 필요성이 도출된다고 루소는 주장한다.

#### 4) 사회계약론자들의 자연상태론 종합

이상에서 보듯이, 홉스 · 로크 · 루소의 자연상태론은 겉보기에는 서로 매우 다른 양상을 보이고 있다. 홉스는 자연상태는 전쟁상태라고 한마디로 규정하고, 로크는 자연상태는 기본적으로 목가적인 평화상태이지만 그 자체가 가지고 있는 한계로 인해 전쟁상태로 변모되기 쉬운 취약성을 지니고 있는 상태로 그리고 있으며, 루소는 자연상태가 평화와 평등의 상태로부터 불화와 불평등이 심화되는 전쟁상태로 변화하게 된다고 본다. 여기서 루소의 자연상태론은 어느 정도 로크와 홉스의 이론을 결합한 형태를 띠고 있음을 주목할 필요가 있다. 즉 루소의 이론에 따르면, 홉스는 인류 정신 진화의 말기 상태에만 초점을 맞추고 있고, 로크는 초기 상태에 초점을 맞추어 자연상태론을 전개하고 있다고 볼 수 있는 것이다.

홉스와 로크와 루소의 자연상태론이 이렇게 서로 다르기는 하지만, 여기서 눈여겨보아야 할 것은 세 사람 모두 사회계약 직전의 상황을 혼란이 극에 달한 전쟁상태로 개념화하고 있다는 사실이다. 이러한 혼란은 모두 자연상태에서 인간은 본유적으로 갖추고 있는 자연적 자유에만 의존하여 자기보존과 자기이익만을 추구하기 때문에 발생하는 것이다. 즉 사회계약론자들은 모두 자연상태는 인간의 본성 가운데 아직 이성의 기능이 작용하지 않거나 온전히 효력을 발휘하기 이전의 상태라고 가정하고, 오직 자연적 자유와 자기이익추구의 욕구만이 작용하고 있는 상태라고 보는 것이다. 그리하여 자연상태에서는 결과적으로 혼란의 상황이 연출되고, 이러한 혼란은 개인의 자기보전이나 자기이익을 보장하기 어렵게 만들므로, 따라서 사람들은 이러한 혼란을 잠재움으로써 자기의 생명과 재산 그리고 이익을 보장해줄 수 있는 방안을 희구하게 된다는 것이다.

## 3. 사회계약: 자기이익추구를 위한 공정성의 협약

자기보전과 자기이익의 확보를 어렵게 하는 자연상태에서 벗어나 이를 보장해주는 유일한 방안은, 성원들이 합의하여 혼란을 제거하고 각 개인을 보호해줄 수 있는 공통의 권력을 가지는 국가를 형성하기로 하는 사회계약을 맺는 방법밖에 없다는 것이 사회계약론자들의 주장이다. 이러한 사회계약은 자연상태에서 각 개인이 누리고 있던 자연권(홉스의 경우), 자연법 집행권(로크의 경우), 또는 자신의 인신과 소유물 및 이에 대한 모든 권리와 힘(루소의 경우)을 계약에 의해 설립되는 공동체, 곧 국가에 상호 동등하게 전적으로 양도하는 것을 골자로 한다.

이렇게 홉스와 로크와 루소가 공동체에 양도하는 내용을 다르게 개념화하는 것은 삼자가 평화를 깨뜨리고 개인 간에 갈등과 불평등을 유발하는 요인을 달리 보기 때문이다. 홉스는 자연상태에서 각자가 가지는 자기보존과 자기이익을 무제한적으로 추구하는 권리인 자연권이 혼란의 주범이라고 본다. 그러므로 그는 자연권의 상호 동등한 양도를 계약 조건으로 내세운다. 로크는 자연법의 규제를 받는 자유로운 자기이익추구의 권리, 곧 자연권이 갈등과 혼란의 주범이 아니라, 이성의 주체로서 개인이 갖는 자연법 위반자를 처벌하고 그로부터 받은 손해를 배상받으려고 하는 자연법 집행권이 혼란과 갈등을 야기하는 근원이라고 본다. 그러므로 그는 자연법 집행권의 양도를 사회계약의 내용으로 강조한다. 이에 비해 루소는 각자가 자연상태에서 가지는 자기 인신과 이를 통해 얻은 소유물 및 이에 관한 권리가 혼란과 갈등의 원천이라고 보므로, 사회계약은 이를 전적으로 양도하고 오로지 공동이익만을 추구하기로, 곧 일반의지를 따르기로 하는 것을 내용으로 하게 된다고 주장한다.

### 1) 홉스: 자기이익추구 권리(자연권)의 상호 동등한 양도

홉스는 만인에 대한 만인의 전쟁에서 오는 혼란으로부터 스스로를 지키고 평화를 유지하기 위한 규범이 이성 주체인 인간에게 갖추어져 있다고 보고, 이를 자연법이라고 부른다. 그는 이러한 자연법을 지키려는 자발적인 의지에서 평화를 추구하는 사회계약을 체결하게 된다고 본다. 그는 모두 19가지의 자연법을 제시하고 있는데, 이들은 모두 인간 이성의 산물로 혼란의 전쟁상태를 끝내고 평화를 유지하기 위한 규약들이다. 이러한 자연법이 이성의 산물이라면, 홉스에게 있어서 이러한 자연법을 따르기로 하는 사회계약은 인간이 가진 이성의 능력에 근원을 두고 있는 것이 된다.

제반 자연법 중에서 가장 중요한 것은 평화 추구의 의무를 규정한 제1자연법과 그러기 위해 자연권의 상호 동등한 양도를 규정한 제2자연법, 그리고 자연권을 양도하기로 한 신의계약의 준수 의무를 규정한 제3자연법이다. 그 외의 자연법들은 평화를 유지하기 위한 생활태도, 자원 교환 및 분배의 공정성 및 갈등의 공정한 해결 방안에 대해 규정하고 있다. 곧 홉스에게 있어서 사회계약은 평화를 위한 협정이라고 볼 수 있는데, 이러한 평화협정을 맺는 근본 목적은 자기보전과 자기이익의 안정적 확보에 있다.

홉스가 제시하는 19가지의 자연법 가운데서 핵심은 역시 모든 자연권의 양도를 규정한 제2자연법이다. 그러나 이에는 한 가지 유보 조건이 따른다는 것이 홉스의 생각이다. 그는 제2자연법에 따라 자기이익추구를 위한 자연권은 모두 양도될 수 있지만, 그 중에서 생명의 위협에 저항할 권리와 생명보존의 수단들을 안전하게 확보할 권리 같은 "생명권"은 결코 양도될 수 없는 것이라고 선언한다. 이는 자기보존을 위한 핵심적인 권리이기 때문이다. 그러므로 홉스에게 있어서 계약을 통해 양도되는 권리 중에 생명권은 제외된다.

이렇게 생명권을 제외한 모든 "자연권의 상호 동등한 양도"를 위한 계약은 성원들 모두의 자발적 합의를 전제로 한다는 것이 홉스의 주장이다. 성원들이 자발적으로 동의하지 않으면 계약 당사자들이 합의하여 만들어내는 강제력의 체계, 곧 국가권력이 정당성을 상실하게 되기 때문이다.

**2) 로크: 자연법 집행권의 포기와 양도**

로크는 각자가 자신의 생명과 재산을 자율적으로 추구하는 자연권은 자연법의 테두리 안에서 향유된다는 한계를 지닌다고 본다. 각자가 이러한 자연권을 무제한으로 추구하여 자연법을 위반하게 되면 자기의 재산권이 침해되므로, 자연상태에서 각자는 이러한 자연법 위반자를 처벌하고 자기가 입은 손해에 대한 배상을 청구할 수 있는 권리, 곧 자연법 집행권을 갖는다는 것이 로크의 견해이다. 이러한 자연법 집행권을 각자가 가지고 있다는 데에서 혼란과 갈등이 유발되므로, 이를 포기하고 공동체의 수중에 양도함으로써 사회적 혼란에서 벗어나 "재산권"을 안전하게 향유할 수 있게 되는데, 이것이 바로 사회계약의 핵심이라는 것이 로크의 주장이다.

로크에게 있어서 자연법은 이성의 규율로서, 자유의 주체로서의 개인이 재산권, 곧 자연권을 추구하는 데 설정된 한계로서 작용한다. 즉 이는 각자의 재산권 추구의 합리적인 테두리를 설정함으로써 성원들 사이에 발생하게 될 갈등과 혼란을 방지하려는 목적을 갖는 것이다. 자연법 집행권의 포기와 양도도 결국은 갈등과 혼란을 방지하려는 것이다. 다만 이는 이미 발생된 갈등과 혼란을 방지하려는 목표가 더 크다는 차이가 있을 뿐이다. 그러므로 로크에게 있어서 "자연법 집행권의 양도"를 위한 계약도 인간이 본유하고 있는 이성의 능력에서 나오는 행위라고 볼 수 있다.

자연법의 집행권을 포기하고 양도하는 이러한 사회계약은 계약 당사자들의 자발적인 합의를 전제로 하여 이루어져야 한다는 것이 로크의 의견이다. 오직 이것만이 사회계약과 이에 의해 산출되는 국가권력에 정당성을 부여할 수 있기 때문이다.

### 3) 루소: 일반의지에의 복종과 자기 자신의 전적인 양도

루소는 자기 인신과 소유물을 보호하려는 의지와 힘, 곧 사적인 이익을 추구하려는 특수의지가 사회적 갈등과 혼란을 야기하는 원천이라고 본다. 그러므로 그는 오로지 공동의 이익만을 추구하고자 하는 일반의지의 지도에 따라 자기의 인신과 소유물 및 이를 추구하는 권리와 능력 등 모든 것을 전적으로 양도하여 공동의 힘을 형성하는 것이 사회계약의 핵심이라고 본다. 이러한 사회계약에 따라 일반의지에 복종하는 것만이 자기의 사적 이익을 보호하는 유일하고도 평화로운 길이 된다는 것이다. 공동의 이익은 사적인 이익을 구성하는 한 부분이기 때문이다.

개인의 사적인 이익을 추구하는 것(특수의지)보다 공동의 이익을 추구하는 것(일반의지)이 결과적으로 자기의 이익을 보전하는 길이 된다는 인식을 하는 데에는 인간의 완성가능성의 근거인 이성의 능력이 전제가 된다. 또한 이성은 사적인 특수의지들 가운데 공통적인 일반의지를 찾아내는 근거이기도 하다는 것이 루소의 생각이다. 그러므로 루소에게 있어서도 일반의지에 따르기로 하고 "개인의 인신과 소유물을 전적으로 사회체에 양도"하기로 하는 이러한 사회계약은 인간의 이성 능력에 근거를 두고 있는 것이다.

루소도 이러한 사회계약은 계약 당사자 모두의 자발적인 합의, 곧 만장일치를 통하여 체결되어야 한다고 주장한다. 자유의 주체로서의 개인을 공동체에 구속하기로 하는 결정은 오로지 자신의 전적인 동의만을 전제로 하기 때문이다. 모든 인간은 태어날 때부터 자기 자신의 주인이므로, 그 누구도 어떤 구실을 붙이든지 간에 그의 동의 없이는 그를 복종시킬 수 없다는 것이다.

### 4) 사회계약론자들의 사회계약의 내용과 자발성 종합

이와 같이 홉스 · 로크 · 루소 같은 사회계약론자들은 사회의 성원들은 사회에 혼란을 가져오는 원천, 곧 자기이익추구의 무제한적인 권리인 자연권이나 자연법 집행권 또는 개인의 인신이나 소유물에 대한 배타적 권리와 이를 추구하는 개인적인 힘을 계약의 결과 설립되는 공동체에 상호 동등하게 모두 양도하기로 하는 계약을 통해, 혼란과 갈등을 해소하고 사회에 평화를 정착시키고자 한다고 본다. 이러한 계약의 가장 근본적인 목적은 자기이익의 보장에 있다는 것이 이들의 공통적인 주장이다.

또한 이러한 사회계약은 인간의 이성 능력에 근원을 두고 이루어진다고 보는 점도 사회계약론자들의 공통점이다.

이러한 양도 계약은 성원 간에 쌍무적으로 이루어지는 것이고, 이를 준수할 의무를 모두에게 똑같이 지우는 공정성의 원리에 따라 이루어지는 것이다. 사회계약론자들은 인간을 자유의 주체로 개념화하고 있으므로, 이러한 계약은 성원 모두의 자발적인 동의를 전제로 한다는 공통성을 띠고 있다. 즉 성원 모두의 자발적인 동의만이 사회계약 그 자체와 이에 의해 설립되는 국가권력에 합법성과 정당성을 보증해준다는 것이다.

## 4. 국가권력: 분할불능성 또는 분할가능성

이상에서 보듯이, 홉스와 로크 및 루소는 자연인의 본성, 자연상태의 특징, 사회계약의 내용 등에 관해 대체로 유사한 이론을 제시하고 있다. 이러한 세 측면에 관한 그들의 이론들에는 차이점도 많지만, 그럼에도 불구하고 공통점을 찾아낼 수 있었으며, 이것이 이들 사회계약론자들의 주장의 공통성을 형성하는 것이었다. 그러나 사회계약에 의해 형성되는 국가권력의 내용과 그 구조에 관한 논의에서는 세 사람 사이에 공통점보다는 차이점이 더 많이 발견된다. 이것이 이들의 이론에 각각의 특이한 위치를 부여해주는 요인인 것이다.

### 1) 홉스: 국가권력의 절대성과 절대군주제의 옹호

홉스는 성원 간에 혼란한 투쟁이 빚어지는 자연상태에서는 개인의 안정적인 자기보전과 자기이익추구가 불가능하게 되므로, 자연법 위배자를 처벌할 수 있는 무소불위의 강제력을 가지는 인위적인 법적 인격인 리바이어던, 곧 국가를 설립하기로 하고, 이에 모든 개인의 자연권을 자발적으로 상호 동등하게 양도하기로 약정하는 것이 사회계약이라고 본다. 즉 사회계약의 가장 직접적인 결과는 모든 성원들을 법적으로 대표하는 인위적 인격인 국가가 형성되는 것이다. 이때 계약의 주체(본인)인 개인들은 자기들의 무제한적인 자연권을 결합하여 이 "인위적 인격"에게 양도하게 되는데, 이 모든 권력을 양도받는 인위적 인격, 곧 통치자를 주권자라고 하고, 그가 가지는 무소불위의 권력을 주권이라고 부른다는 것이 홉스의 생각이다.

이러한 주권은 그 생성 근거인 사회계약의 본질상 타인이나 다른 단체에 양도할 수도 없고 또 그 내용이 여러 가지로 나뉠 수도 없는 "불가분리성"과 "분할불능성"을 특징으로 한다. 즉 주권자로서의 통치자는 자신과 분리할 수도 없고 또 나누어 가질 수도 없는 절대권력을 가진다는 것이다. 홉스는 법적 인격인 국가를 인위적으로 형성하기로 하는 계약자인 인민 모두가 자기들의 자연권을 결합하여 이를 양도한 대리인, 곧 주권자의 수에 따라 통치의 형태는 민주정 · 귀족정 · 군주정으로 나뉘는데, 이 중에서 군주정이 가장 효율적이고도 편의적인 통치 형태라고 보아 군주정을 지지한다. 이렇게 주권은 절대성을 가지며, 이는 절대군주 한 사람에게 독점되는 권한이라는 것이 홉스의 주장인 것이다.

이것이 주권의 절대성과 "절대군주제"를 옹호하는 홉스의 논리인데, 이러한 절대군주제에 대한 옹호는 무신론자라는 비난과 함께 홉스에 대한 비판의 초점이 되고 있다. 홉스가 『리바이어던』을 출간한 1651년은 청교도혁명의 여파로 국왕 찰스 1세가 처형된(1649년) 바로 직후였을 뿐만 아니라, 크롬웰에 의한 독재(1642~1658)와 왕정복고(1660~1685)

및 명예혁명(1689)이 이어지던 불안정한 시대였는데, 대세는 이미 의회중심주의로 기울어져 있던 때였다. 이러한 상황에서 절대군주제를 옹호하는 논리를 들고 나왔으니 비판받는 것은 오히려 당연한 일이었던 것이다.

홉스에 따르면, 군주가 갖는 권력은 이렇게 절대적이기는 하지만, 이는 사회계약의 유보 조건과 국가의 설립 목적에 의해 제한될 수밖에 없다. 사회계약에 의해서도 개인의 생명권은 결코 양도한 바가 없으므로 아무리 절대군주라고 해도 개인의 생명에 위해를 가하는 명령을 내릴 수는 없으며, 인민이 이러한 명령에 복종할 의무는 없다는 것이 홉스의 주장이다. 또한 국가의 설립 목적은 개인의 안전과 사회의 평화를 보장하는 데 있으므로, 주권자의 권력은 이러한 한계 내에서 행사될 수밖에 없다고 홉스는 주장한다.

그러나 국가를 체결하기로 하는 신의계약의 체결 주체는 인민들이고, 주권자는 다만 위임받은 권한만을 행사하는 대리인일 뿐이어서, 계약의 주체들이 자기 생명을 위협하거나 자기이익 또는 사회의 안전과 평화에 위반되는 계약을 체결할 이유가 없고, 주권자인 군주도 자기에게 위임되지 않은 권한을 행사할 리도 없을 것이라고 홉스는 주장한다. 이러한 논리에서 홉스는 인민의 저항권은 인정하지 않는다. 그는 주권은 계약의 주체, 곧 본인으로서의 인민에게 있는 것이 아니라, 인위적이고 법적인 인격으로서의 대리인인 통치자(군주)에게 부여되어 있다고 가정하여 인민주권론을 부정하기 때문이다.

### 2) 로크: 국가권력의 분립성과 의회중심주의의 옹호

자연상태에서는 자연법의 집행권(자기의 자연권을 침해하는 자에 대한 처벌권과 그로부터 입은 손해에 대한 배상청구권)이 자연인 각자에게 주어져 있어서 불안정할 뿐만 아니라 타인에 의한 권리침해의 위험에 끊임없이 노출되어 있어서 개인의 재산(생명과 자유와 자산)을 보전하기 힘들게 되므로, 자연인들은 자발적 동의를 통해 각자가 가지고 있는 자연법 집행권을 포기하고, 이를 공통의 권력, 곧 공동체의 수중에 양도하기로 하는 계약을 맺음으로써 국가권력을 탄생시킨다는 것이 로크의 사회계약론의 골자이다. 이렇게 로크에게 있어서도 사회계약의 직접적인 결과는 국가권력의 설립이다.

이러한 국가권력은 공동체와 그 구성원들의 재산을 보전하기 위하여 국가의 힘을 사용하고 평화 위반자를 처벌할 수 있는 규범인 법률을 제정할 수 있는 "입법권", 이러한 법률을 집행하여 국가 사회를 평화롭게 유지하는 "집행권"(행정권), 그리고 국가를 외적의 침입으로부터 보호하고 안전하게 지키기 위해 외국과 강화하고 교섭할 수 있는 "연합권"으로 분할된다는 것이 로크의 의견이다. 그는 『통치론』 전체에서 주권 또는 주권자라는 용어를 한 번도 사용하고 있지 않지만, 주권의 분할불능성을 주장한 홉스와는 달리 국가권력의 "분할가능성"을 옹호하고 있는 것이다.

이러한 입법권이 누구의 수중에 있느냐에 따라 국가의 형태, 곧 정부의 형태가 달라진다. 입법권이 사회계약의 당사자 다수에게 장악되어 있으면 민주정이 되고, 소수에게 위임되어 있으면 과두정이 되며, 한 사람의 수중에 맡겨지면 군주정이 되는데, 국가 형태를 논하는 장에서 로크는 특별히 자신의 선호를 표현하지 않는다. 그러나 세 가지 정부 형태 중에서 군주정은 군주 한 사람이 입법권과 행정권을 독점하는 체제로서 권력분립을 주장하는 로크의 입장에 반할 것임은 분명하다. 로크의 국가권력론에서 확실한 사실은, 입법권 · 집행권 · 연합권의 세 가지 국가권력 중에서 그는 입법권이 최고의 권력이고 집행권과 연합권은 이에 부속되는 보조적인 권력이라고 보아, "의회중심주의"의 논지를 전개하고 있다는 점이다.

국가의 최고 권력인 입법권에도 기본적인 한계가 있다는 것이 로크의 생각이다. 그것은 국가 설립의 목적이 개인의 재산권의 보호에 있으므로, 모든 법률은 이에 맞게 제정되어야 한다는 한계이다. 그리고 행정부도 구성원들의 복지와 재산권의 안전한 보호라는 한계 내에서 자신들에게 위임된 집행권과 연합권을 행사해야 한다는 한계를 갖는다. 만일 행정부가 이러한 목적에 부응하지 못하거나 이러한 한계의 범위를 넘어서서 위임된 권력을 행사한다면, 인민은 그들 자신의 재산과 안전을 확보하기 위해 정치권력에 대항하여 그 위임을 철회할 수 있다고 로크는 주장한다. 로크가 주장하는 이러한 "인민의 저항권"은 폭정으로부터 벗어날 권리뿐만 아니라 그것을 예방할 권리까지 포함하며, 비폭력적인 시민 불복종에 국한되는 것이 아니라 무력을 통한 폭력적인 저항까지도 용인된다는 점에서, 인민의 적극적인 저항권을 인정하는 것이다. 이런 점에서 그는 비록 주권이라는 용어를 사용하고 있지는 않지만, "인민주권론자"라고 부를 수 있을 것이다.

### 3) 루소: 주권의 절대성과 공화제의 옹호

루소는 일정한 영토 안에 살고 있는 모든 사람들이 공동의 이익을 추구하는 일반의지의 지도에 따르기로 하고, 자기들이 자연상태에서 가지고 있는 스스로의 인신과 소유물 그리고 이에 대한 권리를 새로 형성되는 공적 인격인 정치체에 전적으로 양도하기로 하는 협약을 맺음으로써, 고립적인 자연인이 하나의 단체인 정치체에 소속되는 집합적인 시민으로 변모하게 되는 것이 바로 사회계약이라고 본다. 이렇게 루소에게 있어서도 사회계약의 직접적인 결과는 국가권력의 형성이다.

루소는 사회계약에 의해 설립되는 도덕적 인격인 국가는 스스로의 존립을 위해 모든 인민의 힘을 하나로 모아 동원하고 배치할 수 있는 절대권력을 가진다고 본다. 그는 국가가 형성되는 기반인 사회계약은 모든 사람의 자발적인 합의를 바탕으로 하므로, 인민 모두가 이러한 절대권력, 곧 주권의 담당자인 주권자라고 주장한다. 이렇게 루소는 주권자가 인민 전체라고 본다는 점에서 통치권력을 위임받은 통치자(군주)가 바로 주권자라는 홉스의 관점과 다르고, 주권의 관념에 대해 모호한 입장을 취하고 있는 로크와도 구분된다.

루소는 주권자가 가지는 권력은 절대적이고 신성불가침한 것이기는 하지만, 이는 일반적인 협약의 한계를 넘지도 또 넘을 수도 없다는 한계를 갖는다. 이는 국가 설립의 목적, 곧 개인의 인신과 소유물의 보호 및 공동선의 추구라는 한계 내에서만 작동되어야 하고, 일반의지에 따르기로 하는 계약이라는 한계, 곧 어떤 특수한 개인이나 집단에 대한 편파성에서 벗어나 모든 성원들에게 보편적(일반적)으로 적용되어야 한다는 한계를 갖는다. 정부의 법 집행이 이러한 한계를 넘을 때, 루소도 인민의 저항권을 인정하고 있다. 그러나 이는 정부의 주권 찬탈의 경우로 제한됨으로써, 다만 수사적인 권리에 그칠 가능성이 높다.

루소는 주권자인 인민 모두가 가지고 있는 절대권력, 곧 주권이 "양도불가성"과 "분할불능성"을 특징으로 한다고 본다. 이 점에서는 홉스와 유사하다고 볼 수 있다. 그런데 루소는 주권자가 가지는 양도할 수 없고 분할할 수도 없는 주권은 법률을 제정하는 입법권에만 한정되고, 주권자인 인민은 자기들이 제정한 법률을 집행하는 권한을 중간적인 단체, 곧 정부를 선정하여 위임해야 한다고 주장한다. 법률의 집행 행위는 특수한 상황에 적용하는 특수한 행위에 불과하므로, 일반적이고 보편적인 행위, 곧 일반의지에 따르는 행위라고 볼 수 없기 때문이라는 논리에서이다. 이렇게 루소는 주권자인 인민 전체에게 속하는 입법권과 이의 집행을 위해 선정되어 주권자의 위임에 따라 이를 집행하는 정부가 갖는 집행권을 구분하고 있다. 이런 측면에서 보면, 루소의 관점은 로크의 관점과 유사한 측면이 있다고 볼 수도 있다. 그러나 로크의 경우 권력의 분립이 비교적 수평적 성격이었다면, 루소의 경우에는 수직적 성격이 강하다고 할 수 있으며(루소에게 있어 입법권은 주권자에게 속하는 절대권력이지만, 집행권은 대리인에게 위임된 파생물에 불과하다), 루소에게 있어서 주권은 일반의지를 입법화하는 입법권에 국한되므로 이는 분할불능성을 전제로 한다는 점에서 로크의 국가권력론과는 근본적으로 다르다고 보아야 할 것이다.

루소는 주권자의 심부름꾼에 불과한 정부의 형태는 법률의 집행권을 담당한 사람의 수에 따라, 주권자 모두에게 위임되는 민주정, 소수에게 위임되는 귀족정, 그리고 한 사람에게 위임되는 군주정으로 나눌 수 있다고 보고 있다. 홉스와 로크도 정부 형태를 이 세 가지로 나누고 있는데, 홉스와 로크는 주권자의 수에 따른 분류이지만, 루소는 주권자의 고용인에 불과한 행정권/집행권의 담당자 수에 따른 분류이기 때문에, 루소의 관점은 홉스 및 로크와 근본적으로 다르다고 보아야 한다.

루소는 정부가 어떤 형태를 띠든지 간에 공동선을 추구하는 법에 의해 통치되는 정부를 공화정이라고 한다면서, 이를 가장 합법적인 정부 형태라고 보아 공화정을 옹호하고 있다. 그는 군주정도 일반의지, 곧 법에 따라 통치된다면 공화정이라고 볼 수 있다고 주장하는데, 법의 제정권, 곧 입법권은 다수 인민에게 있으므로, 그에게 있어서 법에 의한 통치(공화정)는 어떤 형태를 취하더라도(비록 군주정의 형태를 취하더라도), 곧 인민 모두에 의한 통치를 의미하는 것이다. 이러한 점에서 루소는 "공화주의자"라고 볼 수 있다.

#### 4) 사회계약론자들의 국가권력론 종합

이상에서 보듯이, 홉스 · 로크 · 루소가 제시하는 국가권력론 사이에는 국가권력이 사회계약의 결과 생성되는 것이라고 보아, 그 정당성을 계약을 맺는 모든 사람의 자발적인 합의에서 구하고 있다는 사실을 제외하고는 공통점보다는 차이점이 더 많다.

우선 홉스는 절대적인 권력인 주권은 계약을 통해 형성되는 법적 인격인 국가 자체에게 귀속된 것으로, 통치자가 곧 주권자라고 본다. 통치자인 주권자는 스스로와 분리할 수도 없고, 또 나눌 수도 없는 모든 국가권력을 독점한다는 것이다. 이에 비해 로크는 국가권력은 입법권과 행정권 및 연합권으로 분할되며, 이 중에서 최고의 권력인 입법권은 입법부에 속하고, 행정권과 연합권은 행정부에 속한다고 본다. 로크에게 있어서 입법권은 최고 권력이기는 하지만, 법률의 세부적인 지시가 없이도, 그리고 때로는 심지어 법률을 위반하면서까지 공공선을 위해서 재량에 따라 행동할 수 있는 권력인 대권(大權)이 행정부에 주어져 있다고 보는 등, 입법권과 독립적인 행정권의 독자적인 권위를 어느 정도 인정하고 있다. 루소는 양자를 절충하는 입장을 취하는데, 주권자인 인민 모두가 입법권을 가지며, 주권자의 대리인에 불과하여 독자성을 갖지 못하는 정부가 법의 집행권을 맡는다고 본다.

이 세 사람은 정부 형태를 민주정 · 귀족정(과두정) · 군주정으로 나눌 수 있다고 보는 공통점을 갖는다. 이는 권력 담당자의 수에 따라 달라진다. 그러나 어느 것이 가장 효율적인 정부 형태인지에 대해서는 서로 매우 다른 견해를 표명한다. 홉스는 군주정이 최선의 정부 형태라고 주장한다. 로크는 최고의 권력인 입법권을 가진 입법부가 가장 중요하다고 보아 의회중심주의(대의제 정부)의 논지를 전개하지만, 이 세 가지 정부 형태에 대한 자신의 선호를 드러내고 있지 않다. 이에 비해 루소는 법, 곧 일반의지에 의해 통치되는 공화정이 가장 합리적인 정부 형태라는 이론을 전개하고 있다. 그는 군주정도 법에 의해 통치되면 공화정이라고까지 주장하여 철저하게 인민주권론을 펴면서, 그러나 그럴지라도 군주정은 행정권이 1인에게 맡겨진 것일 뿐 군주에게 입법권이 있다고는 보지 않았다는 점에서 홉스 및 루소와 차이를 보인다.

국가권력은 개인의 안전 · 자유 · 생명 그리고 재산의 보호와 공공선의 실현이라는 목적에 맞게 운영되어야 한다는 한계를 설정하고 있는 점은 삼자가 공통적이다. 그러나 홉스는 국가권력에 대한 인민의 저항권을 인정하지 않고, 루소는 제한적으로 인정하고 있을 뿐인 데 반해, 로크는 인민의 적극적인 저항권을 인정하고 있다. 이러한 논의를 종합해볼 때, 홉스의 국가권력론은 전형적인 "절대군주론"으로, 로크의 이론은 입헌군주제의 성격을 어느 정도 띠는 "의회중심주의론"으로, 그리고 루소의 이론은 공화주의의 면모가 강한 "인민주권론"으로 특징지을 수 있을 것이다.

# 제6장

# 결론: 19세기 사회계약론의 쇠락과 20세기 사회계약론의 부활

지금까지 서구 근대 정치 · 사상사에 커다란 영향을 미친 사회계약론을 홉스와 로크 및 루소의 이론을 중심으로 하여 살펴보았다. 이를 위해 우선 제1장에서 17~18세기에 이들이 사회계약론을 제시하게 된 배경, 사회계약의 개념, 홉스 · 로크 · 루소 이전 학자들이 전개했던 사회계약에 관한 이론적 관점, 그리고 사회계약론이 이후의 정치 · 사상사에 기여한 공헌에 대해 고찰하였다. 그리고 제2장부터 제4장까지는 홉스 · 로크 · 루소의 사회계약론을 그들의 사상적 배경과 이론적 입장에 초점을 맞추어, 『리바이어던』(홉스) · 『통치론』(로크) 및 『인간불평등기원론』과 『사회계약론』(루소) 등 그들의 원전에 대한 분석을 통해 비교적 상세하게 논의하였다. 이어서 제5장에서는 이들 삼인의 사회계약론의 공통점과 상이점을 비교하여, 제2장부터 제4장까지의 내용을 종합적으로 정리해보았다. 이제 이 장에서는 19세기와 20세기에 전개된 사회계약론에 대한 여러 사회사상가들의 비판적 평가와 재해석을 통해 사회계약론의 현대적 위상을 고찰해봄으로써, 이 책의 결론으로 삼으려고 한다.

## 1. 근대 사회계약론에 대한 비판

서구에서 홉스·로크·루소에 의해 전개된 사회계약론은 영국의 명예혁명과 프랑스혁명 등 근대 시민혁명과 미국의 독립혁명을 사상적으로 추동하고 정당화함으로써, 서구 근대 정치사에서 심대한 영향을 미쳤다. 그러나 사회계약론은 그것이 제시된 이후 많은 이론적 비판에 직면했고, 19세기 후반 이후에는 사실상 그 이론적 영향력을 거의 상실하게 되었다. 18~19세기에 제기된 사회계약론에 대한 비판은, 크게 흄과 칸트로 대표되는 사회계약의 역사적 실재성에 대한 비판, 그리고 공동체에 선행하는 개인을 중심으로 한 계약론의 이론적 구성, 곧 방법론적 개인주의에 대한 헤겔과 마르크스의 비판으로 나누어진다.

### 1) 흄: 원초적 계약의 역사적 실재성에 대한 비판

먼저 사회계약의 역사적 실재성에 대한 비판을 레스노프와 바커가 정리한 내용을 중심으로 살펴보기로 하자. 홉스와 로크의 이전 시대에 전개된 중세와 근대 초의 사회계약론—로이텐바흐의 마네골드(Manegold of Lautenbach)에서 알투지우스에 이르기까지—에서는 통치자와 인민 사이의 통치계약을 특정한 역사적 사건—최초의 왕과 인민 사이의 원초적 계약—으로 상정했고, 그 이후 모든 통치자의 즉위식에서 서약에 의해 갱신되는 것으로 생각하였다. 그런 의미에서 최초의 계약은 이후의 계약에 대한 모델로 생각되었다. 그러나 홉스와 로크의 위대한 혁신은 계약의 갱신 필요성을 없애버리고, 원초적 계약에만 집중했다는 데 있다. 그런데 이러한 상황은 사회계약의 "역사성"이라는 심각한 문제를 제기한다.

그 문제는 두 가지 관점에서 생각할 수 있다. 첫째, 원초적 계약은 실제로 일어났는가? 만약 그렇다면, 우리들(서구인들)은 보통 원초적 계약에만 관심을 집중하고 있었던 셈인데, 계약의 당사자가 아닌 지금 살아 있는 사람들 역시 그 계약에 구속되는가? 만약 둘 중 어느 하나의 질문에 대해서든 그 답변이 부정적으로 나온다면, 정치적 권위나 정치적 의무는 어떻게 해서 계약에 근거한다고 말할 수 있는가?[1]

스코틀랜드의 철학자인 흄(David Hume, 1711~1776)은 그의 논문 "원초적 계약에 관하여"(Of the Original Contract)에서 이 두 가지 의문을 본격적으로 제기했다. "최초에 정부가 계약에 기초해서 수립되었는가?"라는 첫 번째 질문에 대한 흄의 답변은 인간의 자연적 평등과 정부가 주는 명백한 이득을 고려할 때, 최초의 정부가 피치자들 사이의 합의에 근거했음이 분명했다는 점에서 긍정적이었다.[2] "그렇다면 현재 인간의 정치적 의무는 이러한 원초적 계약에서 유래하는가?"라는 두 번째 문제에 대한 흄의 답변은 부정적이었다. "원초적 계약"은 "정부의 수천 번의 교체에 의해", 그리고 "오늘날의 거의 모든 정부는 찬탈 혹은 정복, 또는 이 양자에 의해서 수립"되었기 때문에, 이미 오래전에 망실되었거나 단절되었기 때문이라는 것이다.[3] 나아가 흄은 심지어 1688년의 명예혁명 역시 인민에 의한 새로운 정부의 수립이라기보다는 단순히 "왕위 계승의 변화"에 불과했고, 극히 소수의 귀족 및 정치인들만이 그러한 결정에

1 Lessnoff, 1990, p. 12.

2 이러한 질문은 흄이 염두에 둔 계약이 사회계약이 아니라 통치계약이라는 점을 시사하며, 이 점에서 흄의 비판이 홉스와 로크를 겨냥한 것이라면 이는 일정한 한계를 갖는다. 앞에서 논의한 것처럼, 그 두 사상가는 통치계약보다 사회계약에 주된 관심을 기울였기 때문이다 (Barker, 1962/1995, p. 54).

3 Barker, 1962/1995, pp. 54~55.

참여했기 때문에, 인민의 동의에 의한 정부 수립이라고 할 수 없다고 주장했다.[4]

또한 흄이 보기에 로크가 제안한 묵시적 또는 함축된 동의에 호소하는 것도 합당한 논리가 아니었다. "어떤 사람이 그가 원하면 떠날 수가 있음에도 불구하고 단순히 어떤 나라에 머무르면 그것으로 그러한 동의를 한 셈"이라는 "묵시적인 또는 함축된 동의"에 따른 논변은 그 사람이 사실상 떠날 수 있는 자유가 없는 경우가 대부분이기 때문에, 진정한 선택의 자유가 주어지지 않은 상황에서 동의를 운운하는 것은 무의미하다는 것이었다.[5] 물론 그렇다고 흄이 현재의 정부에 대한 복종의 의무를 부정한 것은 아니었다. 모든 신민은 현재의 정부에 복종할 의무를 부담하는 바, 그 복종 의무 역시 원초적 계약에서와 마찬가지로 정부가 제공하는 이득에 대한 대가로서 부담하는 것이었다. 이 점에서 현재의 정부에 대한 복종 의무를 정당화하기 위해 원초적 계약에 호소하는 것은 "불필요하고 부적절한 우회"라는 것이 흄의 관점이었다.[6]

그러나, 레스노프가 잘 지적하고 있는 것처럼, 흄의 비판이 사회계약론의 종언을 선포한 것은 결코 아니었다. 그와는 반대로 가장 유명한 사회계약론은 루소의 『사회계약론』을 통해 장차 그 모습을 드러낼 것이었는데, 루소의 사회계약론은 흄의 비판의 사정권에서 벗어나 있다. 루소는 『인간불평등기원론』에서 이른바 "원초적 계약"에 해당하는 것을 "부자와 강자가 빈자와 약자에게 자신들의 지배를 합리화하기 위해 고안한 일종의 술책으로 묘사"했다.[7] 따라서 흄이 원초적 계약을 받아들이지 않은 것처

4 Barker, 1962/1995, p. 55.

5 Barker, 1962/1995, p. 55.

6 Lessnoff, 1990, p. 13; Barker, 1962/1995, p. 56.

7 루소는 『인간불평등기원론』의 제2부, 특히 pp. 268~274에서 이러한 논리를 집중적으로

럼, 루소 역시 원초적 계약을 정당한 정치적 권위의 토대로 받아들이지 않았다. 따라서 『사회계약론』에서 제시된 사회계약은 원초적 계약과는 그 성격이 전적으로 상이하며, "실제적인 역사적 사건이라기보다는 하나의 이상"으로 간주되어야 한다. "이상적인 계약은 평등의 보존이라는 점에서, 곧 자연상태에서의 평등이 모든 시민이 평등한 주권자로서 입법 활동에 참여하는 이상적인 정부에 고스란히 보존되고 있다는 점에서 주목할 만하다." 홉스나 로크와 마찬가지로 루소의 계약론 역시 개별 시민들 사이에 오직 한 번의 계약만 허용한다. 그러나 그것은 "주권적 인민"을 창출할 뿐이며, 그 결과 홉스 및 로크와 달리 인민과 지배자 또는 인민과 정부 사이의 추가적인 통치계약은 전혀 필요하지 않다.[8]

### 2) 칸트의 계약론과 계약의 역사성에 대한 비판

칸트(Immanuel Kant, 1724~1804)에 이르게 되면, 사회계약론은 이제 명시적으로 그 역사성을 부정당하게 된다. 윌리엄스(Howard Williams)는 칸트의 사회계약론의 특징을 네 가지로 요약하여 제시한다.

첫째, 칸트는 사회계약이 특정 사회의 구성원들에 의해 실제로 체결되었다는 가정을 부정한다. 칸트에 따르면 사회계약은 "이성의 관념"(idea of reason)에 따른 것이지만, "동기적 · 실천적 의미를 지닌 지적인 구조물"이다. 그것은 "세계를 관찰함으로써 얻어지는 경험적 관념이 아니라, 우리가 행위를 함에 있어서 우리의 동기와 의도에 지침"이 되어야 하는 이성적 관념이다.[9]

---

전개하고 있다.

8 Lessnoff, 1990, p. 14.

9 Williams, 1994, p. 132; Lessnoff, 1990, p. 14.

둘째, 사회계약은 "정치적 개혁의 프로그램과 연관"되어 있으며, "국가의 통치자와 신민은 그것을 실천에 옮겨야 할 의무"가 있다. 칸트의 견해에 따르면 "사회계약이라는 관념에 가장 잘 부합하는 일정한 정치체계가 있으며, 합리적인 존재로서 우리는 그러한 체제를 평화롭게 구축하기 위해 노력할 의무"가 있다.[10]

셋째, "사회계약에 대한 칸트의 관념은 단순히 한 국가의 영토 내에서만 그치는 것이 아니다." 그것은 "사회계약의 바탕을 이루는 국가의 관념이 범세계적인(cosmopolitan) 함의를 지니고 있다"고 믿는다. "국내의 질서를 성공적으로 구축하는 데 있어서 국가가 놓여 있는 국제적인 맥락을 간과"할 수 없기 때문이다. 따라서 칸트는 사회계약의 발상을 단순히 개인들 간의 관계에서는 물론 국가 간의 관계에 확대 적용하려고 시도했고,[11] 그 결실로 『영구평화론』(*Zum ewigen Frieden*, 1795)이라는 저작을 남겼다.

넷째, 칸트의 사회계약론은 당대의 지평을 넘어서 미래를 내다보는 안목을 가지고 있다. 어떤 면에서 칸트는 사회계약론의 현대적 전개, 특히 미국의 정치철학자인 롤즈(John Rawls)의 저술을 통해서 나타난 논변을 예상하고 있었다.[12] 칸트는 사회계약의 관념에 호소함으로써 "자율적인 인간의 가치에 적합한 법률과 사회적 제도에 대해 생각하는 방법을 제공"했으며, 이러한 발상은 현대에 들어와 롤즈에 의해 화려하게 부활할 것이었기 때문이다.[13]

그러나 레스노프의 비판에 따르면, 칸트가 제시한 이성의 관념으로서

**10** Williams, 1994, p. 132.

**11** Williams, 1994, p. 132.

**12** Williams, 1994, p. 132.

**13** Boucher & Kelly, 1994, p. 8.

의 사회계약론이 지니는 실천적 효용은 사실상 의문스러운 점이 있다. 칸트는 그것을 다양한 "이상적"인 헌법 규정 또는 다른 법률들을 도출하기 위해 활용하지만, 설득력은 의문시된다는 것이다. 칸트에 따르면, 순수이성은 공동의 이익, 개인의 행복 등 "모든 경험적 목적과 상관없이 선험적으로 입법"을 하기 때문에 "국가의 정당화는 자연상태를 떠나는 것이 순수하고 단순한 도덕적 의무"라는 데 기초하고 있다. 물론 홉스에게도 이는 "도덕적 의무"이다. 하지만 그 이유는 "그것이 모두의 공통의 이익에 봉사하며 그들의 행복과 다른 목적의 성취에 필수적이기 때문"이다. 그러므로 계약은 합리적인, 자기이익 지향적인 인간이 합의할 법한 것이다. 그러나 칸트처럼 "계약이 계약과는 독립된, 도덕적으로 의무 지워지는 바에 따라 결정된다면, 계약은 없어도 무방한 것처럼 보인다. 계약론의 전통적인 요점은 [비록 가상적이었을지언정] 계약으로부터 도덕적 의무(의 일정한 측면)를 도출하는 것이었기 때문이다."[14]

칸트의 계약론과 관련하여 마지막으로 주목할 것은 칸트의 "계약론이 정치사회의 기원에 대한 설명으로서가 아니라 정당한 정치체에 대한 합리적 기준으로서 요청된 것"이라는 점이다.[15] 앞에서도 언급한 것처럼, 칸트에게 사회계약 그 자체는 이성의 요구사항이다. 따라서 사회계약은 "모든 입법자에게 법률의 틀을 전체 국민의 통일된 의지에 의해 산출될 수 있는 방식으로 엮어낼 의무"를 부담시킨다. 이 점에서 사회계약은 "좋은 법의 시금석"이지, 시민이 동의를 통해 정치적 의무를 부담하게 되는 토대가 아니다. 따라서 계약 위반을 이유로 한 신민의 저항은 정당화될 수 없다.[16] 칸트가 강조하는 "목적으로서의 인간의 가치는 통치자가

---

**14** Lessnoff, 1990, pp. 14~15.

**15** Boucher & Kelly, 1994, p. 8.

그 신민을 어떻게 다루어야 하는가에 대해 통치자를 구속"할 뿐이다.[17]

### 3) 헤겔과 마르크스: 방법론적 개인주의에 대한 비판

바우처(David Boucher)와 켈리(Paul Kelly)는 헤겔과 마르크스가 제기한 사회계약론에 대한 비판적 논점을 자세히 논의하고 있는데, 여기에서는 이들에 기대어 헤겔과 마르크스의 사회계약론에 대한 비판과 그 문제점을 고찰해보기로 하겠다. 먼저 헤겔은 정치적 의무의 근거로서 왕권신수설을 부정했으며, 또한 흄이 정치적 의무의 근거로 제시한 공리주의적 관점을 부정하였다. 인민과 왕 사이의 원초적 계약을 포함한 사회계약론 역시 "개인들의 통합보다는 그들의 분리성과 자율성을 가정"하고 있었기 때문에, 헤겔의 철학에 정면으로 반하는 것이었다. 사회계약론은 국가를 "자유롭게 선택된 의무를 수반하는 자발적인 결사로 개념화하고, 공적인 권리보다 사적인 권리에 우선성을 부여"한다. 그러나 이는 "사적인 권리가 공적인 권리에 의존한다"는 그 반대의 사실(이는 헤겔의 입장이기도 하다)을 무시하는 것이었다. 이 점에서 "계약론의 언어는 시민사회, 곧 변덕스러운 의지와 개인적인 이익의 영역인 시민사회로부터 개인과 국가 사이의 관계를 특징짓는 데 전적으로 부적합한 관계"를 도출했다. "헤겔에게 국가란 개인들의 소유권을 보호하기 위해 고안된 계약적 관계가 아니며, 또 군주의 사적인 소유물"로도 간주될 수도 없었기 때문이다.

일관되게 헤겔은 "계약적인 관계와 같은 열등한 관계가 윤리적 총체성이라는 절대적인 위엄[국가]에 침투해 들어오는 것에 대해 경멸적"이었다.

---

16 Lessnoff, 1990, p. 14; Boucher & Kelly, 1994, p. 8.

17 Boucher & Kelly, 1994, p. 8.

"계약적인 관계는 당사자들의 주관적인 필요와 선택에서 나오는 우발적인 연대"인 반면에, "정치적인 관계는 이와는 질적으로 다른 것으로서 절대적으로 필수적이고 객관적이며, 또 선택이나 변덕과 같은 고려"를 초월하는 것이었기 때문이다. 헤겔에게 "국가란 그 안에서 개인이 자신의 능력과 잠재력을 실현하는 윤리적 질서"이며, 따라서 개인이 "선택하는 것이 아니라, 그 안에서 태어나는 것"이었다. 게다가 개인은 "자연권이 아니라, 인간의 실천의 결과로 형성되고 국가에 의해서 지속되는 권리와 의무를 취득할 자격을 갖고 태어나는 것"이었다.[18] 이러한 맥락에서 그는 국가형성 이후에 생성되는 국가에 대한 권리와 의무보다 본유적으로 개인이 지니고 있는 자연권을 앞세우는 사회계약론의 논리를 인정할 수 없었던 것이다.

헤겔의 관념철학을 유물론적으로 전도시킨 마르크스 역시 사회계약론에 적대적이었다. 마르크스는 "개인을 사회의 산물로 보는 헤겔의 설명"—물론 그는 이러한 설명에 유물론적 해석을 입혔지만—에 기초해서 계약론과 자유주의를 "부르주아 이데올로기"로 비판했다. 헤겔과 마찬가지로 마르크스는 "개인들이 선(先)사회적인 존재를 가질 수 있다"는 점 또는 "그들의 정체성이 사회적 상호작용에 앞서서 주어진다"는 점을 부정했다. 비록 마르크스가 사회계약의 관념에 직접적인 관심을 보인 적은 드물지만, "추상적 개인주의에 대한 그의 비판"은 "홉스의 계약론, 희소성의 상황에서 개인들이 본성상 경쟁적이고 탐욕적인 존재로 서술되는 계약론에 대한 공격"을 함축하고 있었다. 마르크스에게 이러한 홉스적 상황은 "인간의 자연적인 조건"을 지시하기보다는 단지 "자본주의적 생산양식에 의해 조형된 특정한 역사적 단계에서 인간이 처한 조건을 상징"했다.

---

**18** Boucher & Kelly, 1994, pp. 23~24.

"고전적인 사회계약론자들은 당시에 막 부상하고 있던 자본주의적 생산양식에서 인간이 처한 조건을 추상화한 것을 마치 그것이 인류의 보편적이고 자연적 조건인 것처럼 제시"한 데 불과했던 것이다.[19]

요컨대, 마르크스의 관점에서 사회계약론의 논변은 다음과 같은 세 가지 이유로 부적절했다. 첫째, 인간의 자연적 조건은 계약론자들이 가정하는 것처럼 정태적인 것이 아니기 때문이다. 둘째, 사회계약론적 합의에 의해 정당화되는 어떠한 정치적 배치도 자본주의적 생산양식에 내장된 힘의 불균형을 반영할 뿐이며, 따라서 어떠한 합의도 아무런 도덕적 힘을 갖지 못하기 때문이다. 이 점에서 칸트 류(類)의 사회계약론의 논변 역시 동어반복적이다. 셋째, 현존 정치의 본성은 생산양식에 의해 결정되기 때문에, 인간의 해방을 확보하고자 하는 진정한 시도는 어떤 것이든 오직 자본주의의 혁명적 타도에 의해서만 가능할 뿐이기 때문이다.[20]

## 2. 사회계약론의 현대적 부활: 롤즈와 노직의 이론

지금까지의 검토에서 제시된 것처럼 사회계약론에 대한 흄 · 칸트 · 헤겔 · 마르크스의 비판은 그 이론이 왜 19세기에 거의 자취를 감추게 되었는가를 이해하는 데 도움이 된다. 그러나 레스노프는 이러한 비판들이 20세기에 들어와 그것이 부활하게 된 이유를 역설적으로 시사한다고 주장한다. 사회계약의 역사적 실재성에 대한 "흄의 비판은 명백한 반론을

**19** Boucher & Kelly, 1994, p. 24.

**20** Boucher & Kelly, 1994, p. 24.

피하기 위해 이론을 재공식화할 수 있는 길을 열어주었고, 헤겔주의자와 마르크스주의자의 비판은 그것이 지닌 장점을 일부 조명하기도" 했기 때문이라는 것이다. 고전적인 사회계약의 기본 정신을 "사회제도로부터 영향을 받는 모든 당사자들이 합리적으로 합의할 법한 것을 그 사회제도의 정당성의 기준으로 채택하는 것이 모든 이의 이익을 적절히 보호하는 방안을 확보하는 것"으로 재해석한다면, 곧 사회계약을 정당한 정치적 권위 또는 시민의 권리나 의무의 "기원"과 같은 것이 아니라 정당한 사회·정치적 제도에 대한 가상적인 합의로 재공식화한다면, 그 이론적 유용성은 보존될 수 있을 것이기 때문이다.[21] 이러한 배경에서 19세기에 격렬한 비판의 대상이 되었던 사회계약론은 20세기에 들어서면서 롤즈와 노직 같은 학자들에 의해 화려하게 부활하는 계기를 맞이하게 되었다.

### 1) 존 롤즈

현대 미국의 정치철학자 존 롤즈(John Rawls)는 바로 앞에서와 같은 관점에 착안하여 "개인의 이득과 구분되는 집합적(aggregate) 이득[예를 들어, '최대 다수의 최대 행복']에 주목하는 공리주의"를 비판하고, 이에 대한 사회계약론의 우월성을 주장했다.[22] 롤즈는 1958년에 발표한 "공정으로서의 정의"(Justice as Fairness)라는 논문을 효시로 하여 이후에 발표된 일련의 논문을 추가하여 완성한 기념비적인 저작인 『정의론』(*A Theory of Justice*, 1971)을 통해 사회계약론의 현대적 부활을 주도했다. 이와 더불어 고전적 사회계약론자인 홉스·로크·루소 및 칸트의 저술 역시 새롭게 조명 받게 되었으며, 홉스의 사회계약론은 특히 합리적 선택이론의 관점

---

**21** Lessnoff, 1990, p. 17.

**22** Lessnoff, 1990, p. 17.

에서도 집중적 주목을 받게 되었다.[23]

앞에서도 언급한 것처럼, 레스노프는 롤즈가 고전적인 사회계약론의 방향을 변화시켰다는 점에 주목한다. 17~18세기의 고전적 사회계약론은 계약이라는 이론적 장치를 통해 "정치적 권위의 정당성, 통치자와 신민의 의무 및 그 한계에 논거"를 제공하고자 하는 이론이었다. 이러한 개념 규정은 롤즈 이전 시대의 사회계약에 적절히 부합하는 정의이다. 하지만 "롤즈는 계약론적인 전제 위에 사회정의의 원칙을 제공하기 위해, 곧 명백히 비전통적인 목적을 염두에 두고 사회계약론을 부활시켰다."[24] 이에 따라 고전적 사회계약론이 인간의 이익 갈등 문제의 해결을 직접적으로 다루지 않은 데 반해, 롤즈의 이론은 이를 직접적으로 해결하려고 시도한다.

고전적 사회계약론은 "본질적으로 모든 인간의 **공통의**[강조는 원저자] 이익(common interest)에 관심"을 가졌는데, 그것은 "국가 없는 사회(자연상태)에 비해 국가는 모두의 이익을 위한 것"이라는 관점이다. 그렇기 때문에 사회계약론은 "**갈등하는**[강조는 원저자] 이익(conflicting interests)이라는 문제"를 다루지 않았다. 달리 말하면, 그것은 계약을 자연상태에서 인간이 직면하기 마련인 "참을 수 없는 이익 갈등의 상황에서 탈출하는 데 대한 공통의 이익의 산물"로 보았지, "그러한 분쟁을 해결하는 기제"로 본 것은 아니었다. "롤즈의 혁신은 계약론을 정확히 이러한 목표에 적응시킨 데 있다." 롤즈의 제안에 따르면 계약이론을 적절히 수정하면 그것은 "모두의 이익이 적절히 보호될 수 있는 방법을 확보하는 방식으로" 분쟁을 해결할 수 있다는 것이다. "모든 이의 이익을 적절히 보호하는 방식으로

**23** 대표적으로 고티에(David Gauthier 1969)를 참조할 것.

**24** Lessnoff, 1990, p. 3.

갈등하는 이익의 문제를 해결하는 것은 바로 **정의**[강조는 원저자]를 확보하는 것"이다. 이 점에서 "롤즈의 계약론은 정의론이다."[25] 달리 말하자면, 롤즈의 이론은 고전적인 이론보다 더 엄격한 의미에서의 사회계약론으로 인식될 수 있다. 이는 롤즈의 계약이 사회의 기원에 관계되기 때문이 아니라, 오히려 그 범위가 정치적 제도만이 아니라 사회적 제도 일반의 정당성과 관련되기 때문이다.[26]

롤즈의 이론에 따르면, "사회정의의 원칙은 사회의 기본 제도에서 권리와 의무를 배정하는 방식을 제공하고, '사회적 협력의 이득과 부담의 적절한 배분'을 규정한다."[27] 롤즈는 정의의 이러한 원칙들을 도출하기 위해 사회계약론을 활용하는 바, 사회계약을 실제의 역사적 사건으로 받아들이지 않고 가상적인 합의 기제로 활용한다. 레스노프가 롤즈의 발상을 간략히 정리한 바에 따르면, "정의의 문제는 사회의 모든 개별 구성원들이 사회적 협력에 의해 생산되는 이득에 대해 경쟁적인 주장을 하기 때문"에 일어나는데,[28] 롤즈는 "사회의 모든 구성원들이 이러한 이득의 분배를 규제할 원리들에 대해 합의하는 것이 이론적으로 가능하다"고 본다. 다만 정의의 원칙을 구체화하는 그러한 (가상적인) 합의 또는 계약은 단지 하나의 조건을 필요로 한다. 그것은 그러한 합의가 "모든 관련 당사자들에게 공정한 상황"—롤즈가 "원초적 입장"(original position)으로 명명한 상황—에서 이루어져야 한다는 것이다. 따라서 자신의 『정의론』에서 롤즈는 "공정한 원초적 입장에 필수적인 특징을 구체화하고, 일종의

25 Lessnoff, 1990, pp. 17~18.

26 Lessnoff, 1990, p. 3.

27 Rawls, 1971, p. 4.

28 이처럼 분배정의에 초점을 맞춘 롤즈의 정의론은 한국 현대정치에서 과거사 정리를 둘러싸고 일어나는 정의의 문제를 고려하지 않는다.

사고 실험을 통해 어떤 원칙이 모든 당사자에 의해 합의될 만한 것인지를 도출"하는 데 상당한 지면을 할애하고 있다.[29]

롤즈의 계약론적 사회정의에서 계약에 참여하는 사람들은 고전적 사회계약론에서와 마찬가지로 자기이익에 근거해서 행동하는 합리적인 개인들로 가정된다. 또한 원초적 입장에서 계약당사자들은 자신들의 목표를 성취하는 데 가장 적합한 방식으로 행동을 한다는 점에서 합리적이다. 그리고 당사자들의 합의는 합리적이고 자기 이익을 추구하는 사람들에 의해 받아들여질 만한 것이라야 한다.[30] 또한 사회정의의 문제를 계약이라는 장치를 통해 공정하게 해결하기 위해 계약당사자는 평등해야 하는바, 이는 원초적 입장에서 모든 사람들이 동일한 권리를 가지는 것으로 표현된다.[31]

그러나 고전적 사회계약론보다 급진적으로 롤즈는 사회적 조건은 물론 개인의 타고난 자질이나 능력 및 힘에 대해서도 인간이 평등할 것을 요구한다. 그는 이를 이론적으로 확보하기 위해 원초적 상황에서 "무지의 장막"(veil of ignorance)이라는 개념을 새롭게 고안했다. 이 개념에 따라 원초적 상황에서 계약당사자들은 개인을 다른 동료들과 구분하는 여하한 특징—성별, 인종적 배경 등 사회적 지위, 계급적 지위, 천부적인 소질이나 능력에서의 차이, 심지어 좋음에 대한 관념, 특별한 심리적 성향 등—에 대해서도 무지한 것으로 가정된다.[32] 이러한 무지의 장막으로 인해 계약당사자들은 다른 사람의 희생을 대가로 하여 자신의 특정한 이익을 추구하도록 고안된 원칙을 선호하지 않게 된다. 곧 무지의 장막은 가상적인 계약당

29 Lessnoff, 1986, p. 131.

30 Rawls, 1971, pp. 126~130, 142~143.

31 Lessnoff, 1986, p. 132.

32 Rawls 1971, p. 12.

사자들에게 공정성을 확보하려는 롤즈의 독창적이면서도 고심에 찬 장치이다. 요컨대, 롤즈의 이론에서 제시된 원초적 입장은, 우리가 앞에서 검토한 것처럼, 고전적인 계약론적 전통의 모든 가정을 함축하고 있다. 특히 그것은 자기이익 · 합리성 · 평등을 명시적으로 가정하고 있다.

그러나 앞에서도 언급한 것처럼, 롤즈의 사회계약론은 가상적이라는 점에서, 그리고 정당한 정치적 권위가 아니라 정의로운 질서의 수립을 목표로 하고 있다는 점에서 고전적 사회계약론과 구분된다. 그러나 보다 급진적으로 구분되는 점은 롤즈가 고안한 원초적 상황이 자연상태가 아니며, 그가 고안한 무지의 장막 역시 전혀 자연스럽지 않다는 것이다. 다시 말해, 무지의 장막은 원초적 입장을 공정하게 만들기 위해 인위적으로 고안된 것이다. 따라서 롤즈의 전체 이론에서 주목할 점은 인간이 자기이익 추구적이고 합리적이라면, 그들은 공정한 원초적 입장에서 합의할 법한 규제적인 사회적 원칙을 수용할 도덕적 의무가 있다는 것이다. 인간에게 그러한 도덕적 의무가 부과되는 까닭은 그러한 원칙과 제도가 정의롭기 때문이라는 것이다.[33] 이 점에서 롤즈의 사회계약론은 홉스 · 로크 · 루소의 고전적 계약론이나 정치적 복종에 관한 흄의 공리주의적 이론보다 칸트의 사회계약론을 계승 · 확장하고 있다.[34]

---

33 Lessnoff, 1986, p. 134.

34 롤즈의 정의론은 많은 학자들로부터 치열한 논평을 받았는데, 이는 역으로 그의 정치철학이 현대 정치철학계에 군림한다는 점을 증언하는 것이기도 하다. 참고로 레스노프는 롤즈의 정의론에 대한 비판을 계약론의 관점에서 다음과 같이 요약한 바 있다. 첫째, 그 이론은 진정한 의미에서 계약이론이 전혀 아니다. 둘째, 롤즈의 이론에서 계약이 수행하는 역할은 불필요하고 따라서 없어도 무방하다. 셋째, 롤즈는 그의 계약론적 논변을 자의적이고 문제점을 증명하지 않은 채 진(眞)이라고 가정하고 논하는(question-begging) 방식으로 조작하고 있다(Lessnoff, 1986, p. 140). 이에 대한 상세한 논의로는 레스노프(Lessnoff, 1986, pp. 140~148)를 참조할 것.

### 2) 로버트 노직

사회계약론의 현대적 부활과 관련하여 미국의 정치철학자 노직(Robert Nozick)이 『무정부 · 국가 그리고 유토피아』(*Anarchy, State and Utopia*, 1974)에 제시한 이론적 기획 역시 주목할 만한 가치가 있다. "생명 · 자유 · 재산이라는 로크의 자연권을 보호하되, 그 이상은 어느 것도 하지 않는 최소국가를 방어"하고자 하는 노직의 이론적 기획 역시 부분적으로 가상적인 사회계약론을 활용하지만, 근본적인 점에서 전통적인 계약론과 결별한다.[35] 그 기획은 두 가지로 구성되어 있는데, 하나는 "최소국가를 정당화하는 것"이고, 다른 하나는 롤즈의 『정의론』이 제시하는 것처럼 "최소국가를 넘어서려는 국가—특히 경제적으로 재분배를 하고자 하는 국가—를 옹호하는 논변을 반박하는 것"이다. 노직의 이론은 사회계약의 전통, 특히 로크의 이론과 흥미로운 관계를 맺고 있는데, 그의 이론에서는 개인이 "생명 · 자유 · 자산에 대한 재산권과 그 권리를 집행할 수 있는 2차적인 자연권"을 보유하고 있는 자연상태의 개념이 주요한 역할을 하고, 자연상태에서 체결되는 계약이나 합의가 중요하게 부각되기 때문이다.

그러나 노직은 동시에 사회계약의 전통으로부터 스스로를 분리시키고 있다. 무엇보다도 로크의 계약론에서 자연권의 효과적인 보호와 행사를 위해 그 집행권—자연법 위반자를 처벌하고, 그 위반자에게 손해배상을 받을 수 있는 권리—을 신탁적으로 양도받는 결사는 "모든 이들의 동의에 기초하여 정치적 권위를 행사하는 국가"인 데 반해,[36] 노직의 이론에서 "개인들은

---

35 노직의 이론에 대한 이 책에서의 해석은 전적으로 레스노프(Lessnoff, 1986)의 요약에 의존하고 있다.

먼저 사적인 보호기관과 계약"을 맺어 그 집행권을 양도하며, 이들이 일종의 "영업 활동으로서 국가와 같은 보호의 기능"을 수행한다. 이 점에서 노직의 이론은 정치사회의 기원이나 통치자와 피치자의 의무나 그 한계를 설명하는 전통적인 사회계약론과 근본적으로 다르다. 다시 말해 "노직의 사적인 보호기관들은 국가가 아니며, 정치적 권위를 행사하지 않는다."

또한 노직의 설명에서 최종적으로 국가의 수립은 계약과 전혀 상관이 없다. 자연상태에서 일정한 지역에 걸쳐 다양한 사적 보호기관들이 출현하여 개인들과의 계약을 위해 경쟁하게 되는데, 노직은 "일정한 지역에서 하나의 지배적인 보호기관이 합의에 의해서든 또는 그들 상호간의 싸움에서 최종적인 승자로 출현하게 된다"고 상정한다. 그렇다 하더라도 "지배적인 보호기관은 아직 국가"가 아닌데, 그 이유는 "그 영토 내에서 그 기관에 그들의 [자연법상의] 집행권을 양도하지 않고 그 결과 아무런 보호를 받지 못하는 독립적인 개인들이 존재"할 수 있기 때문이다. 여기서 노직은 "지배적인 보호기관이 그러한 '독립적인 사람들'에게 보호를 대가로 하여 집행권을 이전하도록 강요할 자격이 있다"고 주장한다. 그리하여 "지배적인 보호기관이 법집행에 대한 독점권을 주장하고 부과할 때, 비로소 그 기관은 국가, 곧 정당한 정치적 권위를 행사하는 최소국가가 된다"고 주장한다.[37] 이 점에서 정당한 국가의 출현과 관련하여 노직의 이론은 모든 사회구성원의 자발적인 동의나 합의를 요구하는 사회계약론의 전통에서 벗어나 있다.

36 이러한 논점은 『통치론』 8장(pp. 93~117)에서 집중적으로 논의되고 있다.

37 Lessnoff, 1986, pp. 149~150.

## 3. 현대의 사회계약론 비판: 공동체주의자와 여성주의자의 논변

앞에서 20세기의 롤즈와 노직 같은 현대의 자유주의자들은 홉스와 로크 및 루소 같은 고전적인 사회계약론과 상당히 다르기는 하지만, 사회와 국가형성의 기본적인 구성단위를 독립적이고 평등한 개인으로 상정하여, 개인의 본유적인 자유와 권리를 국가적 · 사회적인 의무보다 선행하는 것으로 보고 있다는 점에서 사회계약론의 근본적인 논지를 이어받고 있다는 사실을 논의하였다. 이러한 학자들에 의해 19세기 후반에 몰락의 위기를 맞았던 사회계약론은 20세기에 들어서서 정치사상사의 전면에 다시 부상하게 되었다. 그러나 현대 사회에 들어와서도 고전적인 사회계약론이 화려하게 부활하기만 했던 것은 아니다. 이들의 이론에 대한 비판도 그 뿌리가 아주 깊은 것이었다. 현대 사회에서 고전적인 사회계약론에 대해 비판의 화살을 퍼붓고 있는 대표적인 이론가들은 공동체주의자와 여성주의자들을 들 수 있다.[38]

### 1) 공동체주의자의 비판

롤즈의 정의론이 제시된 이후 부활하여 활기를 띠고 있는 사회계약론에 대한 현대의 비판자들은 헤겔의 정치철학에 의존해서 "도덕적 이상

38 여기에서 현대의 공동체주의자와 여성주의자에 의한 사회계약론 비판에 대한 설명은 바우처와 켈리(Boucher & Kelly, 1994)의 논의에 의존하고 있다.

또는 원천으로서 공동체의 관념을 부활시켰다." 공동체주의에 입각한 계약론 비판은 찰스 테일러(Charles Taylor), 마이클 샌델(Micahel Sandel), 알래스데어 맥킨타이어(Alasdaire MacIntyre) 및 마이클 왈저(Michael Walzer)와 같은 현대의 철학자들을 포함한다. 이 다양한 공동체주의자들은 중요한 점에서 서로 다르지만, 이들 모두는 롤즈의 『정의론』에 의해 촉발된 칸트적인 계약론의 부활을 거부한다는 논점을 공유하고 있다. 롤즈의 자유주의적 계약론적 논변에 대한 공동체주의의 직접적인 비판으로는 샌델(Michael Sandel)의 비판이 대표적이다.[39]

바우처와 켈리의 요약에 따르면,[40] 공동체주의자의 논변에는 사회계약론과 칸트의 도덕철학에 대한 헤겔의 비판에 뿌리를 두고 있는 세 가지 핵심적 요소가 있다. "첫째는 '내장성 논제'(embeddedness thesis)이고, 둘째는 사회적 또는 '문화적 선택 논제'(cultural option thesis)이며, 셋째는 이상적인 공동체의 본성에 대한 적극적 설명"이다.[41]

먼저 "내장성 논제"는 다양한 형태를 취하는데, 샌델의 논변은 롤즈가 원초적 상황에 대한 설명에서 사용하는 이른바 "무연고적 자기"(unencumbered self)를 직접적으로 겨냥하고 있다. 롤즈는 개인들이 자신들의 이익에 편향된 정의의 원칙을 채택하는 것을 방지하기 위해, 개인들에게 그들의 인격(일신)적 속성의 핵심적인 측면에 대한 지식을 "무지의 장막"을 통해 부정하고 있다. 이에 대해 샌델은 두 가지 반론을 제기한다. 첫째, 샌델은 이른바 "무연고적 자기"가 개인이 자신의 모든 속성을 배제당하면서 동시에 독특하고 분리된 개인으로 남아 있을 수 있다고

39 Boucher & Kelly, 1994, pp. 24~25.

40 Boucher & Kelly, 1994, p. 25.

41 세 번째 요소에 대한 대부분의 공동체주의자의 설명은 실망스럽거나 설득력이 떨어진다고 바우처와 켈리는 지적한다(Boucher & Kelly, 1994, p. 25).

가정하기 때문에 "개인의 정체성에 대한 형이상학적으로 매우 의심스러운 설명"이라고 비판한다. "헤겔을 좇아 샌델은 우리의 정체성이란 우리의 사회적 애착 그리고 좋음에 대한 우리의 헌신에 의해 구성되기 때문에 무연고적 자기는 설득력이 없다고 주장한다." 다시 말해 "롤즈의 '무지의 장막' 뒤에서는 구체적 존재로서 독특하고 분리된 개인은 전적으로 사라져버린다"는 것이다. 사회계약론에 대한 이러한 반박이 지닌 함의는 "무지의 장막 뒤에서 개인의 인격을 구성하는 모든 개체적 요소가 배제되어버린다면, 여하한 종류의 협상이나 상호작용적인 합의의 가능성을 붕괴시켜버린다"는 것이다. 따라서 우리는 다양한 복수의 주체가 합의나 상호작용적인 선택에 참여하는 대신에, 단일의 비인격적인 주체가 그 유효성을 승인하는 상황에 직면한다.[42]

"내장성 논제"와 관련된 샌델의 두 번째 비판 대상은 "롤즈가 공정성(impartiality)으로서의 정의 또는 도덕에 대한 칸트적 관념을 재주장한 것"이다. 그는 "공정성으로서의 정의 관념은 그것을 성취할 수 없기 때문에 유지될 수도 없다"고 주장한다. "그로부터 우리가 공정한 관점을 채택하고, 그와 동시에 개인들에게 편파성(partiality)을 유보할 이유를 제공하는 아르키메데스적 지점(Archimedean point)이란 것은 없다." 롤즈에 의해 사용되는 사회계약이라는 장치는 그러한 아르키메데스적 관점을 제공할 수 없다. 왜냐하면 비록 그런 장치가 결함이 없다고 할지라도 공정성은 이미 그 구조에 내장되어 있으므로, 개인에게 그런 공정한 관점을 채택하는 별도의 이유를 제공할 수 없기 때문이다. 공동체주의적 논변에 따르면, 사회계약론은 만약 인간이 사회계약 이전에 자신을 구성하는 집착으로부터 분리될 수 있는 자유롭고 평등한 주체로서의 개인이라

42 Boucher & Kelly, 1994, p. 25.

는 관념을 받아들일 성향을 갖고 있지 않다면, 이는 도덕적 동기를 제공할 수 없다. 그리고 만약 이미 그러한 견해를 받아들인다면, 사회계약은 순환론적이거나 동어반복적이기 때문에 정의를 정당화하는 데 아무런 유용성을 가지지 못한다는 것이다.[43]

사회적 또는 "문화적 선택 논제"는 칸트의 자율성 개념에 대한 헤겔의 비판에서 이미 전개된 바 있다. 여기서 논점은 "자율이란 사회적 맥락과 분리된 추상 속에서 행사"될 수 없기 때문에, "진정한 도덕적인 자율성의 행사는 특정한 사회적 맥락을 요구한다"는 것이다. 자율을 가능케 하는 다양한 문화적 다원성 안에서 비로소 "자율적인 개인들은 현실적으로 가치 있는 삶의 대안들 가운데서 진정한, 그리고 식견 있는 선택"을 할 수 있기 때문이다. 그러나 그처럼 다원적인 문화의 다양성은 중립적인 자유주의와 원자론적인 개인주의 그리고 그것이 초래하고 획일화된 대중적 취향에 직면해서 사라질 위험에 처해 있다. 이와 달리, "만약 국가가 사회와 문화의 중요한 구성요소들을 보호하려는 입장을 취한다면, 국가는 개인들의 선택이나 삶의 형태들에 대한 엄격한 공정성을 부득이 포기하고, 어떤 삶의 양식을 다른 삶의 양식에 비해 선호하는 논거를 주장해야 한다." 그러나 이러한 조치는 계약론의 틀 안에서는 이루어질 수 없다.[44]

셋째는 이상적인 공동체의 본성에 대한 적극적 설명인데, 이에 대한 공동체주의자들의 논변은 다소 모호한 편이다. 대표적인 논자로는 맥킨타이어를 들 수 있는데 그는 계몽주의 이후의 "개인주의를 도덕성 자체에 대한 위협"으로 본다. 그는 "도덕적 권위라는 관념에 대한 개인주의적

43 Boucher & Kelly, 1994, pp. 25~26.

44 Boucher & Kelly, 1994, p. 26.

도전을 근대 문화의 주된 손실"로 규정한다. "개인, 나아가 개인의 판단과 의지에 우선성을 부여하는 것은 도덕적 권위의 가능성을 전복시키는데, 이를 구제할 수 있는 유일한 방도는 공동체에 대한 관념을 회복하는 것"이다. "개인들은 공유된 도덕적 상속물인 공동체 안에서만 오직 객관적인 도덕적 기준을 발견"할 수 있기 때문이다. 매킨타이어는 공동체를 "좋음에 대한 공유된 관념을 중심으로 구축된 공통의 삶"으로 파악한다. 그러나 매킨타이어를 포함한 다른 공동체주의자들에게 제기되는 공통된 비판은 "공통된 삶이 어떤 형태를 취하고, 우리가 현재의 쇠락의 상태에서 어떻게 새로운 도덕적 이상에 도달할 수 있는지"에 대해 설득력 있는 답변을 제공하지 못한다는 것이다.[45]

### 2) 여성주의자의 비판

마지막으로 계약론에 대한 현대의 비판 가운데서 여성주의적 시각에서 서구 "정치사상의 근본적인 범주와 개념들에 대한 재고"를 촉구해온 최근의 이론적 동향을 간과할 수 없다. 그들의 주장에 따르면, 정치사상의 위대한 고전들이 "여성을 정치에서 체계적으로 배제했을 뿐만 아니라, 정치사상의 주요 개념들 역시 젠더 중립적이지 않고 오히려 사회의 젠더 구조와 남성적 지배의 지속을 유지"하는 데 기여해왔다는 것이다. 이 점에서 사회계약의 개념 역시 각별한 주목을 끌게 되었는데, 여성주의자들은 "정치적 주체 및 개인적 정체성의 정치"와 관련하여 "자유와 평등의 상태에 있는 인간의 자연적 조건"을 가정하는 사회계약론에 "가장 의미심장하고 급진적인 도전"을 제기했다.[46]

---

**45** Boucher & Kelly, 1994, p. 26.

**46** Boucher & Kelly, 1994, p. 27.

특히 페이트만(Carole Pateman)이 이러한 비판의 선봉에 섰는데, 그녀는 1988년에 출간한 『성적 계약』(*The Sexual Contract*)에서 "여성이 남성지배적인 근대 사회로부터 스스로를 해방시키려면 자유롭고 평등한 주체의 계약적 결사로서 사회를 개념화"하는 것 자체를 문제 삼아야 한다고 주장한다. 그녀에게 "로크 · 칸트 · 루소는 정치적 지배에 대해 동의할 수 있는 합리적 주체의 범주에서 여성을 명시적으로 배제했기 때문에만 비판"의 대상이 되는 것은 아니다. "자유롭고 평등한 주체로서 개인이라는 [그들의] 발상 그 자체가 특이하게 남성적인 범주"라는 것이다. "왜냐하면 그러한 주체는 선행하는 성적 노동분업, 곧 아이들의 양육 의무를 포함한 가정 영역에서의 과제와 책임이 오직 여성에게만 부과되고, 그럼으로써 남성들만 공적 또는 정치적 영역에서 자신들의 자유의지를 행사하도록 해방시키는 그런 분업을 중심으로 개념화되었기 때문"이다. 다시 말해 "이처럼 선행하는 여성의 가정 영역에서의 종속 때문에 남성 주체들은 비로소 자유롭고 평등한 주체가 될 수 있다"는 것이다. 따라서 "남성들은 자유롭고 평등한 주체가 될 수 있었겠지만, 여성들은 분명히 그렇지 않았고, 또한 그들은 상이한, 또한 덜 합리적인 속성으로 인해 권리의 평등한 담지자로 고려되는 경우가 드물었다"는 것이 그녀의 논점의 요지이다.[47]

따라서 근대의 사회계약론에 대한 페이트만의 여성주의적 해석은 사회계약론이 "가부장주의(patriarchalism)를 형제적 연대(fraternity)로 대체한 것, 곧 아버지의 지배를 여성들에 대한 남성들의 성적 지배에 의해 대체한 것에 기초하고 있다"는 것이다. 이러한 맥락에서 그녀는 "여성의 육체에 대한 가부장의 불평등한 권리는 여성들에게 성적인 지배를 행사할

---

**47** Boucher & Kelly, 1994, p. 27.

수 있는 남성들의 평등한 권리에 의해 대체되었다"고 주장한다. 이러한 페이트만의 주장은 정치사상과 여성학 이론에서 열띤 논쟁을 불러 일으켰는바, 그 논쟁은 여성주의 이론가들이 "고전적인 계약론적 전통으로 돌아가서 위대한 문헌들의 정전(正典)으로서의 가치를 재평가하게 하는 동기"를 제공했다.[48]

## 4. 사회계약론의 현대적 확장과 그 의의

역사적으로 사회계약론은 일정한 영토를 점유하는 동일한 정치공동체 내에서 통상 동일한 역사적 시간대에 걸쳐 존재하는 자유롭고 평등한 개인들을 대상으로 하여, 정치적 권위의 정당성과 그 한계, 구성원의 권리와 의무, 기본적 재화의 공정한 배분을 논하면서 전개되어왔다.[49] 그러나 이처럼 안정적인 시간적 · 공간적 좌표축에서 전개된 사회계약론은 20세기 후반부터 인류가 본격적으로 직면하게 된 세계사적 상황의 변화에 따라 새로운 도전에 직면하고, 이에 따라 그 공간적 · 시간적 확장이라는 새로운 과제를 떠안게 되었다. 여기서 공간적 확장이라고 함은 사회계약론이 이제 일국 단위를 넘어 국제적 또는 전지구적 차원에서

48 Boucher & Kelly, 1994, pp. 27~28.

49 물론 최초의 계약이 체결된 것으로 상정된 시점 이후에 태어난 미래 세대—계약의 당사자가 아닌—에게도 어떻게 계약이 구속력을 가지는가라는 문제가 지속적으로 제기되어왔다는 점에서, 이른바 원초적 계약의 구속력 문제는 치열한 논쟁의 대상이 되어왔다. 그러나 그 구속력의 문제는 적어도 일정한 역사적 시간대와 공간을 공유하는 인구 집단을 상정하고 제기되어왔다. 아울러 이 경우에도 미래 세대의 문제는 사회계약을 역사적인 것이 아니라 가상적인 것으로 이론화하면 해소되는 문제라고 할 수 있다.

논의되어야 할 필요성을 의미하고, 시간적 확장이라고 함은 인류의 유일한 거처인 생태계의 보존과 (선진국을 중심으로 노령 인구가 급증함에 따라) 사회복지 제도의 재조정이라는 문제를 둘러싸고 현재 세대와 미래 세대 사이에 사회계약을 구상해야 할 필요성을 지시한다.

### 1) 사회계약의 공간적 확장

먼저 공간적 확장의 필요성에 대해 살펴보면, 오늘날 지구화와 함께 지구적(또는 범세계적) 민주주의, 지구적 안보, 지구적 정의(正義), 지구적 차원의 환경보전의 문제가 새롭게 제기되고 있으며, 이는 구체적으로 "인민에 의한 지배"라는 민주주의의 이상에 비추어본 일국 단위 민주주의의 실효성 여부, 핵전쟁에 의한 인류 멸망의 위험에 공동으로 대처해야 할 필요성의 자각, 생태계의 심각한 파괴와 훼손에 대한 지구적 차원의 책임 윤리의 부상, 인권의 국제적 보장에 대한 보편적 관심, 세계의 빈곤한 인민들의 생존 조건을 개선하기 위한 초국가적 노력, 지구적 차원의 경제적 생존 가능성의 문제들과 맞닿아 있다. 이러한 문제들은 상호의존성이 확장 · 심화되는 지구화 · 정보화의 상황 속에서 과거처럼 일국적 차원에서 또는 소수의 몇몇 강대국에 의해 해결될 수 없기 때문에, 루소가 일찍이 『사회계약론』에서 언급한 적이 있는 문제의식을 새롭게 제기한다. 다시 말해, 이제 지구적 차원에서 인류 자체의 생존을 위협하는 장애물의 위력이, 개인적 차원에서든 일국적 차원에서든, 개별적인 대응 노력을 압도하기 때문에, 인류는 이제 삶의 양식을 바꾸지 않으면 멸망하게 될 위기에 처해 있다는 것이다.[50]

이러한 변화는 사회계약의 공간적 대상이 되는 정치공동체의 범위를

50 『사회계약론』, 제1부, 5장, p. 49.

전통적인 국가를 넘어 전지구적 차원으로 확장시킬 것—달리 말하면, "국민주의"에서 "지역주의"(regionalism) 또는 "지구주의"(globalism)로 넘어갈 것—을 요구한다. 우리는 예를 들어 전세계적인 기후협약의 체결 필요성으로 상징되는 "지구주의"의 초보적 진행과 함께, 그 선행 단계로서 유럽연합 등 "지역주의"적 통합이 구체적으로 현실화되고 있는 현상을 목도하고 있다. 이러한 지구주의와 지역주의의 대두는 그 구체적 실천과정에서 지구 전체 또는 지역을 단위로 하여 출현하는 정치공동체를 상정하고, 그 정당한 권위, 구성요소들—개인 · 기업 · 비정부기구 · 국가 · 초국가적 기구 등—의 권리와 의무 및 기본적 재화의 공정한 배분 등에 관한 문제들을 제기하는바, 이러한 문제를 해결하는 과정에서 자유롭고 평등한 구성요소들의 동의나 합의를 전제로 하는 사회계약론의 변형과 확장이 긍정적으로 기여할 것이다.[51]

#### 2) 사회계약의 시간적 확장

다른 한편, 생태계 위기의 심각성과 선진국 사회에서 인구 구성의 급격한 변화는 세대 간의 물질적 자원과 위험 및 복지 혜택과 비용의 공정한 분배라는 문제를 제기하고 있고, 이에 따라 일부 학자들은 전지구적 생태계 보전과 사회복지의 문제를 놓고 현재 세대와 미래 세대 간에 적용되는 사회계약의 시간적 확장 또는 재조정을 꾀하고 있다.

먼저 생태계 보존의 문제를 살펴보면, 18세기 이래 서구를 시작으로 하여 전세계에 확산된 산업화의 결과로 초래된 생태계의 파괴 또는 훼손이 전지구적 관심사로 부각된 지 이미 오래되었다. 최근 이산화탄소

---

51 후기필자는 세계화와 전지구적 민주주의를 논하는 글에서 이러한 사고의 일단을 전개한 적이 있다. 이에 대해서는 후기필자(강정인, 1998, pp. 62~110)를 참조할 것.

의 과다 배출로 인한 지구온난화 효과로 인해 이제 인류는 이상기후를 더 이상 "이상"(異常)이 아닌 "정상"(正常)으로, 곧 일상적으로 체험하고 있다. 이로 인해 "하나밖에 없는 지구를 살리자"라는 표어는 더 이상 환경운동가만의 구호는 아니다. 생태계 보전을 둘러싼 문제는 단순히 일국적 차원의 문제만이 아니라, 나아가 생태계 파괴와 보존의 책임 분담을 놓고 선진국과 후진국의 이해관계가 첨예하게 대립하는 문제로서, 국제적으로도 주요한 관심사가 되고 있다. 따라서 이는 지구적 정의를 둘러싼 문제로서, 앞에서도 언급한 것처럼 일국적 차원을 넘어서 국제적·지구적 사회계약, 곧 사회계약의 공간적 확장을 필요로 하는 문제이기도 하다.

그러나 동시에 생태계 위기는 현재 세대와 미래 세대 사이의 분배적 정의의 문제를 제기한다. 급진적 생태론자들의 주장을 따라 현세대가 산업화 또는 경제개발을 중단함으로써 생태계의 파괴와 훼손이 중지된다면, 세대 간의 분배적 정의의 문제는 제기되지 않을 것이다. 다시 말해, 생태계 파괴가 이미 파국적 상황에 이르렀거나 그런 상황이 임박해 있기 때문에, 현세대를 위해서도 기존 방식의 개발이 근본적으로 중지되거나 과감히 축소되어야 한다면, "발등의 불"을 해결하기 위해 그런 문제는 제기되지 않을 것이다. 그러나 "지속가능한 개발"(또는 발전)이라는 표현이 상징하는 것처럼, 자연에 대한 개발을 통해 자연자원의 고갈과 생태계의 훼손을 수반하는 산업화를 지속적으로 추구한다면, 이는 어느 정도까지 자연 개발을 허용할 것인가라는 문제를 놓고 현재 세대와 미래 세대 사이에 갈등을 야기한다고 상정할 수 있다. 곧 현재 세대의 자연에 대한 개발을 적절한 한도 내에서 허용하면서, 동시에 미래 세대에게도 이용 가능한 자연을 최대한 물려주려면 어디까지 개발이 허용되어야 하는가? 다시 말해, 현재 세대를 위한 "개발"과 미래 세대를 위한 "보존"

사이의 균형을 어떻게 달성할 것인가?

이런 현실적 문제는 또한 다음과 같은 정치철학적 문제를 제기한다. 현재 세대와 아직 태어나지 않은(존재하지 않는) 미래 세대는 자연의 이용 및 보존에 대한 분배적 정의의 문제를 놓고 협의할 수 있는 도덕적 공동체를 구성할 수 있는가? 현재 세대가 자연환경에 대해 주장할 수 있는 권리의 성격은 과연 무엇인가? 자연의 개발 및 보존에 대해 미래 세대가 현재 세대에게 어떠한 권리를 어떻게 주장할 수 있으며, 이에 대한 현재 세대의 의무는 무엇인가? 이러한 문제의식은 이미 사회계약론의 틀(frame) 내에서 정식화된 것이라고 할 수 있는바, 국내 학자 가운데 김형철은 환경 문제를 세대 간의 정의의 문제로 보고 "과거 세대가 현재 세대에게 혜택을 부여하는 조건으로서 미래 세대의 복지 향상을 요구할 수 있다"[52]는 가정 하에 이를 계약론적 이론 틀을 통해 논구하고 있다.[53]

이제 사회복지정책에 사회계약을 적용하는 문제를 살펴보면, 본래 서구에서 제2차 세계대전 이후 본격화된 복지국가의 이념은 국가가 시민들의 서비스와 기여에 대한 대가로 사회적 안전을 보장한다는 계약의 관념에 기초하고 있었다.[54] 동시에 사회복지제도는 노동활동 인구가 조세 부담과 사회적 경비 지출을 통해 은퇴한 고령층의 복지—연금·건강보험·생계비 보조 등—를 제공하고, 자신들 역시 은퇴할 경우 그에 상응하는 복지를 받을 것을 기대하는 묵시적인 계약의 관념에 기초하고 있는바, 이는 세대 내는 물론 세대 간의 자원의 이전을 통해 이루어진다.

52 김형철, 1993, p. 382.

53 이에 대해서는 김형철(1993)을 참조할 것.

54 Walker, 1996, pp. 2~3.

그런데 이제 한국도 포함된 선진국을 중심으로 평균수명의 증가, 출산율의 감소 및 고령자의 증가에 따른 국가의 복지 지출의 확대 및 재정적 부담의 증가로 인해, 바야흐로 복지정책은 세대 간의 이해(利害)가 충돌하는 첨예한 문제로 대두하고 있다.

다시 말해, 은퇴한 고령자에 대한 사회복지정책은 출산율의 감소에 의해 노동활동에 적극 종사하는 젊은 층이 줄어들고, 평균수명의 연장으로 인해 고령층이 증가함에 따라, 두 연령층 사이에 중대한 사회적·도덕적 문제를 제기한다. 특히 인구 증가가 정체되어 있거나 인구가 감소하는 상황에서 전체 인구 내에서 사회복지의 수혜를 받는 인구는 절대적으로 증가하는 데 반해 이를 부담해야 하는 인구가 절대적으로 감소할 때, 이는 더욱 심각한 문제를 야기한다. 이는 현재의 노동활동 인구들에게 자신들이 고령이 되었을 때, 현재 고령층이 누리는 사회복지를 받을 수 있을 것인가의 문제를 제기하기 때문이다.

이러한 문제는 노동활동 인구가 자신들의 기여나 납부 세금을 통해 고령자들에게 적절한 생활수준을 누리는 것을 확보해주는 것을 어느 정도까지 동의할 수 있는가라는 문제와도 맞물려 있다. 이는 세대 간의 연대와 사회통합의 문제와 직결되어 있으며, 당연히 세대 간의 동의와 합의를 필요로 하는 사회계약의 문제로 전환된다. 또 이 문제는 종국적으로 단순히 사회복지의 문제만이 아니라, 고용(노동시장) 및 교육 등의 제도에 대한 전반적인 재조정을 수반하는 좀 더 포괄적인 사회계약의 문제로 확장될 수도 있다.

이 장에서는 근대 사회계약론의 쇠락과 그 현대적 부활 및 그에 대한 비판 그리고 현대적 확장 가능성을 논했다. 지금까지의 논의에서 드러난 것처럼, "정치적 삶을 자유롭고 평등한 개인들이 인간 결사의 공정한 조건에 관해 합의하는 것"으로 이론화하는 사회계약론은, 그에 대한 첨예한 비판과 함께, 자유주의 사상이 지닌 지속적인 생명력을 보여준다.[55]

55 Boucher & Kelly, 1994, p. 29.

## 참고문헌

강정인 편역 (1993). 『홉스의 이해』. 서울: 문학과지성사.

강정인 (1998). 『세계화, 정보화 그리고 민주주의』. 서울: 문학과지성사.

강정인 (2004). 『서구중심주의를 넘어서』. 서울: 아카넷.

강정인 · 문지영 편역 (1995). 『로크의 이해』. 서울: 문학과지성사.

강정인 · 문지영 (1996). 「존 로크의 생애와 사상: 『통치론』을 중심으로」. 『통치론』 (pp. 233~251). 서울: 까치.

김병곤 (2007). 「토머스 홉스: 동의에 의한 절대주의」. 강정인 · 김용민 · 황태연 편, 『서양 근대 정치사상사: 마키아벨리에서 니체까지』 (pp. 195~226). 서울: 책세상.

김영인 (2006). 『맹자와 루소의 인성론 비교연구』. 경기: 한국학술정보.

김용민 (2004). 『루소의 정치철학』. 경기: 인간사랑.

김용민 (2007). 「장 자크 루소: 자연의 창조적 회복을 주장한 문명비판론자」. 강정인 · 김용민 · 황태연 편, 『서양 근대 정치사상사: 마키아벨리에서 니체까지』 (pp. 373~410). 서울: 책세상.

김용환 (2005). 『리바이어던: 국가라는 이름의 괴물』. 서울: 살림.

김형철. (1993). 「환경위기와 세대간 분배정의」. 한국사회 · 윤리연구회 편, 『사회계약론 연구』 (pp. 361~396). 서울: 철학과현실사.

노명식 (1991). 『자유주의의 원리와 역사: 그 비판적 연구』. 서울: 민음사.

대한성서공회 편. (2005). 『성경전서』(개역 · 개정판). 서울: 대한성서공회.

문지영 (2007). 「존 로크: 자유주의의 사상적 토대」. 강정인 · 김용민 · 황태연 편, 『서양 근대 정치사상사: 마키아벨리에서 니체까지』 (pp. 266~303). 서울: 책세상.

민문홍 (2003). 「루소와 자유주의사상」. 이근식 · 황경식 편, 『자유주의의 원류:

18세기 이전의 자유주의』 (pp. 321～354). 서울: 철학과현실사.
민석홍 (1984). 『서양사개론』. 서울: 삼영사.
박완규 (2007). 『리바이어던: 근대 국가의 탄생』. 경기: 사계절.
박우룡 (1998). 「자유주의」. 김영한 편, 『서양의 지적 운동 II』 (pp. 65～110). 서울: 지식산업사.
박종현 (2001). 『헬라스 사상의 심층』. 경기: 서광사.
박준철 (1998). 「프로테스탄티즘」. 김영한 편, 『서양의 지적 운동 II』 (pp. 33～64). 서울: 지식산업사.
서병훈 (2003). 「로크의 정치사상」. 이근식 · 황경식 편, 『자유주의의 원류: 18세기 이전의 자유주의』 (pp. 200～227). 서울: 철학과현실사.
이극찬 (1985). 「로크의 생애와 정치사상」. 『통치론 · 자유론』 (pp. 12～28). 서울: 삼성출판사.
이용철 (2006). 『루소: 분열된 영혼』. 경기: 태학사.
이종훈 (1994). 「로맨티시즘」. 김영한 · 임지현 편, 『서양의 지적 운동』 (pp. 467～504). 서울: 지식산업사.
이태일 · 최현 (2002). 「루소의 생애와 사상」. 『사회계약론 · 인간불평등기원론』 (pp. 342～354). 서울: 범우사.
이환 (1999). 「해설」. 『사회계약론』 (pp. 181～219). 서울: 서울대학교 출판부.
정연교 (1993). 「로크의 동의 개념에 관한 소고」. 한국사회윤리연구회 편, 『사회계약론 연구』 (pp. 61～86). 서울: 철학과현실사.
조긍호 (2008). 『선진유학사상의 심리학적 함의』. 서울: 서강대학교 출판부.
조긍호 (2012). 『사회관계론의 동 · 서 비교: 새로운 심리학의 가능성 탐색 II』. 서울: 서강대학교 출판부.
조대호 역해 (2004). 『아리스토텔레스의 형이상학』. 서울: 문예출판사.
朱熹 (1177). 『論語集註』. (京城書籍組合編, 『原本備旨 論語集註』. 서울: 太山文化社, 1984)
진석용 (2008). 「토머스 홉스의 정치철학: 평화를 위한 이성의 변론」. 『리바이어던』

(제1권 pp. 475~505; 제2권 pp. 439~469). 경기: 나남.

최공웅 · 최진원 (2009). 「토머스 홉스의 생애와 사상」. 『리바이어던』 (pp. 670~696). 서울: 동서문화사.

킴리카, 윌 (Kymlicka, W.) (1993). 「사회계약론의 전통」. 한국사회 · 윤리연구회 편, 『사회 계약론 연구』 (pp. 11~34). 서울: 철학과현실사.

Barker, E. (1962). Introduction. In E. Barker (Ed.), *Social Contract: Essays by Locke, Hume, and Rousseau*. New york: Oxford University Press. (강정인 · 문지영 편역. 「사회계약론」. 『로크의 이해』. 서울: 문학과지성사. 1995. pp. 9~58)

Barnes, J. (1982). *Aristotle*. Oxford: Oxford University Prass. (문계석 역. 『아리스토텔레스의 철학』. 서울: 서광사. 1989)

Berns, L. (1973). Thomas Hobbes. In L. Strauss & J. Cropsey (Eds.), *History of Political Philosophy* (2nd ed.). Chicago, IL: The University of Chicago Press. (강정인 편역. 「토마스 홉스」. 『홉스의 이해』. 서울: 문학과지성사. 1993. pp. 159~195)

Boucher, D. & Kelly, P. (1994). The Social Contract and Its Critics: An Overview. In D. Boucher & P. Kelly (Eds.), *The Social Contract from Hobbes to Rawls* (pp. 1~34). London: Routledge.

Brandt, R. (1994). John Locke: Man as an Individual and Freedom as Right. In O. Höffe (Ed.), *Klassiker der Philosophie* (Vol. 1). München: Beck'sche Verlagsbuchhandlung. (김석수 · 이현복 · 정연재 · 홍윤기 · 윤선구 역. 「존 로크: 개인으로서의 인간과 권리로서의 자유」. 『철학의 거장들 2: 근대편』. 2001. 서울: 한길사. pp. 219~258)

Burns, E. M., Lerner, R. E., & Meacham, S. (1984). *Western Civilizations* (10th ed.). New York: Norton. (박상익 역. 『서양문명의 역사』 (I~IV). 서울: 소나무. 2003)

Damon, W. (1995). *Greater Expectations: The Culture of Indulgence in America's*

*Homes and Schools*. New York: Free Press.

Dunn, J. (1984). *Locke*. Oxford: Oxford University Press. (강정인 · 문지영 편역. 「로크의 사상」. 『로크의 이해』. 서울: 문학과지성사. 1995. pp. 61～176)

Gauthier, D. (1969). *The Logic of Leviathan*. Oxford: Clarendon Press.

Gough, J. W. (1976). Introduction. In J. W. Gough (Ed.), *John Locke's The Second Treatise of Government and A Letter Concerning Toleration*. Oxford: Basil Blackwell. (강정인 · 문지영 편역. 「로크의 정치사상」. 『로크의 이해』. 서울: 문학과지성사. 1995. pp. 177～231)

Gray, J. (1995). *Liberalism*. London: Open University Press. (손철성 역. 『자유주의』. 서울: 이후. 2007)

Guthrie, W. K. C. (1960). *The Great Philosophers: From Thales to Aristotle*. New York: Harper & Row. (박종현 역. 『희랍철학 입문: 탈레스에서 아리스토텔레스까지』. 서울: 서광사. 2004)

Hobbes, T. (1651). *Leviathan, or The Matter, Form, and Power of a Commonwealth Ecclesiatical and Civil*. Editted by W. Molesworth (1839～1845), *The English Works of Thomas Hobbes* (Vol. 3). London: John Bohn. (진석용 역. 『리바이어던 I · II』. 경기: 나남. 2008)

Hobbes, T. (1651). *Leviathan, or The Matter, Form, and Power of a Commonwealth Ecclesiatical and Civil*. Edited by A. R. Waller (1904). Cambridge: Cambridge University Press. (최공웅 · 최진원 역. 『리바이어던』. 서울: 동서문화사. 2009)

Kendall, W. (1968). Social Contract. In R. K. Merton (Ed.), *International Encyclopedia of the Social Sciences* (Vol. 14, pp. 376～381). New York: Macmillan.

Kersting, W. (1992). *Thomas Hobbes zur Einführung*. Junis Verlag GmbH. (전지선 역. 『홉스』. 경기: 인간사랑. 2006)

Kim, Y. M. (1993). *The Utility of Conscience in the Philosophical Education of Emil*. Ph. D. Dissertation, The University of Chicago.

King, P. (Ed.) (1993). *Thomas Hobbes: Critical Assessments* (Vol. 1). London: Routledge.

Lamprecht, S. P. (1955). *Our Philosophical Traditions: A Brief History of Philosophy in Western Civilization*. New York: Appleton-Century-Crofts, Inc. (김태길 · 윤명로 · 최명관 역. 『서양철학사』. 서울: 을유문화사. 1963)

Laslett, P. (Ed.) (1965). *Locke's Two Treatises of Government*. Mentor.

Lessnoff, M. (1986). *Social Contract*. London: Macmillan.

Lessnoff, M. (1990). Introduction: Social Contract. In M. Lessnoff (Ed.), *Social Contract Theory* (pp. 1~26). New York: New York University Press.

Locke, J. (1689). *Two Treatises of Government*. Edited by P. Laslett (1952), Cambridge: Cambridge University Press. (강정인 · 문지영 역. 『통치론: 시민정부의 참된 기원, 범위 및 그 목적에 관한 시론』. 서울: 까치. 1996)

Locke, J. (1689). *The Second Treatise of Government*. New York: The Liberal Arts Press, 1952. (이극찬 역. 『시민정부론』. 서울: 연세대학교 출판부. 1970)

Lukes, S. (1973). *Individualism*. New York: Harper & Row.

Macpherson, C. B. (1962). *The Political Theory of Possessive Individualism*. Oxford: Oxford University Press.

Mintz, S. (1970). *The Hunting of Leviathan*. Cambridge: Cambridge University Press.

Molesworth, W. (Ed.) (1839~1845/1992). *The English Works of Thomas Hobbes* (11 Vols.). London: John Bohn.

Nozick, R. (1974). *Anarchy, State and Utopia*. Oxford: Blackwell.

Pateman, C. (1975). Sublimation and Reification: Locke, Wolin and the Liberal Democratic Conception of the Political. *Politics and Society*, *5*: *4*, pp. 441~467. (강정인 · 문지영 편역. 「승화와 물상화: 로크, 월린 그리고 "정치적인 것"에 대한 자유민주주의의 개념화」. 『로크의 이해』. 서울: 문학과지성사. 1995. pp. 235~281)

Pateman, C. (1988). *The Sexual Contract*. (이충훈 · 유영근 역. 『남과 여 은폐된

성적 계약』. 서울: 이후. 2001)

Pitkin, H. (1965, December). Obligation and Consent (I). *American Political Science Review*, *59*, pp. 990~999.

Rawls, J. (1964). Justice as Fairness. In P. Lasslett & W. G. Runciman, (Eds.), *Philosophy, Politics and Society* (2nd Series, pp. 132~157). Oxford: Blackwell.

Rawls, J. (1971). *A Theory of Justice*. Cambridge, MA: Harvard University Press.

Ricken, F. (1988). *Philosophie der Antike*. Verlag W. Kohlhammer GmbH. (김성진 역. 『고대 그리스 철학』. 서울: 서광사. 2000)

Riley, P. (1982). *Will and Political Legitimacy*. Cambridge, MA: Harvard University Press.

Rousseau, J.-J. (1750). *Discours sur les Sciences et les Arts*. (김중현 역. 『학문과 예술에 대하여 외』. 경기: 한길사. 2007)

Rousseau, J.-J. (1755). *Discours sur l'Origine et le Fondaments de l'Inégalitéparmi les Hommes*. (이태일 · 최현 역. 『사회계약론 · 인간불평등기원론』. 서울: 범우사. 2002.)

Rousseau, J.-J. (1762). *Émile, ou de l'Éducation*. (김중현 역. 『에밀』. 경기: 한길사. 2008)

Rousseau, J.-J. (1762). *Du Contrat social*. Edited and Translated by V. Gourevitch (1997), *The Social Contract and Other Later Political Writings*. Cambridge: Cambridge University Press.

Rousseau, J.-J. (1782). *Rousseau Judge of Jean-Jacques*. Translated into English by R. D. Masters & C. Kelly. London: University Press of New England, 1990.

Russell, B. (1959). *Wisdom of the West: A Historical Survey of Western Philosophy in Its Social and Political Setting*. London: Crescent Books. (이명수 · 곽강제 역. 『서양의 지혜: 그림과 함께 보는 서양철학사』. 서울: 서광사. 2003)

Ryan, A. (1996). Hobbes's Political Philosophy. In T, Sorell (Ed.), *The Cambridge*

*Companion to Hobbes*. Cambridge: Cambridge University Press.

Ryan, A. (1999). Liberalism. In R. E. Goodin & P. Pettit (Eds.), *A Companion to Contemporary Political Philosophy*. Cambridge, MA: Blackwell Publishers.

Shklar, J. N. (1973). General will. In P. P. Winer (Ed.), *Dictionary of the History of Ideas* (Vol. 2, p. 275). New York: Charles Scriber's Son.

Starobinski, J. (1988). *Jean–Jacques Rousseau: Transparency and Obstruction.* Chicago, IL: The University of Chicago Press.

Strauss, L. (1965). On the Spirit of Hobbes's Political Philosophy. In K. C. Brown (Ed.), *Hobbes Studies*. Oxford: Basil Blackwell.

Tuck, R. (1989). *Hobbes*. Oxford: Oxford University Press. (강정인 편역. 「홉스」. 『홉스의 이해』. 서울: 문학과지성사. 1993. pp. 7～157)

Walker, A. (Ed.) (1996). *The New Generational Contract: Intergenerational Relations, Old Age and Welfare*. London: UCL Press Limited.

Williams, H. (1994). Kant on the Social Contract. In D. Boucher & P. Kelly (Eds.), *The Social Contract from Hobbes to Rawls* (pp. 132～146). London: Routledge.

Wolin, S. (1960). *Politics and Vision*. Boston, MA: Little, Brown. (강정인 편역. 「홉스: 규칙의 체계로서의 정치사회」. 『홉스의 이해』. 서울: 문학과지성사. 1993. pp. 197～275)

# 찾아보기

## 인명(국한문)

### ㄱ



### ㄴ



### ㄷ



### ㄹ

ㅁ



ㅂ

## 인명(구미어문)

# 사항

## ㄱ

## ㄴ

## ㄷ

## ㅇ

## ㅈ

**ㅊ**

**ㅋ**



**ㅌ**